Ronaldo Zacharias
Rosana Manzini
(Orgs.)

A DOUTRINA SOCIAL DA IGREJA E O CUIDADO COM OS MAIS FRÁGEIS

Dados Internacionais de Catalogação na Publicação (CIP)
(Câmara Brasileira do Livro, SP, Brasil)

A doutrina social da Igreja e o cuidado com os mais frágeis / Ronaldo
Zacharias, Rosana Manzini, (org.). – São Paulo : Paulinas, 2018. – (Coleção
fé & justiça)

Vários autores.
Bibliografia.
ISBN 978-85-356-4413-5

1. Grupos vulneráveis - Direitos 2. Igreja Católica - Doutrina social
3. Igreja e problemas sociais I. Zacharias, Ronaldo. II. Manzini, Rosana.
III. Série.

18-16253	CDD-261

Índices para catálogo sistemático:
1. Doutrina social da Igreja   261

Maria Paula C. Riyuzo - Bibliotecária - CRB-8/7639

1ª edição – 2018

Direção-geral: *Flávia Reginatto*
Editores responsáveis: *Vera Ivanise Bombonatto*
João Décio Passos
Copidesque: *Ana Cecilia Mari*
Coordenação de revisão: *Marina Mendonça*
Revisão: *Equipe Paulinas*
Gerente de produção: *Felício Calegaro Neto*
Projeto gráfico: *Manuel Rebelato Miramontes*
Diagramação: *Jéssica Diniz Souza*

Nenhuma parte desta obra poderá ser reproduzida ou transmitida
por qualquer forma e/ou quaisquer meios (eletrônico ou mecânico,
incluindo fotocópia e gravação) ou arquivada em qualquer sistema ou
banco de dados sem permissão escrita da Editora. Direitos reservados.

Paulinas

Rua Dona Inácia Uchoa, 62
04110-020 – São Paulo – SP (Brasil)
Tel.: (11) 2125-3500
http://www.paulinas.com.br – editora@paulinas.com.br
Telemarketing e SAC: 0800-7010081
© Pia Sociedade Filhas de São Paulo – São Paulo, 2018

Sumário

Apresentação..5
Edson Donizetti Castilho

1. Urgências eclesiais segundo o coração de Francisco....................9
Dom Gustavo Rodríguez Vega

2. A Doutrina Social da Igreja e o cuidado misericordioso
com os mais frágeis..29
Rosana Manzini

3. O cuidado com os mais frágeis como desafio ao pensamento
e à ação social da Igreja..41
Ronaldo Zacharias

4. Juventude e violação de direitos fundamentais: reflexões à luz
da Doutrina Social da Igreja e dos direitos humanos......................69
Adelino Francisco de Oliveira

5. A violação dos direitos humanos no trabalho...........................91
Juan Biosca González

6. O trabalho escravo em nossos tempos..................................117
Guillermo Sandoval Vásquez

7. Migração, um escândalo mundial.......................................133
Anis Deiby Valencia Quejada

8. O tráfico de pessoas e a feminização das migrações 151
Tania Teixeira Laky de Sousa

9. Tráfico de pessoas: um crime que cruza as fronteiras
e exige um trabalho em conjunto 199
Thomas Brennan

10. Tráfico de pessoas e garantia de direitos: um sonho,
um laço, um nó 243
Antonio Carlos da Costa Nunes

11. Ecologia e solidariedade: proposições da Encíclica *Laudato Si'* .. 253
Marcial Maçaneiro

12. Erradicar a pobreza sem deixar ninguém para trás: os desafios
da Agenda 2030 para o desenvolvimento sustentável 291
Leo Pessini

13. Ideologia midiática 315
Susana Nuin Núñez

14. Ideologia como sistema de crença 329
Alex Villas Boas

15. Manipulação ideológica da comunicação 347
Fernando Altemeyer Junior

Posfácio 359
Ronaldo Zacharias

Índice remissivo 369

Apresentação

O bondoso Papa João XXIII, que surpreendeu o mundo ao convocar o Concílio Vaticano II, num gesto carregado de ousadia e revestido de uma profunda fé em Deus, aquele que amorosamente encaminha as nem sempre tão compreensíveis tramas humanas, sugeriu que a Igreja se permitisse um renovador sopro do Espírito Santo. E, amparada por essa pedagogia dialógica, o Concílio, por meio da Constituição Pastoral *Gaudium et Spes*, fez ecoar um brado impossível de ser contido: "A Igreja, a todo momento, tem o dever de perscrutar os sinais dos tempos e interpretá-los à luz do Evangelho" (4). Dessa forma, todos os cristãos, a Igreja inteira, encontraram-se envolvidos por uma tão antiga quanto nova perspectiva, na medida em que "as alegrias e as esperanças, as tristezas e as angústias dos homens de hoje, sobretudo dos pobres e de todos os que sofrem, são também as alegrias e as esperanças, as tristezas e as angústias dos discípulos de Cristo" (GS 1). A missão dos fiéis passa, dessa maneira, pela capacidade amadurecida de ler o mundo, olhar os sinais, colher os fatos, confrontá-los e iluminá-los com a luz do Evangelho, tendo como referência o compromisso com a busca da verdade!

Embora a Doutrina Social da Igreja anteceda o Concílio Vaticano II, ela foi se consolidando aos poucos, como resultado do esforço incansável de a Igreja dialogar com o mundo sobre temas sociais e orientar o comportamento dos fiéis nesse campo. Podemos dizer que, a partir de uma perspectiva eminentemente teológico-moral, a ampla reflexão e tradição da Igreja, em seu caminho de interlocução e diálogo com o mundo/sociedade, é uma experiência que reflete, decididamente, o seu ser e a sua missão, sintetizados brilhantemente pelo Papa Paulo VI com a expressão: "perita em humanidade".[1] Por isso, não existe nada verdadeiramente humano que a ela seja indiferente ou que não lhe ressoe no coração (GS 1).

O conteúdo desta obra, embora de difícil "digestão", testemunha que estudar, refletir, perscrutar o movimento da vida, pesquisar, analisar, compor sínteses são tarefas medularmente nobres porque permitem ao ser humano descobrir a riqueza e a fragilidade da vida, a vastidão do mundo onde ela está inserida, as possibilidades de realização e de desumanização com as quais ela tem de lidar. O fato de os temas serem abordados numa perspectiva profundamente humana e ética permite aos autores testemunharem que Deus lhes deu a capacidade de desvendar e penetrar pouco a pouco o mistério da vida, até mesmo nas suas mais trágicas manifestações, como caminhantes que, mesmo entre sombras e momentos de escuridão, pressentem/sabem que há uma luz a ser buscada! É como se eles fizessem próprias as palavras do poeta Thiago de Mello: "Faz escuro, mas eu canto, porque a manhã vai chegar. Vem ver comigo, companheiro, a cor do mundo mudar". É a convicção esperançosa que perpassa todos os capítulos desta obra que nos ajuda a acreditar que a realidade pode ser mudada, e o coração das pessoas, transformado. O convite que pulsa das páginas que seguem nos anima a salvaguardar a fidelidade aos princípios do Evangelho, conscientes do *sensus eclesiae*, que é parte integrante de nossa identidade e da missão singular que Deus nos confia, de sermos testemunhas do seu amor e da sua misericórdia, sinais eloquentes de viva esperança para o mundo de hoje, também e sobretudo em meio a situações/realidades caóticas e trágicas como as aqui contempladas.

Os textos que seguem, sem dúvida alguma, nos incomodam, pois é impossível permanecer indiferentes diante deles. Mais ainda, é impossível ficar insensíveis às pessoas envolvidas nas situações aqui descritas. São fenômenos que constituem um grito doído a favor da urgente necessidade de conversão. São fenômenos que denunciam o quanto podemos ser desumanos e cruéis. São fenômenos que requerem intervenção imediata. São fenômenos que pressupõem a unidade entre forças sociais e

---

[1] PAPA PAULO VI. Carta Encíclica *Populorum Progressio*, sobre o desenvolvimento dos povos. São Paulo: Paulinas, 1967, n. 13.

eclesiais. São fenômenos sobre os quais a Doutrina Social da Igreja tem uma interpretação lúcida e faz uma proposta corajosa, visto que podem pôr em xeque séculos de evangelização, se não forem enfrentados com todos os recursos sociais e eclesiais possíveis.

Nada mais anacrônico (e anticristão!) do que considerar ou insistir numa fé que se entenda totalmente desvinculada dos grandes temas e conflitos que envolvem a existência humana. O mistério da encarnação de Jesus e a Boa-Nova por ele trazida refletem, de forma inquestionável, o grande desígnio do Pai: "que todos tenham vida e vida em plenitude" (Jo 10,10). E assim, por Jesus e em Jesus, todos somos chamados a viver uma fé profundamente aderente à realidade que nos circunda, testemunhando, com decidido e amoroso ardor, a certeza de que o Reino de Deus é reino de justiça, de paz e de amor e, nesse caso, a fé sem obras continua morta (Tg 2,26).

Ressoam extremamente atuais as palavras de João XXIII: "Hoje, mais do que nunca (com certeza mais que nos séculos anteriores), somos chamados a servir o ser humano como tal, e não apenas os católicos. A defender, sobretudo e em todas as partes, os direitos da pessoa humana, e não apenas os da Igreja católica. As condições atuais, as investigações dos últimos 50 anos, nos trouxeram realidades novas, como eu disse na abertura do Concílio. O Evangelho não mudou; fomos nós que começamos a entendê-lo melhor. Quem teve a sorte de uma vida longa, se encontrou em princípios do século diante de novas tarefas sociais, e quem – como eu – esteve 20 anos no Oriente e 8 na França, e se achou na encruzilhada de diversas culturas e tradições, sabe que agora chegou o momento de discernir os sinais dos tempos, de aproveitar a oportunidade para olhar para a frente".[2]

É para onde o pensamento e a ação social da Igreja têm não apenas olhado, mas caminhado.

Nessa mesma perspectiva, podemos considerar as palavras do então jovem teólogo, Joseph Ratzinger: "... a ação do Espírito Santo não se deixa enquadrar simplesmente nos limites da Igreja visível. O Espírito

---

[2] JOÃO XXIII, nos últimos dias de sua vida terrena, citado por CODINA, Victor. El Vaticano II, un Concilio en proceso de recepción. *Selecciones de Teología* 177 (2006): 18.

e a graça podem também faltar a pessoas que vivem na Igreja. Por outra parte, o Espírito e a graça podem agir eficazmente em pessoas que vivem fora da Igreja. Seria presunçoso e falso querer identificar simplesmente a obra do Espírito Santo com o trabalho dos órgãos eclesiásticos... há uma só esperança para católicos e não católicos. Todos anseiam pelo único Reino de Deus, no qual não haverá mais divisões, porque Deus será tudo em todas as coisas".[3]

Enquanto esse dia não chega, é importante que nos deixemos guiar pelo Espírito e vivamos na graça, tendo presente que ambos não compactuam com situações e/ou opções que comprometem a vida dos filhos de Deus e atentam contra os seus direitos fundamentais. Que o Espírito e a graça não faltem àqueles que se empenham em dirimir ou acabar com o sofrimento de tantos irmãos e irmãs traficados, escravizados e obrigados a se deslocar para sobreviver! Que o Espírito e a graça não faltem àqueles que são traficados, escravizados e obrigados a se deslocar, para que não percam a esperança de que é possível esperar, mesmo contra toda desesperança!

Edson Donizetti Castilho
Doutor em Educação (Universidade Metodista de Piracicaba).
Foi reitor (2010-2012) e chanceler (2012-2017) do
Centro Universitário Salesiano de São Paulo – UNISAL.

---

[3] RATZINGER, Joseph. *O novo povo de Deus*. São Paulo: Paulinas, 1974, p. 117.

1

Urgências eclesiais segundo o coração de Francisco

*Dom Gustavo Rodríguez Vega**

Introdução

Sem qualquer dúvida, o pontificado do Papa Francisco está trazendo ares de renovação à nossa Igreja. Com sua palavra e seus gestos proféticos está convocando-nos a "recuperar o frescor original do Evangelho, despontam novas estradas, métodos criativos, outras formas de expressão, sinais mais eloquentes, palavras cheias de renovado significado para o mundo atual".[1]

Rompendo esquemas e paradigmas sobre a Igreja e sua missão, o Santo Padre afirma:

> prefiro uma Igreja acidentada, ferida e enlameada por ter saído pelas estradas, a uma Igreja enferma pelo fechamento e a comodidade de se agarrar às próprias seguranças. [...] Mais do que o temor de falhar, espero que nos mova o medo de nos encerrarmos nas estruturas que nos dão uma falsa proteção, nas normas que nos transformam em juízes implacáveis, nos hábitos em que nos sentimos tranquilos, enquanto lá

---

* Dom Gustavo Rodriguez Vega, arcebispo de Yucatán (México), é mestre em Ética e Doutrina Social da Igreja (Pontifícia Universidade Gregoriana – Roma) e presidente do Departamento de Justiça e Solidariedade do Conselho Episcopal Latino-Americano (CELAM).

[1] PAPA FRANCISCO. Exortação Apostólica *Evangelii Gaudium*, sobre o anúncio do Evangelho no mundo atual. São Paulo: Paulus/Loyola, 2013, n. 11. Daqui em diante = EG.

fora há uma multidão faminta e Jesus repete-nos sem cessar: "Dai-lhes vós mesmos de comer" (Mc 6,37).[2]

O papa está nos convocando para ser uma Igreja em saída, que vai ao encontro de quem precisa, que chega até as periferias e as fronteiras humanas e existenciais.

Estas premissas são o antídoto contra o que Francisco chama de mundanismo espiritual. Para ele, "o mundanismo espiritual, que se esconde por detrás de aparências de religiosidade e até mesmo de amor à Igreja, é buscar, em vez da glória do Senhor, a glória humana e o bem-estar pessoal".[3]

1. Misericordiosos como o Pai

No ano em que a Igreja universal está vivendo com muita intensidade o Jubileu Extraordinário da Misericórdia, vale a pena perguntar-nos: Onde a Igreja deve colocar a ênfase de sua ação pastoral?

Como resposta, o papa recorda-nos que há uma "hierarquia das verdades da doutrina católica".[4] Em vista da necessidade de estabelecer prioridades, Francisco apresenta alguns critérios de julgamento:

> É evidente que, quando os autores do Novo Testamento querem reduzir a mensagem moral cristã a uma última síntese, ao mais essencial, apresentam-nos a exigência irrenunciável do amor ao próximo: "Quem ama o próximo cumpre plenamente a lei. [...] É no amor que está o pleno cumprimento da lei" (Rm 13,8.10).[5]

O bispo de Roma não se cansa de nos recordar que a chave essencial da vida cristã e, portanto, de todas as nossas opções pastorais deve ser o Amor: "as obras de amor ao próximo são a manifestação externa mais perfeita da graça interior do Espírito".[6] Para Francisco, é no amor ao

---

[2] EG 49.
[3] EG 93.
[4] EG 36.
[5] EG 161.
[6] EG 37.

próximo e especialmente no amor aos mais pobres joga-se a fidelidade da Igreja ao projeto de Cristo e, inclusive, a nossa própria salvação.

2. Centralidade da dignidade humana

O princípio fundamental da Doutrina Social da Igreja é a dignidade inviolável de todos os seres humanos, porque imagem e semelhança de Deus: "a Igreja vê no homem, em cada homem, a imagem viva do próprio Deus".[7]

Neste sentido, o Papa Francisco, citando João Paulo II, alerta que:

> por si só a razão é suficiente para se reconhecer o valor inviolável de qualquer vida humana, mas, se a olharmos também a partir da fé, "toda a violação da dignidade pessoal do ser humano clama por vingança junto de Deus e torna-se ofensa ao Criador do homem".[8]

Para Francisco, "a dignidade da pessoa humana e o bem comum estão por cima da tranquilidade de alguns que não querem renunciar aos seus privilégios".[9]

No Diretório para a Pastoral Social no México, assinala-se que a dignidade humana não depende da cor da pele, do sexo, da religião ou da posição econômica. Somos todos iguais em dignidade e direitos.[10] É nos pobres e excluídos que a dignidade é mais maltratada; daí a inadiável tarefa de contribuir para a promoção e defesa dos direitos humanos e a construção de uma sociedade em que todos, e não uma minoria privilegiada, possam ter "vida em abundância" (Jo 10,10).

Seguindo a metodologia da Doutrina Social da Igreja – ver, julgar e agir –, abordarei algumas urgências pastorais que estão no coração do Papa Francisco e que desafiam as nossas opções pastorais.

---

[7] PONTIFÍCIO CONSELHO "JUSTIÇA E PAZ". *Compêndio da Doutrina Social da Igreja*. 7. ed. São Paulo: Paulinas, 2011, n. 105. Daqui em diante = CDSI.

[8] EG 213.

[9] EG 218.

[10] CONFERENCIA DEL EPISCOPADO MEXICANO. COMISIÓN EPISCOPAL PARA LA PASTORAL SOCIAL. *Directorio para la Pastoral Social en México*. México: Centro de Estudios y Promoción Social, 2008, n. 243-249.

3. Um olhar sobre a realidade

O Papa Francisco convida-nos constantemente a olhar para a realidade a partir da vida; a abrir os olhos para os diferentes acontecimentos que se dão no coração da história atual, com os seus consequentes desafios. Pois bem, o olhar do papa não é neutro; é um olhar a partir da fé em Jesus Cristo; um olhar crente, que, por trás de cada acontecimento, busca os vestígios da graça ou do pecado. O Papa Francisco diz "não" a uma série de situações que representam a negação do projeto do Deus da Vida e da libertação para a humanidade.

3.1 Não à economia da exclusão

Segundo o princípio da Doutrina Social da Igreja sobre o destino universal dos bens, "Deus destinou a terra, com tudo que ela contém, para o uso de todos os homens e de todos os povos, de tal modo que os bens criados devem bastar a todos, com equidade, segundo a regra da justiça, inseparável da caridade".[11] Os bens da terra foram criados por Deus para serem desfrutados por TODOS os seus filhos e filhas. O senso comum indica-nos que se Deus é Pai, todos nós devemos viver como irmãos e irmãs na JUSTIÇA e IGUALDADE, não numa relação fratricida como a existente entre *Caim e Abel* (Gn 4,16), ou na escandalosa diferença social entre o pobre Lázaro e o homem rico (Lc 16,19-31).

Sem medo, o Papa Francisco censura o modelo econômico atual que exclui as grandes maiorias, impossibilitando o seu acesso a uma vida digna.

> Hoje devemos dizer "não a uma economia da exclusão e da desigualdade social". Essa economia mata. [...] Hoje, tudo entra no jogo da competitividade e da lei do mais forte, em que o poderoso engole o mais fraco. Em consequência dessa situação, grandes massas da população veem-se excluídas e marginalizadas: sem trabalho, sem perspectivas, num beco sem saída.[12]

Francisco, voz de Deus e voz do povo empobrecido, denuncia:

---

[11] CDSI 171.
[12] EG 53.

Quantas palavras se tornaram molestas para este sistema! Molesta que se fale de ética, molesta que se fale de solidariedade mundial, molesta que se fale de distribuição dos bens, molesta que se fale de defender os postos de trabalho, molesta que se fale da dignidade dos fracos, molesta que se fale de um Deus que exige um compromisso em prol da justiça.[13]

Para o papa,

> o crescimento equitativo exige algo mais do que o crescimento econômico, embora o pressuponha; requer decisões, programas, mecanismos e processos especificamente orientados para uma melhor distribuição das entradas, para a criação de oportunidades de trabalho, para uma promoção integral dos pobres que supere o mero assistencialismo.[14]

O papa argentino revela situações escandalosas que se dão no mundo:

> Não é possível que a morte por enregelamento de um idoso sem abrigo não seja notícia, enquanto o é a descida de dois pontos na Bolsa. Isto é exclusão. Não se pode tolerar mais o fato de se lançar comida no lixo, quando há pessoas que passam fome. Isto é desigualdade social.[15]

Em defesa dos que vivem à margem do progresso e do bem-estar, Francisco aponta dolorosamente:

> O ser humano é considerado, em si mesmo, como um bem de consumo que se pode usar e depois lançar fora. Assim teve início a cultura do "descartável" [...] já não se trata simplesmente do fenômeno de exploração e opressão, mas de uma realidade nova: com a exclusão, fere-se, na própria raiz, a pertença à sociedade onde se vive, pois quem vive nas favelas, na periferia ou sem poder já não está nela, mas fora. Os excluídos não são "explorados", mas resíduos, "sobras".[16]

---

[13] EG 203.
[14] EG 204.
[15] EG 53.
[16] EG 53.

O bispo de Roma denuncia o conceito do *"spillover"*, que supõe que todo crescimento econômico, favorecido pela liberdade de mercado, consegue provocar por si mesmo maior equidade e inclusão social no mundo. Isso jamais foi confirmado pelos fatos, porque expressa uma confiança torpe e ingênua na bondade dos que detêm o poder econômico e nos mecanismos sacralizados do sistema econômico imperante.[17]

Francisco rebate a postura dos que pregam que o Estado não deve intervir nos assuntos econômicos, deixando os mais frágeis à mercê das forças do mercado:

> Esse desequilíbrio [Francisco refere-se ao abissal distanciamento entre o bem-estar de uma minoria e as necessidades de uma maioria] provém de ideologias que defendem a autonomia absoluta dos mercados e a especulação financeira. Por isso, negam o direito de controle dos Estados, encarregados de velar pela tutela do bem comum.[18]

Para ele é claro que "não podemos mais confiar nas forças cegas e na mão invisível do mercado".[19]

O papa esclarece:

> Longe de mim propor um populismo irresponsável, mas a economia não pode mais recorrer a remédios que são um novo veneno, como quando se pretende aumentar a rentabilidade reduzindo o mercado de trabalho e criando assim novos excluídos.[20]

3.2 Não à nova idolatria do dinheiro

O Papa Francisco delata a terrível iniquidade que significa o alongamento da divisão entre ricos e pobres: "Enquanto os lucros de poucos crescem exponencialmente, os da maioria situam-se cada vez mais longe do bem-estar daquela minoria feliz".[21] "A adoração do antigo bezerro

---

[17] EG 54.
[18] EG 56.
[19] EG 204.
[20] EG 204.
[21] EG 56.

de ouro (cf. Ex 32,1-35) encontrou uma nova e cruel versão no fetichismo do dinheiro e na ditadura duma economia sem rosto e sem um objetivo verdadeiramente humano."[22]

Para o papa, "a crise financeira que atravessamos faz-nos esquecer que, na sua origem, há uma crise antropológica profunda: a negação da primazia do ser humano".[23] Francisco adverte que esse sistema consumista e explorador é contrário ao equilíbrio ecológico e, por conseguinte, ao desenvolvimento sustentável.[24]

Francisco continua com o seu olhar sobre a realidade atual destacando a importância da ÉTICA no exercício da economia e da política porque, "em última instância, a ética leva a Deus que espera uma resposta comprometida que está fora das categorias do mercado".[25] Com suma contundência, afirma que "o dinheiro deve servir, e não governar!"[26] e faz suas as palavras de São João Crisóstomo: "Não fazer os pobres participar dos seus próprios bens é roubá-los e tirar-lhes a vida. Não são nossos, mas deles, os bens que aferrolhamos".[27]

Em continuidade com o tesouro da Doutrina Social da Igreja, o Papa Francisco reconhece

a função social da propriedade e o destino universal dos bens como realidades anteriores à propriedade privada. A posse privada dos bens justifica-se para cuidar deles e aumentá-los de modo que sirvam melhor o bem comum, pelo que a solidariedade deve ser vivida como a decisão de devolver ao pobre o que lhe corresponde.[28]

3.3 Não à iniquidade que gera violência

Na *Evangelii Gaudium*, Francisco deixa bem clara a relação existente entre exclusão e violência:

---

[22] EG 55.
[23] EG 55.
[24] EG 57.
[25] EG 57.
[26] EG 58.
[27] EG 58.
[28] EG 189.

Hoje, em muitas partes, reclama-se maior segurança. Mas, enquanto não se eliminarem a exclusão e a desigualdade dentro da sociedade e entre os vários povos, será impossível desarreigar a violência. [...] Isto não acontece apenas porque a desigualdade social provoca a reação violenta de quantos são excluídos do sistema, mas porque o sistema social e econômico é injusto na sua raiz.[29]

Aos que consideram que a paz e a segurança são possíveis com a repressão e as armas, o papa afirma: "as armas e a repressão violenta, mais do que dar solução, criam novos e piores conflitos".[30]

Ele também censura que, para silenciar os pobres, se pretenda oferecer-lhes "uma 'educação' que os tranquilize e transforme em seres domesticados e inofensivos".[31]

3.4 Não a um modelo que deteriora a casa de todos

Em sua Encíclica *Laudato Si'*, o Papa Francisco recorda-nos que não existem atualmente duas crises separadas, uma dos pobres e outra do meio ambiente, mas uma única crise integral que atenta contra a vida e a criação e que, por isso, "as diretrizes para a solução requerem uma abordagem integral para combater a pobreza, devolver a dignidade aos excluídos e, simultaneamente, cuidar da natureza".[32]

Ao indicar as causas dessa crise socioambiental, o Santo Padre denuncia:

> O ritmo de consumo, desperdício e alteração do meio ambiente superou de tal maneira as possibilidades do planeta, que o estilo de vida atual – por ser insustentável – só pode desembocar em catástrofes, como, aliás, já está acontecendo periodicamente em várias regiões.[33]

---

[29] EG 59.

[30] EG 60.

[31] EG 60.

[32] PAPA FRANCISCO. Carta Encíclica *Laudato Si'*, sobre o cuidado da casa comum. São Paulo: Paulus/Loyola, 2015, n. 139. Daqui em diante = LS.

[33] LS 161.

3.5 Rostos sofredores no coração de Francisco

Tal como fizeram os documentos do episcopado latino-americano, que nos convidaram a reconhecer Cristo nos rostos sofredores dos irmãos que padecem miséria e exclusão, Francisco faz suas as palavras dos bispos do Brasil:

> Desejamos assumir, a cada dia, as alegrias e esperanças, as angústias e tristezas do povo brasileiro, especialmente das populações das periferias urbanas e das zonas rurais – sem terra, sem teto, sem pão, sem saúde – lesadas em seus direitos. Vendo a sua miséria, ouvindo os seus clamores e conhecendo o seu sofrimento, escandaliza-nos o fato de saber que existe alimento suficiente para todos e que a fome se deve à má repartição dos bens e da renda. O problema se agrava com a prática generalizada do desperdício.[34]

Olhando a realidade, Francisco chama a nossa atenção: "Não podemos ignorar que, nas cidades, facilmente se desenvolve o tráfico de drogas e de pessoas, o abuso e a exploração de menores, o abandono de idosos e doentes, várias formas de corrupção e crime".[35] Para ele, há questões que precisam ser respondidas: "Onde está o teu irmão escravo? Onde está o irmão que estás matando cada dia na pequena fábrica clandestina, na rede da prostituição, nas crianças usadas para a mendicidade, naquele que tem de trabalhar às escondidas porque não foi regularizado?".[36] E apela a contemplarmos Jesus crucificado nos dependentes de drogas, nos refugiados, nos povos indígenas, nos idosos sempre mais sozinhos e abandonados.[37]

3.6 Cultura da morte

O tema da *cultura antivida* não poderia ficar fora do olhar para a realidade:

---

[34] EG 191.

[35] EG 75.

[36] EG 211.

[37] EG 210.

Entre estes seres frágeis, de que a Igreja quer cuidar com predileção, estão também os nascituros, os mais inermes e inocentes de todos, a quem hoje se quer negar a dignidade humana para poder fazer deles o que apetece, tirando-lhes a vida e promovendo legislações para que ninguém o possa impedir.[38]

Esclarece o sucessor de Pedro: "Não é opção progressista pretender resolver os problemas, eliminando uma vida humana".[39]

Pois bem, Francisco aborda este tema em chave de misericórdia:

Mas é verdade também que temos feito pouco para acompanhar adequadamente as mulheres que estão em situações muito duras, nas quais o aborto lhes aparece como uma solução rápida para as suas profundas angústias, particularmente quando a vida que cresce nelas surgiu como resultado duma violência ou num contexto de extrema pobreza. Quem pode deixar de compreender estas situações de tamanho sofrimento?[40]

O papa repele, ainda, os atentados contra a família, fundada na união amorosa entre um homem e uma mulher, como também a pretensão que muitos países têm de aprovar o matrimônio igualitário ou a adoção de crianças por casais homossexuais. Sem deixar de defender a dignidade humana das pessoas com tendências homossexuais e de convocar a Igreja a acolhê-las e acompanhá-las pastoralmente, Francisco põe-se em defesa da família como célula fundamental da sociedade e da Igreja doméstica.

4. Iluminar a realidade

Os sinais da realidade que nos questionam devem ser iluminados à luz da Palavra de Deus, para descobrir neles qual é a vontade do Senhor e o que nós, cristãos, devemos fazer em vista da sua transformação. Nessa ordem de ideias, Francisco afirma: "O querigma possui um conteúdo inevitavelmente social: no próprio coração do Evangelho, aparece

---

[38] EG 213.

[39] EG 214.

[40] EG 214.

a vida comunitária e o compromisso com os outros".[41] O Compêndio da Doutrina Social da Igreja destaca que "Deus, em Cristo, redime não somente a pessoa individual, mas também as relações sociais entre os homens".[42]

Em continuidade com os seus antecessores, Francisco pontua a íntima conexão que há entre evangelização e promoção humana,[43] e faz suas as palavras de Bento XVI: "*também* o serviço da caridade é uma dimensão constitutiva da missão da Igreja e expressão irrenunciável da sua própria essência".[44] Para ele, em sintonia com o Documento de Aparecida, "nada do humano pode lhe parecer estranho".[45]

Por isso, para Francisco,

> "não se pode afirmar que a religião deve limitar-se ao âmbito privado e serve apenas para preparar as almas para o céu";[46] "ninguém pode exigir-nos que releguemos a religião para a intimidade secreta das pessoas, sem qualquer influência na vida social e nacional, sem nos preocupar com a saúde das instituições da sociedade civil, sem nos pronunciar sobre os acontecimentos que interessam aos cidadãos. [...] Uma fé autêntica – que nunca é cômoda nem individualista – comporta sempre um profundo desejo de mudar o mundo, transmitir valores, deixar a terra um pouco melhor depois da nossa passagem por ela".[47]

4.1 Palavra e vida

Para Francisco, "basta percorrer as Escrituras, para descobrir como o Pai bom quer ouvir o clamor dos pobres" (Ex 3,7-8,10).[48] Mais ainda, se permanecermos unidos a Deus, é impossível não ouvirmos o clamor dos pobres: "ficar surdo a este clamor, quando somos os instrumentos de Deus para ouvir o pobre, coloca-nos fora da vontade do Pai e do seu

---

[41] EG 177.
[42] CDSI 52.
[43] EG 178.
[44] EG 179.
[45] EG 181.
[46] EG 182.
[47] EG 183.
[48] EG 187.

projeto".[49] Ser solidário ou não com o pobre tem tudo a ver com a nossa relação com Deus.

Ao percorrer o Evangelho, percebemos que "no coração de Deus, ocupam lugar preferencial os pobres, tanto que até ele mesmo 'Se fez pobre'" (2Cor 8,9).[50] O estilo de vida de Jesus, a sua pregação, as suas opções deixam claro que se torna imperativo, para quem deseja segui-lo, não apenas ouvir o clamor do pobre, mas deixar que ele se faça carne na própria vida.[51] Como Igreja, precisamos ter presente o critério-chave que nos indica se estamos correndo em vão, isto é, o não esquecimento dos pobres (Gl 2,10).[52]

5. Transformar a realidade: a opção pelos pobres

Francisco deixa claro que "a Igreja fez uma opção pelos pobres" e, por isso, ele mesmo deseja "uma Igreja pobre para os pobres".[53] Para o sucessor de Pedro, na Igreja "há um sinal que nunca deve faltar: a opção pelos últimos, por aqueles que a sociedade descarta e lança fora".[54] "Ninguém pode sentir-se exonerado da preocupação pelos pobres e pela justiça social."[55]

O papa convoca a Igreja a seguir com radicalidade evangélica os passos de Jesus que, com sua vida e sua palavra, anunciou a Boa-Nova aos pobres, indicando que deles é o Reino de Deus (cf. Lc 4,18; Mt 5,3). Citando Bento XVI, Francisco afirma que "não devem subsistir dúvidas nem explicações que debilitem esta mensagem claríssima. Hoje e sempre, os pobres são os destinatários privilegiados do Evangelho".[56]

---

[49] EG 187.

[50] EG 197.

[51] EG 193.

[52] EG 195. Vale a pena considerar a belíssima reflexão proposta por Francisco em EG 186-201.

[53] EG 198.

[54] EG 195.

[55] EG 201.

[56] EG 48.

Na esteira da Instrução *Libertatis Nuntius,* Francisco assume que "o zelo pela justiça e pela paz, o sentido evangélico dos pobres e da pobreza são exigidos a todos" e, por isso, afirma que "ninguém deveria dizer que se mantém longe dos pobres, porque as suas opções de vida implicam prestar mais atenção a outras incumbências".[57] Se ficamos escandalizados com o fato de que numa paróquia ou comunidade cristã não se celebre a Eucaristia, também nos deveríamos escandalizar com o fato de que nessa paróquia não se trabalhe a serviço dos pobres.

> Qualquer comunidade da Igreja, na medida em que pretender subsistir tranquila, sem se ocupar criativamente nem cooperar de forma eficaz para que os pobres vivam com dignidade e haja a inclusão de todos, correrá também o risco da sua dissolução, mesmo que fale de temas sociais ou critique os governos. Facilmente acabará submersa pelo mundanismo espiritual, dissimulado em práticas religiosas, reuniões infecundas ou discursos vazios.[58]

Neste sentido, Francisco resume: "Para a Igreja, a opção pelos pobres é mais uma categoria teológica que cultural, sociológica, política ou filosófica".[59] E, em continuidade com Bento XVI, afirma que a opção pelos pobres "está implícita na fé cristológica",[60] ou seja, não é um anexo ou um conjunto de atividades filantrópicas. A opção pelos pobres é parte essencial do compromisso cristão. Sem ela a essência genuína do Evangelho fica atraiçoada, a ponto de podermos afirmar que "todo o caminho da nossa redenção está assinalado pelos pobres".[61]

5.1 Em tudo, amar e servir

Tendo presente todos esses elementos, como concretizar a opção pelos pobres?

Segundo a *Evangelii Gaudium,* a opção pelos pobres deve ser feita em vários níveis.

---

[57] EG 201.

[58] EG 207.

[59] EG 198.

[60] EG 198.

[61] EG 197.

O primeiro deles é o que chamamos assistencial: "gestos mais simples e diários de solidariedade para com as misérias muito concretas que encontramos".[62] A Igreja, de fato, deve fazer-se presente e acompanhar os que sofrem, choram, nada têm, os últimos, rechaçados e esquecidos. Algumas dessas situações dramáticas exigem respostas assistenciais, imediatas, que não podem esperar: dar de comer, vestir, consolar, acompanhar para uma boa morte, hospedar, refugiar, atender vitimados, reconstruir casas, escolas, hospitais etc.

Entretanto, o Papa Francisco convida-nos a caminhar para "uma promoção integral dos pobres que supere o mero assistencialismo",[63] pontuando que "os planos de assistência, que acorrem a determinadas emergências, deveriam considerar-se apenas como respostas provisórias".[64] E alerta:

> nossa resposta de amor também não deveria ser entendida como uma mera soma de pequenos gestos pessoais a favor de alguns indivíduos necessitados, o que poderia constituir uma "caridade por receita", uma série de ações destinadas apenas a tranquilizar a própria consciência.[65]

O segundo nível envolve, então, "promover o desenvolvimento integral dos pobres".[66] Este é o nível das obras educativas, do estímulo à economia solidária e ao cooperativismo, às organizações comunitárias, nas quais o pobre não é sujeito passivo, receptor de dádivas, mas é o sujeito protagonista na luta para conquistar o seu desenvolvimento humano, integral e solidário.

Em relação ao compromisso de promover a dignidade e o desenvolvimento humano, Francisco afirma que "cada cristão e cada comunidade são chamados a ser instrumentos de Deus a serviço da libertação e promoção dos pobres".[67] A nossa opção pelos pobres, portanto, também

---

[62] EG 188.
[63] EG 204.
[64] EG 202.
[65] EG 180.
[66] EG 188.
[67] EG 187.

exige a "Cooperação para resolver as causas estruturais da pobreza".[68] Eis aqui o terceiro nível, também chamado de libertação. Com o olhar mais aguçado sobre as causas que empobrecem as maiorias, diz o papa:

> A necessidade de resolver as causas estruturais da pobreza não pode esperar. [...] Enquanto não forem radicalmente solucionados os problemas dos pobres, renunciando à autonomia absoluta dos mercados e da especulação financeira e atacando as causas estruturais da desigualdade social, não se resolverão os problemas do mundo e, em definitivo, problema algum. A desigualdade é a raiz dos males sociais.[69]

Trata-se de uma opção política, pelo bem comum, pelo ser humano, na perspectiva dos direitos humanos: "Não se fala apenas de garantir a comida ou um decoroso 'sustento' para todos, mas 'prosperidade e civilização em seus múltiplos aspectos'. Isso engloba educação, acesso aos cuidados de saúde e especialmente trabalho".[70]

6. Alguns temas-chave para o coração de Francisco

Em sua viagem apostólica ao México, em 17 de fevereiro de 2016, o papa visitou a Área da Feira de Ciudad Juárez, justamente na fronteira com os Estados Unidos, por El Paso, Texas. Sua presença nesse lugar foi em si mesma uma grande mensagem às Igrejas e aos Estados dos dois lados da fronteira. O Santo Padre fez uma oração por aqueles que perderam a vida na tentativa de chegar a um lugar que lhes promete melhor qualidade de vida. E, durante a celebração da missa, em sua homilia, disse:

> Não podemos negar a crise humanitária que, nos últimos anos, levou à migração de milhares de pessoas, quer por via ferroviária ou rodoviária, quer mesmo a pé atravessando centenas de quilômetros de montanhas, desertos, caminhos inóspitos. Hoje, esta tragédia humana que é a migração forçada, tornou-se um fenômeno global. Esta crise que se

---

[68] EG 188.

[69] EG 202.

[70] EG 192.

pode medir em números, queremos medi-la por nomes, por histórias, por famílias. São irmãos e irmãs que partem, forçados pela pobreza e a violência, pelo narcotráfico e o crime organizado. No meio de tantas lacunas legais, estende-se uma rede que apanha e destrói sempre os mais pobres. À pobreza que já sofrem, vem juntar-se o sofrimento de todas estas formas de violência. Uma injustiça que se radicaliza ainda mais contra os jovens: como "carne de canhão", eles veem-se perseguidos e ameaçados quando tentam sair da espiral de violência e do inferno das drogas. E que dizer de tantas mulheres a quem arrebataram injustamente a vida?[71]

Os migrantes, em sua imensa maioria, não saem do seu país simplesmente porque querem, mas o fazem em geral com a tristeza de se verem obrigados a abandonar suas famílias, procurando fugir da miséria e da falta de oportunidades.

Nos vários países latino-americanos, degenerou-se uma espécie de febre de corrupção da classe governante, que vai submergindo os povos numa pobreza que cresce a passos gigantes. Muitos governos chegam ao poder graças ao apoio econômico do crime organizado, e depois, ao chegar ao poder, ficam comprometidos a deixar atuar impunemente os criminosos.

E eis novamente a palavra profética do Papa Francisco por ocasião do Dia Mundial do Migrantes e do Refugiado, em 2016:

> Neste nosso tempo, os fluxos migratórios aparecem em contínuo aumento por toda a extensão do planeta: prófugos e pessoas em fuga da sua pátria interpelam os indivíduos e as coletividades, desafiando o modo tradicional de viver e, por vezes, transtornando o horizonte cultural e social com o qual se confrontam. Com frequência sempre maior, as vítimas da violência e da pobreza, abandonando as suas terras de origem, sofrem o ultraje dos traficantes de pessoas humanas na viagem rumo ao sonho dum futuro melhor. Se, entretanto, sobrevivem

---

[71] PAPA FRANCISCO. Homilia pronunciada durante a missa celebrada em Área da Feira de Ciudad Juárez, em 17 de fevereiro de 2016. Disponível em: <http://w2.vatican.va/content/francesco/pt/homilies/2016/documents/papa-francesco_20160217_omelia-messico-ciudad-jaurez.html>. Acesso em: 20/05/2016.

aos abusos e às adversidades, devem enfrentar realidades onde se aninham suspeitas e medos.[72]

Diante dessa urgência, recentemente, na cidade de Tegucigalpa, Honduras, convocados pelo Departamento de Justiça e Solidariedade do Conselho Episcopal Latino-Americano (CELAM), bispos, padres, religiosos, religiosas e leigos que trabalham no campo da Pastoral da Mobilidade Humana de diversos países do continente, concordamos em criar o Comitê Latino-Americano de Mobilidade Humana e Refúgio – CLAMOR. Tal comitê permitirá articular os esforços das diversas realidades eclesiais que trabalham na atenção pastoral aos migrantes, refugiados e vítimas do tráfico de pessoas. O CLAMOR deseja ser uma experiência de comunhão eclesial a serviço dos irmãos e irmãs que dia a dia arriscam suas vidas tentando chegar à terra prometida, com melhores condições de vida para suas famílias.

Outro tema de interesse especial no coração de Francisco está relacionado com a ecologia integral. A sua Carta Encíclica *Laudato Si'* é um hino à vida e à criação e foi muito bem acolhida não apenas no interior da Igreja Católica, como também pelas diversas religiões e pela sociedade civil. O que preocupa Francisco é a violenta e progressiva deterioração da nossa Casa comum, como consequência de um modelo socioeconômico depredador e excludente e, especialmente, da ação das empresas mineradoras e extrativas.

O papa solicita de nós um interesse especial pela defesa dos povos e das culturas indígenas, que vivem em total harmonia com a terra e a natureza; que defendamos as suas vidas, os seus direitos e o seu território; que os ajudemos a descobrir Deus presente na Criação desde as suas cosmovisões. Destaco, nessa área, o trabalho realizado pela Rede Eclesial Pan-Amazônica (REPAM) e pela Rede Igreja e Mineração, experiências no seio da Igreja latino-americana que estão respondendo à inadiável tarefa de defender a vida e a Criação, na chave da *Laudato Si'*.

---

[72] Id. Mensagem para o Dia Mundial do Migrante e do Refugiado (17 de janeiro de 2016). Disponível em: <https://w2.vatican.va/content/francesco/pt/messages/migration/documents/papa-francesco_20150912_world-migrants-day-2016.html>. Acesso em: 20/05/2016.

Conclusão

A Exortação Apostólica *Evangelii Gaudium* pede-nos que nos conectemos com o futuro com esperança. "Onde parecia que tudo morreu, voltam a aparecer, por todos os lados, os rebentos da ressurreição."[73]

Francisco apresenta-nos Maria como modelo de evangelizadora, como mulher comprometida com o seu povo, que soube encarnar o Verbo de Deus em seu ventre e em sua vida. E com estas palavras cheias de ternura e amor pela Mãe, exclama: "Como Mãe de todos, é sinal de esperança para os povos que sofrem as dores do parto até que germine a justiça".[74]

> Fixando-a, descobrimos que aquela que louvava a Deus porque "derrubou os poderosos de seus tronos" e "aos ricos despediu de mãos vazias" (Lc 1,52.53) é a mesma que assegura o aconchego de um lar à nossa busca de justiça. [...] Pedimos-lhe que nos ajude, com a sua oração materna, para que a Igreja se torne uma casa para muitos, uma mãe para todos os povos, e torne possível o nascimento dum mundo novo.[75]

Definitivamente, os POBRES NÃO PODEM ESPERAR. Longe da cômoda cumplicidade com um sistema gerador de morte; do fechamento em rituais e solenidades distantes do compromisso com os irmãos que sofrem; do luxo, do prestígio e do poder que exclui, marginaliza e distancia uns dos outros, a Alegria do Evangelho deve nascer de um caminho de conversão autêntica que nos permita reconhecer, amar e servir o Cristo presente nos crucificados do mundo, para alcançar com eles a Páscoa libertadora, que permita que todos "tenhamos vida em abundância" (Jo 10,10).

Francisco apresentou-nos o seu "programa". Oxalá estejamos dispostos a caminhar com ele pelos caminhos do amor libertador, sendo dóceis ao Espírito que sopra *desde o fim do mundo!*

---

[73] EG 276.

[74] EG 286.

[75] EG 288.

Referências bibliográficas

CONFERENCIA DEL EPISCOPADO MEXICANO. COMISIÓN EPISCOPAL PARA LA PASTORAL SOCIAL. *Directorio para la Pastoral Social en Mexico*. Mexico: Centro de Estudios y Promoción Social, 2008.

PAPA FRANCISCO. Exortação Apostólica *Evangelii Gaudium*, sobre o anúncio do Evangelho no mundo atual. São Paulo: Paulus/Loyola, 2013.

_____. Carta Encíclica *Laudato Si'*, sobre o cuidado da casa comum. São Paulo: Paulus/Loyola, 2015.

_____. Homilia pronunciada durante a missa celebrada em Área da Feira de Ciudad Juárez, em 17 de fevereiro de 2016. Disponível em: <http://w2.vatican.va/content/francesco/pt/homilies/2016/documents/papa-francesco_20160217_omelia-messico-ciudad--jaurez.html>. Acesso em: 20/05/2016.

_____. Mensagem para o Dia Mundial do Migrante e do Refugiado (17 de janeiro de 2016). Disponível em: <https://w2.vatican.va/content/francesco/pt/messages/migration/documents/papa-francesco_20150912_world-migrants-day-2016.html>. Acesso em: 20/05/2016.

PONTIFÍCIO CONSELHO "JUSTIÇA E PAZ". *Compêndio da Doutrina Social da Igreja*. 7. ed. São Paulo: Paulinas, 2011.

2

A Doutrina Social da Igreja e o cuidado misericordioso com os mais frágeis

Rosana Manzini *

Introdução

Se não quisermos reduzir a reflexão ética sobre nossa sociedade atual a conceitos abstratos e a uma leitura simplista da realidade, precisamos propor uma análise que brote de dentro desta mesma sociedade. Vivemos numa sociedade complexa, que está em constante busca de sentido. As pessoas que fazem parte desta sociedade, também elas em busca de sentido e de autocompreensão, são constantemente remetidas à esfera do privado para encontrar o sentido que tanto buscam.

O problema é que nos deparamos com um contexto de profunda pobreza, crescente violência, escandalosa injustiça, sistêmica corrupção, alarmantes processos migratórios, persistente violação dos direitos humanos, frutos do fracasso de modelos econômicos e políticos que não cumpriram seu papel de dar possibilidades de vida digna aos seus cidadãos. Tudo isso, pela imensidade das questões que envolve, provoca

---

* Rosana Manzini é mestre em Teologia Prática (Pontifícia Universidade Católica – São Paulo) e em Teologia Moral (Pontifícia Faculdade de Teologia Nossa Senhora da Assunção – São Paulo), chefe do Departamento de Teologia Prática e professora da PUC-SP, diretora de operações da Unidade São Paulo do Centro Universitário Salesiano de São Paulo (UNISAL) e membro da coordenação-geral da REDLAPSI (Rede Latino-Americana do Pensamento Social da Igreja).

apatia, descrença, desesperança. Se, por um lado, nem todos estão preocupados com a situação, por outro, há aqueles que, mesmo preocupados, não sabem o que fazer e com quem contar. E o que é pior: há aqueles que provocam, favorecem e se beneficiam de todas essas desgraças e não têm nenhum interesse de que a realidade seja transformada. Somos desafiados, portanto, pela exclusão e pela inequidade, a dar uma contribuição que possa gerar uma sociedade onde a desigualdade não continue ferindo, dominando, imperando.

É função da moral social cristã iluminar a difícil relação entre os níveis pessoal, social, jurídico e ético das questões antes elencadas, assim como é tarefa da Doutrina Social da Igreja, tão desconhecida pela maioria das pessoas, aportar, a partir das suas fontes primárias e do seu percurso histórico, possíveis propostas éticas que respondam aos anseios de uma sociedade justa e equitativa, que superem processualmente uma leitura individualista da organização social atual, que favoreçam novas formas de transformação que objetivem a dignidade de cada pessoa e de todas as pessoas e priorizem a concepção de que o fundamento e o fim de toda sociedade é a responsabilidade e o cuidado de seus membros, sobretudo dos mais frágeis e vulneráveis.

1. A grande inversão de valores

Inácio Neutzling nos oferece uma chave de leitura da realidade atual, quando aponta para um sistema sociopolítico e econômico que não tem como eixo norteador o bem comum e a justiça e, como consequência, impede que se olhe para o conjunto da sociedade e dos problemas sociais:

> O neoindividualismo torna a ação coletiva cada vez mais difícil na medida em que o social como princípio de experiência comunitária desaparece. O indivíduo é concebido na sua identidade abstraindo das suas relações com os demais. Há aqui uma negação da alteridade que significa uma quebra da inter-relacionalidade. A presença do outro não mais suscita apelo à colaboração, mas sim desejo de instrumentalização. Tornamo-nos uma multidão anônima, sem rosto, raízes ou futuro.[1]

---

[1] NEUTZLING, Inácio. Por um milênio sem exclusões: o desafio da construção da igualdade. *Encontros Teológicos* 27 (1999): 75.

O Papa Francisco, por sua vez, denuncia corajosamente essa realidade mostrando os frutos amargos que são produzidos por esse sistema excludente:

> Assim como o mandamento "não matar" põe um limite claro para assegurar o valor da vida humana, assim também hoje devemos dizer "não a uma economia da exclusão e da desigualdade". Esta economia mata. Não é possível que a morte por enregelamento dum idoso sem abrigo não seja notícia, enquanto o é a descida de dois pontos na Bolsa. Isto é exclusão. Não se pode tolerar mais o fato de se lançar comida no lixo, quando há pessoas que passam fome. Isto é desigualdade social. Hoje, tudo entra no jogo da competitividade e da lei do mais forte, onde o poderoso engole o mais fraco. Em consequência desta situação, grandes massas da população veem-se excluídas e marginalizadas: sem trabalho, sem perspectivas, num beco sem saída. O ser humano é considerado, em si mesmo, como um bem de consumo que se pode usar e depois lançar fora. Assim teve início a cultura do "descartável", que, aliás, chega a ser promovida. Já não se trata simplesmente do fenômeno de exploração e opressão, mas duma realidade nova: com a exclusão, fere-se, na própria raiz, a pertença à sociedade onde se vive, pois quem vive nas favelas, na periferia ou sem poder já não está nela, mas fora. Os excluídos não são "explorados", mas resíduos, "sobras".[2]

Apesar de todos os avanços conquistados e de tecnologias altamente desenvolvidas em todos os setores, verificamos que um enorme contingente humano está excluído de bens básicos como saúde, educação, alimentação, moradia, trabalho, terra etc. Estamos diante da negação da dignidade, cujo resultado é uma enorme massa de sobrantes, de descartáveis.

Se não bastasse isso, o próprio planeta está sendo privatizado. O sistema vigente tem como um dos seus eixos a privatização da *res publica* conquistada através de uma política neoliberal. Vemos hoje bens públicos básicos sendo apossados pelas grandes corporações, tornando-os cada vez mais inacessíveis aos pobres do mundo.

---

[2] PAPA FRANCISCO. Exortação Apostólica *Evangelli Gaudium*, sobre o anúncio do Evangelho no mundo atual. São Paulo: Paulinas, 2013, n. 53. Daqui em diante = EG.

O nosso mundo começa o novo milênio carregado com as contradições de um crescimento econômico, cultural e tecnológico que oferece a poucos afortunados grandes possibilidades e deixa milhões e milhões de pessoas não só à margem do progresso, mas a braços com condições de vida muito inferiores ao mínimo que é devido à dignidade humana.[3]

A grande questão é a injusta distribuição de bens, ou seja, a falta de partilha e de uma justa distribuição dos recursos disponíveis no nosso planeta terra.

Quanto maior a acumulação de uns poucos, maior a privação de muitos. A pobreza alastra-se como uma praga. Há quem defenda que há excesso de bocas. Não é verdade. Somos 6 bilhões de habitantes neste mundo que produz grãos suficientes para alimentar o dobro da população mundial. A carência não é de bens. É de justiça.[4]

O sistema neoliberal é intrinsecamente ligado à lógica instrumental, ou seja, tudo é em função do lucro. A cultura neoliberal conseguiu deslocar a realidade humana do eixo da alteridade para o eixo da individualidade, ou seja, a vida gira somente em torno do indivíduo, a serviço do qual todos e tudo se devem colocar. De fato, nunca se viu tanta preocupação pelas coisas privadas, a ponto de serem sacralizadas, e, ao mesmo tempo, tanta desvalorização e desrespeito pelas coisas públicas.

2. *Imago Dei,* fundamento da dignidade humana

De acordo com a Doutrina Social da Igreja, "o homem é necessariamente fundamento, causa e fim de todas as instituições sociais".[5] É a dignidade da pessoa que constitui o ponto focal de toda reflexão sobre a eticidade da convivência. A dignidade da pessoa precede e fundamenta

---

[3] PAPA JOÃO PAULO II. Carta Apostólica *Novo Millennio Ineunte.* 12. ed. São Paulo: Paulinas, 2003, n. 50.

[4] FREI BETTO. A praga da pobreza. *Folha de S.Paulo. Opinião* (27/09/2000). Disponível em: <http://www1.folha.uol.com.br/fsp/opiniao/fz2709200009.htm>. Acesso em: 30/11/2017.

[5] PAPA JOÃO XXIII. Carta Encíclica *Mater et Magistra,* sobre a recente evolução da questão social à luz da doutrina cristã. 11. ed. São Paulo: Paulinas, 2011, n. 219.

os seus direitos. É ela que deve estar no centro de toda ética econômica e política.

É comum chamar em causa a *dignidade do homem* quando se discutem temas relacionados com a ética econômica e política, não importa qual seja a ideologia, o sistema, o partido. Todos parecem comprometidos em defender que as instituições sociais estejam a serviço da pessoa. Não obstante, é evidente que existem divergências a respeito dos pressupostos que fundamentam as diversas teorias. Não há um fundamento comum em relação à razão última que justifica não apenas a *dignidade da pessoa humana* e, consequentemente, a prioridade que deve ser dada a ela.

De onde deriva a dignidade do homem? A resposta da Doutrina Social da Igreja é clara: do fato de ser "Imagem de Deus".[6] Esta doutrina é o núcleo da revelação cristã, que deriva da profissão de fé num Deus Criador. A compreensão do homem como *Imago Dei* é o fundamento ontológico do respeito à dignidade humana. Trata-se de uma antropologia que vê em cada pessoa a mesma imagem viva do Deus em que se crê. E é dela que deriva uma determinada concepção ética, porque parte do pressuposto do respeito absoluto e incondicional a esta dignidade.

> *A Igreja, com a sua doutrina social, oferece sobretudo uma visão integral e uma plena compreensão do homem, em sua dimensão pessoal e social. A antropologia cristã, desvelando a dignidade inviolável de toda pessoa, introduz as realidades do trabalho, da economia, da política em uma perspectiva original, que ilumina os autênticos valores humanos e inspira e sustém o empenho do testemunho cristão nos multíplices âmbitos da vida pessoal, cultural e social. [...] Nesse sentido, a doutrina social põe de manifesto como o fundamento da moralidade de todo o agir social consiste no desenvolvimento humano da pessoa e individua a norma da ação social na correspondência ao verdadeiro bem da humanidade e no empenho de criar condições que permitam a todo homem atuar a sua vocação integral.[7]*

---

[6] PONTIFÍCIO CONSELHO "JUSTIÇA E PAZ". *Compêndio da Doutrina Social da Igreja*. 7. ed. São Paulo: Paulinas, 2011, n. 108-123. Daqui em diante = CDSI.

[7] CDSI 522.

A Doutrina Social da Igreja afirma categoricamente a inviolabilidade da pessoa humana, por ser *Imago Dei*. É dessa concepção que deriva a obrigatoriedade da defesa e da tutela dos direitos necessários, inclusive da denúncia de qualquer ação que venha a negar, abolir, impedir ou desrespeitar qualquer um desses direitos. E a justiça é o centro dessa prática, pois é ela que avalia e tutela a dignidade do ser humano, regulando a reciprocidade de direitos e deveres entre os cidadãos.

Com efeito, a justiça protege e garante os direitos e deveres fundamentais, observa e julga as condições que afetam os diversos setores da sociedade, vigia e guia as disparidades de oportunidades econômicas e orienta as circunstâncias sociais de modo que favoreçam a convivência pacífica dos povos.

A justiça ocupa no âmbito da práxis o que a verdade representa no campo da teoria. Neste sentido, a "verdade" e a "justiça" cobrem os dois lados mais decisivos da existência humana: o pensamento e vida. Para o filósofo contemporâneo John Rawls, a justiça

> é a primeira virtude das instituições sociais, como a verdade é para os sistemas de pensamento. Uma teoria, por mais atrativa que seja, tem que ser rechaçada ou revista se não for verdadeira; de igual modo, não importa que as leis e instituições estejam ordenadas e sejam eficientes: se são injustas têm que ser reformadas ou abolidas.[8]

Em outras palavras, assim como a verdade é a garantia dos sistemas de pensamento, a justiça é a garantia das leis que regulam os sistemas políticos e econômicos a ponto de ser impossível ordenar a vida social mediante relações injustas.[9]

A justiça, no campo das relações sociais, ocupa um lugar de primeira ordem, dado que sua missão é alcançar uma situação equitativa nas estruturas básicas da sociedade, entre as que destacam as condições econômicas e as instituições políticas.

---

[8] RAWLS, John. *Teoria de la justicia*. México-Buenos Aires: Fondo de Cultura Económica, 1979, p. 19.

[9] CDSI 81-82.

3. A contribuição da Doutrina Social da Igreja

Além do fato de termos sido todos criados à *Imago Dei*, Deus se tornou Pai de todos por meio de Jesus, o qual nos introduziu na magnífica experiência da paternidade divina e nos fez a todos irmãos (Jo 1,12). Disso deriva que somos chamados a amar como Deus Pai nos ama. Do fato de sermos filhos do mesmo Pai e, portanto, irmãos, deriva um específico modo de agir e amar. Se nos tornamos filhos no Filho, fixar os olhos em Jesus e fazer as opções que ele fez não é apenas um indicativo, mas um imperativo. E Jesus optou por fazer-se significativo na vida de todos, sobretudo do mais marginalizados, excluídos e discriminados. A opção de Jesus foi sempre pela inclusão, e nunca o contrário.[10]

A Doutrina Social da Igreja, partindo desses fundamentos, deve nortear a edificação de uma sociedade caracterizada pela preocupação com a defesa da dignidade humana, fazendo com que cada pessoa tenha acesso e participe dos bens necessários para sua realização: "Com a sua Doutrina Social a Igreja assume a tarefa de anúncio que o Senhor lhe confiou. Ela atualiza no curso da história a mensagem de libertação e de redenção de Cristo, o Evangelho do Reino".[11] Dessa forma, a Doutrina Social da Igreja se pronunciará sempre contra tudo o que favorece ou leva à exclusão, marginalização, opressão e contra tudo o que fere e atenta contra a dignidade humana e os direitos fundamentais do humano.[12]

Mas há algo importante a ser notado: a Doutrina Social da Igreja, infelizmente, continua sendo uma grande desconhecida, principalmente pelos sujeitos de quem se espera um comprometimento maior. É um tesouro escondido, e, embora tenhamos o mapa para encontrá-lo, nem todos têm noção da riqueza que está à sua disposição.

Ao longo da sua trajetória histórica, a Doutrina Social da Igreja foi respondendo às diversas questões sociais epocais, como, por exemplo, a questão operária, cerne da *Rerum Novarum*, até o problema da ecologia

---

[10] ZACHARIAS, Ronaldo. Exigências para uma moral inclusiva. In: MILLEN, Maria Inês de Castro; ZACHARIAS, Ronaldo (Org.). *O imperativo ético da misericórdia*. Aparecida: Santuário, 2016, p. 221-243.

[11] CDSI 63.

[12] CDSI 152-159.

humana, cerne da *Laudato Si'*, de Francisco. Desde seu início, ela busca indicar o reto caminho para a solução de problemas contemporâneos. Apesar disso, aqueles que trabalham com ela têm sempre de "explicar" que se trata de uma doutrina que se fundamenta na Sagrada Escritura e que propõe uma leitura dos acontecimentos na perspectiva evangélica e em continuidade com a Tradição da Igreja. Não é possível, hoje, em sua missão evangelizadora, os cristãos prescindirem dos ensinamentos de tal doutrina.

O que a Doutrina Social da Igreja faz é dar à pessoa e, em especial, aos grupos mais fragilizados e vulneráveis, o lugar central no processo de desenvolvimento social.[13] A Igreja não pode desinteressar-se da crise que assola muitos países, fruto de uma complexa série de fatores. Faz parte de sua missão anunciar e testemunhar as verdades que devem iluminar tanto a convivência social quanto a edificação de uma sociedade mais justa, solidária, fraterna e caridosa. E isso só será possível quando a dignidade humana for reconhecida em cada pessoa e em todas as pessoas e, por isso, respeitada de modo incondicional e absoluto.

4. Que ninguém se faça de distraído!

Resulta evidente, a este ponto, que a Igreja é o "sujeito vivo" também da sua Doutrina Social. Diante dos muitos problemas da atual sociedade pluralista na qual vivemos, a comunidade cristã é chamada a testemunhar e a repropor uma moral que seja humanamente autêntica e profundamente cristã. A fé que não se manifesta na caridade é desfigurada, incompreensível. A fé exige a manifestação da caridade, de um amor que se comprometa com a libertação dos pobres (Tg 2,14-26). Para Francisco, trata-se de "uma mensagem tão clara, tão direta, tão simples e eloquente que nenhuma hermenêutica eclesial tem o direito de relativizar".[14] E, recordando as palavras de Paulo aos gálatas, afirma que "o critério-chave de autenticidade que lhe indicaram foi que não

---

[13] MANINAT, Jean. La globalización y la inclusión social. In: INSTITUTO DE ESTUDIOS SOCIAL CRISTIANOS; FUNDACIÓN KONRAD ADNAUER STIFTUNG. *Desafíos del social cristianismo hoy. Seminario Internacional (Lima, 09-10 de junio de 2014).* Lima: Tarea Asociación Gráfica Educativa, 2014, p. 102.

[14] EG 194.

se esquecesse dos pobres" (Gl 2,10), para "discernir se estava correndo ou tinha corrido em vão" (Gl 2,2).[15] Para o papa, no contexto social do individualismo que contagia também a Igreja, este critério é de grande atualidade: "A própria beleza do Evangelho nem sempre a conseguimos manifestar adequadamente, mas há um sinal que nunca deve faltar: a opção pelos últimos, por aqueles que a sociedade descarta e lança fora".[16] De acordo com Francisco, "para a Igreja, a opção pelos pobres é mais uma categoria teológica que cultural, sociológica, política ou filosófica".[17] Francisco pede que o compromisso dos cristãos com ao mais pobres não se restrinja a ações ou programas de promoção e assistência, mas que se lhes dedique uma verdadeira atenção,[18] e denuncia que "a pior discriminação que sofrem os pobres é a falta de cuidado espiritual"; por isso, "a opção preferencial pelos pobres deve traduzir-se, principalmente, numa solicitude religiosa privilegiada e prioritária".[19] Diante dessa urgência, não pode haver desculpas por parte de ninguém na Igreja.[20]

No plano econômico, o papa urge resolver os problemas estruturais, vivendo a solidariedade;[21] assim mesmo recorda a vocação do empresário e do político para realizá-la na vida social, econômica e política pelo bem comum de todos, em sentido universal: "A economia" – como indica o próprio termo – "deveria ser a arte de alcançar uma adequada administração da casa comum, que é o mundo inteiro".[22] E, para ele, as situações de vulnerabilidade que lhe parecem mais urgentes, demandam que cuidemos da fragilidade,[23] porque "é indispensável prestar atenção e debruçar-nos sobre as novas formas de pobreza e fragilidade, nas quais somos chamados a reconhecer Cristo sofredor".[24]

---

[15] EG 195.

[16] EG 195.

[17] EG 198.

[18] EG 199.

[19] EG 200.

[20] EG 201.

[21] EG 202.

[22] EG 206.

[23] EG 209-216.

[24] EG 210.

Conclusão

Na concepção de Francisco sobre a misericórdia, subsistem todas as grandes expressões que surgiram no seu pontificado: IGREJA EM SAÍDA; IGREJA, HOSPITAL DE CAMPANHA etc. Elas expressam a compreensão da misericórdia do Pai que a todos acolhe, que a todos redime e que a todos insere num mistério de amor. E é nesse amor que todos são chamados a percorrer as estradas do mundo, indo em direção aos chagados do mundo, aqueles principalmente que estão para além das linhas de exclusão, oferecendo o cuidado das suas feridas e a misericórdia que resta à dignidade. Esse deveria ser o eixo articulador de toda atividade pastoral. Uma Igreja que finalmente acolhe, fazendo do mundo uma praça do encontro, criando a partir de si uma cultura do encontro.

E isso já dizia também o Papa João Paulo II:

Somos enviados: estar a serviço da vida não é para nós um título de glória, mas um dever que nasce da consciência de sermos "o povo adquirido por Deus para proclamar as suas obras maravilhosas" (cf. 1Pd 2,9). No nosso caminho, *guia-nos e anima-nos a lei do amor:* um amor cuja fonte e modelo é o Filho de Deus feito homem que "pela sua morte deu a vida ao mundo".

Somos enviados como povo: o compromisso de servir a vida incumbe sobre todos e cada um. É uma responsabilidade tipicamente "eclesial", que exige a ação harmonizada e generosa de todos os membros e estruturas da comunidade cristã. Mas a sua característica de dever comunitário não elimina nem diminui a responsabilidade de *cada pessoa,* a quem é dirigido o mandamento do Senhor de "fazer-se próximo" de todo o homem: "Vai, e faze tu o mesmo" (Lc 10,37).[25]

Referências bibliográficas

FREI BETTO. A praga da pobreza. *Folha de S. Paulo. Opinião* (27.09.2000). Disponível em: <http://www1.folha.uol.com.br/fsp/opiniao/fz27 09200009.htm>. Acesso em: 30/11/2017.

---

[25] PAPA JOÃO PAULO II. Carta Encíclica *Evangelium Vitae,* sobre o valor e a inviolabilidade da vida humana. São Paulo: Paulinas, 1995, n. 79.

MANINAT, Jean. La globalización y la inclusión social. In: INSTITUTO DE ESTUDIOS SOCIAL CRISTIANOS; FUNDACIÓN KONRAD ADNAUER STIFTUNG. *Desafíos del social cristianismo hoy. Seminario Internacional (Lima, 09-10 de junio de 2014).* Lima: Tarea Asociación Gráfica Educativa, 2014, p. 102-105.

NEUTZLING, Inácio. Por um milênio sem exclusões: o desafio da construção da igualdade. *Encontros Teológicos* 27 (1999): 67-82.

PAPA FRANCISCO. Exortação Apostólica *Evangelli Gaudium,* sobre o anúncio do Evangelho no mundo atual. São Paulo: Paulinas, 2013. (A voz do Papa, 198.)

PAPA JOÃO PAULO II. Carta Apostólica *Novo Millennio Ineunte.* 12. ed. São Paulo: Paulinas, 2003. (A voz do Papa, 180.)

_____. Carta Encíclica *Evangelium Vitae,* sobre o valor e a inviolabilidade da vida humana. São Paulo: Paulinas, 1995. (A voz do Papa, 139.)

PAPA JOÃO XXIII. Carta Encíclica *Mater et Magistra,* sobre a recente evolução da questão social à luz da doutrina cristã. 11. ed. São Paulo: Paulinas, 2011. (A voz do Papa, 24.)

PONTIFÍCIO CONSELHO "JUSTIÇA E PAZ". *Compêndio da Doutrina Social da Igreja.* 7. ed. São Paulo: Paulinas, 2011.

RAWLS, John. *Teoria de la justicia.* México-Buenos Aires: Fondo de Cultura Económica, 1979.

ZACHARIAS, Ronaldo. Exigências para uma moral inclusiva. In: MILLEN, Maria Inês de Castro; ZACHARIAS, Ronaldo (Org.). *O imperativo ético da misericórdia.* Aparecida: Santuário, 2016, p. 221-243.

3

O cuidado com os mais frágeis como desafio ao pensamento e à ação social da Igreja

*Ronaldo Zacharias**

Introdução

Diante de realidades trágicas como tráfico de pessoas, trabalho escravo, deslocamento de milhares de pessoas da própria terra, crescimento de campos de refugiados, explosão assustadora de inúmeras formas de violência, vidas dizimadas pela fome e falta de recursos básicos para o cuidado da saúde, desrespeito acintoso à dignidade humana e aos direitos fundamentais do humano, ecoa com toda a força de uma voz profética o apelo feito pelo Papa Francisco a toda a Igreja: "Não nos façamos de distraídos! Há muita cumplicidade [...] e muitos têm as mãos cheias de sangue devido a uma cômoda e muda cumplicidade".[1]

No contexto em que vivemos, não basta termos a consciência tranquila pelo fato de não fazermos mal a ninguém ou de não estarmos diretamente envolvidos com as questões apenas elencadas. Tornamo-nos

---

* Ronaldo Zacharias é doutor em Teologia Moral (Weston Jesuit School of Theology – Cambridge – USA) e secretário da Sociedade Brasileira de Teologia Moral (SBTM).

[1] PAPA FRANCISCO. Exortação Apostólica *Evangelii Gaudium*, sobre o anúncio do Evangelho no mundo atual. São Paulo: Paulinas, 2013, n. 211. Daqui em diante = EG.

cúmplices de tudo o que está acontecendo, se não nos empenharmos para proclamar a verdade sobre o ser humano e o seu lugar na casa comum;[2] se não superarmos a cômoda mudez, própria dos indiferentes; se não levantarmos uma voz profética diante da dor, do mal e da morte provocados por decisões políticas que excluem, marginalizam ou nem mesmo consideram a vida dos que mais precisam porque mais vulneráveis e frágeis.

A reflexão que segue quer ser uma provocação a mais àqueles que, no seguimento a Jesus Cristo, não têm direito de ser indiferentes, porque, além de poder anunciar a Boa-nova, contam com a força do Espírito, único capaz de vivificar os ossos ressequidos (Ez 37,5) e dar vida a todas as coisas (Jo 6,63). Considerando que os demais capítulos desta obra abordam situações concretas de desrespeito e atentado à dignidade humana e aos direitos fundamentais do humano, não vou ater-me a tais situações, mas às motivações que não permitem aos que seguem a Jesus qualquer tipo de cumplicidade com o mal ou indiferença/omissão diante dele.

1. Quanta desilusão!

Nunca a humanidade alcançou patamares tão altos de desenvolvimento, graças à criatividade e ao empreendedorismo humano e aos recursos disponíveis para converter qualquer possibilidade em norma de ação. Se as esperanças aumentaram, as ilusões não ficaram atrás. Os fatos estão aí para pôr em cheque toda concepção romantizada do humano e idealista do progresso tecnológico e do desenvolvimento social e econômico. A história nos converteu em testemunhas de desastres ecológicos de proporções e consequências impensáveis, da capacidade de o ser humano fazer mal a si e aos outros. Quem poderia imaginar que voltaríamos a testemunhar em tão curto prazo de tempo novas formas de escravidão, de comércio e sujeição do humano, numa era caracterizada por tantas conquistas positivas em relação ao entendimento do humano, do seu lugar na casa comum e dos seus direitos inalienáveis?

---

[2] A expressão "casa comum" foi consagrada pela *Laudato Si'* do Papa Francisco. PAPA FRANCISCO. Carta Encíclica *Laudato Si'*, sobre o cuidado da casa comum. São Paulo: Paulinas, 2015. Daqui em diante = LS.

Parece contraditório o que conquistamos como humanidade e o retrocesso a que chegamos como humanos!

A impressão que temos é de que o ser humano não conta mais, não tem mais valor em si mesmo, apesar de tantas declarações universais que asseguram o respeito à sua dignidade e aos seus direitos fundamentais; o futuro do humano é cada vez mais incerto, inseguro e vulnerável, apesar de todo avanço tecnológico; a terra, embora proclamada como casa comum, se converteu em palco de lutas, fugas, pesadelos e terror; as condições de vida, embora submetidas ao critério da qualidade, têm se deteriorado cada vez mais. As consequências de tudo isso também são visíveis: embora pareça que há muita gente insatisfeita com a situação em que chegamos, o estado de ânimo que reina não é capaz de mobilizar as pessoas a lutar para não perder nenhum dos seus direitos; tudo parece ser tão irracional, que chegamos a acreditar na resignação; a falta de escrúpulo moral tem gerado uma espécie de cinismo que faz passar por bom o que é nítida expressão do mal; a falsidade – também ideológica – tem sido coroada como a rainha das "virtudes" num contexto em que reina a hipocrisia; no processo de busca da verdade, conta mais a absolutização da própria convicção do que a honestidade e retidão moral e a abertura à contribuição das ciências; a falta de uma liderança lúcida ou de lucidez na escolha das lideranças tem servido de tapete vermelho para charlatões e demagogos, mesmo se corruptos, ignorantes e desumanos.

Se, por um lado, o Papa Francisco nos adverte a não ser cúmplices para não enchermos nossas mãos com o sangue dos mais inocentes, mais frágeis, mais vulneráveis e mais pobres, por outro, não sabemos como reagir diante de tantas patologias que se tornaram "armas" de luta pelo poder. Hoje dispomos de todos os meios necessários para acabar com a fome e a miséria no mundo e as condições desumanas de sobrevivência – a Agenda 2030 é o mais atual testemunho dessa realidade –[3] e, mesmo assim, não conseguimos. Não conseguimos não porque nos faltam recursos: quem vai lutar com a falta de escrúpulos de

---

[3] ONUBR. Nações Unidas no Brasil. *Transformando nosso mundo: a Agenda 2030 para o Desenvolvimento Sustentável.* Disponível em: <https://nacoesunidas.org/pos2015/agenda2030/>. Acesso em: 20/12/2017.

um sistema que visa ao lucro e ao enriquecimento de poucos ou com o poder hegemônico desses poucos no controle de tudo? Francisco acertou em cheio ao pôr o dedo na chaga com a *Evangelii Gaudium* e com a *Laudato Si'*. Que ele tenha feito muitos inimigos, sobretudo ardorosos defensores do capitalismo e da sua expressão contemporânea mais selvagem, o neoliberalismo, não é de estranhar. Para esses, o humano conta pouco ou nada, a ponto de ser "sobrante" e poder ser descartado.[4] Estranho é o papa ter inimigos dentro da própria Igreja, quando aquilo que ele anuncia é eminentemente evangélico.[5] Estaríamos nós, cristãos católicos, alienados quanto à realidade? Estaria o papa extrapolando sua função? Certo de que estamos saturados de um "excesso de diagnóstico",[6] Francisco, assumindo as palavras de Paulo VI, se propõe a um "discernimento evangélico"[7] e anima os fiéis a "uma capacidade sempre vigilante de estudar os sinais dos tempos".[8]

Se não bastasse tudo isso – que, apesar da gravidade, é um pálido retrato da realidade –, parece que estamos desprovidos de autonomia, força e poder para buscar e tornar conhecida a verdade dos fatos. Os meios de comunicação, que deveriam ser os primeiros defensores da verdade, por interesses muitas vezes mesquinhos e vis, interesses estes concentrados nas mãos de uma elite que os domina, tornam-se, em muitos contextos, os primeiros a manipular a verdade, ocultar os fatos, induzir ao erro no juízo e no discernimento, sugerir a conveniência de uma dupla moralidade e, dessa forma, atuam como uma espécie de poder paralelo que oferece ao povo "entretenimento" suficiente para que este não seja capaz de reconhecer o mal que lhe é feito, a violência cada vez mais estrutural e a desumanização que se converte no seu real destino.

Mais ainda, não nos podemos iludir acreditando que todos interpretam os fatos da mesma forma. Muitas pessoas acreditam piamente

---

[4] EG 53.

[5] EG 50.

[6] EG 50.

[7] EG 50.

[8] EG 51 (Francisco cita, aqui, o número 19 da Carta Encíclica *Ecclesiam suam*, de Paulo VI, de 6 de agosto de 1964).

que vivem no melhor dos mundos possível. Carecem de autocrítica e de espírito crítico. O mundo pode estar "desabando"; milhões de pessoas se deslocando para fugir da fome, da perseguição e da morte; milhões de outras sendo traficadas ou comercializadas para fins de trabalho escravo, e essas pessoas sem espírito crítico ou autocrítica continuam fazendo das redes sociais palco exibicionista do "seu" sucesso pessoal ou familiar ou tirando *selfies* da "realidade" que acreditam poder exibir para todos como troféu da própria vitória pessoal ou familiar. Isso, em si, não teria problema algum se não fosse expressão concreta de alienação e indiferença ao sofrimento e à dor de grande parte da humanidade.

Não nos podemos fazer de indiferentes porque, além da cumplicidade manchada de sangue, "algumas realidades hodiernas, se não encontrarem boas soluções, podem desencadear processos de desumanização tais que será difícil depois retroceder".[9] Parece que também estamos caminhando numa direção sombria: eclode em algumas sociedades o grito pela volta da ditadura, com a consequente negação das suas trágicas consequências; o apreço pelo fascismo e pelo nazismo, com a consequente indiferença em relação à tragicidade humana que resulta da banalização do mal; o controle da liberdade de opinião e até mesmo da busca da verdade, com a consequente tragédia que a ignorância pode provocar; o desejo ingênuo de retorno a um passado não vivido, mas tirado do baú para travestir de espiritualidade e fidelidade o que não passa de alienação e indiferença diante dos reais problemas pelos quais vale a pena viver ou dar a vida.

É desilusão demais, se formos justos com nós mesmos! Tem plena razão Heleno Saña quando afirma que "faz tempo que estamos sendo testemunhas diretas de um dos mais impudicos estados da história universal".[10] Há descontentamento e indignação, mas interiorizados, isto é, não capazes de se transformar em militância político-social.[11]

---

[9] EG 51.

[10] SAÑA, Heleno. *La ideología del éxito. Uma lectura de la crisis de nuestro tiempo.* Madrid: PPC, 2016, p. 16.

[11] Ibid., p. 17.

Carecemos "da cultura da solidariedade e ajuda mútua que existiu em épocas menos domesticadas e embrutecidas do que a nossa".[12]

2. Mas há um caminho

Por mais preocupante que possa ser o contexto em que vivemos, animados pela fé num Deus que "está no meio de nós", não podemos cair na tentação da resignação, ceder à banalidade do mal, nos acomodar na mediocridade, ser indiferentes. A fé que professamos deve ser suficientemente forte para manter viva a esperança e sustentar a caridade.

O testemunho do Papa Francisco tem oferecido a chave hermenêutica para toda a Igreja: "Francisco centra-se no Evangelho e nos pobres como o coração da missão da Igreja".[13] Convicto de que não é a doutrina que transformará o mundo, mas a experiência viva do Evangelho, Francisco expressa de modo muito claro o que Bento XVI afirmou no início do seu pontificado: "ao início do ser cristão, não há uma decisão ética ou uma grande ideia, mas o encontro com um novo horizonte, com uma Pessoa que dá à vida um novo horizonte e, dessa forma, o rumo decisivo".[14] Francisco sabe que o Evangelho tem prioridade sobre a própria Igreja. Por isso, o segredo para ele é a volta à fonte, que é o Evangelho.[15] Voltar-se ao Evangelho significa ter sempre presente ao menos cinco elementos essenciais da fé que professamos: 1) "em qualquer forma de evangelização, o primado é sempre de Deus";[16] 2) Jesus é o mais precioso dom de Deus à humanidade,[17] que tem "o direito

---

[12] Ibid., p. 17.

[13] SEGOVIA BERNABÉ, José Luis. *Evangelii Gaudium:* desafíos desde la crisis. In: SEGOVIA BERNABÉ, José Luis; ÁVILA BLANCO, Antonio; MARTÍN VELASCO, Juan; PAGOLA, José Antonio. *Evangelii Gaudium y los desafíos pastorales para la Iglesia.* Madrid: PPC, 2014, p. 20.

[14] PAPA BENTO XVI. Carta Encíclica *Deus Caritas Est,* sobre o amor cristão. São Paulo: Paulinas, 2006, n. 1. Daqui em diante = DCE. Vale a pena a leitura do artigo de Marciano Vidal, sobretudo quando se refere ao modelo do pontificado de Francisco, caracterizando-o como "evangelicocêntrico", contrapondo-o ao modelo "romanocêntrico" e "vaticanocêntrico". VIDAL, Marciano. Cinco claves de lectura del fenómeno eclesial del papa Francisco. *Exodo* 122 (2014): 4-11.

[15] EG 11.

[16] EG 12.

[17] EG 264-267.

de receber o Evangelho";[18] 3) o "Espírito Santo trabalha como quer, quando quer e onde quer";[19] 4) "a intimidade da Igreja com Jesus é uma intimidade itinerante",[20] que a faz sair de si mesma e "alcançar todas as periferias que precisam da luz do Evangelho";[21] 5) a opção pelos pobres é uma "categoria teológica" e, por isso, a Igreja fez uma opção por eles.[22] Francisco tem consciência de que "nada transforma mais a Igreja do que levar a sério a missão à qual é convocada"[23] [...] do que pôr-se aos pés dos crucificados e ser para eles expressão viva da misericórdia de Deus.

Francisco sabe que a Igreja possui uma reflexão magisterial que expressa o seu desejo de fazer do humano o seu caminho, isto é, uma reflexão que, assumindo as dores e as angústias humanas, se propõe como princípios de reflexão, critérios de julgamento e diretrizes de ação, capaz de promover um "humanismo integral e solidário".[24] A essa reflexão magisterial chamamos Doutrina Social da Igreja ou pensamento social cristão. A *Evangelii Gaudium* de Francisco ecoa e atualiza esta doutrina. Seguem aqui alguns exemplos.[25]

2.1 Prioridade ao humano

Estamos imersos num contexto que se caracteriza por uma "ideologia intrinsecamente desumana".[26] A primazia que devia ser dada ao humano é constantemente negada pelos fenômenos já elencados, embora não se reduza apenas a eles. Mais ainda, tal primazia foi substituída, no dizer de José Luis Segovia Bernabé, pela divinização do mercado e

---

[18] EG 14.

[19] EG 279.

[20] EG 23.

[21] EG 20.

[22] EG 198.

[23] SEGOVIA BERNABÉ. *Evangelii Gaudium: desafíos desde la crisis*, p. 18.

[24] PONTIFÍCIO CONSELHO "JUSTIÇA E PAZ". *Compêndio da Doutrina Social da Igreja*. 7 ed. São Paulo: Paulinas, 2011, n. 7. Daqui em diante = CDSI.

[25] Vou aqui me inspirar em: SEGOVIA BERNABÉ. *Evangelii Gaudium: desafíos desde la crisis*, p. 21-32, transformando em prioridade o que ele chama de "crise".

[26] SAÑA. *La ideología del éxito*, p. 27.

pela sua "sacrossanta liberdade".[27] Se Bento XVI já havia denunciado que "a questão social tornou-se radicalmente antropológica",[28] Francisco parte desse pressuposto para denunciar a redução do ser humano ao consumo.[29] Num contexto de escandalosa injustiça social, a concepção do humano como um ser capaz de fazer opções em base apenas às suas convicções pessoais e às suas condições financeiras nem sempre se sustenta. Esta "capacidade" é limitada pela própria situação na qual se encontra ou à qual ele foi reduzido, a ponto de, para grande parte do planeta, "escapar da pobreza" é a única "opção possível".[30]

Urge dar prioridade ao humano e, sobretudo, ao humano mais frágil e vulnerável. Se todos fomos criados "à imagem e semelhança de Deus" (Gn 1,26-27), as condições nas quais muitos são obrigados ou condenados a viver, constituem um atentado ao próprio Deus, porque um desrespeito à dignidade humana. Acredito que Segovia Bernabé tem plena razão quando afirma que a proposta de Francisco se caracteriza por um "antropocentrismo teônomo":[31] o ser humano deve ter primazia sobre tudo porque assim Deus o quis. É nessa perspectiva que podemos entender os "nãos" de Francisco a uma economia da exclusão, à nova idolatria do dinheiro, a um dinheiro que governa em vez de servir, à desigualdade social que gera violência.[32] Não é o tráfico de pessoas a terceira maior fonte de renda ilegal do mundo? Por que, apesar do desenvolvimento tecnológico, as pessoas continuam a ser escravizadas em função do trabalho? A que estão sujeitando os migrantes que se descobrem sem terra, sem casa, sem raízes, sem história e sem condições mínimas de vida? Estas são perguntas que apenas evidenciam a obviedade de opções que não priorizam o humano e, muito menos, sua humanização. Pelo contrário, são opções que desumanizam os humanos e, consequentemente, os reduzem a meios para obtenção de inúmeros

---

[27] SEGOVIA BERNABÉ. *Evangelii Gaudium: desafíos desde la crisis*, p. 23.

[28] PAPA BENTO XVI. Carta Encíclica *Caritas in Veritate*, sobre o desenvolvimento integral na caridade e na verdade. São Paulo: Paulinas, 2009, n. 75. Daqui em diante = CIV.

[29] EG 55.

[30] SEGOVIA BERNABÉ. *Evangelii Gaudium: desafíos desde la crisis*, p. 23.

[31] Ibid., p. 23.

[32] EG 53-60.

fins, sobras que podem ser descartadas como qualquer resíduo que não serve para nada.

2.2 Prioridade à questão ética

Assim como a questão social se converte em antropológica, a transformação social deve se converter em questão ética se quiser alcançar seus objetivos. Todas as opções feitas, inclusive pela indiferença, têm consequências de caráter moral. As crises que estamos enfrentando são resultado de fenômenos que têm como raiz a falta ou a rejeição de valores éticos. Se a eticidade pode ser definida como um processo de humanização,[33] não basta, como diz Eduardo López Azpitarte, "defender a dignidade da pessoa; há que se examinar quais são os comportamentos concretos que a fomentam ou degradam".[34] E, nesse sentido, o fato de sermos cristãos deve caracterizar nosso empenho ético: conformar-se aos sentimentos e às opções de Jesus Cristo. João é enfático ao afirmar que "o critério para saber se estamos com Jesus Cristo é este: quem diz que permanece nele deve também proceder como ele procedeu" (1Jo 2,5). A vida de Jesus foi uma completa existência para os outros. Sua vida foi expressão de amor-serviço-doação incondicional; suas opções foram manifestação concreta do amor do Pai pelos pequenos e pobres, frágeis e vulneráveis. No seguimento a Jesus, existir para os outros e pôr-se do lado dos marginalizados e exclusos é um imperativo ético.[35] Não há como conformar-se aos sentimentos de Jesus sem fazer as opções que ele fez. A ética cristã se traduz no empenho contínuo para discernir como amar – como servir e se doar – e quais são as exigências que derivam do amor-serviço-doação. Como podem países que se dizem cristãos tolerar e até mesmo corroborar práticas que reduzem o humano à mercadoria ou bem de consumo ou se servem dele de forma imoral para fins imorais? Diego Gracia tem razão quando afirma que, diante de questões complexas que afetam muitas pessoas, a deliberação

---

[33] GENOVESI, Vincent J. *Em busca do amor. Moralidade católica e sexualidade humana*. São Paulo: Loyola, 2008, p. 20-22.

[34] LÓPEZ AZPITARTE, Eduardo. *La crisis de la moral*. Maliaño (Cantabria): Sal Terrae, 2014, p. 118-119.

[35] O Papa Francisco compreende a opção pelos pobres como "uma exigência ética fundamental para a efetiva realização do bem comum" (LS 158).

– enquanto procedimento técnico complexo que tem por objeto a tomada de decisões prudentes – e a consequente ação que dela deriva não podem ser meramente individuais, mas tem de ser coletivas. Para Gracia, a decisão individual é algo natural, enquanto a coletiva "é mais moral do que natural".[36] Se a todo momento temos de decidir sobre algo, a deliberação coletiva pressupõe a decisão de renunciar à autorreferencialidade e à imposição da própria vontade ou dos próprios pontos de vista para priorizar o diálogo e o discernimento.

Em outras palavras, não é possível combater o tráfico de pessoas, o trabalho escravo e os abusos ligados à migração de forma individual e isolada. Como fenômenos que se articulam hoje por meio de redes transnacionais, é preciso que haja um empenho honesto para que a dignidade de cada pessoa humana e o bem comum não se reduzam a "apêndices adicionados de fora para completar um discurso político co sem perspectivas nem programas de verdadeiro desenvolvimento integral".[37]

2.3 Prioridade à equidade

Seria ingênuo demais reduzir os graves problemas que estamos enfrentando a uma mera crise conjuntural. De conjuntural, ela tem muito pouco. Para Francisco,

> enquanto não forem radicalmente solucionados os problemas dos pobres, renunciando à autonomia absoluta dos mercados e da especulação financeira e atacando as causas estruturais da desigualdade social, não se resolverão os problemas do mundo e, em definitivo, problema algum. A desigualdade é a raiz dos males sociais.[38]

A superação da desigualdade pressupõe que a cada um seja dado o que lhe é devido (para além de uma perspectiva meramente contratualista): "o que é *justo* não é originalmente determinado pela lei, mas

---

[36] GRACIA, Diego. Como proceder? El problema del método. In: GRACIA, Diego (Coord.). *Ética y Ciudadanía. 1 Construyendo la Ética*. Madrid: PPC, 2016, p. 41.

[37] EG 203.

[38] EG 202.

pela identidade profunda do ser humano".[39] É "devido" ao ser humano o respeito à sua dignidade e aos seus direitos, a promoção da equidade tanto na compreensão quanto na vivência concreta do humano, a possibilidade de edificar a unidade na diversidade e na pluralidade de modos de ser e viver. É a verdade sobre o ser humano que permite "abrir para a justiça o horizonte da solidariedade e do amor".[40]

O risco de reduzir a desigualdade social a um mero espetáculo, já que nos habituamos a "conviver" com a inequidade, é uma das expressões do que Francisco chama de "globalização da indiferença".[41] É evidente que as vítimas do tráfico de pessoas, do trabalho escravo, dos deslocamentos migratórios etc. não podem esperar. Edificar uma cultura que privilegia a equidade é tarefa a longo prazo. Embora seja nessa perspectiva que nos devemos empenhar, precisamos, desde já, nos micro e macrocontextos em que atuamos ou nos movemos, deixarmo-nos tocar pelos dramas que, como humanidade, padecemos. Há muitas desigualdades que podem ser combatidas e superadas, se houver vontade política de edificação de uma sociedade mais justa, fraterna e solidária. Mesmo que muitos dos dramas existenciais não sejam nossos – enquanto dramas pessoais –, temos o dever moral de não nos omitirmos no cuidado dos mais frágeis e vulneráveis, sobretudo quando uma série de injustiças rouba deles o devido lugar na casa comum.

3. Por uma cultura da indignação e da compaixão

Quando confrontamos o tráfico de pessoas, o trabalho escravo e os abusos ligados à migração com a mensagem do Evangelho, é impossível não reconhecer que, mais do que questões sociais, políticas e econômicas, são questões *teologais*, com as quais o próprio Deus se envolve, pois clamam ao céu porque comprometem a realização humana daqueles que foram criados "à sua imagem e semelhança"; comprometem a conformação dos seus filhos ao Filho; comprometem a ação do Espírito

---

[39] CDSI 202.
[40] CDSI 203.
[41] EG 54.

que, mesmo sendo capaz de fazer novas todas as coisas, se depara com alguém privado de liberdade e possibilidade de autorrealização.

Quando confrontamos com o Evangelho a realidade concreta dos que mais sofrem, reconhecemos que na dor e por meio da dor as pessoas revelam ou deixam desnudar a própria verdade. Como afirma Segovia Bernabé,

> somente a proximidade efetiva e afetiva das vítimas nos liberta do sequestro das ideologias e nos coloca em contato com a profundidade do humano e suscita em nós dois sentimentos morais que nos dignificam: a *compaixão* (que confere um rosto à dor) e a *indignação* (revolta interior que se exterioriza diante do injusto evitável).[42]

Fica evidente que é somente a experiência do contato com o outro, com a sua dor, com o seu sofrimento e com o que provoca tudo isso, que nos ajudará a compreender e a trilhar o caminho concreto de priorização do humano, de eticidade das ações e de equidade entre as pessoas.

Quando confrontamos a dor humana com o Evangelho, descobrimos que Deus é sensível a ela e, por isso, ama com amor de predileção os que a sofrem ou suportam injustamente. Se as dores do humano tocam o coração de Deus, podemos imaginar como o comovem as dores que poderiam ser evitadas. Em primeiro lugar, porque ninguém foi criado para sofrer; em segundo, por ser o próprio humano a causa de tamanha injustiça. Por isso é que, ao fazer uma leitura teologal da realidade – e da realidade doída, sofrida, maltratada, machucada –, implica também tomar partido, isto é, pôr-se do lado dos mais frágeis e vulneráveis para libertá-los de tal situação. É profundamente realista a chamada de atenção que nos faz Segovia Bernabé:

> a compaixão ao contemplar a realidade é a forma de evitar aplicações distorcidas ou não inculturadas do Evangelho (cf. n. 231 e 233 da EG). A chave hermenêutica da leitura teologal não é prodigar-se com referências retóricas à DSI e ao magistério. Ler teologicamente a realidade

---

[42] SEGOVIA BERNABÉ. *Evangelii Gaudium: desafíos desde la crisis*, p. 45.

é descobrir a passagem de Deus por ela. E, com sua passagem, a Palavra de Deus sobre ela e a exigência de ação que ela suscita.[43]

Mais ainda, ler teologicamente a realidade significa reconhecer que o Verbo, ao se fazer carne, fez opções concretas para realizar a vontade de Deus. Portanto, uma leitura teologal da realidade é chamada a ser, eminentemente, evangélica, isto é, a partir dos sentimentos e das opções feitas por Jesus. E, se não restam dúvidas a respeito do lado de quem ele se colocou, uma leitura evangélica da realidade não pode ser feita senão a partir do sofrimento dos pobres, oprimidos e vulneráveis.[44]

3.1 Sem indignação não há compaixão

Uma leitura evangélica do que estamos vivendo suscita indignação: está tudo tão distante do que Deus sonhou para nós!; está tudo tão distante do que sonhamos para nós! Mais indignados ficamos quando constatamos que nem todos se sentem indignados com o sofrimento evitável do outro, sobretudo dos mais pobres e vulneráveis. Tem razão Francisco quando afirma que "quase sem nos dar conta, tornamo-nos incapazes de nos compadecer ao ouvir os clamores alheios, já não choramos à vista do drama dos outros, nem nos interessamos por cuidar deles, como se tudo fosse uma responsabilidade de outrem, que não nos incumbe".[45] Os pobres não podem esperar; os vulneráveis também não, para não resultarem ainda mais feridos no âmago da própria humanidade.

Enquanto comunidade cristã, nossa indignação deveria ser ainda maior, a ponto de nos tirar da mudez em que muitas vezes nos colocamos e nos impulsionar a denunciar tudo aquilo que constitui um atentado contra a humanização do humano. Basta recordar aqui o que

---

[43] Ibid., p. 46.

[44] Não se trata, aqui, de uma mera questão de linguagem. Se a leitura teologal da realidade depende de uma série de fatores que a condicionam – como, por exemplo, da formação bíblica, teológica, moral, pastoral de quem a faz, além do modelo de Igreja e do local social a partir do qual é feita –, a evangélica tem como critério os sentimentos e as opções feitas pelo próprio Jesus.

[45] EG 54.

afirma o Compêndio da Doutrina Social da Igreja: "o amor cristão move à denúncia, à proposta e ao compromisso".[46]

Não pode ser expressão do verdadeiro amor cristão o que separa, divide, exclui, dissemina o ódio. O amor evangélico é, eminentemente, inclusivo, pois a Deus vale tanto (ou até mais) o resgate da única ovelha perdida quanto o cuidado das dezenas que não se perderam (Lc 15,1-7); vale mais a acolhida da samaritana (Jo 4,1-29), da mulher adúltera (Jo 8,3-11), de Zaqueu (Lc 19,1-10) e de Pedro (Jo 21,1-19) do que o cumprimento de leis que priorizavam a aparência, os costumes, a discriminação, a punição.

É no mínimo preocupante que vozes ditas cristãs resultem, inclusive, amplificadas quando as questões em jogo se referem à moral sexual – gênero, por exemplo – e completamente mudas quando as questões são de ordem econômica, política e sociocultural. Talvez seja por isso que o "discurso cristão" tenha se tornado irrelevante. Bento XVI tem plena razão ao afirmar os laços vigorosos existentes entre ética da vida e ética social. Para ele,

> a Igreja propõe, com vigor, esta ligação entre ética da vida e ética social, ciente de que não pode "ter sólidas bases uma sociedade que afirma valores como a dignidade da pessoa, a justiça e a paz, mas contradiz-se radicalmente aceitando e tolerando as mais diversas formas de desprezo e violação da vida humana, sobretudo se débil e marginalizada".[47]

3.2 Sem compaixão, a indignação abre caminho para ideologias sem rostos

Ao mesmo tempo que crescem assustadoramente o trabalho infantil, o homicídio e o suicídio de jovens, a desigualdade social, a redução dos serviços sociais, o empobrecimento de grande parte da população, o número de pessoas que passa fome no mundo inteiro, os índices de violência, as formas mais perversas de corrupção, o tráfico e o consumo de drogas – apenas para citar alguns exemplos –, é constrangedor

---

[46] CDSI 6.

[47] CIV 15 (Bento XVI cita, aqui, o n. 101 da Carta Encíclica *Evangelium Vitae*, de João Paulo II, de 25 de março de 1995).

assistir ao modo como pessoas que se dizem seguidoras de Jesus e defensoras da ortodoxia se alienam de tudo isso e se fecham numa redoma em que se embriagam ou até mesmo provam uma espécie de prazer orgástico com a defesa obsessiva de questões tão secundárias, mas, porque ligadas à sexualidade, são suficientes para excluir, odiar, declarar guerras santas ou cruzadas inconsequentes. E tudo isso na era em que estamos vivendo.

Como explicar tamanha inversão de valores? Como explicar o recurso que muitos fazem ao nome de Deus para atentar contra a dignidade e os direitos humanos? Como explicar o ódio, a violência, o terrorismo e o homicídio por causa da fé que se professa? Para responder a estas questões, precisamos voltar à fonte – o Evangelho – e fixar os olhos tanto na pessoa quanto na pregação de Jesus: seu amor foi um amor compassivo, misericordioso, solidário, inclusivo. Por sentir compaixão, isto é, porque foi capaz de dar um rosto à dor, Jesus foi expressão da misericórdia do Pai. Porque se fez solidário com o mais pobre e sofredor, Jesus indicou a inclusão como único caminho de salvação. Ao assumir a condição humana, o Verbo deixa clara a intenção do Pai: a redenção requer a encarnação; a encarnação reclama redenção.

Francisco não parece estar interessado em mudar doutrinas, mas em propor a alegria do Evangelho e a misericórdia divina como princípios orientadores da conversão da Igreja e dos fiéis. Ele sabe que é a partir do amor que o anúncio do Evangelho deve ser articulado e que a conversão pastoral da Igreja deve acontecer.[48] Não é a instituição eclesial a referência primeira, mas a misericórdia de Deus, a alegria do Evangelho. Justamente porque não autorreferencial, é que a Igreja, enquanto instituição, existe para o serviço aos mais pobres e necessitados, frágeis e vulneráveis e para denunciar tudo aquilo que exclui ou marginaliza o humano como centro da sua ação pastoral. O que Francisco disse aos bispos brasileiros quando esteve no Rio de Janeiro, em 2013, sintetiza bem seu pensamento:

---

[48] EG 36. Ver o excelente artigo de ÁVILA BLANCO, Antonio. Desafíos para la reforma de la Iglesia. In: SEGOVIA BERNABÉ, José Luis; ÁVILA BLANCO, Antonio; MARTÍN VELASCO, Juan; PAGOLA, José Antonio. *Evangelii Gaudium y los desafíos pastorales para la Iglesia*. Madrid: PPC, 2014, p. 59-110.

Quanto à conversão pastoral, quero lembrar que "pastoral" nada mais é do que o exercício da maternidade da Igreja. Ela gera, amamenta, faz crescer, corrige, alimenta, conduz pela mão... Por isso, faz falta uma Igreja capaz de redescobrir as entranhas maternas da misericórdia. Sem a misericórdia, poucas possibilidades temos hoje de inserir-nos em um mundo de "feridos", que têm necessidade de compreensão, de perdão, de amor.[49]

4. Uma conversão sem precedentes[50]

O CDSI é claro ao afirmar que "a Doutrina Social da Igreja não foi pensada desde o princípio como um sistema orgânico; mas foi se formando pouco a pouco, com progressivos pronunciamentos do Magistério sobre os temas sociais".[51] Ela é a expressão mais evidente do esforço feito pela Igreja de, à luz da fé e da tradição eclesial, fazer uma leitura das complexas realidades da existência humana: "a sua finalidade principal é *interpretar* estas realidades, examinando a sua conformidade ou desconformidade com as linhas do ensinamento do Evangelho sobre o homem e sobre a sua vocação terrena e ao mesmo tempo transcendente; visa, pois, *orientar* o comportamento cristão".[52] Ela é "parte do ensinamento moral da Igreja" e "reveste a mesma dignidade e possui autoridade idêntica à de tal ensinamento".[53] Ela comporta duas vertentes: "o

---

[49] PAPA FRANCISCO. Encontro com o Episcopado Brasileiro. Discurso do Santo Padre. Arcebispado do Rio de Janeiro (27/07/2013). In: *Palavras do Papa Francisco no Brasil*. São Paulo: Paulinas, 2013, p. 104.

[50] Aproprio-me, aqui, da expressão usada por: PAGOLA, José Antonio. El desafío de la renovación evangélica de la Iglesia. In: SEGOVIA BERNABÉ, José Luis; ÁVILA BLANCO, Antonio; MARTÍN VELASCO, Juan; PAGOLA, José Antonio. *Evangelii Gaudium y los desafíos pastorales para la Iglesia*. Madrid: PPC, 2014, p. 145. A partir deste momento, não farei mais referências ao tráfico de pessoas, ao trabalho escravo e à migração – temas que serviram de provocação concreta para a reflexão aqui proposta e que serão aprofundados nos demais capítulos desta obra –, mas focarei a atenção nas razões que devem levar a Igreja a cuidar dos mais frágeis e vulneráveis, evidenciando o quanto negligenciar esta tarefa a distanciaria da verdade do Evangelho, comprometeria o seu ensinamento social e, consequentemente, a tornaria cúmplice do mal que devasta e destrói a vida de tantas pessoas.

[51] CDSI 72.

[52] CSDI 72.

[53] CDSI 80.

anúncio do que a Igreja tem de próprio: 'uma visão global do homem e da humanidade'"[54] e "um dever de denúncia", que "se faz juízo e defesa dos direitos ignorados e violados, especialmente dos direitos dos pobres, dos pequenos, dos fracos".[55] "Orientada pela luz perene do Evangelho e constantemente atenta à evolução da sociedade, a Doutrina Social da Igreja caracteriza-se pela continuidade e pela renovação."[56] Em outras palavras, ela "se apresenta assim como um 'canteiro' sempre aberto, em que a verdade perene penetra e permeia a novidade contingente, traçando caminhos inéditos de justiça e de paz".[57] Ela "é parte integrante do ministério de evangelização da Igreja" e, "por si mesma, tem o valor de um instrumento de evangelização".[58] Portanto, é injusto afirmar que a Igreja não se deve ocupar de questões sociais, como as que envolvem os temas desde o início aqui elencados. Ao voltar-se para tais questões, a Igreja é fiel à sua missão[59] e atua com "a competência que lhe vem do Evangelho: da mensagem de libertação do homem anunciada e testemunhada pelo Filho de Deus humanado".[60]

Na sua tarefa de "assistir o homem no caminho da salvação",[61] a Igreja se depara com uma mudança sociocultural sem precedentes e, por isso, necessita de "uma conversão sem precedentes para reproduzir hoje o essencial do Evangelho, como algo sempre 'novo' e sempre 'bom' no meio do mundo".[62] É nessa perspectiva que tem se movido o Papa Francisco. A *Evangelii Gaudium*, assim como também a *Laudato Si'* e a *Amoris Laetitia*[63] são a expressão mais clara possível da conversão a que somos chamados:

---

[54] CDSI. O texto cita, aqui, o n. 13 da Carta Encíclica *Populorum progressio*, de Paulo VI.

[55] CDSI 81.

[56] CDSI 85.

[57] CDSI 85.

[58] CDSI 66 e 67.

[59] CDSI 64.

[60] CDSI 68.

[61] PAPA JOÃO PAULO II. Carta Encíclica *Centesimus Annus*. No centenário da *Rerum Novarum*. São Paulo: Paulinas, 1991, n. 54.

[62] PAGOLA. El desafío de la renovación evangélica de la Iglesia, p. 145.

[63] PAPA FRANCISCO. Exortação Apostólica Pós-Sinodal *Amoris Laetitia*, sobre o amor na família. São Paulo: Paulinas, 2016.

reavivar no interior da Igreja o Espírito de Jesus e suas atitudes mais básicas: promover um seguimento mais fiel à sua pessoa, recuperar o seu projeto do reino de Deus como tarefa principal das comunidades cristãs, introduzir a compaixão como princípio de atuação em todos os níveis da Igreja e, sobretudo, buscar uma Igreja pobre e dos pobres.[64]

4.1 O seguimento a Jesus

O Papa Francisco tem feito à Igreja um apelo veemente para que se volte a Jesus.[65] A conversão à qual a Igreja é chamada não é uma mera conversão na forma de governo ou nos métodos pastorais, mas uma conversão que a leva a "atualizar hoje de alguma maneira a experiência originária que se viveu com Jesus",[66] isto é, é preciso que a Igreja e cada um dos seus membros se deixem seduzir por ele, se enamorem dele, se entusiasmem por ele.[67] Esta é a condição, segundo Pagola, para que a Igreja não morra, mas, ao contrário, seja continuamente fecunda.[68] É a experiência de Jesus, a intimidade com ele e a adesão à sua pessoa que proporcionarão à Igreja e a cada um dos seus membros uma experiência de fé que não se reduz à mera observância doutrinal ou ao cumprimento de obrigações religiosas ou, pior ainda, que leve ao fechamento no subjetivismo da própria razão ou dos próprios sentimentos ou a uma compreensão de fidelidade ancorada em determinadas normas que nada têm a ver com o tempo presente. Ao elencar as tentações dos agentes pastorais,[69] Francisco põe o dedo na chaga das consequências que uma cultura globalizada pode provocar na comunidade eclesial, a ponto de condicionar o seu discurso, limitar a sua ação, esmorecer a sua convicção e, o mais grave, afastá-la da verdadeira videira (Jo 15,5). Quando isso acontece, a Igreja e cada um dos seus membros tornam-se infecundos. Da infecundidade à infidelidade, o passo é muito pequeno.

---

[64] PAGOLA. El desafío de la renovación evangélica de la Iglesia, p. 146. Vou sintetizar, a seguir, a brilhante reflexão proposta por Pagola, porque a partilho plenamente e para proporcionar aos leitores de língua portuguesa a chance de conhecê-la.

[65] EG 11.

[66] PAGOLA. El desafío de la renovación evangélica de la Iglesia, p. 145.

[67] EG 266.

[68] PAGOLA. El desafío de la renovación evangélica de la Iglesia, p. 147.

[69] EG 76-109.

Talvez esteja aqui um critério de juízo para avaliar se estamos ou não em Cristo, procedendo como ele procedeu. Pagola tem razão quando afirma que

> temos de nos atrever a discernir o que há de verdade e de mentira em nossos templos e em nossas cúrias; em nossas celebrações e em nossas atividades pastorais; em nossos objetivos, projetos e estratégias. Não temos de discernir, o quanto antes, à luz de Jesus e do seu Evangelho, os caminhos equivocados que nos podem levar à extinção e os caminhos que nos levarão a uma Igreja renovada, mais fiel a Jesus? Não devemos ter medo de nomear nossos pecados.[70]

No entanto, apesar desta tarefa ser muito importante e até urgente, ela não é suficiente para provocar uma conversão sem precedentes. É preciso "voltar à fonte e recuperar o frescor original do Evangelho".[71] E isso implica, segundo Francisco, três exigências fundamentais, sintetizadas por Pagola da seguinte forma: "viver e anunciar o essencial do Evangelho", "liberar a força do Evangelho" e assumir "o Evangelho como início de uma nova identidade cristã".[72] Francisco está convencido de que devemos superar com urgência uma pastoral "obsessionada pela transmissão desarticulada de uma imensidade de doutrinas que se tentam impor à força de insistir" e assumir um anúncio que "concentra-se no essencial, no que é mais belo, mais importante, mais atraente e, ao mesmo tempo, mais necessário".[73] Para o papa, é preciso que os cristãos entrem em contato direto com as palavras de Jesus; tais palavras não podem restar prisioneiras de uma religião em crise ou de uma tradição que diz muito pouco para as pessoas de hoje, porque perdeu o poder de atração.[74] A força do Evangelho não pode ser menosprezada. Ele continua sendo a vida da Igreja e das comunidades cristãs e pode ser, também, transformador da vida dos fiéis enquanto revelador "do

---

[70] PAGOLA. El desafío de la renovación evangélica de la Iglesia, p. 149.

[71] EG 11.

[72] PAGOLA. El desafío de la renovación evangélica de la Iglesia, p. 151-155.

[73] EG 34. Ver também o n. 39: anunciar o Evangelho não significa reduzi-lo a acentuações doutrinais ou morais, por mais importantes que sejam, mas levar a responder a Deus, reconhecê-lo nos outros e sair de si para procurar fazer o bem a todos.

[74] PAGOLA. El desafío de la renovación evangélica de la Iglesia, p. 153.

estilo de viver de Jesus, seu modo de estar no mundo, sua maneira de interpretar e construir a história, sua forma de fazer com que a vida seja mais humana".[75]

4.2 O projeto humanizador do Reino de Deus

Francisco, desde quando bispo em Buenos Aires, anunciava a necessidade de a Igreja entender-se a si mesma como um Igreja "em saída". Para ele, "sair" significa ir "em direção aos outros para chegar às periferias humanas".[76] Ao descrever as características da Igreja como as de uma mãe de coração aberto, Francisco, com toda a simplicidade de um pastor, mas com a força de um profeta, escreve algumas das mais belas passagens da *Evangelii Gaudium*, que seria mais do que justo reproduzi-las aqui, mas que, por razões evidentes, serão apenas sintetizadas: a Igreja deve permanecer sempre com as portas abertas – as portas de entrada do templo, as portas da inclusão na comunidade, as portas do acesso aos sacramentos. Ninguém na Igreja é chamado a ser controlador da graça, mas a agir como facilitador das infinitas graças que o Pai quer conceder a quem o procura de coração sincero;[77] na sua missão de chegar a todos, a Igreja deve privilegiar os mais pobres e os doentes, desprezados e esquecidos.[78]

> Prefiro uma Igreja acidentada, ferida e enlameada por ter saído pelas estradas, a uma Igreja enferma pelo fechamento e a comodidade de se agarrar às próprias seguranças. Não quero uma Igreja preocupada com ser o centro, e que acaba presa em um emaranhado de obsessões e procedimentos.[79]

Resulta evidente que, para Francisco, o eclesiocentrismo está fora de lugar!

Se a relação e a adesão pessoal a Jesus são essenciais, a própria proposta evangélica nos convida a ir além:

---

[75] Ibid., p. 154.

[76] EG 46.

[77] EG 47.

[78] EG 48.

[79] EG 49.

a proposta é o *Reino de Deus* (cf. Lc 4,43); trata-se de amar a Deus, que reina no mundo. Na medida em que ele conseguir reinar entre nós, a vida social será um espaço de fraternidade, de justiça, de paz, de dignidade para todos. Por isso, tanto o anúncio como a experiência cristã tendem a provocar consequências sociais.[80]

Não é possível falar de evangelização sem tocar todas as dimensões da existência humana, sem se preocupar em alcançar todos os povos. A questão central é a convicção de que o Evangelho tem de chegar a todas as criaturas, a fim de que todas se disponham a acolher o Espírito de Jesus para fazer com que o Reino de Deus se instaure no meio da humanidade e o mundo seja mais justo e fraterno.

Para que o Reino de Deus se instaure em nosso meio, precisamos, como comunidade eclesial, ter a coragem do anúncio profético. Para Francisco, "os pastores, acolhendo as contribuições das diversas ciências, têm o direito de exprimir opiniões sobre tudo aquilo que diz respeito à vida das pessoas, dado que a tarefa da evangelização implica e exige uma promoção integral de cada ser humano".[81] Ou, como afirmou Bento XVI, a Igreja "não pode, nem deve ficar à margem na luta pela justiça".[82] Isso, praticamente, significa que os pastores não podem ser indiferentes a tudo o que está acontecendo com o povo de Deus. Além de pôr-se ao lado deste povo, eles têm uma grande responsabilidade em relação a ele: denunciar tudo o que contradiz ou se opõe à promessa de "vida em abundância" (Jo 10,10) feita por Jesus. Isso implica buscar a verdade e estudar os graves problemas que comprometem o respeito à dignidade e aos direitos fundamentais do humano; ter coragem de proclamar verdades incômodas para salvaguardar o autêntico bem das pessoas e da sociedade. Sem uma aguçada consciência da dignidade humana e do respeito que ela merece; sem a devida sensibilidade moral para perceber quando os direitos fundamentais do humano são violados; sem a compreensão de que tais violações não são fatos isolados, mas fruto de uma estrutura social que agride sistematicamente a dignidade humana; sem a firme decisão de defender e promover os direitos de

---

[80] EG 180.

[81] EG 182.

[82] DCE 28.

todos, especialmente das maiorias oprimidas e das minorias excluídas, não podemos falar de dimensão profética do anúncio do Evangelho.[83]

4.3 A compaixão como princípio de atuação

O convite que Jesus nos faz para sermos misericordiosos é muito claro (Lc 6,36). No entanto, sem compaixão é muito difícil – para não dizer impossível – ser misericordioso. É a compaixão que nos faz voltar o olhar para aquele que sofre (*compassio* = entender a dor de outra pessoa; raiz: *compatior* = sofrer junto com a outra pessoa); mas é a misericórdia que nos faz ter o coração sentindo a causa de quem sofre (*misere + cordis* = ter o coração com os pobres).[84] Embora ambas sejam o resultado de um olhar amoroso sobre o outro (Mt 9,36; Lc 15,11-32), o fato de alguém ter compaixão não o leva necessariamente a fazer alguma coisa pelo outro. Mas a compaixão precisa ser o ponto de partida, pois ela é resultado da indignação. Talvez seja esse o sentido que Pagola dá ao termo, quando propõe que a compaixão "seja convertida no grande princípio de atuação da Igreja de Jesus em todos os níveis".[85] É a compaixão que move à luta por um mundo mais humano. Sem compaixão seria impossível "prestar" atenção ao sofrimento das pessoas, levar a sério esse sofrimento e empenhar-se para diminuí-lo ou derrotá-lo.[86]

A misericórdia, por sua vez, leva à participação ativa na vida de quem sofre, a ponto de poder ser expressa como um deixar-se afetar pela dor e pelo sofrimento do outro. Trata-se de um afetar que, no dizer

---

[83] Para aprofundar a relação entre direitos humanos e realização do ser humano, ver: ZACHARIAS, Ronaldo. Direitos Humanos. Para além da mera retórica ingênua e estéril. In: TRASFERETTI, José Antonio; MILLEN, Maria Inês de Castro; ZACHARIAS, Ronaldo. *Introdução à ética teológica*. São Paulo: Paulus, 2015, p. 127-146.

[84] Valeria a pena considerar, aqui, o sentido bíblico da misericórdia. Não o farei para não me distanciar do foco proposto. Sugiro a belíssima reflexão feita por Dom Leonardo Ulrich Steiner sobre a misericórdia como "fidelidade ao ventre", "amor matricial". In: MILLEN, Maria Inês de Castro; ZACHARIAS, Ronaldo (Org.). *O imperativo ético da misericórdia*. Aparecida: Santuário, 2016, p. 35-37.

[85] PAGOLA. El desafío de la renovación evangélica de la Iglesia, p. 159.

[86] Vale a pena ter presente a reflexão proposta por Lydia Feito sobre a compaixão como resposta ética à vulnerabilidade do ser humano: FEITO, Lydia. Construyendo la compasión. In: GRACIA, Diego (Coord.). *Ética y Ciudadanía. 2 – Deliberando sobre valores*. Madrid: PPC, 2016, p. 68-75.

de Fernando Altemeyer Júnior, "realiza uma mudança de lugar existencial e ético".[87] É a misericórdia que nos leva a ser "samaritanos" na vida daqueles que mais sofrem. É ela que nos faz entender no caminho de quem queremos colocar-nos, por quem nos deixamos afetar, por causa de quem somos chamados a amar com um amor cordial, matricial. Para Francisco, a Igreja é "o lugar da misericórdia gratuita" de Deus;[88] é o Evangelho da misericórdia que deve animar todas as suas ações e opções;[89] é a misericórdia que faz com que o clamor dos que sofrem se faça carne em nós,[90] a ponto de ser o nome do próprio Deus.[91]

Indignados, compassivos, misericordiosos. Eis um programa de vida para quem se dispõe, ao denunciar as injustiças e os sofrimentos evitáveis, curar as feridas de quem precisa recuperar a liberdade perdida, resgatar a autoestima abalada, apreçar a dignidade comprometida, reconstruir a própria vida machucada por causa de tantos dramas e tragédias provocados por aqueles para os quais o sofrimento alheio não diz nada.

4.4 A opção por uma Igreja pobre e dos pobres

A transformação da Igreja, para Francisco, está condicionada ao fato de ela pôr-se em saída e "alcançar todas as periferias que precisam da luz do Evangelho".[92] Ao "sair" de si mesma e voltar-se para o pobre, a Igreja será capaz de ouvir o seu clamor, compadecer-se e ser para ele expressão da misericórdia divina. Do mesmo modo que não podemos, como Igreja, ser indiferentes e cúmplices diante do mal, também não

---

[87] ALTEMEYER JUNIOR, Fernando. Sujeitos da misericórdia. In: MILLEN, Maria Inês de Castro; ZACHARIAS, Ronaldo (Org.). *O imperativo ético da misericórdia.* Aparecida: Santuário, 2016, p. 108.

[88] EG 114.

[89] EG 188.

[90] EG 193.

[91] PAPA FRANCISCO. *O nome de Deus é misericórdia. Uma conversa com Andrea Tornielli.* São Paulo: Planeta do Brasil, 2016. Ver também: PAPA FRANCISCO. *Misericordiae Vultus. O rosto da misericórdia. Bula de proclamação do Jubileu Extraordinário da Misericórdia.* São Paulo: Paulinas, 2015; PAPA FRANCISCO. Carta Apostólica *Misericordia et Misera.* No término do Jubileu Extraordinário da Misericórdia. São Paulo: Paulinas, 2016.

[92] EG 20.

podemos fazer-nos de surdos diante dos apelos que provêm de tantas situações de exclusão e de morte.

Para "sair" de si mesma, a Igreja tem de renunciar à autocontemplação e à autorreferencialidade, visto que a Igreja "não é fim em si mesma".[93] Além disso, cabe a ela fazer-se pobre, se quiser compreender profundamente o significado da dependência absoluta de Deus e tornar-se solidária com aqueles que só em Deus podem colocar a própria esperança, visto que não contam para várias instâncias de poder que poderiam minorar seus sofrimentos. Somente uma Igreja pobre é capaz de optar pelos pobres, dando a eles o "primado na prática da caridade cristã".[94]

Infelizmente, há ainda na Igreja aqueles que consideram a opção pelos pobres como ideologia e a reduzem a uma mera categoria sociológica ou política. Embora haja este risco – e exatamente por isso o Magistério tem acompanhado a comunidade eclesial no discernimento que deve fazer a respeito, por meio de abundante orientação doutrinal e pastoral –, ele não pode servir de desculpa para que as comunidades e seus pastores se distanciem do envolvimento com questões sociais que comprometem profundamente a humanização do humano e, consequentemente, constituem a mais clara contradição do projeto de Deus.

A opção pelos pobres, à luz da revelação, não é facultativa. Não há outro meio de ser fiel a Deus e de seguir Jesus. Não foi aos pobres que Deus manifestou desde sempre a sua misericórdia? Não foi no meio dos pobres que o Filho de Deus nasceu, viveu e exerceu o seu ministério? Não foi aos pobres que Jesus assegurou o Reino de Deus e não foi com eles que ele se identificou? Não é o serviço e a entrega de si aos pobres o critério de discernimento para participar da vida eterna? Não é aos sentimentos e às opções de Jesus Cristo que somos chamados a nos conformar? O indicativo do Evangelho torna-se imperativo para os cristãos. Ouvir o clamor dos pobres, pôr-se ao lado deles, lutar com eles é um imperativo que deve fazer-se carne na vida dos cristãos. É nas

---

[93] PAPA JOÃO PAULO II. Carta Encíclica *Redemptoris Missio*, sobre a validade permanente do mandato missionário. 2. ed. São Paulo: Paulinas, 1991, n. 18.

[94] EG 198 (Francisco cita, aqui, o n. 42 da Carta Encíclica *Sollicitudo rei socialis* de João Paulo II, de 30 de dezembro de 1987).

periferias existenciais às quais somos chamados a ir que se encontram os mais pobres entre os pobres. Ali estão os que foram postos à margem do bem comum, os que foram feridos de morte na própria dignidade, os que não têm sequer voz para reivindicar os próprios direitos, os que continuam vivendo porque são teimosos e não porque têm uma razão para isso.

Como afirma Francisco:

> é uma mensagem tão clara, tão direta, tão simples e eloquente que nenhuma hermenêutica eclesial tem o direito de relativizar. [...] Para que complicar o que é tão simples? As elaborações conceituais hão de favorecer o contato com a realidade que pretendem explicar, e não nos afastar dela. Isto vale, sobretudo, para as exortações bíblicas que convidam, com tanta determinação, ao amor fraterno, ao serviço humilde e generoso, à justiça, à misericórdia para com o pobre. Jesus ensinou-nos este caminho de reconhecimento do outro, com as suas palavras e com os seus gestos. Para que ofuscar o que é tão claro? Não nos preocupemos só com não cair em erros doutrinais, mas também com ser fiéis a este caminho de vida e sabedoria.[95]

Conclusão

Talvez a melhor forma de concluir esta reflexão seja poética, pois a poesia tem o poder de anunciar-denunciando e denunciar-anunciando. E, nada melhor do que um verso da poesia de León Gieco, "Eu só peço a Deus", composta em 1978 e cantada por artistas de todo o mundo, em muitos idiomas:

> Eu só peço a Deus
> que a dor não me seja indiferente,
> que a ressequida morte não me encontre
> vazia e só sem ter feito o suficiente.

---

[95] EG 194.

Referências bibliográficas

ALTEMEYER JUNIOR, Fernando. Sujeitos da misericórdia. In: MILLEN, Maria Inês de Castro; ZACHARIAS, Ronaldo (Org.). *O imperativo ético da misericórdia*. Aparecida: Santuário, 2016, p. 97-115.

ÁVILA BLANCO, Antonio. Desafíos para la reforma de la Iglesia. In: SEGOVIA BERNABÉ, José Luis; ÁVILA BLANCO, Antonio; MARTÍN VELASCO, Juan; PAGOLA, José Antonio. *Evangelii Gaudium y los desafíos pastorales para la Iglesia*. Madrid: PPC, 2014, p. 59-110.

BENTO XVI. Carta Encíclica *Deus Caritas Est*, sobre o amor cristão. São Paulo: Paulinas, 2006.

_____. Carta Encíclica *Caritas in Veritate*, sobre o desenvolvimento integral na caridade e na verdade. São Paulo: Paulinas, 2009.

FEITO, Lydia. Construyendo la compasión. In: GRACIA, Diego (Coord.). *Ética y Ciudadanía. 2 – Deliberando sobre valores*. Madrid: PPC, 2016, p. 68-75.

GENOVESI, Vincent J. *Em busca do amor. Moralidade católica e sexualidade humana*. São Paulo: Loyola, 2008.

GRACIA, Diego. Como proceder? El problema del método. In: GRACIA, Diego (Coord.). *Ética y Ciudadanía. 1 Construyendo la Ética*. Madrid: PPC, 2016, p. 36-45.

_____ (Coord.). *Ética y Ciudadanía. 1 Construyendo la Ética*. Madrid: PPC, 2016.

_____ (Coord.). *Ética y Ciudadanía. 2 Deliberando sobre valores*. Madrid: PPC, 2016.

LÓPEZ AZPITARTE, Eduardo. *La crisis de la moral*. Maliaño (Cantabria): Sal Terrae, 2014.

MILLEN, Maria Inês de Castro; ZACHARIAS, Ronaldo (Org.). *O imperativo ético da misericórdia*. Aparecida: Santuário, 2016.

PAGOLA, José Antonio. El desafío de la renovación evangélica de la Iglesia. In: SEGOVIA BERNABÉ, José Luis; ÁVILA BLANCO, Antonio; MARTÍN VELASCO, Juan; PAGOLA, José Antonio. *Evangelii Gaudium y los desafíos pastorales para la Iglesia*. Madrid: PPC, 2014, p. 143-160.

PAPA FRANCISCO. Exortação Apostólica *Evangelii Gaudium*, sobre o anúncio do Evangelho no mundo atual. São Paulo: Paulinas, 2013.

_____. Carta Encíclica *Laudato Si'*, sobre o cuidado da casa comum. São Paulo: Paulinas, 2015.

_____. Encontro com o Episcopado Brasileiro. Discurso do Santo Padre. Arcebispado do Rio de Janeiro (27/07/2013). In: *Palavras do Papa Francisco no Brasil*. São Paulo: Paulinas, 2013, p. 85-108.

_____. *O nome de Deus é misericórdia. Uma conversa com Andrea Tornielli*. São Paulo: Planeta do Brasil, 2016.

PAPA JOÃO PAULO II. Carta Encíclica *Centesimus Annus*. No centenário da *Rerum Novarum*. São Paulo: Paulinas, 1991.

_____. Carta Encíclica *Redemptoris Missio*, sobre a validade permanente do mandato missionário. 2. ed. São Paulo: Paulinas, 1991.

PONTIFÍCIO CONSELHO "JUSTIÇA E PAZ". *Compêndio da Doutrina Social da Igreja*. 7. ed. São Paulo: Paulinas, 2011.

SAÑA, Heleno. *La ideología del éxito. Uma lectura de la crisis de nuestro tiempo*. Madrid: PPC, 2016.

SEGOVIA BERNABÉ, José Luis. *Evangelii Gaudium*: desafíos desde la crisis. In: SEGOVIA BERNABÉ, José Luis; ÁVILA BLANCO, Antonio; MARTÍN VELASCO, Juan; PAGOLA, José Antonio. *Evangelii Gaudium y los desafíos pastorales para la Iglesia*. Madrid: PPC, 2014, p. 9-58.

_____; ÁVILA BLANCO, Antonio; MARTÍN VELASCO, Juan; PAGOLA, José Antonio. *Evangelii Gaudium y los desafíos pastorales para la Iglesia*. Madrid: PPC, 2014.

STEINER, Leonardo Ulrich. Ética da Misericórdia. In: MILLEN, Maria Inês de Castro; ZACHARIAS, Ronaldo (Org.). *O imperativo ético da misericórdia*. Aparecida: Santuário, 2016, p. 17-48.

VIDAL, Marciano. Cinco claves de lectura del fenómeno eclesial del papa Francisco. *Exodo* 122 (2014): 4-11.

ZACHARIAS, Ronaldo. Direitos Humanos. Para além da mera retórica ingênua e estéril. In: TRASFERETTI, José Antonio; MILLEN, Maria Inês de Castro; ZACHARIAS, Ronaldo. *Introdução à ética teológica*. São Paulo: Paulus, 2015, p. 127-146.

4

Juventude e violação de direitos fundamentais
Reflexões à luz da Doutrina Social da Igreja e dos direitos humanos

Adelino Francisco de Oliveira [*]

Introdução

A relevância do presente capítulo fundamenta-se na urgência de se identificar e analisar as situações de violação dos direitos humanos no cotidiano dos jovens que se encontram em condições de maior vulnerabilidade social, caracterizada pela exposição a riscos relativos à violência urbana, miséria, ausência de estruturas materiais básicas para o desenvolvimento humano e para a própria sobrevivência. Neste ponto, a reflexão que segue descortina-se como fundamental, na medida em que as análises produzidas avançam na direção de desvelar as ideologias de igualdade, democracia e justiça. A urgência do tema aparece, de certo modo, na análise de Sérgio Adorno:

> Surpreendentemente, após o retorno da sociedade brasileira ao estado de direito, explodem conflitos de diversa natureza: crescimento dos

---

[*] Adelino Francisco de Oliveira tem pós-doutorado em Filosofia (Universidade de São Paulo), é doutor em Filosofia da Religião (Universidade Católica Portuguesa – Lisboa), mestre em Ciências da Religião (Pontifícia Universidade Católica de São Paulo) e professor no Instituto Federal de Educação, Ciência e Tecnologia de São Paulo, *campus* Piracicaba.

crimes, em especial em torno das formas organizadas (por exemplo, tráfico de drogas), graves violações de direitos humanos e conflitos com desfechos fatais nas relações interpessoais. Aumentaram destacadamente os homicídios com concurso de arma de fogo, cujos alvos privilegiados são homens de 15 a 29 anos, habitantes dos bairros que compõem as chamadas periferias das regiões metropolitanas.[1]

Tendo como referência a Doutrina Social da Igreja e as concepções produzidas no campo dos direitos: humanos, esta reflexão parte da fundamental percepção de que há um estreito vínculo entre todos os direitos, mas há uma relação causal entre o direito à educação, ao trabalho e à vida. O tema dos direitos humanos assume uma dimensão central na própria concepção de vida em sociedade no mundo contemporâneo. Por trás das noções de direitos humanos, encontra-se latente a compreensão acerca das possibilidades da vida e a análise das condições básicas para que a vida singular alcance toda a sua potencialidade. Identificar situações nas quais os direitos humanos – especificamente no que tange à realidade juvenil – são sistematicamente violados representa um importante passo de denúncia de uma realidade que deve ser política e socialmente superada.

Visando a uma exposição didática, o capítulo encontra-se estruturado em quatro partes complementares. Na primeira parte, procura-se discutir a relação entre a Doutrina Social da Igreja e os direitos humanos. Na segunda, apresenta-se uma visão panorâmica da trajetória histórica dos direitos humanos. Na terceira, analisam-se os desdobramentos históricos da temática dos direitos humanos no contexto brasileiro. Na última parte, almeja-se analisar as situações sistemáticas de violação de direitos fundamentais – educação, trabalho e vida – da população jovem.

---

[1] ADORNO, Sérgio. Violência e crime: sob o domínio do medo na sociedade brasileira. In: BOTELHO, André; SCHWARCZ, Lilia Moritz (Org.). *Cidadania, um projeto em construção: minorias, justiça e direitos*. São Paulo: Claroenigma, 2011, p. 74.

1. A estreita relação entre Doutrina Social da Igreja e direitos humanos

É preciso compreender a Doutrina Social da Igreja como uma construção histórica, que se desdobra de um processo de compreensão hermenêutica do próprio movimento de Jesus.[2] Buscando seguir Jesus Cristo bem de perto, a Igreja, em sua atuação pastoral, foi construindo documentos e mecanismos de ação no mundo que a mantivessem em fidelidade criativa com os princípios fundamentais da prática de Jesus. Tendo como inspiração e modelo exemplar os valores basilares apresentados na dinâmica do movimento de Jesus, a Doutrina Social da Igreja desponta como referencial imprescindível a definir e nortear a presença e inserção da Igreja no mundo. Martins elucida que a:

> A DSI tem uma longa tradição e não sabemos exatamente quando ela começou. Desde o período patrístico, a Igreja Católica, por meio de teólogos e autoridades eclesiais, fala de justiça social. Contudo, é consenso que a DSI moderna tem início em 1891, quando o Papa Leão XIII lançou a encíclica *Rerum Novarum*. De Leão XIII a Francisco, todos os papas lançaram documentos que contêm preocupações sociais.[3]

Dentre tantos aspectos fundamentais a emergirem da proposta de vida e sociedade ofertada pelo movimento de Jesus, a dignidade e a centralidade da vida humana talvez possam constituir-se como o ponto mais genuíno, o elemento-síntese de tudo que Jesus Cristo nos comunica. Os gestos, as palavras e as ações de Jesus se colocam sempre na direção de elevar e dignificar a vida humana, que é compreendida como dom e graça divina. A partir dos ensinamentos de Jesus, a legitimidade de estruturas políticas, sistemas econômicos, organizações sociais, tradições culturais etc. deve ser mensurada tendo como referência a capacidade de promover mais vida, de maneira abrangente, abundante e plena.

---

[2] HOORNAERT, Eduardo. *O movimento de Jesus*. Petrópolis: Vozes, 1994, p. 85-91.

[3] MARTINS, Alexandre Andrade. Doutrina Social da Igreja e Teologia da Libertação: diferentes abordagens. In: ZACHARIAS, Ronaldo; MANZINI, Rosana (Org.). *Magistério e Doutrina Social da Igreja: continuidade e desafios*. São Paulo: Paulinas, 2016, p. 53.

A Doutrina Social da Igreja, como instrumento de releitura e atualização da prática de Jesus, também assume o ser humano e a dignidade de sua existência como foco de suas preocupações. O amor a Deus e a fidelidade ao legado de Jesus se manifestam no serviço à vida, que deve ser plena de possibilidades, tanto materiais quanto espirituais. A afirmação da dignidade humana, fundamentada na compreensão da vida como manifestação da graça e dom de Deus, emerge como chave hermenêutica do Movimento de Jesus.

No entanto, é fundamental ressaltar que a Igreja não aceitou de imediato as proposições que embasaram as concepções no campo dos direitos humanos. Na antiguidade e no período medieval, simplesmente não se abordavam tais direitos. No período moderno, as posições que respaldavam a noção de direitos humanos eram também anticlericais. Somente no período contemporâneo, com a abertura promovida pelo Concílio Vaticano II, é que a Igreja passou a assumir, de maneira clara, algumas temáticas dos direitos humanos.

Na medida em que as demandas dos direitos humanos avançam na direção de resguardar e promover a vida, em toda sua complexidade, torna-se imperativo reconhecer que tais demandas encontram-se em estreita relação com o arcabouço da Doutrina Social da Igreja. A perspectiva de ressaltar, evidenciar a dignidade da pessoa humana, independentemente de qualquer situação em que esteja envolvida, aproxima e vincula, em definitivo, a Doutrina Social da Igreja à abordagem dos direitos humanos.

2. Trajetória histórica dos direitos humanos: perspectiva panorâmica

Os direitos humanos constituem-se em dimensão fundamental à proteção da vida. Ao longo da construção histórica da noção de direitos humanos, a própria concepção de vida humana e suas possibilidades foi ampliada, alcançando alto nível de complexidade, compondo uma relevante conquista da humanidade. Apesar de se constituir em ideário meramente formal e abstrato,[4] a concepção de direitos humanos,

---

[4] Entendem-se os códigos que resguardam os Direitos Humanos como princípios formais e abstratos, tendo em vista que, apesar dos avanços históricos, ainda há

sem dúvida alguma, representa um avanço fundamental. Pode-se compreender que os direitos humanos representam e sintetizam todo um caminhar histórico da humanidade em direção às concepções de cultura e civilização no Ocidente.

A concepção de direitos humanos é fruto da longa caminhada civilizatória. A problemática dos direitos humanos encontra seus fundamentos basilares nas origens da longa tradição ocidental. Quando se abordam as bases remotas da noção de direitos humanos, reporta-se a diversos desdobramentos históricos, somando contribuições de muitos povos e diversas culturas. Neste ponto, e, em linhas bem gerais, podemos dizer que a perspectiva dos direitos humanos remete ao legado do judaísmo, da filosofia grega e do movimento de Jesus. De certa maneira, a Doutrina Social da Igreja sintetizará tais contribuições.

Na dinâmica de reconstrução da trajetória histórica dos direitos humanos, torna-se fundamental a menção à singular e decisiva contribuição da tradição cristã. É precisamente nas teias da cultura do cristianismo que nos deparamos com princípios elementares a comporem a ética do amor e da compaixão, compreendendo a vida como realidade sagrada. Herdeira e guardiã de princípios essenciais, sustentáculos da noção de direitos humanos, a longa tradição cristã instaura uma nova concepção do humano, pautada na dignidade inerente e inalienável de toda criação que é divina. Assim, os princípios do cuidado e do perdão, as dimensões da solidariedade, da fraternidade, da paz e da justiça encontram fundamento, amparo e inspiração no horizonte cristão. Sobre este aspecto, Michel Villey sinaliza que "Os direitos humanos têm como primeira fonte uma teologia cristã".[5]

Apontando para uma análise histórica e mais detalhada, no período medieval não há grandes elaborações acerca dos direitos humanos.[6] A sociedade estratificada e dividida encontrava-se alavancada pelas

---

uma significativa parcela da população que tem sistematicamente seus direitos mais fundamentais violados.

[5] VILLEY, Michel. *O Direito e os Direitos Humanos*. São Paulo: Martins Fontes, 2007, p. 138.

[6] É preciso destacar, no entanto, a importância basilar das concepções filosóficas e teológicas de Tomás de Aquino para o posterior desdobramento da visão moderna de direitos naturais.

relações de vassalagem e dominação inscritas nos feudos. Neste ponto, o historiador Jacques Le Goff elucida que:

> A economia do Ocidente medieval tem por finalidade a subsistência dos homens. Não vai além disso. Se parece ultrapassar a satisfação do estritamente necessário, é porque, com certeza, a subsistência é uma noção socioeconômica e não puramente material. A subsistência varia segundo camadas sociais. À massa basta a subsistência no sentido estrito da palavra, isto é, o suficiente para subsistir fisicamente: primeiro, a alimentação, depois a vestimenta e a casa.[7]

O declínio do medievo sinaliza para o ressurgimento de algumas aspirações e expectativas. As transformações socioeconômicas, em período renascentista, revelam um novo tempo a delinear as relações humanas e culturais. É tempo de florescer do comércio, das navegações, de tomadas de outros territórios. Mudanças econômicas são acompanhadas por transformações na ordem política e nas representações legais. A noção do Estado Moderno a comandar relações e controlar "o estado de natureza" – como sugerirá Thomas Hobbes – insurge com força e vitalidade, indicando novas formas de regulação de existência e da relação entre as pessoas. Um pouco antes de Hobbes na cronologia histórica, o pensamento do florentino Nicolau Maquiavel já acentuava a centralidade do poder político – representado na figura do príncipe[8] – na formatação da dinâmica social. Maquiavel lança as bases teóricas para a racionalização da política e do próprio Estado.

Com o humanismo e a filosofia política, desde Maquiavel e Hobbes, há uma nova visão de mundo; o humano passa a ser o centro das preocupações; o conhecimento alcança relevância e a racionalidade torna-se imprescindível na condução das ações. Um novo campo ético está formatado, indicando que o ser humano é portador de direitos fundamentais e inalienáveis. Os germes dessa nova concepção acompanharão a sociedade pelos próximos séculos, implicando códigos de lei, formas de se relacionar com o Estado e em coletividade.

---

[7] LE GOFF, Jacques. *A civilização do Ocidente medieval*. Bauru: EDUSC, 2005, p. 218.

[8] MACHIAVELLI, Niccolò. *O príncipe*. 32. ed. Rio de Janeiro: Ediouro, 2000.

No ambiente intelectual dos séculos XVII e XVIII, como reflexo e desdobramento de movimentos históricos – expressivamente no contexto do Iluminismo –, despontam pensadores a tecerem novas percepções sobre o humano e suas relações sociais e políticas. Articula-se, no pensamento de John Locke, Montesquieu, Voltaire, Jean-Jacques Rousseau, Thomas Paine, Immanuel Kant etc., a noção política de direitos naturais do homem e do cidadão a ser regulada e garantida pelo Estado. Neste ponto, não cabe ao Estado conceder os direitos, que são naturais, à vida, à liberdade e à propriedade privada, mas apenas garantir a justiça, como o tutor, mediador dos direitos. Neste sentido Sadek explica que:

> De fato, as elaborações teóricas jusnaturalistas, desenvolvidas nos séculos XVII e XVIII, apesar das diferenças entre os autores, têm em comum não apenas a caracterização dos homens como sujeitos, como portadores de direitos, como entes individuais autônomos, mas também a afirmação de que a realização dos direitos naturais e da lei universal exige que a administração da justiça seja feita por uma instituição pública independente.[9]

Situa-se no contexto do Iluminismo e sob inspiração da Declaração dos Direitos de Virgínia, de 1776 – Luta de Independência dos Estados Unidos da América –, a elaboração da Declaração dos Direitos do Homem e do Cidadão, aprovada pela Assembleia Nacional Constituinte da França, em 1789. O pensamento iluminista passa a inspirar as revoluções burguesas – tal como a Revolução Francesa. Os princípios de democracia, da participação livre do homem em sua coletividade, o Estado, a salvaguardar a medida de todos os direitos e garantias, estavam lançados. Neste ponto, o próprio Locke explicita que: "O 'estado de natureza' é regido por um direito natural que se impõe a todos, e com respeito à razão, que é este direito, toda a humanidade aprende que, sendo todos iguais e independentes, ninguém deve lesar o outro em sua vida, sua saúde, sua liberdade ou seus bens".[10]

---

[9] SADEK, Maria Tereza Aina. Justiça e direitos: a construção da igualdade. In: BOTELHO; SCHWARCZ. *Cidadania, um projeto em construção*, p. 31.

[10] LOCKE, John. *Segundo Tratado sobre o Governo Civil: ensaio sobre a origem, os limites e os fins verdadeiros do governo civil*. Petrópolis: Vozes, 1994, p. 84.

O pensamento moderno passa a conceber a igualdade como um valor supremo, fundamental. A noção de que todos os homens são iguais alcança efeitos incontornáveis, a fundamentar movimentos de cunho libertários. O valor da igualdade assume uma representação fundamental na prospecção das relações políticas e sociais, tornando-se um aspecto basilar no ideário social do Ocidente. Talvez seja oportuno objetar que, apesar de o princípio de igualdade ter alcançado uma valorização fundamental, isso não significou, historicamente, a edificação de uma sociedade, de fato, igualitária. Este senão não esvazia a relevância do princípio de igualdade enquanto valor norteador, inspirador da visão política ocidental, apenas evidencia para seu caráter ideológico e formal.

A Declaração Universal dos Direitos Humanos, promulgada pela ONU em 1948, é, sem dúvida, um documento do mundo contemporâneo que aglutina e representa o desenvolvimento de concepções forjadas ao longo da história ocidental, sendo, então, muito mais do que uma resposta à banalização do mal – no conceito de Hannah Arendt[11] – promovida pelos terríveis eventos da Segunda Guerra.

No período de 1960 – fase de nascimento de ditaduras na América Latina –, movimentos internacionais, liderados por estudantes e intelectuais, retomam temas cruciais, concedendo-lhes maior diversidade e amplitude ética. Pensadores passam a questionar o poder do Estado e seu papel na sociedade. É a fase da guerra fria: a questão do socialismo e do pensamento de esquerda fomenta críticas à desigualdade social e à tirania do Estado. Movimentos intelectuais representam a condição da natureza, da mulher, das etnias, dos homossexuais, das crianças e adolescentes. Os direitos humanos entornam uma nova perspectiva: discutem-se os direitos sociais, civis e políticos. O respeito às "minorias" e a resistência a todas as formas de repressão e subsunção indicam que novas relações estabelecidas com o Estado são cruciais para a retomada da dignidade e da liberdade humana, em um cenário internacional favorável a novos debates e reflexões, sempre referendando as diferenças, o respeito à condição humana e sua capacidade de escolha, firmando a capacidade cultural e civilizatória. Neste ponto, Sadek elucida que:

---

[11] ARENDT, Hannah. *Eichmann em Jerusalém: um relato sobre a banalidade do mal.* São Paulo: Companhia das Letras, 1999.

Marshall, em seu estudo clássico sobre a cidadania, *Cidadania, classe social e status*, tomando como referência empírica o mundo europeu ou mais precisamente a Inglaterra, aponta a existência de três conjuntos distintos de direitos e, portanto, de diferentes significados da igualdade: os direitos civis, os direitos políticos e os direitos sociais. No caso inglês, esses direitos foram progressivamente conquistados, sendo possível estabelecer um período correspondente a cada um deles – os civis no século XVIII, os políticos no XIX e os sociais no XX.[12]

Com o caminhar histórico, a perspectiva de direitos humanos se torna ainda mais complexa. Ultrapassando, complementando a noção de direitos políticos, civis e sociais, despontam os chamados direitos de terceira geração, a contemplarem os diferentes grupos sociais. Neste rol de direitos, compõem-se os direitos dos idosos, dos LGBT (lésbicas, *gays*, bissexuais, travestis, transexuais, transgêneros), dos consumidores, das crianças etc.[13]

É no contexto da modernidade que a Doutrina Social da Igreja, pós--Concílio Vaticano II, passa a se aproximar, de maneira mais aberta, das temáticas dos direitos humanos. No entanto, a relação da Igreja com as concepções no campo dos direitos humanos estará sempre tomada por tensões. A Doutrina Social da Igreja fundamenta sua concepção de direitos humanos em perspectivas teológicas, a definirem uma compreensão ontológica. As sociedades contemporâneas tendem a assumir compreensões bem mais fluidas e abertas de humanidade.

Apesar de sua dimensão ideológica, é inegável que o longo debate histórico acerca dos direitos humanos promoveu uma concepção fundamental de igualdade entre os homens. A ideia de igualdade marca um importante avanço cultural e civilizacional. Entrementes, a partir dos atentados de 11 de setembro de 2001, que colocaram abaixo, em Manhattan, Nova York, o conjunto de torres do World Trade Center, a questão dos direitos humanos – fundamentalmente do direito à liberdade – passou a ser colocada sob suspeita, sendo paulatinamente arrefecida sob a égide da imprescindibilidade de uma política de segurança nacional. O dia 11 de setembro de 2001, de certa maneira, marcou um

---

[12] SADEK. Justiça e direitos, p. 33.

[13] Ibid., p. 35.

terrível retrocesso no que tange aos direitos humanos, reforçando práticas de Estado a atentarem contra os direitos individuais e a soberania das nações. Para o pensador Paulo Arantes, o que se instaurou foi um autêntico estado de sítio:[14]

> O sinal de alarme voltou a soar no dia 11 de setembro de 2001 nos dois lados do Atlântico Norte. Algumas providências chegaram aos jornais, e por elas se pode antever um pouco do arrastão que vem por aí. Até mesmo o *establishment* começou a pôr as barbas de molho. "A mais vasta manobra para retirar proteções constitucionais", *The New York* dixit. O poder Executivo agora "é investigativo, promotor de justiça, juiz, júri, carcereiro e executor", nas palavras de mais um jornalista norte-americano ressabiado, mas que nas primeiras semanas também tocava tambor na Times Square enrolado na bandeira.[15]

3. A incipiente construção dos direitos no contexto brasileiro: continuidades e rupturas

Transportando a análise histórica para o cenário brasileiro, torna-se possível ponderar que o período da ditadura militar, ainda que marcado por opressão e totalitarismo, esteve tomado por processos de resistência e questionamento ao *status quo*. Representações internacionais, esforços pela redemocratização da sociedade brasileira e por um Estado de Direito e de garantias plenas, o surgimento de novas organizações e o remodelamento dos movimentos da sociedade civil, e até mesmo a reinterpretação que a Teologia da Libertação faz da Doutrina Social da Igreja na América Latina, entornam – articulando de maneira contraditória resistências e conquistas – a cultura, o processo histórico a reforçar a imprescindibilidade de leis que preconizassem a justiça e a defesa de um sistema de garantia de direitos. Após lutas e caminhadas – tomando como legado histórico as próprias lutas no contexto internacional –, a Constituição da República Federativa do Brasil, de 1988,

---

[14] A própria definição de estado de sítio, apresentada por Paulo Arantes, já evidencia o paradoxo de uma ruptura democrática de todos os direitos. ARANTES, Paulo Eduardo. *Extinção*. São Paulo: Boitempo, 2007, p. 153-154.

[15] Ibid., p. 157-158.

desponta como o ápice das aspirações de uma sociedade a amadurecer para a integralidade de todos os direitos fundamentais do humano. Estavam em pauta os direitos humanos, articulados e expandidos para a ideia moderna de direitos sociais, civis, políticos.

Claramente, como desdobramento da Constituição, novos códigos despontam: Estatuto da Criança e do Adolescente (ECA), Estatuto do Idoso, Lei Orgânica da Saúde e da Assistência Social, Estatuto da Juventude etc. Movimentos sociais, bem como as Comunidades Eclesiais de Base (CEB), impulsionam a aprovação de leis que protegem e salvaguardam crianças, jovens, idosos e mulheres. A preocupação com a ecologia reforça o direito do humano ao acesso responsável aos recursos da natureza, como direito fundamental e inviolável. A questão indígena ganha um código, defendendo o direito à terra e à vivência da cultura e enfatizando a dignidade étnica. A amplitude dos movimentos e da defesa de direitos implica novas formas de relacionamento com o Estado: esferas de participação popular e da comunidade recriam-se, garantindo, legalmente, o direito do cidadão a definir os rumos da política de sua cidade, Estado e país. O direito, a lei, a participação popular, a abertura dos espaços do Estado, a visibilidade política, a ampliação do conceito de sociedade civil, entornam o caldo democrático conquistado pela sociedade brasileira no período pós-ditadura. No entanto, o que se tem, de fato, é apenas um avanço formal, legal, embasado em documentos e leis que não ecoam na realidade social brasileira. A questão da igualdade no contexto brasileiro não se torna uma referência para a composição das relações sociais. A igualdade não se constitui nem em realidade de fato, nem em um valor a balizar o ideário social. Estratificação social e concentração de renda entoam um longo período de violação de direitos e exclusão social.

No Brasil, em período pós-ditadura militar, grupos da sociedade civil, articulados e organizados, passam a discutir direitos, atendendo a segmentos específicos da sociedade. Há movimentos que discutem os direitos da criança, da mulher, da família e dos grupos étnicos. Criança, adolescente e família ganhavam centralidade na pauta das políticas sociais, indicando prioridade no atendimento e inclusão nos serviços básicos – saúde, educação, trabalho etc. Era preciso garantir a visibilidade de tais grupos, concedendo-lhes segurança, proteção e um patamar significativo de sobrevivência, dignidade e estabilidade material e social. Conforme já citado e aludido, o Estatuto da Criança e Adolescente, assim como a Lei Orgânica da Assistência Social encontram-se nos esteios das transformações e almejam consolidar direitos e definir garantias – apesar de seu caráter universal – para a população inscrita em patamar agudo de exclusão e marginalização.

No específico contexto cultural brasileiro, nunca houve uma política clara e contundente de defesa e promoção dos direitos humanos. Políticas públicas sempre carregaram o ranço do patrimonialismo, articulando propostas voltadas a interesses específicos que não privilegiam posturas democráticas e maior participação popular. Na dinâmica da cultura brasileira, a perspectiva de que todos são iguais nunca prosperou. As relações sociais no Brasil – demarcadas por diferenças étnicas, culturais e de classes – sempre foram marcadas por uma noção, ora declarada, ora velada, de desigualdade. A igualdade nunca constituiu um valor supremo, a ser tomado como referência nas dinâmicas sociais no Brasil. Como enfatiza Guimarães: "Nem sempre prevaleceu no Brasil o entendimento de que as desigualdades eram fatos negativos e a diversidade um valor positivo".[16]

A Era dos Direitos pode estar alcançando seu ocaso, não apenas no Brasil – que enfrenta séria instabilidade política e rompimento com a ordem democrática após o golpe parlamentar de 12 de maio de 2016, que destituiu a presidenta legitimamente eleita, Dilma Rousseff –,[17] mas em escala global. O grande capital, com a perspectiva neoliberal, tem pressa, por isso não tergiversa, não faz concessões, nem dialoga. Quem não se alinha ao tempo e ao ritmo estipulado, é simplesmente substituído por um servo mais leal e eficiente. Os fins sempre justificam os meios. A detração, a calúnia, a traição, a perseguição, o banimento, a criminalização despontam como estratégias legítimas em um campo

---

[16] GUIMARÃES, Antônio Sério Alfredo. Desigualdade e diversidade: os sentidos contrários da ação. In: BOTELHO; SCHWARCZ. *Cidadania, um projeto em construção*, p. 44.

[17] Ver: O golpe de 16: a deposição de Dilma. *Diário do Engenho* (12/05/2016). Disponível em: <http://diariodoengenho.com.br/o-golpe-de-16/>. Acesso em: 30/06/2016.

aberto de luta pela hegemonia. O grande capital, na defesa de seu projeto, mostra suas armas, que são letais e também bem sujas.

A crise institucional vivida no contexto brasileiro a partir do golpe sobre o governo legitimamente eleito desmonta a ideologia do Estado Democrático de Direito. A democracia aparece como uma mera concessão, não como uma construção e conquista de toda uma sociedade. Se os princípios democráticos não mais se apresentam como convenientes e congruentes para a consolidação da globalização neoliberal, suplantam-se, simplesmente, tais bases democráticas. Não pode haver empecilhos – sejam políticos, religiosos, éticos etc. – para os avanços do mercado global.

O que se coloca em questão está para além da mera defesa da continuidade ou não de um determinado governo. O ponto fundamental consiste em reconhecer que o limite da democracia se encerra em parâmetros econômicos. Há um modelo de economia não solidária, que suplanta os anseios democráticos. Desponta a perspectiva de um devir nebuloso, com a projeção de governos mais vorazes na consolidação de políticas estruturantes do capitalismo de mercado. O projeto de uma sociedade realmente democrática, pautada no direito e voltada para a construção do bem coletivo, se contrapõe, profundamente, aos ditames neoliberais de um Estado mínimo, sem qualquer vínculo com o direito e a cidadania.

4. Aspectos da sistemática violação de direitos no contexto juvenil

Recentemente, no contexto brasileiro – mas também em âmbito global –, a sociedade passou a debater sobre direitos e garantias de uma ampla população, a juventude. Compreendida entre os 15 e 29 anos de idade, em uma demarcação etária legal, a população jovem cresce, representando agrupamento a conquistar mercado, espaço e visibilidade na política brasileira. O Estatuto da Juventude – Lei n. 12.852, de 5 de agosto de 2013 –[18] discursa em torno de direitos fundamentais e

---

[18] BRASIL. Presidência da República. Casa Civil. Subchefia para assuntos jurídicos. Lei n. 12.852, de 5/08/2013. *Estatuto da Juventude*. Disponível em: <http://www.planalto.gov.br/ccivil_03/_Ato2011-2014/2013/Lei/L12852.htm>. Acesso em: 08/09/2016.

indica que o jovem, detentor do vigor, da vontade mais profícua, de toda a energia fundamental para a construção da cultura, dos valores e do futuro, deve estar no centro das preocupações da sociedade civil e do próprio Estado. No período da juventude, o cidadão dedicar-se-á à formação mais específica, galgará postos de trabalhos, especializar-se--á em tarefas e assumirá novos conhecimentos, para que na fase mais madura, amparado por um arcabouço e capital cultural conquistado ao longo de seu caminhar, esteja pronto, portando segurança no campo do saber, dos valores e de uma postura ética sólida a definir os rumos de seu país, de sua nação e de sua comunidade global.

É imprescindível, entrementes, contextualizar o crescimento da população jovem no Brasil, atentando para os enormes marcos de exclusão, vitimização e pobreza a que esta nova camada está relegada. Nas grandes periferias brasileiras, um contingente de jovens projeta-se e confronta-se com condições delicadas de violação de direitos fundamentais. Neste ponto, Paulo Arantes enfatiza:

> Só na região metropolitana de São Paulo, são 3,5 milhões de jovens cujo grau de desamparo social se poderia medir só pelo quase 1 milhão que não consegue nem estudar, o que dirá trabalhar: simplesmente não fazem nada [...].
> Sem perspectiva nenhuma, são os primeiros a sucumbir diante da sedução do crime e seus "difíceis ganhos fáceis".[19]

Apesar de ter os direitos à educação, ao trabalho e à vida assegurados constitucionalmente, tanto por meio da Constituição da República Federativa do Brasil, de 1988, quanto pelo Estatuto da Criança e do Adolescente, bem como pelo recém-criado Estatuto da Juventude, e por diversos outros documentos internacionais dos quais o Brasil se fez signatário, a população jovem, que habita as regiões mais periféricas, não abarca tais direitos efetivamente contemplados. Questões históricas, relacionadas ao ciclo de pobreza e exclusão a que as próprias famílias já foram relegadas, devem ser consideradas, concomitantemente. A cultura da violência, os parcos recursos estruturais, o abandono das periferias – num processo de crescimento urbano desordenado e

---

[19] ARANTES. *Extinção*, p. 299.

desarticulado e num contexto de parcas políticas de planejamento de desenvolvimento das cidades –, a aglomeração da massa de excluídos nas grandes periferias expõem os jovens a poucas oportunidades de educação e de qualificação profissional, a um trabalho sem garantias e à impossibilidade de proteção da vida – bem supremo e primeiro do homem. A expressão aguda de todo o processo pode demarcar a exposição do jovem à situação mais limite de sua vida: morte e violência.

Identifica-se neste ponto uma tríade complementar entre o direito à cultura, ao trabalho e à vida. Há uma progressão perversa, nefasta, que, ao impedir o jovem de ter acesso à cultura, paulatinamente, o lança, o compele a um universo de subemprego, de trabalho precário, sem garantias, direitos e proteção. O tempo dramático da negação de direitos reproduz-se quando o jovem tem a própria vida negada, em decorrência da brutal e banal violência a qual se encontra sujeito. Em última instância, a violação progressiva, catastrófica de tais direitos representa a total anulação das possibilidades existenciais e perspectivas de futuro do jovem. Não lhe é permitido desenvolver-se com segurança para a fase da maturidade, tempo no qual estaria preparado para incrementar a riqueza material, cultural e cívica de sua comunidade e nação.

Num primeiro plano, a questão da cultura pode se desdobrar, assumir vários aspectos problemáticos. É preciso considerar a cultura enquanto sistema educacional, em sua dinâmica a partir do ensino oficial. A cultura contempla também, sobretudo, o acesso ao imenso legado civilizacional. Neste ponto, o direito à cultura é sistematicamente violado diante de uma realidade na qual o jovem se encontra privado de estruturas educacionais de qualidade, capazes de prepará-lo tanto intelectualmente quanto para o mercado de trabalho. A ausência de uma real e autêntica democracia cultural faz com que o arcabouço cultural humano não seja acessível aos jovens oriundos de realidades mais carentes. Sobre este ponto, Sen e Kliksberg elucidam que:

> Os mais pobres veem sua vida drasticamente caracterizada pela ausência de oportunidades. São obrigados a trabalhar desde cedo, suas possibilidades de cursar os níveis de primário e secundário são limitadas, possuem riscos significativos na saúde, não têm uma rede de relações sociais capaz de impulsioná-los, não dispõem de crédito, sua

inserção no mercado de trabalho é muito problemática, dificilmente conseguem romper com a situação de privação que marca suas famílias de origem.[20]

Num segundo plano, o trabalho precário compõe-se como uma realidade que não abre perspectivas profissionais e econômicas para o jovem. Sem formação adequada, lançado a uma concorrência profissional desleal, desigual, o jovem, oriundo de realidades carentes, desprotegido socialmente, encontra-se relegado a uma dinâmica de subemprego, por meio do qual mal obterá os recursos básicos, fundamentais à sua mera sobrevivência física, material. O trabalho precarizado, sem garantias, não lhe permite a possibilidade de crescimento e humanização. O subemprego – o trabalho desqualificado – nada lhe ensina e garante: de maneira contraditória, o lança a um profundo processo de alienação, desconhecendo suas potencialidades e o sentido primeiro de suas atividades. Os trabalhos temporários, igualmente, em nada fortalecerão sua identidade, seu sentimento de pertença a uma determinada categoria profissional e a perspectiva do conhecimento das garantias trabalhistas. Inexoravelmente, o jovem está subsumido à própria condição do neoliberalismo, para o esfacelamento das políticas de proteção, da condição do Estado mínimo e da fragmentação evidente do mundo do trabalho. O jovem está mais suscetível a este processo, tendo em vista suas poucas e incipientes experiências, a premência do trabalho para auxiliar no incremento do orçamento doméstico – considerando seu pertencimento a uma família já empobrecida. O jovem pobre é o segmento populacional mais exposto à realidade do trabalho precário, que o coloca num processo violento de quebra da identidade, alienação e impossibilidade de desenvolvimento integral da autonomia, liberdade e dignidade. Sobre este aspecto, há uma esclarecedora e fundamental citação de Sen e Kliksberg:

> Ao lado do desemprego, observa-se, entre os jovens, um crescimento dos empregos de baixa produtividade. São trabalhadores por conta

---

[20] SEN, Amartya; KLIKSBERG, Bernardo. *As pessoas em primeiro lugar: a ética do desenvolvimento e os problemas do mundo globalizado*. São Paulo: Companhia das Letras, 2010, p. 222.

própria, sem crédito nem apoio tecnológico, sem uma inserção sólida no mercado, ambulantes, empregados domésticos e outras formas similares da economia informal. Em 2005, esses empregos eram representados por 44,3% dos jovens empregados.

[...] As duras condições do mercado de trabalho criaram, também, fortes tendências de precarização trabalhista. Surgiu um amplo espectro de contratações por fora das normas legais, com diferentes formas de precarização do trabalho. A precariedade, os contratos temporários e outras modalidades semelhantes fazem que o jovem tenha menos proteção social.[21]

Impossibilitado de desenvolver suas potencialidades humanas por causa de uma existência tomada por privações e ausência de oportunidades, o jovem soma às suas parcas experiências o contato cotidiano com uma realidade de brutalidade, banal violência. A vida cerceada, limitada, a existência negada do jovem, inserido em uma realidade de miséria e privação, muitas vezes acaba por alcançar seu ocaso por meio da violência constante, perversa, banalizada.

Para o jovem pobre, morador de regiões periféricas, marcadas pela precariedade estrutural, em áreas sem condições básicas de saneamento, educação, saúde, habitação etc., os direitos humanos, em linhas gerais, não passam de mera abstração. Nesses contextos, a violação de tais direitos acontece diuturnamente, tomando o cotidiano da existência. Todo discurso acerca de direitos torna-se incompreensível, abstrato, uma vez que não alcança relação alguma, não atinge intersecção com uma realidade que se revela oposta a toda e qualquer noção de direito. Para os jovens de regiões mais pobres, das periferias mais longínquas, a única realidade objetiva consiste na negação de toda possibilidade de direito. Talvez, para a população jovem, desprotegida socialmente, em situação de fragilidade social, a violação de direitos defina o próprio cotidiano existencial.

Conclusão

As concepções contidas na Doutrina Social da Igreja, bem como a temática dos direitos humanos assumem cada vez mais um lugar de

---

[21] Ibid., p. 220-221.

centralidade nas sociedades contemporâneas. Do âmago da Doutrina Social da Igreja e dos direitos humanos, emerge uma compreensão complexa de humanidade. O grande desafio que se impõe às sociedades, no plano político, consiste justamente em assegurar a plena vivência dos direitos, particularmente à população jovem, que, numa realidade como a brasileira, por exemplo, encontra-se em situação de maior fragilidade social.

Não há como negar o forte sentimento de perplexidade que assola a sociedade brasileira. Reina uma total ausência de perspectivas diante dos recentes fatos políticos que se sucederam ao golpe parlamentar de 2016 e que compõem o cenário tenebroso que define a conjuntura atual do Brasil. A impressão geral é que nem a política nem a economia, enquanto ciências, conseguem vislumbrar projetos de sociedade.

Tem se tornado recorrente a apresentação solta e sem maiores problematizações de números, índices, porcentagens etc. tanto para se denunciar equívocos quanto para se apontar caminhos vislumbrando o crescimento econômico do país. A questão é que a realidade dura, o chão da vida não pode ser reduzido a uma mera análise quantitativa. Para além de orçamentos numerários e déficits, há existências concretas, corações que batem, vidas que pulsam. Há jovens com seus direitos sistematicamente violados.

O critério primeiro para avaliar a validade e pertinência de qualquer propositura política e econômica é a centralidade da pessoa humana. Como ensina a Doutrina Social da Igreja e a longa trajetória de lutas no campo dos direitos humanos, esse é um princípio ético fundamental e inegociável. Tanto a política quanto a economia só alcançam relevância e significado quando avançam na direção de promover mais possibilidades de vida, em um sentido amplo, complexo e includente.

O ser humano exige, para seu desenvolvimento, uma série de condições objetivas, que não podem ser negligenciadas. Sem os recursos materiais básicos, a vida humana definitivamente não floresce. É nesse ponto que se funda tanto a perspectiva da Doutrina Social da Igreja quanto a dos direitos humanos: é preciso que se garantam as condições básicas para o desenvolvimento da vida de cada indivíduo. Longe de ser compreendido como benevolência social ou caridade, os direitos humanos emergem do reconhecimento de que cada indivíduo, em sua singularidade, é portador de uma dignidade inerente à sua condição de ser humano. Em uma perspectiva de construção de civilização, os direitos são sempre ampliados e universalizados, nunca retirados; caso contrário, a dinâmica seria claramente de retrocesso à barbárie.

Nessa compreensão, o processo educacional desfruta de um lugar de extrema relevância. A formação educacional, ao mesmo tempo que provoca o indivíduo a expandir, crítica e criativamente, sua humanidade, também o prepara à vida em sociedade, construindo suas referências éticas e políticas. O processo formativo deve ainda assumir a função de promover a democracia cultural, socializando os bens culturais produzidos pela humanidade. Por trás do processo educativo descortina-se uma concepção de humanidade. Não há como a sociedade avançar sem uma educação que possibilite o despertar das potencialidades humanas mais genuínas. Isso significa que a educação vai muito além do que simplesmente preparar para o mercado.

Cabe à organização política e à estrutura econômica fornecerem as condições vitais, possibilitarem que o processo de humanização alcance sua finalidade. As dimensões da política e da economia são desafiadas a consolidarem estruturas sociais basilares, que promovam justiça e equidade, possibilitando que todos – e não apenas um determinado grupo de eleitos ou privilegiados – tenham condições adequadas para o pleno desenvolvimento da vida. O Estado passa a ter sentido quando está estruturado para garantir e assegurar os direitos fundamentais de toda pessoa. A crise da barbárie que hoje assola o Brasil – e até mesmo o mundo – deve ser suplantada por projetos políticos e econômicos comprometidos com o ideário civilizatório.

Referências bibliográficas

ADORNO, Sérgio. Violência e crime: sob o domínio do medo na sociedade brasileira. In: BOTELHO, André; SCHWARCZ, Lilia Moritz (Org.). *Cidadania, um projeto em construção: minorias, justiça e direitos*. São Paulo: Claroenigma, 2011, p. 70-81.

ARANTES, Paulo Eduardo. *Extinção*. São Paulo: Boitempo, 2007.

ARENDT, Hannah. *Eichmann em Jerusalém: um relato sobre a banalidade do mal.* São Paulo: Companhia das Letras, 1999.

BOTELHO, André; SCHWARCZ, Lilia Moritz (Org.). *Cidadania, um projeto em construção: minorias, justiça e direitos.* São Paulo: Claroenigma, 2012.

_____ (Org.). *Agenda brasileira: temas de uma sociedade em mudança.* São Paulo: Companhia das Letras, 2011.

BRASIL. *Constituição da República Federativa do Brasil, 1988.* Barueri: Edições Jurídicas Manole, 2004.

BRASIL. Presidência da República Federativa do Brasil. Secretaria Especial dos Direitos Humanos; Ministério da Educação, Assessoria de Comunicação Social. Estatuto da Criança e do Adolescente. Brasília: MEC, ACS, 2005.

BRASIL. Presidência da República. Casa Civil. Subchefia para Assuntos Jurídicos. Lei n. 12.852, de 5/08/2013. Estatuto da Juventude Disponível em: <http://www.planalto.gov.br/ccivil_03/_Ato2011-2014/2013/Lei/L12852.htm>. Acesso em: 08/09/2016.

HOORNAERT, Eduardo. *O movimento de Jesus.* Petrópolis, Vozes, 1994.

LE GOFF, Jacques. *A civilização do Ocidente medieval.* Bauru: EDUSC, 2005.

LOCKE, John. *Segundo Tratado sobre o Governo Civil: ensaio sobre a origem, os limites e os fins verdadeiros do Governo Civil.* Petrópolis: Vozes, 1994.

MACHIAVELLI, Niccolò. *O príncipe.* 32. ed. Rio de Janeiro: Ediouro, 2000.

MARTINS, Alexandre Andrade. Doutrina Social da Igreja e Teologia da Libertação: diferentes abordagens. In: ZACHARIAS, Ronaldo; MANZINI, Rosana (Org.). *Magistério e Doutrina Social da Igreja: continuidade e desafios.* São Paulo: Paulinas, 2016, p. 50-65.

OLIVEIRA, Adelino Francisco de. A via da educação e as perspectivas de humanização no contexto da pós-modernidade. In: GOMES, Cândido Alberto; NASCIMENTO, Grasiele Augusta Ferreira; KOEHLER, Sonia Maria Ferreira (Org.). *Culturas de violência, culturas de paz: da reflexão à ação de educadores, operadores do Direito e defensores dos direitos humanos.* Curitiba: Editora CRV, 2012, p. 135-150.

PONTIFÍCIO CONSELHO "JUSTIÇA E PAZ". *Compêndio da Doutrina Social da Igreja*. 7. ed. São Paulo: Paulinas, 2011.

SADEK, Maria Tereza Aina. Justiça e Direitos: A construção da igualdade. In: BOTELHO, André; SCHWARCZ, Lilia Moritz (Org.). *Cidadania, um projeto em construção: minorias, justiça e direitos*. São Paulo: Claroenigma, 2011, p. 28-37.

SADER, Emir. Direitos e esfera pública. *Serviço Social e Sociedade*, São Paulo, n. 77 (2004): 5-10.

SEN, Amartya; KLIKSBERG, Bernardo. *As pessoas em primeiro lugar: a ética do desenvolvimento e os problemas do mundo globalizado*. São Paulo: Companhia das Letras, 2010.

VILLEY, Michel. *O Direito e os Direitos Humanos*. São Paulo: Martins Fontes, 2007.

ZACHARIAS, Ronaldo; MANZINI, Rosana (Org.). *Magistério e Doutrina Social da Igreja: continuidade e desafios*. São Paulo: Paulinas, 2016.

5

A violação dos direitos humanos no trabalho

*Juan Biosca González**

Introdução

O mundo do trabalho é uma realidade que nos interpela. Por que há tanta estratificação do trabalho: digno, precário, forçado, escravo etc.? Por que a maioria dos trabalhadores do mundo são pobres? Por que há 400 milhões de crianças escravas no mundo do trabalho? Por que cerca de 60% de trabalhadores no mundo não têm contrato de trabalho? Por que o mundo do trabalho vive dominado por um sistema explorador? Por que o trabalho no mundo é vítima da usura? Por que o espírito de lucro domina as relações laborais? Por que existe em marcha um processo que faz do trabalho precário uma escala universal? É possível pensar num modelo de desenvolvimento que responda às necessidades dos mais empobrecidos?

A reflexão que segue pretende ser uma contribuição na tentativa de responder a essas questões.

---

* Juan Biosca González é mestre em Doutrina Social da Igreja (Instituto Social León XIII / Universidade Pontifícia de Salamanca – *campus* de Madri), diretor do Instituto Social do Trabalho (Valencia – Espanha) e gestor da Casa de Acolhida Dorothy Day, para mulheres imigrantes; da Casa de Acolhida Peter Maurín, para homens subsaarianos; do Programa de Solidariedade com a África, para imigrantes africanos; da Escola de Acolhida de Imigrantes e da Escola de Formação para o Trabalho, todos em Valencia.

1. O sentido antropológico do trabalho: os aportes da filosofia da cultura

A Encíclica *Laudato Si'*, do Papa Francisco,[1] passou a ser um ponto de referência obrigatório na abordagem dos temas da Doutrina Social da Igreja, sobretudo pela necessidade de relacioná-los à crise ecológica que estamos enfrentando, crise que interpela o desenvolvimento de uma ecologia integral, considerada por alguns como uma espécie de filosofia da cultura.[2]

Por que situar o tema do trabalho no contexto de uma ecologia integral?[3] Porque trata-se de um tema que deve ser abordado na perspectiva de um outro tema gigante, a relação entre "natureza" e "cultura". Trata-se de um assunto tão crucial como inesgotável, em razão do qual vou me limitar apenas a traçar as suas grandes linhas.

O pensador que Francisco cita literalmente na encíclica para ilustrar as suas reflexões sobre a cultura contemporânea e a sua relação com a natureza é Romano Guardini, na sua obra *O ocaso da Idade Moderna*.[4] Neste texto, Guardini dedica um capítulo a refletir sobre a cultura como obra e como risco,[5] e propõe que o ser humano assuma uma dupla postura em relação à natureza: de distanciamento, tendo em vista que é um ser que vai além dela por possuir uma componente espiritual; e de aproximação, visto que deve desenvolvê-la, pois um desenvolvimento adequado da cultura deve ser uma continuação da natureza na obra humana.

Em outras palavras, deve existir uma adequada proporção entre distanciar-se da natureza e aproximar-se dela. Nas chamadas populações

---

[1] PAPA FRANCISCO. Carta Encíclica *Laudato Si'*, sobre o cuidado da casa comum. São Paulo: Paulus/Loyola, 2015. Daqui em diante = LS.

[2] PERIS-CANCIO, J.-A. *Diez temas sobre los derechos de la família. La familia, garantía de la dignidad humana*. Barcelona: Eiunsa, 2001.

[3] CHICA ARELLANO, F. La acción ecológica: líneas de orienatción en *Laudatio sí*. In: CHICA ARELLANO, F.; GRANADOS GARCÍA, C. *Loado seas, mi Señor. Comentario a la encíclica* Laudato Si' *del papa Francisco*. Madrid: BAC, 2015, p. 105-122.

[4] GUARDINI, R. El ocaso de la Edad Moderna. In: GUARDINI, R. *Obras de Romano Guardini*. Tomo I. Madrid: Cristiandad, 1981, p. 33-169.

[5] Ibid., p. 135ss.

primitivas – tanto nas desaparecidas como nas que sobrevivem na atualidade – pode-se apreciar um *déficit* de distanciamento e, por conseguinte, um excesso de aproximação. Como isso se manifesta? Tanto os comportamentos individuais como os institucionais deixam pouca margem para o pluralismo e a criatividade pessoal. A cultura parece prolongar a natureza com a mesma rigidez e uniformidade.

Por outro lado, desde o início da Idade Moderna até a atualidade, tem-se experimentado um progressivo distanciamento do mundo da natureza, a ponto de parecer termos chegado a dotar-nos de um mundo artificial. As progressivas revoluções industriais e tecnológicas parecem ter conseguido que o ser humano crie o seu próprio mundo de sinais e abstrações à margem da natureza. Atualmente, chegou-se a níveis muito elevados de distanciamento, quase à renúncia da aproximação.

Mas é possível viver assim? A crise ecológica é um dramático aviso sobre os riscos que corremos para sempre ao nos distanciarmos do nosso substrato natural.[6] Como afirma Guardini,[7] entre a primeira fase dos povos primitivos e a terceira fase atual do triunfo da visão do progresso tecnológico da modernidade, a humanidade desfrutou de uma segunda fase, uma fase intermédia, com um modelo de desenvolvimento em que os avanços da humanidade não perderam a escala humana, não deixaram de expressar que se transformava a natureza, mas que não se prescindia dela. É preciso considerar, no entanto, que se tratava de uma época de desenvolvimento em que as diversas culturas tinham um sentido religioso que lhes impedia abdicar de um sentido de mistério diante do espetáculo da natureza.

Aplicando esses parâmetros à reflexão sobre o trabalho, a antropologia filosófica, apoiando-se nos dados da paleontologia e das antropologias empíricas, constata que não existe ser humano sem trabalho; que onde um grupo se reconhece como humano, há sempre vestígios de fabricação de instrumentos, de desenvolvimento tecnológico, de

---

[6] FERNÁNDEZ, V. Cinco claves de fondo para leer *Laudato Si'*. In: CHICA ARELLANO, F.; GRANADOS GARCÍA, C. *Loado seas, mi Señor. Comentario a la encíclica* Laudato Si' *del papa Francisco*. Madrid: BAC, 2015, p. 77-103.

[7] GUARDINI. El ocaso de la Edad Moderna, p. 141.

organização dos recursos.[8] Se não existe ser humano sem trabalho, entende-se por que para a Doutrina Social da Igreja a questão do trabalho tem sido sempre central, como Francisco sublinhou na *Laudato Si'* ao se referir à necessidade de preservar o trabalho.[9]

De uma maneira mais precisa, a antropologia filosófica e a filosofia da cultura têm corroborado que o *homo sapiens sapiens* é reconhecível sobre a terra por três dinâmicas convergentes:[10] a) pela utilização de uma simbologia religiosa e pelo enterro dos defuntos; b) pela presença do trabalho e da transformação do meio que supera em muito a cultura dos animais não humanos; c) pela superação da reprodução por instinto e por causa do cio, através do estabelecimento do matrimônio e da família e do reconhecimento dos papéis familiares.

Não se trata de dados isolados; há interação entre eles. O ser humano adquire um sentido de indivíduo não intercambiável no seio de uma família. Por isso, o seu rosto revela algo que não é comparável ao que se percebe no mundo dos fenômenos atmosféricos, vegetais e animais. Quando morre, se chora a sua ausência, e nos ritos funerários se procura o enlace que existe entre a vida e a morte, o sentido oculto que se revela nas coisas aparentes. A mão, instrumento dos instrumentos, permite-lhe fabricar objetos, desenvolver a inteligência e a linguagem, porém, é consequência de que pode viver de cabeça erguida e olhar seus semelhantes nos olhos, gerar intimidade e vinculá-la à procriação.[11]

A filosofia da cultura conseguiu romper o sentido drástico da barreira entre o pré-histórico e o histórico.[12] A vida humana no paleolítico, no mesolítico e no neolítico é uma progressiva aprendizagem. No momento atual podemos estar esgotando as coordenadas do neolítico. A questão-chave é que milhares de anos de humanização deveriam ensinar-nos não apenas que o ser humano evolui, mas que também há coisas que deveriam ser preservadas para além de toda transformação.

---

[8] POLO, L. *Ética. Hacia una versión moderna de los temas clásicos*. Madrid: Unión Editoral, 1997, p. 36-37.

[9] LS 124-129.

[10] POLO. *Ética*, p. 36-66.

[11] Id. *Quien es el hombre. Un espíritu en el mundo*. Madrid: Rialp, 1993, p. 208-253.

[12] CHOZA, J. *Filosofía de la cultura*. Sevilla: Thémata, 2013.

Leonardo Polo explicou com clareza didática que no ser humano termina a evolução das espécies e começa o desenvolvimento cultural.[13] A hominização mostra a evolução do corpo que levou à aparição do *homo sapiens sapiens*. A humanização vai mostrando que, cada vez mais que o ser humano se serve de melhores instrumentos, as mudanças mais significativas não são tanto morfológicas mas culturais.

Mas revela também um dado inquietante: os hominídeos anteriores desapareceram por falta de destreza técnica.[14] Mas o *sapiens sapiens* pode desaparecer por excesso ou descontrolo da mesma. Se o trabalho perde o seu sentido humano porque se desconecta do sentido transcendente da natureza, e o ser humano se sente seu dono e não apenas o seu administrador; se a procriação humana não leva ao crescimento no respeito mútuo entre o homem e a mulher na sua missão de fazer crescer, nutrir e educar os filhos, nada garante que se desenvolva um trabalho leal à natureza, isto é, que a posição superior do ser humano diante a criação não derive em abuso da mesma, pervertendo, assim, o mandato bíblico de crescer, multiplicar-se e dominar a terra por consumir, empobrecer-se e destruir a terra.

O que está em jogo em todas as mudanças sociais é o conceito de pessoa. Para o atual sistema econômico, o ser humano é reduzido a "capital humano". Nesse sentido, está subordinado ao cálculo de utilidade. O ser humano tem valor enquanto for produtivo. Quando deixa de sê-lo é um obstáculo, já não interessa mais. Por isso, hoje se fala de população sobrante. As leis de mercado determinam quem são os sobrantes ou descartados: os desempregados, os excluídos, as mulheres, as crianças submetidas à exploração laboral, os imigrantes, o terceiro mundo, os países empobrecidos.

Por tudo isso, mesmo com as limitações que possuímos, é preciso mais do que nunca revalorizar o patrimônio humanizador da Doutrina Social da Igreja. Na sua origem está uma antropologia que salva a nossa humanidade do "ecocídio" ao qual estamos condenados pelo sistema hegemônico do mercado global.

---

[13] POLO. *Ética*, p. 36ss.

[14] Ibid., p. 41.

Para o pensamento social da Igreja, na base de tudo está a pessoa como imagem e semelhança de Deus, o que confere a ela um valor incalculável e faz dela a medida de tudo. O ser humano, além de unido ao Transcendente, está em comunhão com os outros e com a natureza. E esta transcendência e comunhão preservam todo ser humano de qualquer instrumentalização e mercantilização.

2. Os direitos humanos como conquista social

O ser humano, desde as suas origens, desenvolve o trabalho de maneira social e unido ao uso da linguagem. Produzir bens suficientes para a subsistência e distribuí-los de forma adequada tem sido possível graças à sua inteligência e ao uso da linguagem, ao desenvolvimento, portanto, de habilidades cooperativas.[15]

Pode-se afirmar com muita confiança que o ser humano desenvolveu muito rapidamente essa capacidade de organização comunitária do trabalho, o que favoreceu o mútuo reconhecimento das pessoas no trabalho, sustento antropológico dos direitos humanos nesse âmbito.[16]

Porém, geralmente pensamos, em chave conflitualista, que os direitos humanos são uma conquista social, e que antes da sua declaração não existiam. A esse imaginário contribuiu muito a leitura conflitualista de Marx e de Engels. Mas convém apontar que ambos os pensadores assumiram os estudos empíricos do antropólogo Morgan, hoje em dia completamente questionados. A pretensão científica do marxismo em relação à evolução da humanidade tem de ser posta em quarentena.[17]

Que os direitos humanos sejam uma ferramenta útil para que os ordenamentos jurídicos dos Estados reconheçam a dignidade dos seus membros, deve matizar-se com uma tríplice consideração, presente na Doutrina Social da Igreja: a) o fundamento de tais direitos é antropológico e não político; b) não basta proclamá-los; é preciso torná-los eficazes; c) a sua utilidade está diretamente relacionada com a esfera dos deveres que se sustentam.[18]

---

[15] Ibid., p. 36-37.

[16] MELENDO, T. *La dignidad del trabajo*. Madrid: Rialp, 1992, p. 131ss.

[17] HARRIS, M. *Antropología cultural*. Madrid: Alianza Editorial, 1995, p. 660.

[18] PERIS-CANCIO. *Diez temas sobre los derechos de la família*.

Com esses parâmetros, os direitos dos trabalhadores, que se consideram de segunda geração, sempre manterão a sua vigência, e a Doutrina Social da Igreja sempre os promoverá, consciente de que tanto o direito ao trabalho quanto os direitos dos trabalhadores são um bem para o ser humano.[19]

Para uma mentalidade individualista, os direitos referentes ao mundo do trabalho são abstratos, inexigíveis. Considera-se, por exemplo, que o direito de propriedade é um direito diretamente exigível, pois supõe uma abstenção de todos os demais ao uso e desfrute desse bem. Porém, o direito ao trabalho não tem essa correlação, porque não se pode exigir de ninguém uma conduta determinada que faça possível a satisfação desse direito.[20]

As teses liberais que negam esse direito são contestadas pelas teses marxistas que o estabelecem por meio da ação do Estado, a quem corresponde o monopólio da produção, para assim poder distribuir o trabalho. Porém, é importante notar que ambas as concepções coincidem em negar um substrato antropológico ao direito ao trabalho.[21]

O trabalho, como acabamos de mencionar, procede de elementos estruturais da condição humana. Ele sempre tem sido um problema de organização da comunidade. No entanto, o direito ao trabalho é a consequência da necessidade de que todos contribuam para com esse bem comum.[22]

É verdade que ao longo da história[23] essa organização resultou adulterada e a humanidade acabou conhecendo múltiplas formas de exploração, sendo a mais lacerante na forma de escravidão, em geral pela submissão dos inimigos ou, mais recentemente, pelo comércio com os

---

[19] PONTIFÍCIO CONSELHO "JUSTIÇA E PAZ". *Compêndio da Doutrina Social da Igreja*. 7. ed. São Paulo: Paulinas, 2011, n. 255-266. Daqui em diante = CDSI.

[20] BALLESTEROS, J. *Postmodernidad: decadencia o resistencia*. Madrid: Tecnos, 1989.

[21] GÓMEZ PÉREZ, R. Raíces filosóficas del capitalismo, del marxismo y de la *Laborem Exercens*. In: FERNANDEZ RODRÍGUEZ, F. *Estudios sobre la Encíclica* Laborem Exercens. Madrid: BAC, 1987, p. 139-164.

[22] MELENDO. *La dignidad del trabajo*, p. 189ss.

[23] OLABARRI GORTÁZAR, I. El hombre y el trabajo en la edad contemporánea a la luz de la *Laborem Exercens*. In: FERNÁNDEZ RODRÍGUEZ, F. *Estudios sobre la Encíclica* Laborem Exercens. Madrid: BAC, 1987, p. 105-134.

mais fracos. Outro fator que contribuiu para a adulteração dessa organização foram as condutas e instituições, que reduziram a complementariedade homem/mulher e desconsideraram – de fato ou de direito – a igual dignidade da mulher em relação ao homem.

A maior virtualidade da linguagem dos direitos humanos tem sido favorecer a mudança nessas situações e crescer na consciência de que todo ser humano é um lugar de plenitude humana, sem discriminações por qualquer diferença que seja e, especialmente, pela desigualdade entre homens e mulheres.[24] O crescimento nessa consciência se robustece caso se lhe dê um fundamento antropológico, natural, isto é, caso se tenha uma visão do constitutivo do ser humano, daquilo em que sua liberdade prolonga e plenifica sua disposição natural e não a sacrifica.[25]

Em outras palavras, os direitos do trabalho, como direitos da segunda geração, mostram a necessidade de cultivar o bem comum, e, portanto, a necessidade de uma antropologia da comunhão que compreenda que o ser humano é "pessoal" e "comunitário". As teses liberais erram ao negar o sentido do direito ao trabalho, ao reduzir o bem comum a argumentos meramente individualistas.[26] É necessário para o bem das pessoas que exista o bem comum e que a autoridade cuide dele e respeite o desenvolvimento comunitário das pessoas através dos princípios de subsidiariedade e de solidariedade – deixar espaço à iniciativa pessoal e favorecer as relações de ajuda mútua.[27] Quanto a esse último aspecto, erram as teses marxistas e coletivistas. Sua visão não natural do direito ao trabalho deixa nas mãos do poder do Estado um domínio absoluto, para o qual não contam as pessoas e suas iniciativas.[28] O resultado, ao longo da história recente, tem sido minar o sentido da dignidade concreta das pessoas, tão unido à liberdade religiosa e à família.

Desde uma visão antropológica adequada, o cuidado do bem comum deve promover uma educação que permita o desenvolvimento do trabalho no contexto de uma vocação comunitária: com liberdade

---

[24] FINNIS, J. *Natural Law and Natural Rights*. Oxford: Clarendon, 1982.

[25] CDSI 152-159.

[26] FINNIS. *Natural Law and Natural Rights*.

[27] CDSI 185-196.

[28] CDSI 135-143.

religiosa, em família, favorecendo a promoção de estruturas de responsabilidade da sociedade civil. Só assim se preserva de forma encarnada a dignidade do ser humano.[29]

O substrato antropológico permite detectar adequadamente todos os ataques ou violações dos direitos humanos, uma vez que existe um critério objetivo, uma imagem do bem humano solidamente sustentada que pode ser respeitada ou violada, engrandecida ou desvalorizada. À margem da antropologia, as violações dos direitos humanos no trabalho são justificadas do ponto de vista político ou econômico. Em ambos os casos, a estratégia resulta insuficiente.[30]

A partir de uma visão adequada do ser humano, é possível diferenciar dois tipos de ataques aos direitos humanos no trabalho. Um direto, que são as faltas de reconhecimento que se cometem contra as pessoas, os homens e as mulheres. Outro indireto, contra todos os fatores do bem comum que preservam a sua adequada garantia e proteção.

3. A violação direta dos direitos humanos no trabalho: ataques contra as pessoas

3.1 Desemprego e alienação do trabalho. A necessidade de descanso e de férias

A primeira violação é negar o direito ao trabalho.[31] Voltando ao sentido antropológico fundante, o caráter comunitário do ser humano permite organizar adequadamente as pessoas em torno da satisfação de necessidades ou da realização dos objetivos de melhoria traçados pela própria comunidade.

Os parâmetros produtivistas que se introduziram com a revolução industrial e que se intensificaram com as sucessivas revoluções tecnológicas, mudaram a perspectiva: diante do aumento da criação de riqueza, os problemas de organização da comunidade e de distribuição

---

[29] CDSI 164-170.

[30] CDSI 107-107.

[31] CDSI 255-304.

dessa riqueza serão secundários, até o ponto de se considerar que uma providência secular, uma mão invisível, poderia ocupar-se deles.[32]

A concentração da autoridade política por meio do conceito de soberania,[33] própria da modernidade europeia, ampliou as comunidades políticas e centralizou o poder de decisão, de modo que aumentou o distanciamento entre o monarca e os súditos, distanciamento esse que não diminuiu quando caíram as monarquias absolutas e os Estados democráticos monárquicos ou republicanos ocuparam o seu espaço. Isso provocou uma tendência crescente de governar a partir dos grandes números e perder o sentido de envolvimento com as pessoas, as famílias e as comunidades concretas.[34]

É verdade que em linhas gerais a renda *per capita* melhorou e que a pobreza em números absolutos se reduziu, e que um rei do século XIII, por exemplo, teria um nível de vida menor do que um assalariado de hoje. Mas, do ponto de vista da Doutrina Social da Igreja, é preciso que sejam gerados mecanismos que favoreçam o cuidado das pessoas e evitem a cultura do descarte;[35] que os novos escravos de hoje não sejam descartados do progresso econômico para que a máquina siga funcionando.

Se o trabalho for reduzido à produção, sem consideração pelos demais componentes humanos, a consequência é a aparição de dois dos mais diretos atentados contra o próprio direito ao trabalho: o desemprego e a alienação ou perda do sentido do trabalho e, consequentemente, a perda do sentido do descanso.[36]

O desemprego é o principal fator de exclusão social e assim se vai consolidando a cultura do descarte. O que se pede às autoridades políticas e à sociedade em relação ao desemprego é que atuem como

---

[32] LS 123.

[33] BALLESTEROS. *Postmodernidad: decadencia o resistencia.*

[34] OLABARRI GORTÁZAR. El hombre y el trabajo en la edad contemporánea a la luz de la *Laborem Exercens.*

[35] PAPA FRANCISCO. Exortação Apostólica *Evangelii Gaudium*, sobre o anúncio do Evangelho no mundo atual. São Paulo: Paulus/Loyola, 2013, n. 53.

[36] CDSI 270-286.

empresários indiretos,[37] isto é, que promovam as políticas laborais que favoreçam a empregabilidade; que valorizem as empresas como "criadoras" de postos de trabalho; que favoreçam o acesso das mulheres e dos coletivos vulneráveis (pessoas com deficiência ou em risco de exclusão social) ao trabalho, visto que, com frequência, são injustamente marginalizados. Manter a tensão entre produtividade e inclusão é um exercício de prudência, da razão prática, ao qual uma cultura verdadeiramente humana não pode renunciar.

Um outro atentado contra o direito ao trabalho afeta o sentido subjetivo do trabalho, isto é, o desconhecimento da contribuição ao bem da comunidade. É verdade que não parece realista supor que cada um trabalhe com o que mais gosta de fazer ou com o que mais permite desenvolver a própria criatividade; mas é igualmente verdadeiro que encontrar o lugar adequado para cada pessoa no conjunto do trabalho favorece o bem comum.[38]

O sentido subjetivo do trabalho[39] implica esforço e desgaste pessoal – sinais de verdadeira entrega – e leva, portanto, a valorizar as férias. O trabalho comporta uma parte de abnegação, de serviço, que requer, igualmente, que as pessoas possam equilibrar as suas vidas com períodos dedicados a outras atividades. A alternância trabalho/descanso mostra até que ponto a lógica do trabalho é devedora do seu substrato antropológico, e as férias são oportunidade concreta para dedicar tempo à família e à liberdade religiosa.

3.2 A inter-relação entre família e trabalho: a necessidade de conciliar e evitar discriminações injustas da mulher

O sentido antropológico do trabalho faz patente, como já se viu, a inter-relação entre família e trabalho. Para João Paulo II, a família prepara para o trabalho por meio da educação, e o trabalho preserva a

---

[37] PAPA JOÃO PAULO II. Carta Encíclica *Laborem Exercens*, sobre o trabalho humano no 90o aniversário da *Rerum Novarum*. São Paulo: Paulinas, 1981, n. 17.

[38] FINNIS. *Natural Law and Natural Rights.*

[39] CHOZA, J. Sentido objetivo y sentido subjetivo del trabajo. In: FERNÁNDEZ RODRÍGUEZ, F. *Estudios sobre la Encíclica Laborem Exercens*. Madrid: BAC, 1987, p. 231-266.

família. Para isso, é necessário reconhecer que a família tem espaços em que é soberana, precisa ser um autêntico lugar de convivência e conciliar vida laboral com vida familiar.[40]

Se se une essa necessidade ao direito de a mulher aceder ao trabalho sem discriminações injustas, resulta imperiosa a necessidade de que as políticas favoreçam uma conciliação ao mesmo tempo que os matrimônios no seio da família optem por uma maior corresponsabilidade. O substrato é também antropológico: é próprio do ser humano que a procriação não seja um assunto instintivo nem funcional, mas resulte de uma comunidade de igualdade, diferença e complementaridade entre homem e mulher, que chamamos de matrimônio.[41]

Contrariamente ao que com frequência se superestima, essa comunidade não tem papéis prefixados de distribuição de trabalho – as experiências culturais são muito diversas –, e isso significa que a distribuição do trabalho fora e dentro da casa deve resultar do diálogo e da vida compartilhada dos esposos, como assinala o Papa Francisco na Exortação Apostólica *Amoris Laetitia*.[42]

É verdade que nem sempre estará nas mãos dos esposos a organização completa de ambas as dimensões. Mas isso jamais deve servir de pretexto para introduzir uma espécie de rigidez que perpetue a situação de inferioridade e de marginalização da mulher. É cada vez mais necessário que o esposo-pai se comprometa para que a maternidade da sua esposa não implique, para ela, a renúncia a uma legítima atividade profissional ou à participação na vida pública.

Outro argumento que se costuma utilizar com frequência, e que é falso, é que a incorporação da mulher ao trabalho resulta cara e prejudica a competitividade. Muito pelo contrário, a incorporação da mulher ao trabalho aumenta a qualidade do mesmo, uma vez que incrementa o seu sentido humano. É verdade que uma decisão concreta pode resultar mais custosa economicamente, mas a cultura da presença da mulher no trabalho o humaniza.

[40] PERIS-CANCIO. *Diez temas sobre los derechos de la família.*

[41] CDSI 294-295.

[42] PAPA FRANCISCO. Exortação Apostólica Pós-Sinodal *Amoris Laetitia*, sobre o amor na família. São Paulo: Loyola, 2016.

Para resolver as situações nas quais o custo da licença maternal torne mais onerosa a contratação de mulheres, cada vez mais se ensaiam políticas laborais que favorecem a igualdade – licença compartilhada com o marido, incremento dos benefícios-subsídios, isenção da Previdência Social –, mas todas elas serão insuficientes se não se renova o seu sentido, o fundamento antropológico: as empresas são comunidades humanas que resultam beneficiadas quando os seus membros atuam como pessoas completas.[43]

3.3 A praga do trabalho infantil e os países em desenvolvimento

Um terceiro tipo de atentado contra o direito ao trabalho se dá com a chamada praga do trabalho infantil,[44] problema de difícil solução nos países em desenvolvimento, países em que dificilmente parece que se possa prescindir da contribuição das crianças às famílias sem pôr em risco a sua própria subsistência e a de suas famílias.

Creio que é necessária a denúncia inequívoca desse tipo de abusos. Mas, ao mesmo tempo, resulta necessário refletir sobre o seu fundamento antropológico, como assinala Romano Guardini no capítulo sobre educação e ética.[45] Nas fases básicas de desenvolvimento – as populações que costumamos designar como primitivas –, a passagem da infância ao trabalho era um problema de forças físicas e o aprendizado do trabalho se dava no próprio contexto educativo. A escolarização aparece como um ganho, que amplia os direitos da infância, correspondendo às fases históricas da humanidade em que já se conhece a escrita.

A generalização da escolarização até torná-la obrigatória resulta um decisivo ganho para garantir a dignidade e o desenvolvimento das crianças. Figuras como as de São José de Calasanz e o seu lema de "piedade e letras", buscando a educação das classes mais populares, mostram o compromisso da Igreja com um objetivo que a partir do século XIX foi assumido por todos os Estados constitucionais. O critério de que as crianças devem ter uma formação básica antes de integrar-se

---

[43] CDSI 295.
[44] CDSI 296.
[45] GUARDINI. Ética, p. 687-709.

ao trabalho, e que isso implica reservar uma certa idade para a escolarização obrigatória, passou a ser um argumento de bem humano de ineludível cumprimento para o bem comum da sociedade.

Porém, quaisquer que sejam os conteúdos da educação e até que idade deva ser obrigatória, é algo mais discutível. Sobre o primeiro, até poucas décadas atrás era senso comum que o fim primeiro da educação era introduzir as crianças no mundo da cultura transmitido a elas pelos adultos, para que fosse assumido e melhorado, equilibrando os saberes formativos (humanidades) e os saberes instrumentais (ciências). Hoje em dia há uma pressão cada vez maior para que a educação centre-se mais em técnicas do que em saberes e, logicamente, tendo um sentido mais instrumental, será mais útil para a inserção laboral dos estudantes. Ao refletirmos adequadamente sobre esse fenômeno, encontramo-nos mais perto do que se fazia nas populações primitivas: negar a dimensão integral da educação, a ampliação do mundo interior da criança – intelectual e afetivo –, para acentuar somente as dimensões pragmáticas.[46]

Sobre o segundo, a tendência dos Estados ocidentais tem sido prolongar cada vez mais a idade da educação obrigatória. Isto, em princípio, é uma vitória, exceção feita àqueles casos em que o fracasso escolar deixa em situação de conflito a muitos adolescentes que se sentem desmotivados para seguir na escola e manifestam um claro desejo de trabalhar, ou, simplesmente, de obter alguma renda.

Para reconhecer claramente a exploração infantil, é necessário colocar sobre a mesa todas as tensões que são próprias da relação entre educação e trabalho e a amplitude das ameaças que as crianças podem experimentar em relação aos seus direitos educativos. Em fases de transição prévias à generalização da escolarização obrigatória, a família realizava tarefas de progressiva incorporação do trabalho das crianças ao "negócio familiar" (cuidado da terra, plantação, criação de animais, serviços gerais etc.). Foi necessário terminar com essas práticas porque, na maior parte dos casos, impediam a educação das crianças, especialmente das meninas.

---

[46] BAUMAN, Z. *Sobre la educación en un mundo líquido*. Barcelona: Paidós, 2012.

Estabelecidos os princípios da escolarização obrigatória, provavelmente sejam necessárias – pensado sobretudo em países em desenvolvimento – formas de compatibilização entre a escolarização e a inserção laboral, de maneira que não se tornem incompatíveis.[47]

Do mesmo modo, deverá ser garantido que nem toda educação seja pragmática e que os grandes tesouros das distintas culturas em forma de literatura, arte, filosofia, pensamento científico ou religioso, continuem sendo parte do alimento espiritual dos mais jovens, harmonizando-os adequadamente com outros saberes instrumentais.[48]

A visão do aprendizado ao longo da vida (*long life learning*) harmoniza-se perfeitamente com essa abordagem e permite que em sucessivos momentos biográficos sejam compensados possíveis desequilíbrios das fases anteriores.[49]

Em síntese, a praga do trabalho infantil não apenas requer medidas que garantam que se cumpra a escolarização obrigatória, mas que também se renove a imprescindível harmonização entre formação integral e inserção laboral.

3.4 Os direitos dos imigrantes e das pessoas com deficiência

A visão antropológica da organização do trabalho dentro da comunidade habitualmente encontrava lugar para as pessoas com deficiência e não deixava de praticar a hospitalidade com os estrangeiros. A passagem para um paradigma produtivista fez com que tais realidades se tornassem mais difíceis. No momento atual, é necessária uma drástica correção do modelo produtivista, a partir da sabedoria antropológica, para que se possa responder aos direitos tanto dos imigrantes quanto das pessoas com deficiência.

---

[47] PÉREZ, C. *La acción educativa social: nuevos planteamientos*. Bilbao: Desclée de Brouwer, 2012, p. 97-131.

[48] BERGOGLIO, J.-M. *Educar: exigencia y pasión. Desafíos para educadores cristianos*. Buenos Aires: CCS, 2013.

[49] PÉREZ. *La acción educativa social*, p. 133-160.

Os direitos dos imigrantes[50] estão intimamente unidos à problemática da abertura ou fechamento das fronteiras. É verdade que nenhuma comunidade tem capacidade ilimitada de acolher pessoas vindas de fora, mas também é verdade que, em geral, a potencialidade de acolhida é maior do que a que se costuma oferecer. A atitude positiva de acolhida deve se traduzir, em primeiro lugar, em favorecer a criação de empregos. Não é admissível reduzir as políticas migratórias dos países desenvolvidos à mera gestão dos fluxos migratórios, subordinados aos interesses econômicos produtivistas e administrando de forma cíclica a mão de obra.

A Doutrina Social da Igreja nos recorda que o fator primeiro de criação de riqueza é a pessoa e que a primeira célula da sociedade é a família.[51] Por conseguinte, naqueles países onde a população vem diminuindo, a acolhida aos imigrantes, longe de ser um problema, passa a ser uma verdadeira oportunidade, embora isso nem sempre se dê de forma espontânea. Consequentemente, são necessárias políticas ativas de acolhida em relação aos imigrantes que envolvam trabalho social avançado: convênios bilaterais com os países de origem, reagrupação das famílias, escolarização das crianças, criação de comissões de participação cidadã e de postos de trabalho.

A inclusão laboral de pessoas com deficiência requer do mundo do trabalho fatores múltiplos de humanização.[52] Para desenvolver adequadamente esse tipo de prática, é de suma importância ter presente os fundamentos antropológicos do direito do trabalho. A pessoa com deficiência nos lembra de que o trabalho ajuda a dignificar a vida humana, que ele possui uma intrínseca dimensão comunitária e que a melhor arte de organização do trabalho supõe saber situar adequadamente as distintas capacidades das pessoas.[53]

É preciso afirmar que o pleno respeito dos direitos laborais da pessoa com deficiência se dá quando olhamos para as suas capacidades, isto é,

---

[50] CDSI 297-298.

[51] CDSI 60-68.

[52] CDSI 148.

[53] MARTÍNEZ-RICO, G. El Campus Capacitas de la UCV: Educación Superior y desarrollo de capacidades. *Edetania* 46 (2014): 13-32.

quando deixamos de ver as políticas de acessibilidade como um gasto e as consideramos um ativo que permite o enriquecimento do mundo do trabalho e da empresa com contribuições singulares de capacidade e, sobretudo, quando enxergamos adequadamente cada ser humano, com todas as suas potencialidades, mais do que as suas limitações.[54]

Também o correto exercício dos direitos da pessoa com deficiência favorece a melhora do clima humano nas empresas e nos lugares de trabalho. A hegemonia absoluta da competitividade traz consigo um empobrecimento das relações pessoais que pode levar inclusive a estabelecer situações de autêntica guerra laboral entre colegas. A presença de pessoas com deficiência pode ser um bálsamo de paz na prevenção de tais situações.

Violar os direitos dos imigrantes e das pessoas com deficiência gera violações que não se restringem a essas pessoas, mas se repercutem diretamente no bem comum. Marginalizar a pessoa por alguma limitação intelectual, física ou sensorial desumaniza o trabalho. Não acolher adequadamente os imigrantes prejudica seriamente o futuro de uma sociedade.

3.5 O mundo agrícola e os trabalhos que preservam o meio ambiente

A reflexão sobre os direitos humanos no trabalho tem sido tradicionalmente mais sensível ao meio urbano do que ao rural. No entanto, o mundo agrícola é um dos que mais sofre altas taxas de pobreza e exploração laboral, fazendo com que nele se concentrem os setores mais vulneráveis do mundo do trabalho: mulheres, crianças, indígenas, migrantes.

As circunstâncias em que geralmente se desenvolve o trabalho agrícola são precárias, com trabalhos pesados e perigosos, condições abusivas de trabalho, horário e salário, contratos inseguros, pouco ou nenhum acesso à Previdência Social, vulnerabilidade da legislação laboral.

---

[54] ECHEITA SARRIONANDÍA, G.; NAVARRO MATEU, D. Educación inclusiva y desarrollo sostenible. Una llamada urgente a pensarlas juntas. *Edetania* 46 (2014): 141-162.

Por tudo isso e, em caráter de urgência, podemos afirmar que:

uma particular atenção merece o trabalho agrícola, pelo papel social, cultural e econômico que detém nos sistemas econômicos de muitos países, pelos numerosos problemas que deve enfrentar no contexto de uma economia cada vez mais globalizada, pela sua crescente importância na salvaguarda do ambiente natural.[55]

Em alguns países é indispensável uma redistribuição da terra, no âmbito de eficazes políticas de reforma agrária, a fim de superar o impedimento que o latifúndio improdutivo, condenado pela Doutrina Social da Igreja, representa a um autêntico desenvolvimento econômico: "os países em vias de desenvolvimento podem combater eficazmente o atual processo de concentração da propriedade da terra, se afrontarem algumas situações que se podem classificar como verdadeiros e próprios nós estruturais. Tais são as carências e os atrasos a nível legislativo quanto ao reconhecimento do título de propriedade da terra e em relação ao mercado de crédito; o desinteresse pela investigação e formação em agricultura; a negligência a propósito de serviços sociais e de infraestruturas nas áreas rurais".

A reforma agrária torna-se, portanto, além de uma necessidade política, uma obrigação moral, dado que a sua não realização obstaculiza nestes países os efeitos benéficos que derivam da abertura dos mercados e, em geral, daquelas ocasiões profícuas de crescimento que a globalização em curso pode oferecer.[56]

Uma visão antropológica do sentido do trabalho, como a que se desenvolve amplamente na Encíclica *Laudato Si'*,[57] permite apreciar essa nova funcionalidade dos trabalhadores no meio agrícola, bem como

---

[55] CDSI 299.

[56] CDSI 300.

[57] GARCÍA, A. Lo que está pasando en nuestra casa. Diagnóstico de una crisis ecológica sin precedentes. In: CHICA ARELLANO, F.; GRANADOS GARCÍA, C. *Loado seas, mi Señor. Comentario a la encíclica* Laudato Si' *del papa Francisco*. Madrid: BAC, 2015, p. 311-338.

considerar que sua contribuição ao bem comum é cada dia mais decisiva no contexto de crise ecológica.

Essa nova realidade permite também desenvolver os direitos dos migrantes e das pessoas com deficiência, uma vez que o cuidado do meio ambiente abre para eles novas oportunidades de empregabilidade, com base nas necessidades do bem comum.

4. A violação indireta dos direitos humanos no trabalho: ataques contra a cultura do trabalho e do associacionismo

De maneira indireta se violam os direitos humanos no trabalho, quando se atacam as instituições sociais que favorecem a proteção destes direitos, as políticas sociais que as configuram e desenvolvem. O imperialismo do "paradigma tecnocrático dominante"[58] tende a atomizar as relações laborais, a reduzi-las a uma relação bilateral entre empregador/trabalhador, sem sensibilidade alguma em relação à fragilidade da parte mais fraca nesse esquema.

Os estudiosos do Direito do Trabalho estão há tanto tempo falando da crise do trabalho que, praticamente, já a fizeram desaparecer.[59] As tensões entre as visões individualistas e coletivistas do trabalho têm contribuído praticamente para esvaziá-lo de conteúdo, embora tenhamos de reconhecer que as teses individualistas se impõem mais facilmente e, portanto, ganham mais terreno. As teses coletivistas, por sua vez, ficam confinadas a Estados muito concretos, nos quais a ausência de um conjunto mais amplo de liberdades dificulta a análise da sua real implantação.

Não custa reiterar que só um enfoque antropológico, como o que propõe a Doutrina Social da Igreja, possibilita redimensionar as violações dos direitos humanos no trabalho.

---

[58] LS 101.

[59] RIVERO LAMAS, J. Los derechos humanos en el ámbito laboral. In: FERNÁNDEZ RODRÍGUEZ, F. *Estudios sobre la Encíclica* Laborem Exercens. Madrid: BAC, 1987, p. 395-446.

4.1 Desconhecimento da dignidade dos trabalhadores e do respeito dos seus direitos

A dignidade do trabalhador exige que se tenha uma noção o mais objetiva possível do que consiste numa justa remuneração e numa adequada distribuição da renda.[60] A relação entre empregador e trabalhador não é algo bilateral, redutível à "compra e venda" do trabalho no âmbito de um mesmo mercado. Por mais ampla que seja essa terminologia, ela revela uma falta de precisão antropológica que resulta em consequências funestas.

A empresa e o emprego são um bem comum que demanda proteção social na medida em que são institucionalmente leais aos trabalhadores.[61] São eles os autênticos criadores da riqueza através do seu trabalho e, justamente por isso, a sua remuneração deveria ser considerada em relação à riqueza que produzem. É um dado de fato que o conceito de mais-valia do trabalhador tem sido amplamente desqualificado pela realidade do desemprego, mas é um engano supor que não exista uma perversão intrínseca na remuneração por parte das empresas. A retribuição dos trabalhadores deveria ser calculada de modo menos aprioristico e dogmático e o bem social deveria indicar o salário que, de fato, contribui para o sustento de toda a família.

Se o salário deveria ser calculado a partir da lógica do intercâmbio, a pretensão de maximizar os benefícios quantitativos da empresa independentemente da sua missão social e da sua lealdade aos trabalhadores faz com que os direitos dos trabalhadores resultem gravemente ameaçados. Isso resulta ainda mais grave quando se trata dos jovens, pois impossibilita, com dramática frequência, que possam construir sua própria família.

O direito de greve é a consequência lógica de que a justa remuneração pode ser calculada com objetividade.[62] Diante das pretensões excessivas da parte do empregador, os trabalhadores, de modo solidário,

---

[60] CDSI 302-303.

[61] FERNÁNDEZ ROMERO, A. La responsabilidad social de la empresa en la *Laborem Exercens*. In: FERNÁNDEZ RODRÍGUEZ, F. *Estudios sobre la Encíclica* Laborem Exercens. Madrid: BAC, 1987, p. 697-718.

[62] CDSI 304.

podem defender os seus direitos, suspendendo a produção até que seja instaurado um entendimento mútuo. Trata-se, no entanto, de um direito que pressupõe uma cultura sindical profundamente desenvolvida, como se verá a seguir.

No momento atual, o direito à greve se vê ameaçado tanto pela inferioridade na qual o trabalhador se encontra numa lógica bilateral, como pela utilização de tal direito quase que exclusivamente por trabalhadores de grande poder estratégico, como é o caso dos pilotos de aviões ou controladores aéreos. Sem entrar no mérito da questão, a força desse tipo de greve não vem de elementos intrínsecos à produção e à justa renda, mas do caos social que produzem. Isso faz com que a sua atuação tenha chaves próprias que impedem a sua homologação em outros contextos de conflitualidade laboral, nos quais os trabalhadores desempenham tarefas menos estratégicas.

Também deformam a percepção do direito de greve as chamadas "greves gerais", que muitas vezes expressam que as políticas laborais se fazem à margem de uma compreensão adequada do que significa o trabalho humano e que os partidos políticos dificilmente discordam das medidas do paradigma tecnológico dominante. Sem negar que essas greves possam ser necessárias, o fato é que subtraem o verdadeiro protagonismo ao trabalhador na solução dos seus problemas e o colocam nas mãos dos políticos.

4.2 Enfraquecimento da solidariedade dos trabalhadores

Hoje em dia, a Doutrina Social da Igreja não deixa de mostrar que a maior ameaça contra os direitos dos trabalhadores procede do enfraquecimento da solidariedade entre eles mesmos.[63] A imensa maioria da população atua como trabalhador, não como empresário. Perder o sentido de solidariedade mútua que isso supõe torna mais precário o exercício dos direitos.

Para recuperar a solidariedade entre os trabalhadores, é imprescindível enfatizar a função fundamental dos sindicatos e a sua independência. A tensão individualismo/coletivismo tende a fazer dos sindicatos,

---

[63] CDSI 305-309.

aliados naturais de opções políticas de esquerda. Essa aliança acaba prejudicando a sua missão e revela a necessidade de um sindicalismo independente. Os sindicatos têm mais condição de defender os direitos dos trabalhadores nos lugares em que são mais fortes e independentes.

A Doutrina Social da Igreja defende que a visão antropológica do trabalho é capaz de embasar o sentido ao sindicalismo e fazer emergir a partir dele novas formas de solidariedade,[64] especialmente com os desempregados a mais tempo, os migrantes, as mulheres – sobretudo se são mães –, os jovens e as pessoas com deficiência.

Ao mesmo tempo que o modelo produtivo tecnológico precisa ser superado, é imprescindível tanto detectar a raiz humana da crise ecológica como preservar o trabalho. A solidariedade que deve ser promovida a partir do sindicalismo adquire assim um novo impulso decisivo. A ecologia integral não pode ser desenvolvida sem uma participação plena de todos.[65] A educação num estilo de vida ecológico – a conversão ecológica – exige a participação ativa de uma nova cultura sindical, o que requer a necessidade de repensar o sindicalismo e a ação sindical, para ser capaz de configurar um novo modelo que se adapte às diversas situações atuais de trabalho atomizado e precário, sempre com a mesma premissa de não renunciar à defesa dos direitos e valores fundamentais da pessoa.

4.3 O trabalho é para a vida. Os acidentes de trabalho violam o direito à vida e ao trabalho benfeito

Os acidentes de trabalho são um flagelo e não uma espécie de fatalidade inevitável. Muitas vezes são fruto de precárias, inseguras e indecentes condições de trabalho, escassa formação, não cumprimento das exigências legais, temporalidade na contratação e baixa remuneração e, por isso, ferem a dignidade do trabalhador e do trabalho humano, mas, sobretudo, tingem de dor a existência de muitas famílias que se veem

---

[64] CDSI 308-309.

[65] ROY, M. *Laudato Si'*, Cáritas y la ecología integral. In: CHICA ARELLANO, F.; GRANADOS GARCÍA, C. *Loado seas, mi Señor. Comentario a la encíclica* Laudato Si' *del papa Francisco*. Madrid: BAC, 2015, p. 145-161.

condenadas à perda dos seus entes queridos, à incapacidade dos seus membros para poder trabalhar, à uma vida imersa na pobreza. Não podemos calar-nos diante das condições desumanas em que muitas pessoas trabalham, das consequências catastróficas de morte, perda da saúde e pobreza em que muitas famílias acabam tendo de viver.

Diante dos acidentes de trabalho e das enfermidades laborais, que parecem ocorrer no meio de uma grande indiferença social, devemos proclamar que a glória de Deus é que as pessoas vivam e que o trabalho é para a vida; devemos lutar por um trabalho sem vítimas, em defesa da vida e do trabalho benfeito.

Não podemos esquecer-nos do que diziam os antigos: o trabalho visa a um duplo fim, a perfeição da obra e a perfeição do obreiro.

5. Da cultura dos direitos à cultura dos deveres: as obras de misericórdia como nova via para garantir os direitos

No ano em que o Papa Francisco dedicou ao Jubileu da Misericórdia,[66] resulta oportuno revisar os direitos humanos no trabalho a partir dessa categoria. Isso implica perguntar o que vem primeiro, se os direitos ou os deveres.[67]

A Doutrina Social da Igreja, dando prioridade à caridade, nos propõe claramente dar primazia aos nossos deveres para dar primazia aos direitos dos outros. E isso, que pode parecer heroico, tem sólido fundamento na fé, no seguimento de Cristo: tendo recebido tudo de Deus, a ele somos devedores e é somente por meio da ajuda dos outros que podemos devolver a ele o que recebemos.

Mas a misericórdia exige que se dê um passo mais. Ela revela o coração de Deus, que segue dando ao homem oportunidades,[68] ainda que este não lhe responda, ainda que seja ingrato a seu amor. Imitar a Deus

---

[66] FRANCISCO, Papa. *Misericordiae Vultus. O rosto da misericórdia. Bula de proclamação do Jubileu Extraordinário da Misericórdia* (11.04.2015). São Paulo: Paulinas, 2015. Daqui em diante = MV.

[67] FINNIS. *Natural Law and Natural Rights.*

[68] MV, p. 31-32.

na sua misericórdia nos leva a ser inesgotavelmente perseverantes na caridade com o próximo, em nossos gestos de perdão e reconciliação, nas obras de misericórdia corporais e espirituais.[69]

A linguagem da misericórdia, além disso, é um lugar de encontro para as grandes expressões religiosas e para as filosofias personalistas e dialógicas.[70] Se o liberalismo individualista penetrou grandes camadas do Ocidente, ainda é maior a população da humanidade que, quando reza ao seu Criador, reconhece que tudo lhe tem sido dado, que vive de um perdão e de uma misericórdia incansavelmente atuantes.

Conclusão

A visão antropológica do trabalho o apresenta antes de mais nada como serviço à dignidade humana. No seio da família, os pais servem os filhos tornando possível o nascimento, a alimentação e a criação. E essa lógica do dom é a que deve impregnar o bem comum que protege os direitos humanos no trabalho.

O trabalho como serviço não é nada estranho desde uma compreensão teológica da realidade: Deus é o primeiro servidor, aquele que nos agraciou com os seus dons. Segundo a revelação cristã, ele se fez pobre para enriquecer-nos com sua pobreza. A dignidade humana não está associada a uma pretensa retenção da própria grandeza. Pelo contrário, é dom que enriquece mais aquele que dá do aquele que recebe.

Hoje em dia a reflexão sobre a misericórdia aponta para a imperiosa necessidade de uma espiritualidade do trabalho, centrada no serviço aos mais pobres (Mt 25) e na certeza de que, quanto mais pessoas quiserem mudar o coração e trabalhar para os outros, mais solidamente e melhor estarão garantidos os direitos humanos no mundo do trabalho. Por isso, a essas pessoas não fazem falta tanto os direitos, mas as virtudes. Mas nenhuma lei pode dar uma virtude, nenhum esforço pode criá-la para nós. É o mistério da graça. Cabe a cada um de nós, perseverando no trabalho, escutar a Deus, entender os homens e as mulheres de hoje e nos aproximarmos dos mais pobres.

---

[69] MV, p. 33-35.

[70] MV, p. 52-53.

Referências bibliográficas

BALLESTEROS, J. *Postmodernidad: decadencia o resistencia*. Madrid: Tecnos, 1989.

BAUMAN, Z. *Sobre la educación en un mundo líquido*. Barcelona: Paidós, 2012.

BERGOGLIO, J.-M. *Educar: exigencia y pasión. Desafíos para educadores cristianos*. Buenos Aires: CCS, 2013.

CHICA ARELLANO, F. La acción ecológica: líneas de orienatción en *Laudatio sí*. In: CHICA ARELLANO, F.; GRANADOS GARCÍA, C. *Loado seas, mi Señor. Comentario a la encíclica* Laudato Si' *del papa Francisco*. Madrid: BAC, 2015, p. 105-122.

CHOZA, J. *Filosofía de la cultura*. Sevilla: Thémata, 2013.

_____. Sentido objetivo y sentido subjetivo del trabajo. In: FERNÁNDEZ RODRÍGUEZ, F. *Estudios sobre la Encíclica* Laborem Exercens. Madrid: BAC, 1987, p. 231-266.

ECHEITA SARRIONANDÍA, G.; NAVARRO MATEU, D. Educación inclusiva y desarrollo sostenible. Una llamada urgente a pensarlas juntas. *Edetania* 46 (2014): 141-162.

FERNÁNDEZ ROMERO, A. La responsabilidad social de la empresa en la *Laborem Exercens*. In: FERNÁNDEZ RODRÍGUEZ, F. *Estudios sobre la Encíclica* Laborem Exercens. Madrid: BAC, 1987, p. 697-718.

FERNÁNDEZ, V. Cinco claves de fondo para leer *Laudato Si'*. In: CHICA ARELLANO, F.; GRANADOS GARCÍA, C. *Loado seas, mi Señor. Comentario a la encíclica* Laudato Si' *del papa Francisco*. Madrid: BAC, 2015, p. 77-103.

FINNIS, J. *Natural Law and Natural Rights*. Oxford: Clarendon, 1982.

GARCÍA, A. Lo que está pasando en nuestra casa. Diagnóstico de una crisis ecológica sin precedentes. In: CHICA ARELLANO, F.; GRANADOS GARCÍA, C. *Loado seas, mi Señor. Comentario a la encíclica* Laudato Si' *del papa Francisco*. Madrid: BAC, 2015, p. 311-338.

GÓMEZ PÉREZ, R. Raíces filosóficas del capitalismo, del marxismo y de la *Laborem Exercens*. In: FERNANDEZ RODRÍGUEZ, F. *Estudios sobre la Encíclica* Laborem Exercens. Madrid: BAC, 1987, p. 139-164.

GUARDINI, R. El ocaso de la Edad Moderna. In: GUARDINI, R. *Obras de Romano Guardini*. Tomo I. Madrid: Cristiandad, 1981, p. 33-169.

HARRIS, M. *Antropología cultural*. Madrid: Alianza Editorial, 1995.

MARTÍNEZ-RICO, G. El Campus Capacitas de la UCV: Educación Superior y desarrollo de capacidades. *Edetania* 46 (2014): 13-32.

MELENDO, T. *La dignidad del trabajo*. Madrid: Rialp, 1992.

OLABARRI GORTÁZAR, I. El hombre y el trabajo en la edad contemporánea a la luz de la "Laborem Exercens". In: FERNÁNDEZ RODRÍGUEZ, F. *Estudios sobre la Encíclica* Laborem Exercens. Madrid: BAC, 1987, p. 105-134.

PAPA FRANCISCO. Carta Encíclica *Laudato Si'*, sobre o cuidado da casa comum. São Paulo: Paulus/Loyola, 2015.

_____. Exortação Apostólica *Evangelii Gaudium*, sobre o anúncio do Evangelho no mundo atual. São Paulo: Paulus/Loyola, 2013.

_____. Exortação Apostólica Pós-Sinodal *Amoris Laetitia*, sobre o amor na família. São Paulo: Loyola, 2016.

_____. *Misericordiae Vultus. O rosto da misericórdia. Bula de proclamação do Jubileu Extraordinário da Misericórdia* (11/04/2015). São Paulo: Paulinas, 2015.

PAPA JOÃO PAULO II. Carta Encíclica *Laborem Exercens*, sobre o trabalho humano no 90º aniversário da *Rerum Novarum*. São Paulo: Paulinas, 1981.

PÉREZ, C. *La acción educativa social: nuevos planteamientos*. Bilbao: Desclée de Brouwer, 2012.

PERIS-CANCIO, J.-A. *Diez temas sobre los derechos de la família. La família, garantía de la dignidad humana*. Barcelona: Eiunsa, 2001.

POLO, L. *Ética. Hacia una versión moderna de los temas clásicos*. Madrid: Unión Editorial, 1997.

_____. *Quien es el hombre. Un espíritu en el mundo*. Madrid: Rialp, 1993.

PONTIFÍCIO CONSELHO "JUSTIÇA E PAZ". *Compêndio da Doutrina Social da Igreja*. 7. ed. São Paulo: Paulinas, 2011.

RIVERO LAMAS, J. Los derechos humanos en el ámbito laboral. In: FERNÁNDEZ RODRÍGUEZ, F. *Estudios sobre la Encíclica* Laborem Exercens. Madrid: BAC, 1987, p. 395-446.

ROY, M. *Laudato Si'*, Cáritas y la ecología integral. In: CHICA ARELLANO, F.; GRANADOS GARCÍA, C. *Loado seas, mi Señor. Comentario a la encíclica* Laudato Si' *del papa Francisco*. Madrid: BAC, 2015, p. 145-161.

6

O trabalho escravo em nossos tempos

Guillermo Sandoval Vásquez [*]

Introdução

A escravidão é uma das formas mais atrozes de exploração de um ser humano por outro. Embora tenha sido abolida como instituição e pouquíssimas pessoas se atrevam a defendê-la publicamente, é uma "modalidade de trabalho" que existe em nossos povos e que se transformou numa indústria lucrativa, alcançando dimensões impressionantes em nível global.

Vou abordá-la aqui me servindo do método adotado por João XXIII, a partir da experiência da Juventude Operária Católica europeia:

> Para levar a realizações concretas os princípios e as diretrizes sociais, passa-se ordinariamente por três fases: estudo da situação; apreciação da mesma à luz desses princípios e diretrizes; exame e determinação do que se pode e deve fazer para aplicar os princípios e as diretrizes à prática, segundo o modo e no grau que a situação permite ou reclama.

---

[*] Guillermo Sandoval Vásquez é mestre em Doutrina Social da Igreja (Universidade Pontifícia de Salamanca – Espanha), membro do Departamento de Justiça e Solidariedade (DEJUSOL) do Conselho Episcopal Latino-Americano (CELAM), da Rede Latino-Americana e Caribenha do Pensamento Social da Igreja (REDLAPSI) e do vicariato de Pastoral Social e dos Trabalhadores de Santiago (Chile).

São os três momentos que habitualmente se exprimem com as palavras seguintes: *ver, julgar e agir.*[1]

1. Ver

Começo relatando a história de Jonas, um lituano de 46 anos que vivia na fronteira com a Polônia.[2] Suas rendas eram baixas e suas dívidas elevadas. Trabalhava, trabalhava e seu endividamento continuava a crescer. Num certo dia, Mindaugas aproximou-se dele com uma oferta atraente de trabalho no Reino Unido, com um salário quatro vezes superior ao seu. Coisa excelente! Sem ter como custear sua ida ao Reino Unido, Mindaugas ofereceu-lhe um empréstimo, suficiente até para hospedar-se num primeiro momento. O panorama parecia magnífico. Foi assim que ele deixou o seu país; com um pouco de medo, mas também com muita esperança.

Ao chegar ao Reino Unido, Jonas e outros lituanos foram recebidos por Marijus. Subiram no furgão que os levou a uma casa no litoral. Disseram-lhes que logo encontrariam trabalho para eles. De fato, em pouco tempo Jonas estava empregado numa fábrica que fornecia frangos para supermercados. Nada agradável. Monótono. Mas era um trabalho honesto e teria uma remuneração adequada.

Nas duas primeiras semanas, recebeu o salário em cheques, que deviam ser trocados num armazém local, sob comissão. Homens de Marijus o acompanhavam e ficavam com boa parte do que Jonas ganhava por semana. Além disso, Jonas devia a Mindaugas o valor do empréstimo, que devia ser pago. Por isso, passou a receber apenas 60 libras a cada semana. Foi advertido de que se saísse da casa no litoral perderia o trabalho. Jonas acabou sendo prisioneiro!

Inconformado com a situação, ele conversou com dois colegas que viviam a mesma situação. Planejaram mudar de casa. E o fizeram. Mas o lugar não era seguro. Os seguranças de Marijus os perseguiram, surraram, tiraram deles seus pertences e suas reservas, mas não

---

[1] PAPA JOÃO XXIII. Carta Encíclica *Mater et Magistra*, sobre a evolução da questão social à luz da doutrina cristã. 11. ed. São Paulo: Paulinas, 2001, n. 232. Daqui em diante = MM.

[2] Do site <www.50forfreedom.org>. Disponível em: <http://50forfreedom.org/pt/blog/home-stories/eles-estavam-levando-quase-tudo-o-que-ganhei-eu-vivia-com--medo/?noredirect=pt_PT>. Acesso em: 20/06/2016.

conseguiram encontrar os passaportes. Por isso, ameaçaram punir suas famílias na Lituânia se fugissem. Os três continuaram no trabalho escravo, até que uma inspetora da fábrica, ao saber da situação de cada um, os levou para outra região do país, a fim de recomeçar a própria vida. Mas Jonas ficou com medo e preferiu regressar à sua situação de pobreza na Lituânia, pois ao menos estaria entre os seus.

Casos como o de Jonas – e até piores, com finais muito mais dramáticos – são muito comuns e mais presentes no dia a dia do que podemos imaginar. Dói na alma ver não poucos pais que, temerosos de que seus filhos sejam envolvidos pelas *maras* [gangues] da Guatemala e Honduras, por exemplo, fazem seus filhos subirem em "La Bestia",[3] um trem que percorre o México do sul ao norte, de Chiapas a Tijuana, levando migrantes que esperam passar pela fronteira dos Estados Unidos. Trata-se de uma "aposta" com muito poucas possibilidades de sucesso. Caso consigam passar pela fronteira, ficam como imigrantes sem documentos no país do Norte, numa situação certamente precária. É a parte cheia do copo. A parte vazia é que, pela estrada, enfrentam perigos diversos: 80% dos migrantes seguramente são vítimas de roubos e assaltos, extorsão, intimidação, ameaças, corrupção, destruição de documentos, detenção sem assistência legal, agressão sexual e até de morte. Quando pegos e recrutados para o narcotráfico, chegam a valer, no mínimo, 2.500 dólares.

Na Amazônia peruana, não faz muito tempo, doze mulheres foram resgatadas da exploração sexual. Tinham sido recrutadas em Arequipa, Cuzco, Puno e Tacna com ofertas atraentes de emprego. Uma vez no destino, sem redes de apoio, sem dinheiro e só com promessas de um futuro melhor, foram obrigadas a se prostituírem para sobreviver.

Um olhar sobre o Chile. O Chile converteu-se num país de origem, trânsito e destino de homens, mulheres e crianças vítimas do tráfico de pessoas para exploração sexual e trabalhos forçados. Assim afirma um relatório sobre o tráfico de pessoas elaborado em 2011 pela Embaixada

---

[3] Do site: <www.univision.com>. Disponível em: <http://www.univision.com/noticias/inmigracion/como-es-un-recorrido-a-bordo-del-tren-la-bestia>. Acesso em: 20/06/2016. Ver também: SOSA, Rafael. Migración: cuando el ser humano busca una nueva oportunidad. In: *Gozos y esperanzas, angustias y tristezas en América Latina. 1965 – Vaticano II – 2016*. Buenos Aires: Ciudad Nueva, 2016.

dos Estados Unidos em Santiago.[4] O documento afirma que, embora o Estado tenha atendido todas as crianças vítimas de tais crimes, o mesmo não se deu com os adultos. Alguns passos foram dados, mas há muito a ser feito ainda. Há um ano, um casal equatoriano foi detido no sul do Chile por explorar dois adultos e um menor que viviam juntos. No mesmo lugar onde dormiam, deviam fazer a higiene pessoal, comer e trabalhar. As vítimas também eram migrantes. Caso parecido aconteceu com doze trabalhadores trazidos da Índia por um compatriota, dono de um prestigiado restaurante localizado em elegante bairro de Santiago. Como no caso anterior, seu mundo reduziu-se ao local superlotado em que viviam e à extensa jornada de trabalho na cozinha. Não tinham qualquer contato com o resto da cidade e sua gente. No norte do país, para citar outro exemplo, uma dúzia de asiáticos, colombianos, peruanos e chilenos trabalhavam no restaurante de um cidadão argentino de origem chinesa vivendo trancados e em condições deploráveis.

Sem dúvida, porém, um dos casos que mais indignou a opinião pública chilena foi a situação de cinquenta e quatro trabalhadores "seduzidos" no Paraguai para irem a um vinhedo no centro do país, propriedade de um empresário que já tinha sido senador da República e candidato presidencial.[5] Foram levados ao Chile de ônibus e receberiam um salário mensal de 600 dólares. Chegando lá, foram "amontados" num galpão e acabaram sendo vítimas de uma prática desprezível: embora fossem cinquenta e quatro, a comida dava apenas para quarenta e cinco: comia quem se levantava mais cedo e, consequentemente, começasse a trabalhar mais cedo. O empresário, para se proteger, alegou serem todos "aprendizes" e não trabalhadores, que aceitaram o convite de vir às suas fazendas para aprender como trabalhar num vinhedo. Portanto, não tinham do que reclamar. Se havia alguém em dívida com alguém, seria os que foram "acolhidos" para aprender o ofício, e não o contrário. Esse caso acabou tendo vários capítulos. Primeiro, o empregador recebeu uma multa de mais de 20 mil dólares relativa à condição

---

[4]   Disponível em: <http://ciperchile.cl/2011/03/23/la-preocupacion-de-ee-uu-por-el--trafico-de-personas-en-chile>. Acesso em: 15/04/2016.

[5]   Disponível em: <http://www.elrancahuaso.cl/noticia/sociedad/tribunal-de-santa--cruz-inicia-este-lunes-juicio-en-caso-paraguayos-contra-empresas->. Acesso em: 15/04/2016.

sanitária, por manter as vítimas em contato com trabalhos tóxicos de produção e com água potável insuficiente. Mais tarde, às vésperas de ser condenado por tráfico de pessoas no processo judicial, o empresário teve um derrame cerebral que lhe causou insanidade mental e, com isso, foi "suspenso" de sua responsabilidade criminal, embora a sua empresa tenha sido condenada a pagar mais de 200 mil dólares como indenização aos trabalhadores paraguaios.

O Chile apresenta, estatisticamente, uma economia de bons resultados. Contudo, tais dados não expressam a inequidade da distribuição da renda, comum em todo o país. Considerado um lugar atraente para quem vem de outros países em busca de um destino melhor, o Chile tem visto aumentar a imigração e, com ela, o risco do trabalho escravo. Formou-se, também, no Chile, uma indústria de venda de passaportes de nacionalidade chilena para permitir a entrada nos Estados Unidos, por meio do mecanismo Visto Waiver, que simplifica o acesso para os chilenos, gerando um faturamento de quase 500 mil dólares. Mas nada disso, embora seja grave e alarmante, se compara com a realidade internacional em termos de cifras e práticas criminosas, testemunhadas pelos estudos realizados através da Organização Internacional do Trabalho, a OIT.

O trabalho forçado não passa de um eufemismo para se referir ao trabalho escravo. Está associado, muitas vezes, às migrações em busca de melhores condições de vida. E, por isso, parece ser uma situação que tende a aumentar. A busca esperançosa de um futuro melhor faz com que pessoas, já vulneráveis, transformem-se em presas fáceis nas mãos de outras inescrupulosas. Isso converteu o ilícito num negócio lucrativo que tem como vítimas 21 milhões de pessoas (!), segundo a estimativa da OIT.[6]

Trata-se de um negócio que gera um lucro 150 bilhões de dólares anualmente. Ou seja, mais do que o triplo do estimado no estudo anterior, de 2005. É uma cifra impressionante. Para se ter uma ideia, representa seis vezes o PIB da Bolívia, três vezes o do Uruguai e uma vez e meia o do Equador. Trata-se de um lucro que resulta de uma atividade

---

[6] Disponível em: <http://www.ilo.org/global/topics/forced-labour/lang–es/index.hml>. Acesso em: 20/04/2016.

ilícita e criminosa, por própria definição. Não é gratuito estimar que o próximo relatório da OIT poderá revelar um panorama ainda mais degradante de desrespeito da dignidade humana e violação dos direitos das pessoas.

Outros dados devem ser considerados para termos uma dimensão ainda mais real do problema:

- dos 21 milhões de vítimas, 11,4 são mulheres e meninas; 9,5 homens e meninos;

- 90% das vítimas (19 milhões) são exploradas pela economia privada; mais de 2 milhões, por Estados ou grupos rebeldes;

- 22% das pessoas em trabalho forçado são vítimas da exploração sexual;

- 68% das vítimas da exploração do trabalho encontram-se na agricultura, construção, indústria e no trabalho doméstico;

- dos 150 bilhões de dólares lucrados, dois terços correspondem à exploração sexual forçada;

- da exploração do trabalho, 9 bilhões são produzidos pela agricultura, incluindo a pesca e a silvicultura; 34 bilhões pela construção, indústria, mineração e serviços; e 8 bilhões são estimados como não pagos ou pagos a menos no serviço doméstico em locais privados;

- os trabalhadores migrantes e os povos originários são especialmente vulneráveis ao trabalho forçado.

Pois bem, para observar de maneira correta esse fenômeno, é preciso ter o diagnóstico dos fatores socioeconômicos que tornam as pessoas mais vulneráveis, pois são esses aspectos que permitem atuar na prevenção.

Em primeiro lugar, são os pobres – trabalhadores de menor qualificação – os frequentemente atraídos para o trabalho forçado, seja porque têm menos possibilidades de empregabilidade, seja porque suas capacidades de negociação das condições de trabalho são mínimas ou nulas. As carências educacionais e o analfabetismo facilitam a escravidão moderna.

Por outro lado, um antecedente que potencializa o trabalho escravo é a vulnerabilidade dos lares diante das perdas imprevistas de renda. Homens e mulheres sem redes de proteção social tendem a pedir empréstimos para satisfazer as necessidades mínimas de consumo ou aceitar qualquer trabalho para si e para seus filhos, mesmo em situação de exploração. De algum modo, o trabalho acaba sendo a garantia que podem oferecer diante das obrigações com emprestadores, normalmente usurários.[7]

Outra variável é a de gênero: 55% das vítimas estimadas pelos estudos da OIT são mulheres e meninas. Na exploração sexual e no trabalho doméstico, a grande maioria corresponde a mulheres e meninas; na exploração do trabalho forçado, homens e meninos correm um risco ligeiramente superior a mulheres e meninas.

Enfim, entre os fatores de risco está a migração: 44% das vítimas são migrantes internos ou externos. A carência de redes sociais de apoio e os pagamentos exigidos pelos "coiotes" geram um quadro especialmente grave no âmbito da migração irregular. As vítimas tendem a viver o seu drama em silêncio, diante do temor de represálias que atingem suas vidas e das ameaças que alcançam suas famílias.

Há mais ainda. Ao trabalho indevidamente remunerado, que é uma versão social moderna da antiga escravidão, junta-se uma variante pessoal de escravidão em relação ao trabalho. É a situação daqueles que vivem para trabalhar, em vez de trabalhar para viver. É uma realidade nova, que acontece frequentemente entre pessoas jovens, que procuram ter os bens que gerações anteriores adquiriam com maior gradualidade. A sociedade atual valoriza como razão de prestígio social a posse, o consumo, e estimula, assim, a cultura do desejável. Esses elementos, entre outros, são responsáveis por essa moderna forma de escravidão. É, no fundo, a cultura neoliberal que entra até pelos poros, impulsionando novas formas de escravidão.

---

[7] São Basílio, inspirando-se no capítulo 18 do livro do profeta Ezequiel, afirma: "Na verdade, é o extremo da falta de humanidade que alguém tenha de pedir emprestado o que lhe falta para sustentar sua vida, e, quem empresta, não se contente com o que tem, mas pense em fazer negócio e aumentar sua opulência às custas das calamidades dos pobres". Ver: SIERRA BRAVO, Restituto. *El Mensaje Social de los Padres de la Iglesia*. Madrid: Ciudad Nueva, 1989, p. 107.

A escravidão, em sua versão moderna, expressa-se em várias tensões que se apresentam no mundo do trabalho: trabalho, mas não me basta para viver; trabalho, mas não tenho tempo para viver; trabalho para consumir; trabalho como custo de produção; trabalho, mas não me sinto cidadão.[8] Como humanizar o trabalho e abolir as modernas formas de escravidão é também um desafio.

2. Julgar (elementos a analisar)

Seguindo o método tradicional da Doutrina Social da Igreja, vamos revisar agora alguns elementos para "julgar" essa situação, tanto os referentes à doutrina quanto aos avanços da ordem internacional.

Primeiramente, o pensamento social da Igreja, desde suas raízes bíblicas, recolhe o caráter libertador explícito da ação de Deus. É o que acontece com o seu povo, oprimido no Egito. E é o próprio Deus quem procura tirá-lo da escravidão e, conduzido por Moisés, o leva para a terra prometida onde brota leite e mel.[9]

Toda a ação de Jesus, com a consequente entrega generosa de si na cruz, também foi realizada para redimir (ou libertar).

Mais tarde, entre os Padres da Igreja, São Gregório de Nissa perguntará com muita intensidade: "Quem é, diga-me, quem é aquele que compra e quem é aquele que vende àquele que foi feito à imagem e semelhança de Deus, àquele que deve reinar sobre toda a terra, àquele que recebeu como herança o domínio de tudo o que há sobre a terra?". E acrescenta:

---

[8] COMISIÓN NACIONAL DE PASTORAL DE LOS TRABAJADORES. *Las Manos del Carpintero: herramientas para una Pastoral del Trabajo reflexiva y práctica.* Santiago: San Pablo, 2015, p. 22-24 (citando *La degradación del trabajo en Chile: del salario ético a la calidad de empleo,* escrito por Marco Kremerman para a Conferência Episcopal do Chile).

[9] "Eu sou o Senhor. Eu vos tirarei dos trabalhos impostos pelos egípcios, vos libertarei da escravidão e vos resgatarei com braço estendido e grandiosos castigos" (Ex 6,6). "Eu vi a opressão de meu povo no Egito, ouvi os gritos de aflição diante dos opressores e tomei conhecimento de seus sofrimentos. Desci para libertá-los das mãos dos egípcios e fazê-los sair desse país para uma terra boa e espaçosa, terra onde corre leite e mel" (Ex 3,7-8).

"Você, que é igual aos outros, que vantagem leva para que se considere dono de outro homem, sendo homem como ele?" [...] "Pois bem, aquele que se apropria dos que pertencem a Deus, atribuindo a si mesmo o poder de ser dono de homens e mulheres, o que faz senão ultrapassar, por soberba, a natureza, considerando-se diferente daqueles nos quais manda?" [...]

"Condena à servidão o homem cuja natureza é livre e independente e opõe-se à lei de Deus, transformando a lei que ele instituiu a respeito da natureza. E é assim que, sobre aquele que foi criado para ser dono da terra e destinado por seu Criador para subjugá-la, você coloca o jugo da servidão, como se quisesse transgredir e impugnar a ordem de Deus."[10]

Nessa mesma linha, encontraremos os novos hispânicos, um grupo de pensadores espanhóis – religiosos, sacerdotes e bispos – que levaram ao México o ardor do pensamento da época, nos tempos de colônia. O pensamento deles concentrava-se em três pontos: condenação da escravidão, preocupação com a pessoa humana e seus direitos e, por fim, preocupação com a transmissão da cultura (educação) como meio de desenvolvimento das pessoas.

Sobre a escravidão, algumas autoridades espanholas fizeram consultas a quem, por sabedoria e investidura, podia ajudá-las no discernimento. Perguntaram aos novos espanhóis, no século XV. As autoridades receberam a resposta corajosa de Zumárraga e Bartolomeu de las Casas, e os testemunhos pastorais de Vasco de Quiroga, Alonso de la Vera Cruz, e Tomás de Mercado. A resposta do Padre Las Casas foi semelhante ao que diz a Carta dos Direitos Humanos de cinco séculos mais tarde: "os homens nascem iguais". O Padre Zumárraga acrescentará argumentos teológicos e pastorais. A servidão "é injusta, tirânica e violenta", acrescentando que a escravidão vai "contra a honra de Deus", pois "a correta pregação da fé deve ser pacífica e por persuasão".[11] Não era fácil afirmar isso, quando a mão de obra, talvez barata, escasseava nos territórios de conquista e os representantes da Coroa mostravam-se dispostos a entregar indígenas a serviço dos conquistadores. Nesse quadro os novos espanhóis recordavam que o papa autorizou a conquista

---

[10] Ver: SIERRA BRAVO. *El Mensaje Social de los Padres de la Iglesia*, p. 180-181.

[11] BEUCHOT, Mauricio. *Filosofía social de los pensadores novohispanos*. México: Instituto Mexicano de Doctrina Social Cristiana, IMDOSOC, 2000, p. 12ss.

para que se cumprisse a obrigação primária de propagar a fé, que certamente era distinta da opção de interesse econômico que surgiu durante esse processo. As duas situações, porém, como sempre, devem manter sua coerência.

É notável a pregação do Advento de Antón Montesino, em 1511, pronunciada diante de escravistas encabeçados pelo comandante Diego de Colón:

> ... todos vós estais em pecado mortal e nele viveis e morreis pela crueldade e tirania que usais contra estes povos inocentes. Dizei: com que direito e com que justiça mantendes estes índios em tão cruel e horrível servidão? Com que autoridade fizestes tão detestáveis guerras a esses povos que estavam em suas terras mansos e pacíficos, onde haveis destruído tantos deles, com mortes e destruições nunca vistos? Como os mantendes tão oprimidos e cansados, sem lhes dar de comer nem curá-los em suas enfermidades, devido aos excessivos trabalhos que lhes dais e os fazem morrer, ou o que é pior, matai-os, para tirar e comprar ouro todos os dias?[12]

No final do século XIX, na encíclica *Rerum Novarum*, documento que inaugura a Doutrina Social da Igreja, Leão XIII voltou a condenar "a influência da riqueza nas mãos dum pequeno número ao lado da indigência da multidão".[13] O papa colocou no centro da discussão a dignidade e o respeito à pessoa humana no âmbito do trabalho, lugar em que se torna evidente o seu papel de cocriadora.

Permitam-me voltar ao caso chileno, pois ali resgatamos da história uma situação notável. Quando os jesuítas chegaram ao Chile, foram-lhes oferecidos indígenas para estar a seu serviço. O superior da Companhia sempre viu esse regime com desgosto e começou a refletir

---

[12] DE LAS CASAS, Bartolomé. Del sermón que predicó fray Antón Montesino en nombre de la comunidad de dominicos. In: *Texto del sermón de Antón Montesino según Bartolomé de las Casas y comentario de Gustavo Gutiérrez. Conmemoración de los 500 años del sermón de Antón Montesino y la primera comunidad de dominicos en América* (21 diciembre 1511-2011), p. 6-7 (tradução nossa). Disponível em: <https://www2.dominicos.org/kit_upload/file/especial-montesino/Montesino--gustavo-gutierrez.pdf>. Acesso em: 30/05/2016.

[13] PAPA LEÃO XIII. Carta Encíclica *Rerum Novarum*, sobre a condição dos operários. 6. ed. São Paulo: Paulinas, 1980, n. 1.

sobre o seu aspecto moral. E, em 1608, duzentos anos antes de países de cultura muito avançada, diante do Protetor dos Índios, proclamou a abolição da escravidão em sua jurisdição religiosa, a criação de salário-família, um incipiente regime de Previdência Social, seguro de velhice (aposentadoria aos 50 anos) e acidentes de trabalho, e desenvolveu um ambiente fundado no que hoje chamamos de diálogo social. Um "ambiente familiar entre patrões e operários", descreve Santo Alberto Hurtado, em seu livro *Sindicalismo*. Em termos práticos, aboliu a escravidão dos índios que lhes foram dados, e contratou-os como trabalhadores com regime salarial e Previdência Social, pelo quais muitos ainda lutam.[14]

As mudanças da legislação foram mais lentas do que os ensinamentos da Igreja.

Houve na América duas etapas na abolição da escravidão. Em 1676, para os indígenas, mas mantendo a escravidão africana. Depois, com os processos de independência, terminou a escravidão negra. No Chile, justamente nessa época, com muitas dificuldades chegou-se à sua abolição. Em 1811, foi declarada a liberdade do Ventre, que permitiu a liberdade de todo filho de escravo nascido no Chile; também a liberdade dos escravos que pisassem no território nacional. Entretanto, não foi fácil levá-la à prática.

Em 1813 decidiu-se que os párocos deviam eliminar a palavra escravo nas certidões de nascimento. Mais ainda: os escravistas resistiram e invocaram o direito de propriedade em relação aos seus escravos. Até uma delegação de "mães de família" foi ao Congresso pedindo a revogação da lei, o que o Senado recusou por considerá-la "falta de decoro". Mais ainda, quando os escravistas pediram indenizações, o Congresso rebateu indicando que essas pessoas eram livres antes de serem escravas.[15]

A nova Constituição, de 1823, declarou livres todos os escravos existentes no Chile e todo aquele que pisasse em território nacional.

---

[14] HURTADO, Alberto. *Sindicalismo, historia, teoría y práctica*. Santiago de Chile: Ediciones Universidad Alberto Hurtado, 2016, p. 206-207.

[15] GIL, Magdalena. Esclavitud en Chile, ayer y hoy. Disponível em: <http://www.latercera.com/voces/esclavitud-en-chile-ayer-y-hoy/>. Acesso em: 25/06/2016.

Selou-se então a liberdade jurídica. A liberdade objetiva demoraria mais. Seus vestígios ainda são vistos hoje no trabalho forçado. Por isso, não estranha que a OIT considere que a luta contra a escravidão e o trabalho forçado seja a primeira e grande batalha pelos direitos humanos da história moderna.

Em 1930, mediante o Acordo 29,[16] a comunidade internacional declarou a abolição do trabalho forçado, definido como "qualquer trabalho ou serviço exigido de um indivíduo sob ameaça de uma pena qualquer e para o qual tal indivíduo não se oferece voluntariamente". Excluem-se o serviço militar, as obrigações da cidadania, as geradas por sentença judicial, os casos de força maior e os trabalhos comunitários.

Haveria de passar outros 84 anos para que a OIT aprovasse um novo Protocolo (n. 29) sobre o trabalho forçado, que complementa e atualiza o Acordo 29. Este Protocolo dispõe, entre outras medidas, que os países-membros devem adotar determinações eficazes para prevenir e eliminar a utilização do trabalho forçado e proporcionar às vítimas proteção e acesso a ações jurídicas apropriadas de reparação; formular uma política e um plano para obter a superação efetiva e sustentada do trabalho forçado, incluir atividades específicas para lutar contra o tráfico de pessoas, criar projetos de educação e informação para pessoas vulneráveis assim como para empregadores, a fim de evitar que os primeiros sejam vítimas e os segundos se vejam envolvidos nessa ação ilícita. E ainda, o trabalho forçado passa a ser um ato criminoso e, portanto, deve ser considerado pela justiça penal.

3. Agir (para ser coerente)

A Doutrina Social da Igreja e as normas internacionais (que são lei interna para os países que assinam e ratificam acordos e protocolos) coincidem na condenação dessa ação ilícita que se transformou num negócio de 150 bilhões de dólares ao custo de vitimar 21 milhões de

---

[16] ORGANIZAÇÃO INTERNACIONAL DO TRABALHO (OIT). Convênio sobre o trabalho forçado, 1930, n. 29. Disponível em: <http://www.ilo.org/dyn/normlex/es/f?p=NORMLEXPUB:55:0::NO::P55_TYPE,P55_LANG,P55_DOCUMENT,P55_NODE:CON,es,C029,/Document>. Acesso em: 15/04/2016.

pessoas, em cifras oferecidas pela OIT em 2014. Certamente, hoje os números são ainda maiores.

Temos bastante conhecimento fundado em evidência empírica. Sua utilidade, porém, não enraíza na certeza teórica. O exercício da "razão razoável" é inútil, ridicularizava muito seriamente um acadêmico. O conhecimento deve expressar-se em uma práxis que revele sua pertinência e utilidade concreta.[17]

O objetivo do pensamento social da Igreja não é literário, senão propor um quadro teórico e inspirar a necessária reflexão para a construção do Reino de Deus, aqui e agora. Tal ensino fundamenta-se na convicção de que todos são filhos de Deus e que, portanto, devem ser tratados conforme filhos. Isso significa que todos os trabalhadores devem participar da nobre missão de continuar a criação divina, e isso implica acesso ao trabalho e reconhecimento da sua dignidade. Em termos concretos, isso se expressa em salários adequados e justos, ambiente decente de trabalho, Previdência Social, futuro para a sua família, capacidade de ter uma reserva para viver com liberdade

Nada disso é possível para as vítimas do trabalho forçado, da escravidão moderna.

Torna-se necessária, então, a ação das Igrejas locais e de todas as suas comunidades, também de todos os povos (resulta incompreensível que somente 8 dos 187 países membros da ONU tenham ratificado o Protocolo de 2014).[18] Promover a sua assinatura é a primeira tarefa. Ou, talvez, a segunda, porque a primeira é fazer de cada templo, de cada família, de cada cristão, um espaço de acolhida aos nossos irmãos. Devemos refletir e tomar ciência de que alguns de nós, batizados, estamos submetidos a alguma situação de opressão a outros irmãos batizados. Essa conversão é o primeiro passo, para depois pedir a conversão social. Trata-se de um tema que deveria estar presente em nossas reuniões na

---

[17] De acordo com João XXIII, "não devemos ver, artificialmente, uma oposição, onde ela não existe: neste caso, entre a perfeição pessoal e a atividade de cada um no mundo, como se uma pessoa não pudesse aperfeiçoar-se senão deixando de exercer atividades temporais, ou como se o exercício delas comprometesse fatalmente nossa dignidade de seres humanos e de crentes" (MM 249).

[18] República Checa, França, Mali, Mauritânia, Níger, Noruega, Panamá e Reino Unido.

hora de refletir sobre a coerência com a nossa fé, certamente, sempre em chave de conversão.

É também necessário, nesse sentido, provocar ações que favoreçam o respeito, a promoção e a defesa dos princípios e direitos fundamentais no trabalho; promover a liberdade sindical, a negociação coletiva e o diálogo social; criar projetos de luta contra o trabalho infantil; promover oportunidades educativas para meninos e meninas e projetos de acolhida adequada aos migrantes. Mais ainda, é preciso examinar as causas da vulnerabilidade das vítimas, fazer campanhas de sensibilização e mudança cultural, apoiar programas de capacitação para grupos da população em risco, fazer esforços específicos para identificar e libertar as vítimas, pôr em ação medidas de proteção, meios para corrigir e/ou punir de maneira adequada os que causam vítimas, promover medidas políticas para eliminar abusos.

Há, ainda, muitas outras iniciativas com as quais nos podemos comprometer, de acordo com nossas capacidades e vocação pessoal. Poderíamos resumi-las em medidas concretas urgentes para atender às vítimas que hoje sofrem esse abuso. Mas, ao mesmo tempo, é necessário fortalecer a legislação e as políticas que nos permitam combater o trabalho forçado, tanto a partir da prevenção como da adequada intervenção penal. Porque, como diz o relatório da OIT, "é uma prática que não tem lugar numa sociedade moderna". Entretanto, nós, como povo que caminha na história, como povo que quer dar testemunho da verdade de Deus, não podemos senão nos envolvermos nessa luta. Como sugere o Papa Francisco: "Não nos façamos de distraídos!".[19]

Conclusão

Por isso, ao concluir, desejo deixar a pergunta que, com dúvida e esperança, João Batista fazia a Jesus: "És tu aquele que há de vir, ou ainda devemos esperar por outro?". Em sua atualidade, o que o Senhor nos pede é que sejamos seus pés e suas mãos, sua inteligência e seu coração. É por isso que cada um dos mais fracos nos pergunta: "És tu aquele que há de vir, ou ainda devemos esperar por outro?".

---

[19] PAPA FRANCISCO. Exortação Apostólica *Evangelii Gaudium*, sobre o anúncio do Evangelho no mundo atual. São Paulo: Paulus/Loyola, 2013, n. 211.

Referências bibliográficas

BEUCHOT, Mauricio. *Filosofía social de los pensadores novohispanos.* México: Instituto Mexicano de Doctrina Social Cristiana, IMDOSOC, 2000.

COMISIÓN NACIONAL DE PASTORAL DE LOS TRABAJADORES. *Las Manos del Carpintero: herramientas para una Pastoral del Trabajo reflexiva y práctica.* Santiago: San Pablo, 2015.

DE LAS CASAS, Bartolomé. Del sermón que predicó fray Antón Montesino en nombre de la comunidad de dominicos. In: Texto del sermón de Antón Montesino según Bartolomé de las Casas y comentario de Gustavo Gutiérrez. Conmemoración de los 500 años del sermón de Antón Montesino y la primera comunidad de dominicos en América (21 diciembre 1511 – 2011). Disponível em: <https://www2.dominicos.org/kit_upload/file/especial-montesino/Montesino-gustavo-gutierrez.pdf>. Acesso em: 30/05/2016.

GIL, Magdalena. Esclavitud en Chile, ayer y hoy. Disponível em: <http://www.latercera.com/voces/esclavitud-en-chile-ayer-y-hoy/>. Acesso em: 25/06/2016.

HURTADO, Alberto. *Sindicalismo, historia, teoría y práctica.* Santiago de Chile: Ediciones Universidad Alberto Hurtado, 2016.

ORGANIZAÇÃO INTERNACIONAL DO TRABALHO (OIT). Convênio sobre o trabalho forçado, 1930. Disponível em: <http://www.ilo.org/dyn/normlex/es/f?p=NORMLEXPUB:55:0::NO::P55_TYPE,P55_LANG,P55_DOCUMENT,P55_NODE:CON,es,C029,/Document>. Acesso em: 15/04/2016.

PAPA FRANCISCO. Exortação Apostólica *Evangelii Gaudium*, sobre o anúncio do Evangelho no mundo atual. São Paulo: Paulus/Loyola, 2013.

PAPA JOÃO XXIII. Carta Encíclica *Mater et Magistra*, sobre a evolução da questão social à luz da doutrina cristã. 11. ed. São Paulo: Paulinas, 2001.

PAPA LEÃO XIII. Carta Encíclica *Rerum Novarum*, sobre a condição dos operários. 6. ed. São Paulo: Paulinas, 1980.

SIERRA BRAVO, Restituto. *El Mensaje Social de los Padres de la Iglesia.* Madrid: Ciudad Nueva, 1989.

SOSA, Rafael. Migración: cuando el ser humano busca una nueva oportunidad. In: *Gozos y esperanzas, angustias y tristezas en América Latina. 1965 – Vaticano II – 2016*. Buenos Aires: Ciudad Nueva, 2016.

7

Migração, um escândalo mundial

Anis Deiby Valencia Quejada [*]

Introdução

Apesar de ser colombiana de nascimento, sou haitiana de adoção. Vivo e trabalho no Haiti, há anos coordeno atividades específicas relacionadas com a migração, dirigindo um centro de acolhida a migrantes e escrevendo sobre a migração no mundo. Meu interesse primeiro tem sido o estudo e a difusão da Doutrina Social da Igreja por meio do meu trabalho.

A reflexão que segue situa-se nessa perspectiva: conhecer e aprofundar o ensinamento social da Igreja sobre a "questão" das migrações para orientar adequadamente as nossas ações. Se a problemática migratória é um escândalo, ela não deixa de ser também uma oportunidade de crescimento integral, individual e comunitário, se soubermos aproveitá-la.

1. Migração: definição

O *Dicionário da Real Academia Espanhola* define migração como "deslocamento geográfico de indivíduos e grupos, geralmente por

---

[*] Anis Deiby Valencia Quejada é mestre em Pastoral Juvenil e Catequese (Universidade Pontifícia Salesiana – Roma), especialista em Doutrina Social da Igreja (Instituto Mexicano de Doctrina Social Cristiana – IMDOSOC – México) e diretora do Instituto Haitiano da Doutrina Social Cristã (IHDOSOC).

causas econômicas e sociais"; "viagem periódica de aves, peixes e outros animais migratórios".[1] É importante destacar que em nosso caso não se trata da mobilidade de mercadorias, objetos, números ou animais, mas de pessoas, criadas à imagem e semelhança de Deus (Gn 1,26) e, por isso, é um problema de suma importância.

Nessa ação migratória apostam a própria vida muitas famílias que deixam seus países de origem porque esperam melhorar suas perspectivas econômicas e sociais. Migram porque esperam que uma vida melhor se torne efetiva no futuro.

O processo migratório envolve três conceitos: *emigração:* é a saída de pessoas de um país, lugar ou região, para estabelecer-se em outro país, lugar ou região; as causas são diversas; *imigração:* é a chegada a um país ou lugar de pessoas vindas de outro país ou lugar; *deslocamento massivo:* refere-se ao deslocamento de habitantes do meio rural ao urbano.

Segundo a Organização Internacional para as Migrações (organismo da ONU para migração), há cerca de 192 milhões de pessoas vivendo fora de seu país de origem, o que representa cerca de 3% da população mundial. Isso significa que uma em cada trinta e cinco pessoas no mundo é migrante.[2]

A crise econômica, política e social dos países em via de desenvolvimento, os avanços no transporte e nas tecnologias da comunicação, são a combinação perfeita para provocar o fluxo migratório que vivemos atualmente, originando sérias consequências para a migração internacional.

---

[1] REAL ACADEMIA ESPAÑOLA. *Diccionario la Lengua Española*. Edición del Tricentenario. Disponível em: <http://dle.rae.es/?id=PE38JXc>. Acesso em: 30/10/2016.

[2] ORGANIZACIÓN INTERNACIONAL PARA LAS MIGRACIONES. MISIÓN EN COLOMBIA. Sobre Migración. Disponível em: <https://www.goo gle.com.br/url?sa=t&rct=j&q=&esrc=s&source=web&cd=1&cad=rja&uact=8&ve d=0ahUKEwjSh5K25cPPAhXLjZAKHb_DDxkQFgghMAA&url=http%3A%2F% 2Fwww.oim.org.co%2Fsobre-migracion%2F2-uncategorised%2F2445-licita cion-416-de-2012-cm-205-fabricacion-suministro-y-transporte-de-mobiliario -escolar.html&usg=AFQjCNFwGoD_wX3Jy1jQchS2p0AE14XZmQ&bvm=b v.134495766,d.Y2I>. Acesso em: 20/06/2016.

2. A migração na Bíblia

A migração não é um fenômeno recente nem moderno, mas algo que tem sua origem com a existência do homem. Os primeiros habitantes da terra eram nômades, e sua permanência num determinado lugar estava sempre condicionada à quantidade de alimentos disponíveis tanto para as pessoas quanto para o gado.

A história do povo de Israel, por exemplo, foi marcada por dois movimentos migratórios: a) a descida ao Egito de alguns grupos atingidos pela fome em Canaã (Gn 42,1-8); o povo de Deus migra, buscando melhores condições de vida, procurando satisfazer suas necessidades primárias; b) o Êxodo: Deus tira o seu povo da opressão do Egito para levá-lo a uma terra onde "corre leite e mel" (Ex 33,3); novamente o povo se desloca em busca de melhores condições de vida.

O povo de Israel conhece na própria carne a experiência da emigração: "Vós sabeis o que é ser estrangeiro, pois fostes estrangeiros no Egito" (Ex 23,9). Experimentou a dureza de ser estrangeiro ou emigrante forçado. "Meu pai era um arameu errante, que desceu ao Egito com um punhado de gente e ali viveu como estrangeiro. Mas ele tornou-se um povo grande, forte e numeroso. Então os egípcios nos maltrataram e oprimiram, impondo-nos uma dura escravidão" (Dt 26,5-6). Está ciente do seu passado e de que Abraão, seu pai, foi um perpétuo estrangeiro, carente de terra própria, vivendo a vida toda numa sociedade que não lhe pertencia (Gn 23,4).

Nesse processo de migração, Israel viveu a experiência profunda da ação salvadora de Deus e descobriu que a terra é um presente de Deus. Sobre a terra, ele não tem domínio exclusivo, mas deve compartilhá-la com outros povos. Suas leis e tradições prescrevem o seguinte: "Não oprimas o estrangeiro" (Ex 23,9); "Se um estrangeiro vier morar convosco na terra, não o maltrateis [...] Ama-o como a ti mesmo" (Lv 19,33-34); "Não leses o direito do estrangeiro" (Dt 24,17). A acolhida e o bom tratamento aos migrantes não bastavam. As leis prescreviam: deixar "para o pobre e o estrangeiro" parte da colheita, "das espigas e dos cachos da vinha" (Lv 19,9-10; 23,22).

Sorteareis a terra como herança para vós e para os estrangeiros que residem em vosso meio e tiverem filhos. Eles serão para vós como o nativo entre os israelitas. Convosco eles receberão por sorteio uma herança entre as tribos de Israel. Na tribo em que o estrangeiro estiver residindo, lá lhe darei herança – oráculo do Senhor Deus (Ez 47,21-23).

No Novo Testamento, o Evangelho de Mateus apresenta a infância de Jesus sob a experiência dramática de uma emigração forçada (Mt 2,14-15), e o de Lucas narra o nascimento de Jesus fora da cidade "porque não havia lugar para eles na hospedaria" (Lc 2,7). Nascido fora da sua terra e vindo de fora da pátria (Lc 2,4-7), "se fez carne e veio morar entre nós" (Jo 1,14) e passou a sua vida pública como itinerante, percorrendo "cidades e povoados" (Lc 13,22; Mt 9,35).

Nós, cristãos, seguimos, pois, os passos de um itinerante que "não tem onde reclinar a cabeça" (Mt 8,20; Lc 9,58), que viveu boa parte da sua vida em deslocamento contínuo. Jesus concentrou a sua atividade pública ao redor das cidades próximas ao lago da Galileia e, sobretudo, ao redor de Cafarnaum. Contudo, Jesus se deslocou para o Norte e o Oeste, para Tiro e Sidônia (Mt 15,21; Mc 7,24-31), para o Leste, para as cidades confederadas, para a Decápole (Mt 4,25), para o sul da Palestina, para a Samaria (Mc 10,32; 11,1; Lc 9,51-53) e para mais além do Jordão (Mc 10,1; Mt 19,1; Jo 10,40).

A Instrução *A caridade de Cristo para com os migrantes*, que aborda magistralmente os desafios pastorais do fenômeno migratório hodierno, não hesita em afirmar que: "O cristão contempla no estrangeiro não só o próximo, mas o próprio rosto de Cristo, o qual nasce numa manjedoura e, estrangeiro, foge para o Egito, assumindo e recapitulando em si essa experiência fundamental do seu povo (cf. Mt 2,13ss)".[3]

Superabundando em referências aos estrangeiros, a Sagrada Escritura é um convite contínuo a descobrir a proximidade de Deus junto aos mais pobres, uma exortação constante a acolher e ajudar concretamente os imigrantes e um convite a reconhecer neles o próprio Cristo (Mt 25,35).

---

[3] PONTIFÍCIO CONSELHO DA PASTORAL PARA OS MIGRANTES E OS ITINERANTES. Instrução *Erga migrantes caritas Christi*, a caridade de Cristo para com os migrantes (03/05/2004). São Paulo: Paulinas, 2004, n. 15.

3. Migração, direito e oportunidade

3.1 A migração como direito

O artigo 13 da Declaração Universal dos Direitos Humanos afirma que "todo ser humano tem direito à liberdade de locomoção e residência dentro das fronteiras de cada Estado e de deixar qualquer país, inclusive o próprio, e a esse regressar".[4] Trata-se de um direito não submetido à restrição alguma, salvo àquelas estabelecidas por lei, necessárias para proteger a segurança nacional, a ordem pública, a saúde ou a moral pública ou os direitos e a liberdade dos demais.

Está claro que não é suficiente ser titular do direito a uma nacionalidade, a uma habitação digna ou a uma alimentação sadia, se o Estado não dispuser de um sistema de planejamento de habitações públicas ou de políticas migratórias justas. Contudo, sem a Declaração Universal dos Direitos Humanos não seria possível exigir que fossem determinadas as limitações jurídicas que regulam tais direitos.[5]

3.2 A migração como oportunidade

Considero o direito à migração e a presença dos migrantes nos países de acolhida como uma oportunidade, tanto para quem decide estabelecer-se num determinado lugar quanto para quem decide acolher quem chega num certo lugar. Há necessidades que podem ser satisfeitas de forma recíproca.

Não podemos desconsiderar que as migrações têm consequências diretas e indiretas tanto nos países ou áreas de emigração como nos de imigração e, nos dois casos, podem ter efeitos positivos e negativos. Identifiquemos alguns deles:

---

[4] ORGANIZAÇÃO DAS NAÇÕES UNIDAS. *Declaração Universal dos Direitos Humanos* (1948). Disponível em: <http://www.onu.org.br/img/2014/09/DUDH.pdf>. Acesso em: 30/06/2016.

[5] MOEYKENS, Erika. *El derecho a migrar como un Derecho Universal: los derechos del migrante en el Estado democrático de Derecho. X Jornadas de Sociología.* Buenos Aires: Facultad de Ciencias Sociales, Universidad de Buenos Aires, 2013.

a) Para o lugar de emigração

- alívio de alguns problemas de superpopulação;
- êxito de uma maior homogeneidade cultural ou política (os mais descontentes são os que emigram por primeiro, ficando apenas os conformistas, os que costumam estar de acordo com a própria situação socioeconômica ou política);
- investimento das remessas de dinheiro que os emigrantes enviam;
- diminuição do desemprego;
- aumento da venda de produtos em outros países, em especial, nos países que recebem os emigrantes;
- envelhecimento da população (devido à saída da população jovem em idade de ter filhos);
- diminuição do rendimento escolar e da escolaridade em geral (pela diminuição geral das matrículas e pela própria emigração de bons professores);
- diminuição das entradas públicas (pela emigração da gente trabalhadora) etc.

b) Para o lugar de imigração

- rejuvenescimento da população com a chegada de gente trabalhadora com filhos pequenos que, normalmente, nascem no próprio país de imigração;
- a população se torna mais disposta a mudanças (sociais, culturais, técnicas);
- contribuição de capital e mão de obra;
- contribuições de novas técnicas (inovação tecnológica): chegam pessoas já preparadas, sem precisar investir na sua preparação;
- aumento da diversidade cultural (o país começa a ter acesso a novas manifestações culturais);
- possibilidade de os empregadores terem a oportunidade de contratar trabalhadores migrantes como parte de suas estratégias de redução de custos;

- prejuízo da consciência de união da classe trabalhadora, uma vez que os imigrantes costumam aceitar salários inferiores aos da população local;
- aumento das necessidades de serviços, sobretudo assistenciais e educativos;
- aumento das importações de produtos dos lugares de procedência dos imigrantes;
- remessa de dinheiro.

c) Para os migrantes

- otimismo e maior compromisso e responsabilidade na adaptação à nova cultura e às normas do país de acolhida;
- sentimento de gratidão que leva a comprometer-se com a transformação positiva do entorno;
- idealização da nova situação (a ponto de se converter numa fonte de motivação para a emigração de compatriotas).

Mais medidas para promover a inclusão social e econômica dos refugiados e dos migrantes precisam ser adotadas. Longe de serem uma ameaça, eles contribuem para o crescimento e o desenvolvimento dos países de acolhida, assim como de seus países de origem. Quanto maior for a integração, maior será a sua contribuição à sociedade e a chance de realização pessoal e social.

4. Migração, um escândalo mundial

A palavra "escândalo" vem do latim *scandalum*, e este do grego *skándalon* – σκάνδαλον, etimologicamente significava uma espécie de armadilha para caçar animais; mais tarde, passou a significar conduta, ação ou situação imoral ou intolerável que provoca repulsa, ou seja, conduta que causa dano, engana, decepciona e repele quem a contempla. Em outras palavras, é uma ação ou situação que se considera intolerável e provoca indignação.[6]

---

[6] REAL ACADEMIA ESPAÑOLA. *Diccionario la Lengua Española*. Edición del Tricentenario. Disponível em: <http://dle.rae.es/?id=G9B66WN>. Acesso em: 30/06/2016.

Se a migração é um direito e uma oportunidade, por que considerá--la um escândalo mundial?

São três os elementos a serem considerados para responder esta questão: as causas da migração, as condições do deslocamento e a acolhida nos países de destino.

4.1 Causas da migração

As causas da migração podem ser de diversas naturezas:

a) *Causas políticas*: muitas pessoas costumam deixar seus países devido às crises políticas que estes atravessam; outras, por perseguição e vingança políticas (são os chamados exilados políticos). O relatório anual do Alto Comissariado das Nações Unidas para Refugiados (ACNUR), Tendências Globais, que analisa o deslocamento forçado no mundo todo, baseando-se em dados de governos, agências sociais e em dados do próprio ACNUR, estima que 65,3 milhões de pessoas estavam deslocadas em fins de 2015, em comparação com os 59,5 milhões de apenas 12 meses antes. Essa foi a primeira vez que se superou o limite dos 60 milhões de pessoas.[7] A crise migratória na Europa, que chegou a seu nível mais grave em 2015, teve e continua tendo motivos políticos e confrontos internos que se agudizaram pelo impacto nas populações vulneráveis, como nas mulheres e, sobretudo, nas crianças.

b) *Causas socioeconômicas*: a maior parte dos que emigram fazem--no por motivos econômicos, buscando melhores condições de vida, trabalho e remuneração, ou em casos mais críticos, como acesso ao emprego. A situação de fome e miséria em inúmeros países subdesenvolvidos obriga muitos emigrantes a arriscar a vida (e até perdê-la em muitas ocasiões). Tendo em conta as circunstâncias nas quais em geral acontece a migração, as crianças correm riscos que podem terminar em cenas trágicas, como tem acontecido frequentemente.

c) *Catástrofes generalizadas*: as catástrofes naturais deram ocasião a grandes deslocamentos de seres humanos e, às vezes, de famílias inteiras. Esse fenômeno, vivido em todas as épocas, foi-se agravando nos

---

[7] UNHCR/ACNUR. Estadísticas. 2016: desplazamiento forzado alcanza un nuevo récord. Disponível em: <http://www.acnur.org/recursos/estadisticas/>. Acesso em: 30/06/2016.

últimos tempos pelo aumento da população, deslocamento dos campos às cidades, criando cordões de miséria que se localizam em áreas de maior risco.

4.2 Condições do deslocamento

São lamentáveis e escandalosas as condições em que se deslocam os migrantes. Mais do que bravura e espírito aventureiro, expressam o desespero em que se encontram; a insegurança que enfrentam leva-os a correr o risco de perder a própria vida. Eis, a título de exemplo, algumas das rotas utilizadas pelos migrantes:

a) *O trem da morte ou a "Bestia"*: rede de trens usada pelos migrantes para entrar nos Estados Unidos pelo México. Essa viagem é extremamente perigosa e ilegal. Passam por 10-15 trens em movimento; em sua travessia, muito deles são vencidos pelo cansaço e caem nos trilhos e morrem; outros sobrevivem como amputados.

b) *O deserto do Arizona*: entrar nos Estados Unidos, atravessando o deserto do Arizona, é um grande risco para os imigrantes sem documentação. Em média 170 migrantes morrem todos os anos cruzando este deserto, fazendo dele o Estado fronteiriço com mais mortes migratórias segundo dados dos consulados mexicanos.

c) *O Mediterrâneo*: sírios, afegãos, eritreus, habitantes da África subsaariana e libaneses, entre outros, são os migrantes que arriscam suas vidas em frágeis embarcações na tentativa de chegar à Europa através do Mediterrâneo.

4.3 Condições de vida nos países de acolhida

As pessoas refugiadas e os migrantes que chegam a um país de acolhida, chegam cansadas, com fome e, em geral, com a roupa do corpo. Enfrentam todos os dias, além da incerteza, outros problemas mais práticos, tais como: dificuldade de se expressar numa língua desconhecida; não saber onde encontrar informações básicas, onde dormir, onde se alimentar, em quem confiar; risco de serem vítimas do tráfico de pessoas, sobretudo quando indocumentadas.

Infelizmente, poucos países têm uma política migratória bem definida e articulada, e os que a têm experimentam sérias dificuldades em matéria de gestão migratória. Os migrantes vivem em tendas ou barracas construídas com plástico, papelão, pedaços de madeira; sem água potável, sem serviços médicos etc.; dependem de gestos solidários de algumas pessoas e de poucas organizações civis ou eclesiais, mas sobretudo da solidariedade entre eles mesmos.

É evidente, pois, que a atenção inadequada ao fenômeno migratório é a causa de muitos problemas sociais em relação à perda de capital humano, à discriminação de pessoas, à violação dos direitos humanos, especialmente os trabalhistas e sociais, e ao fortalecimento do crime organizado, afetando assim tanto os países de origem como os de trânsito e de destino.

A crise migratória deixaria de ser um escândalo mundial à medida que cada um dos atores – país de origem, país de acolhida e o próprio migrante – assumisse a sua responsabilidade nesse cenário. Quando o medo, a desconfiança, a insensibilidade, o egoísmo e a falta de informação se interpõem entre eles, os homens e mulheres mais vulneráveis passam a segundo plano.

5. Migração e Doutrina Social da Igreja

Podemos afirmar que a Doutrina Social da Igreja sobre a migração se fundamenta no encontro entre a revelação divina e os questionamentos e desejos de tantos homens, mulheres e crianças que, ao longo da história, tiveram de abandonar seus países e suas famílias para buscar melhores condições de vida ou fugir da violência e da guerra que os impedem de se realizarem como pessoas.

Essas pessoas, pelas condições em que se realizam os deslocamentos e pela forma como vivem nos países de "acolhida", são um dos rostos sofredores que fazem parte do grupo dos mais pobres, das pessoas pelas quais a Igreja fez uma opção preferencial.[8]

A título ilustrativo, vou me limitar a citar alguns dos documentos que a Igreja publicou, em diversas circunstâncias, para nos ajudar a

---

[8] CONSELHO EPISCOPAL LATINO-AMERICANO (CELAM). *Documento de Aparecida. Texto conclusivo da V Conferência Geral do Episcopado Latino-Americano e do Caribe (14-31 de maio de 2007)*. Brasília/São Paulo: CNBB/Paulinas/Paulus, 2007, n. 411.

compreender que a Igreja sempre se mobilizou para responder ao drama da mobilidade humana:

- Leão XIII, na encíclica *Quam Aerumnosa* (1888), vê a urgência de uma assistência e acompanhamento específicos aos imigrantes na ordem pastoral e assistencial, e autoriza a criação de numerosas paróquias nacionais, sociedades e patronatos em favor dos imigrantes.[9]

- Pio XII, na encíclica *Exsul Familia* (1952), dedicada ao "cuidado espiritual dos emigrantes",[10] resumiu, como num pequeno código, as muitas experiências seculares e congregacionais para responder a essa necessidade concreta. O documento é um testemunho real da dedicação da Igreja na busca de soluções para os problemas que a migração projeta com muita urgência; de uma estável e completa organização à assistência dos emigrantes, tanto durante a viagem por terra e por mar como nos pontos de destino. Os sacerdotes deviam estar com os emigrantes nos barcos e nos aeroportos e nas diversas localidades de trabalho. Nesse período, a Igreja se fez emigrante com os emigrantes, por meio de tantos sacerdotes, religiosos que acompanharam os emigrantes na aventura migratória, de congregações religiosas fundadas a pedido da Santa Sé para essa missão.

- João XXIII, em sua *mensagem pelo décimo aniversário da "Exsul Familia"* (1962), enfatiza a necessidade da vigilância providencial e amorosa da Igreja por meio dos sacerdotes – em número crescente, mas ainda insuficiente, para tão grande trabalho –, para ir ao socorro desses seus filhos, para apoiá-los e orientá-los na incerteza dos primeiros passos.[11]

---

[9] Disponível em: <https://w2.vatican.va/content/leo-xiii/it/encyclicals/documents/hf_l-xiii_enc_10121888_quam-aerumnosa.html>. Acesso em: 30/06/2016.

[10] Disponível em: <http://w2.vatican.va/content/pius-xii/la/apost_constitutions/documents/hf_p-xii_apc_19520801_exsul-familia.html>. Acesso em: 30/06/2016.

[11] Disponível em: <https://w2.vatican.va/content/john-xxiii/it/speeches/1962/documents/hf_j-xxiii_spe_19620805_provvidenze-emigranti.html>. Acesso em: 30/06/2016.

- Paulo VI: na *Pastoralis Migratorum Cura* (1969), as migrações aparecem como um apelo urgente às Igrejas locais a redescobrirem a sua condição de povo de Deus que supera qualquer particularismo de raça e nacionalidade, de maneira que ninguém possa, nele, parecer um estrangeiro. A imigração é parte integrante das Igrejas locais e não uma Igreja paralela, convertida em corpo estranho.[12]

- João Paulo II tem consciência de que o fenômeno das migrações é um novo fenômeno social, parte das grandes transformações contemporâneas. Para ele, "na Igreja ninguém é estrangeiro, e a Igreja não é estrangeira a nenhum homem e em nenhum lugar. Enquanto sacramento de unidade, e, portanto, sinal e força agregante de todo o gênero humano, a Igreja é o lugar onde também os imigrantes ilegais são reconhecidos e acolhidos como irmãos".[13]

- Bento XVI, embora reforce o direito à emigração, reconhece que "há que reafirmar o direito a não emigrar, isto é, a ter condições para permanecer na própria terra, [...] Este direito, entretanto, só se torna efetivo se se têm sob controle os fatores que impelem à emigração". O papa tem consciência de que, em muitos casos, "emigrar, em vez de uma peregrinação animada pela confiança, pela fé e pela esperança, torna-se um 'calvário' de sobrevivência, onde homens e mulheres resultam mais vítimas do que autores e responsáveis das suas vicissitudes de migrante".[14]

---

[12] Disponível em: <http://w2.vatican.va/content/paul-vi/it/motu_proprio/documents/hf_p-vi_motu-proprio_19690815_pastoralis-migratorum-cura.html>. Acesso em: 30/06/2016.

[13] PAPA JOÃO PAULO II. Migrantes irregulares. Mensagem para o Dia Mundial dos Migrantes e Refugiados (1996), n. 5. Disponível em: <http://w2.vatican.va/content/john-paul-ii/pt/messages/migration/documents/hf_jp-ii_mes_25071995_undocumented_migrants.html>. Acesso em: 30/06/2016.

[14] PAPA BENTO XVI. Migrações: peregrinação de fé e de esperança. Mensagem para o Dia Mundial do Migrante e do Refugiado (2013). Disponível em: <https://w2.vatican.va/content/benedict-xvi/pt/messages/migration/documents/hf_ben-x-vi_mes_20121012_world-migrants-day.html>. Acesso em: 30/06/2016.

- Francisco é enfático ao afirmar que a sociedade civil, a comunidade política e a Igreja devem responder ao fenômeno da migração articulando sua resposta ao redor de quatro verbos: *acolher, proteger, promover* e *integrar.* Para ele, "conjugar estes quatro verbos na primeira pessoa do singular e na primeira pessoa do plural representa hoje um dever, um dever em relação aos irmãos e às irmãs que, por diferentes motivos, são forçados a deixar a própria terra de origem: um *dever* de *justiça, de civilização* e de *solidariedade*".[15]

- Vale ter presente que, em 2004, o Pontifício Conselho da Pastoral para os Emigrantes e Itinerantes publicou o documento *Erga migrantes caritas Christi* [A caridade de Cristo pelos emigrantes], com o desejo de atualizar a palavra eclesial sobre as migrações no mundo atual, no qual o fenômeno migratório se transformara consideravelmente. A perspectiva assumida é a de fundar a ação da Igreja pelos migrantes no amor de Cristo a toda pessoa e na identificação do próprio Cristo com todo ser humano carente. Para Marileda Baggio e Luiz Carlos Susin, a instrução é "o último e bem elaborado documento que serve até hoje de *Vademecum* para uma Igreja que faz opção preferencial pelos migrantes".[16]

- Em 2013, os Pontifícios Conselhos para a Pastoral dos Migrantes e Itinerantes e *Cor Unum* publicaram algumas diretrizes pastorais acerca da ação missionária da Igreja junto aos refugiados e às pessoas deslocadas à força, assumindo claramente a migração como um campo missionário privilegiado para testemunhar a compaixão, promover a justiça e anunciar a esperança.[17]

---

[15] PAPA FRANCISCO. Discurso aos participantes no Fórum Internacional sobre Migrações e Paz (21/02/2017). Disponível em: <http://w2.vatican.va/content/francesco/pt/speeches/2017/february/documents/papa-francesco_20170221_forum-migrazioni-pace.html>. Acesso em: 30/10/2017.

[16] BAGGIO, Marileda; SUSIN, Luiz Carlos. O clamor das migrações e o Magistério da Igreja. *REMHU, Revista Interdisciplinar da Mobilidade Humana*, v. 20, n. 39 (2012): 211-228.

[17] PONTIFÍCIO CONSELHO DA PASTORAL PARA OS MIGRANTES E ITINERANTES. PONTIFÍCIO CONSELHO *COR UNUM. Acolher Cristo nos refugiados e nas pessoas deslocadas à força. Diretrizes pastorais.* Cidade do Vaticano: Libreria Vaticana, 2013.

Conclusão

É lamentável saber que existem pessoas que fazem da migração um negócio, que se enriquecem à custa da dor, do sofrimento e do desespero de quem sofre. É triste descobrir que o desejo e muitas vezes a necessidade de uma vida melhor deixam homens, mulheres e crianças nas mãos de embusteiros, gente sem escrúpulo, a quem só interessa o lucro. A migração tornou-se um negócio tão escandaloso, que o tráfico de migrantes equipara-se atualmente ao narcotráfico como uma das fontes mais importantes de renda para o crime organizado.

Os meios de comunicação precisam, urgentemente, se responsabilizar e serem responsabilizados pela dupla missão de informar e formar. Não podem ser indiferentes diante de tão grande tragédia que assola parte da humanidade. Humanidade excluída de tantas oportunidades de vida digna porque pobre e, muitas vezes, miserável.

Os governos, ao elaborarem suas políticas de solidariedade e cooperação, não podem assumir como critério exclusivo a "simples defesa do próprio bem-estar, mas levar em conta as necessidades de quem se vê obrigado dramaticamente a pedir hospitalidade".[18]

Os países desenvolvidos, se quiserem ajudar a reduzir o número de migrantes explorados por criminosos e bandidos, precisam criar programas que permitam o desenvolvimento dos povos com os quais querem ser solidários, que promovam a estabilidade política desses povos e superem o subdesenvolvimento no qual vivem.[19]

As organizações não governamentais e as pessoas de boa vontade que desejam ajudar precisam entender que solidariedade não pode ser confundida com assistencialismo; é necessário que unam esforços e trabalhem de modo integrado, a fim de promoverem o destino universal dos bens e o respeito pelo bem comum, privilegiando, sobretudo, o princípio de subsidiariedade.

---

[18] PAPA JOÃO PAULO II. Mensagem para a Jornada Mundial do Migrante (1992). Disponível em: <http://w2.vatican.va/content/john-paul-ii/it/messages/migration/documents/hf_jp-ii_mes_19920731_world-migration-day-1992.html>. Acesso em: 30/06/2016.

[19] Id. Migrantes irregulares.

Enquanto tudo isso não acontece, vale uma orientação básica, da qual ninguém tem o direito de abrir mão: nenhuma condição, nem mesmo a de irregularidade legal, pode consentir em "reduções sobre a dignidade do migrante, o qual é dotado de direitos inalienáveis, que não podem ser violados nem ignorados".[20]

O escândalo mundial provocado pelo fenômeno migratório só pode ser superado se, na esteira de Francisco, formos audazes em afirmar em alto e bom tom que "a casa é comum" e, por isso, temos o direito de transitar por ela, edificando pontes que nos aproximam e derrubando os muros que nos dividem.

Referências bibliográficas

BAGGIO, Marileda; SUSIN, Luiz Carlos. O clamor das migrações e o Magistério da Igreja. *REMHU, Revista Interdisciplinar da Mobilidade Humana*, v. 20, n. 39 (2012): 211-228.

CONSELHO EPISCOPAL LATINO-AMERICANO (CELAM). *Documento de Aparecida. Texto conclusivo da V Conferência Geral do Episcopado Latino-Americano e do Caribe (14-31 de maio de 2007)*. Brasília/São Paulo: Edições CNBB/Paulinas/Paulus, 2007.

LEFEBVRE, Solange; SUSIN, Luiz Carlos (Ed.). Migração, globalização e catolicidade. *Concilium* 328/5 (2008).

MOEYKENS, Erika. *El derecho a migrar como un Derecho Universal: los derechos del migrante en el Estado democrático de Derecho*. Buenos Aires; X Jornadas de Sociología. Facultad de Ciencias Sociales, Universidad de Buenos Aires, 2013.

ORGANIZAÇÃO DAS NAÇÕES UNIDAS. *Declaração Universal dos Direitos Humanos* (1948). Disponível em: <http://www.onu.org.br/img/2014/09/DUDH.pdf>. Acesso em: 30/06/2016.

ORGANIZACIÓN INTERNACIONAL PARA LAS MIGRACIONES. MISIÓN EN COLOMBIA. Sobre Migración. Disponível em: <https://www.google.com.br/url?sa=t&rct=j&q=&esrc=s&source=web&cd=1&cad=rja&uact=8&ved=0ahUKEwjSh5K25cPPAhXL-jZAKHb_DDxkQFgghMAA&url=http%3A%2F%2Fwww.oim.org.co%2Fsobre-migracion%2F2-uncategorised%2F2445-licita-

---

[20] Ibid.

cion-416-de-2012-cm-205-fabricacion-suministro-y-transporte-de-mobiliario-escolar.html&usg=AFQjCNFwGoD_wX3Jy1j-QchS2p0AE14XZmQ&bvm=bv.134495766,d.Y2I>. Acesso em: 20/06/2016.

PAPA BENTO XVI. Migrações: peregrinação de fé e de esperança. Mensagem para o Dia Mundial do Migrante e do Refugiado (2013). Disponível em: <https://w2.vatican.va/content/benedict-xvi/pt/messages/migration/documents/hf_ben-xvi_mes_20121012_world-migrants-day.html>. Acesso em: 30/06/2016.

PAPA FRANCISCO. Discurso aos participantes no Fórum Internacional sobre Migrações e Paz (21.02.2017). Disponível em: <http://w2.vatican.va/content/francesco/pt/speeches/2017/february/documents/papa-francesco_20170221_forum-migrazioni-pace.html>. Acesso em: 30/10/2017.

PAPA JOÃO PAULO II. Migrantes irregulares. Mensagem para o Dia Mundial dos Migrantes e Refugiados (1996). Disponível em: http://w2.vatican.va/content/john-paul-ii/pt/messages/migration/documents/hf_jp-ii_mes_25071995_undocumented_migrants.html>. Acesso em: 30/06/2016.

_____. Mensagem para a Jornada Mundial do Migrante (1992). Disponível em: <http://w2.vatican.va/content/john-paul-ii/it/messages/migration/documents/hf_jp-ii_mes_19920731_world-migration-day-1992.html. Acesso em: 30/06/2016.

PONTIFÍCIO CONSELHO DA PASTORAL PARA OS MIGRANTES E OS ITINERANTES. Instrução *Erga migrantes caritas Christi*, a caridade de Cristo para com os migrantes (03/05/2004). São Paulo: Paulinas, 2004.

PONTIFÍCIO CONSELHO DA PASTORAL PARA OS MIGRANTES E ITINERANTES. PONTIFÍCIO CONSELHO *COR UNUM*. *Acolher Cristo nos refugiados e nas pessoas deslocadas à força. Diretrizes pastorais*. Cidade do Vaticano: Libreria Vaticana, 2013.

REAL ACADEMIA ESPAÑOLA. *Diccionario la Lengua Española. Edición del Tricentenario*. Disponível em: <http://dle.rae.es/?id=PE-38JXc>. Acesso em: 30/10/2016.

SAGRADA CONGREGAÇÃO PARA OS BISPOS. *Instrução sobre a Assistência Pastoral dos Migrantes.* Petrópolis: Vozes, 1970. Com *motu proprio Pastoralis Migratorum* de Paulo VI (15/08/1969).

UNHCR.ACNUR. Estadísticas. 2016: desplazamiento forzado alcanza un nuevo récord. Disponível em: <http://www.acnur.org/recursos/estadisticas/>. Acesso em: 30/06/2016.

8

O tráfico de pessoas e a feminização das migrações

Tania Teixeira Laky de Sousa[*]

Introdução[1]

O processo de globalização e o distanciamento, cada vez mais acentuado, entre países ricos e países pobres têm propiciado a ocorrência de movimentos migratórios, instáveis no desenho dos seus fluxos, mas persistentes enquanto processo e enquanto fenômeno, ainda que, por todo lado, surjam movimentos cívicos e políticas governamentais que, por motivos diversos, tentam controlar a dimensão e a incidência desse trânsito de indivíduos.

---

[*] Tania Teixeira Laky de Sousa é doutora em Serviço Social e em Ciências Sociais (Pontifícia Universidade Católica de São Paulo), mestre em Direito das Relações Sociais (Pontifícia Universidade Católica de São Paulo), membro efetivo da Comissão Judiciária Interdisciplinar sobre Tráfico de Pessoas do Tribunal de Justiça de São Paulo e membro e associada da Associação Portuguesa para o Serviço Social Internacional (APASSI).

[1] Este capítulo é fruto de trabalhos sobre o tráfico internacional de mulheres já publicados pela autora. (*Tráfico internacional de mulheres: nova face de uma velha escravidão*. Curitiba: Prismas, 2014; Migração e tráfico de pessoas. *Peregrino* 11/19 (2013): 10-11.) No entanto, a análise baseia-se particularmente nas reflexões e debates estabelecidos no II Congresso Internacional de Doutrina Social da Igreja, realizado em São Paulo, de 28 a 30 de setembro de 2016, no *campus* Santa Teresinha do Centro Universitário Salesiano de São Paulo (UNISAL).

Apesar de a experiência migratória ter estado, muitas vezes, associada ao masculino, a participação de mulheres nesse fenômeno aumentou, a ponto de ser incontornável abordar o tema sem considerar a perspectiva analítica de gênero.

As mulheres representam quase metade da população que migra, em termos globais, chegando a superar a metade do fluxo migratório no ano 2000 nos países desenvolvidos.[2] Segundo o informe da Organização Internacional de Trabalho (OIT), de 2004, a "feminização das migrações" é um dos fenômenos sociais e econômicos mais impactantes dos últimos tempos.[3]

> Um aspecto que caracteriza as migrações contemporâneas é a assim chamada feminização. De acordo com dados das Nações Unidas, o número de mulheres que migram aumentou nas últimas décadas, alcançando 49,6% do total, em 2005. A feminização das migrações é também sintoma de mudanças qualitativas da presença feminina no contexto da mobilidade humana. Hoje a mulher não migra apenas para acompanhar ou se reunir com os familiares, mas também para buscar emancipação, dignas condições de vida ou melhores salários para sustentar a família. Indica também uma nova perspectiva, uma nova abordagem do fenômeno migratório que busca visibilizar a presença da mulher em suas características específicas. Assim, o enfoque de gênero torna-se elemento essencial para uma reta compreensão das migrações contemporâneas. A migração, por vezes, pode ser um processo de emancipação para a mulher que, no novo contexto, pode se libertar de estereótipos patriarcais e machistas. No entanto, com frequência, em contexto migratório, a mulher acaba tendo que enfrentar várias formas de descriminação, por ser mulher, estrangeira e indocumentada. A presença expressiva de mulheres nas migrações internacionais levanta novos desafios. O enfoque de gênero, nos últimos anos, ressalta a peculiaridade da migração feminina que nem sempre pode ser

---

[2] LAZO, Gemma Nicolás. Migraciones femeninas y trabajo sexual: Concepción de trabajo precario vs. "tráfico de mujeres" In: BEGALLI, Roberto (Coord.). *Flujos migratorios y su (des)control. Puntos de vista pluridisciplinarios*. Barcelona: Anthropos, 2006, p. 229-260.

[3] ORGANIZAÇÃO INTERNACIONAL DO TRABALHO (OIT). En busca de un compromiso equitativo para los trabajadores migrantes en la economía globalizada. Ginebra, 2004, n. 191. Disponível em: <http://www.ilo.org/public/spanish/standards/relm/ilc/ilc92/pdf/rep-vi.pdf>. Acesso em: 15/08/2017.

equiparada à migração masculina, tanto em termos de motivações e oportunidades quanto em termos de consequências e vulnerabilidades. [...] a migração pode ser vista como um "processo seletivo". Em geral, constata-se, as mulheres encontram mais obstáculos em migrar do que os homens, devido, sobretudo, aos estereótipos e estratificações de gênero que, em muitos lugares, impedem-lhes um real acesso aos recursos financeiros e às informações necessárias para a migração. Com frequência, encontram-se em situações de extrema vulnerabilidade, gerada pelas dinâmicas inerentes à jornada migratória, mas também pelo contexto patriarcal e machista de muitas regiões. Sofrem preconceitos tanto no lugar de saída quanto no lugar de chegada. São mais facilmente aliciadas em redes de tráfico para fins de exploração sexual. As trabalhadoras migrantes, sobretudo as envolvidas com trabalhos domésticos – incluindo também o cuidado de idosos e crianças –, podem sofrer várias formas de violência. Segundo a OIT, "são tratadas, às vezes, como membros da família, porém em outros casos são exploradas, em condições que equivalem às de escravidão e trabalho forçado. Frequentemente a jornada de trabalho do pessoal de serviço doméstico é longa e excessiva (15 ou 16 horas por dia), sem dias de descanso nem compensação pelas horas extraordinárias; [...] são submetidas a assédio físico e sexual, à violência e abusos e, em alguns casos, são impedidas, física ou legalmente, de sair da casa do empregador, sob ameaça, violência, retenção dos salários ou dos documentos de identidade".[4]

No entanto, as migrações femininas não constituem novidade: no século XIX, mulheres europeias emigraram, de forma massiva, para o continente americano, nomeadamente para os Estados Unidos e Argentina; e durante décadas do século XX, as mulheres emigraram em grande quantidade a partir de várias regiões do mundo como a Irlanda e o Caribe.

O que torna, então, a migração feminina tema de relevante preocupação e instigação para acesos debates?

---

[4] BRASIL. *MERCOSUL e as migrações: os movimentos nas fronteiras e a construção de políticas públicas regionais de integração*. Brasília: Ministério do Trabalho, 2008, p. 34-35.

1. A prostituição e o tráfico de mulheres

Há que situar os processos migratórios enquanto processos históricos, que vão agregando motivações e articulações não estáticas no tempo, nem mesmo em relação aos sujeitos que envolvem, para não cairmos na armadilha de assimilarmos que os fenômenos são evolutivos segundo uma linha cronológica de fatos, que, nas suas causas e efeitos, encontram-se relacionados de forma fixa e indissociável.

Nessa perspectiva, há que refletir sobre os movimentos migratórios ocorridos na eclosão da industrialização na Europa central, na segunda metade do século XX, e que, de modo relevante, afetaram o cotidiano das mulheres, naquele contexto de transformações de decisiva influência na conformação das relações sociais na modernidade: referimo-nos ao fluxo de populações do mundo rural para as cidades industriais. Recordemos que não se tratou de mero deslocamento de grupos de indivíduos que, na ausência de rendimentos nas atividades agrícolas em reconversão, buscavam nos centros industriais e urbanizados formas de trabalho para garantir a sua sobrevivência. Tratava-se, como bem caracterizaram Karl Marx, Friedrich Engels e Georg Simmel,[5] de profundas transformações na significação, social e econômica, do que era o trabalho, na constituição da individualidade dos sujeitos, nos mecanismos de interação social, nos valores e nas representações sociais coletivas.

Nesse processo, a mulher não transita incólume de um universo a outro, e vê reconfigurada a sua posição, adquirindo papel decisivo na reconfiguração da ordem social. Essa centralidade da mulher situa-se, em nosso entender, em duas dimensões: por um lado, a instituição familiar, cuja coesão dependia, no mundo rural, da agregação do esforço de todos os seus membros em torno de atividades que estabeleciam a base da sua sustentabilidade, tende, no mundo urbano, a fragmentar-se

---

[5] MARX, Karl. *Manuscritos econômicos e filosóficos: trabalho alienado* (1844). In: FROMM, Erich. *Conceito marxista do homem*. Rio de Janeiro: Zahar Editores, 1983; ENGELS, Friedrich. *A origem da família, da propriedade privada e do Estado*. Rio de Janeiro: Civilização Brasileira, 1984; SIMMEL, Georg. A metrópole e a vida mental. In: VELHO, Otávio G. (Org.). *O fenômeno urbano*. Rio de Janeiro: Guanabara, 1987; SIMMEL, Georg. O dinheiro na cultura moderna. In: SOUZA, Jessé; ÖELZE, Berthold (Orgs.). *Simmel e a modernidade*. Brasília: UnB, 1998, p. 109-117.

em função da divisão do trabalho, da venda da força de trabalho à empresa capitalista, desvinculando-se do esforço do grupo em torno do interesse comum. Nesse processo, como bem observa Christopher Lasch,[6] a mulher constitui, ainda, a garantia de manutenção desse projeto familiar, cabendo-lhe a tarefa de encontrar os mecanismos de coesão entre os seus membros. Por outro lado, cabia-lhe, ainda, participar no esforço de angariação de recursos financeiros, quer para complementar a renda familiar, quer para garantir, em muitos casos, a única fonte de subsistência do grupo, e, desse modo, passa a participar no mercado de trabalho com a venda da sua força de trabalho.

Segundo Emma Goldman, é precisamente o contexto instável do mercado de trabalho, com a sucessiva depreciação do valor da força de trabalho, com a precariedade temporal do regime de trabalho e com o excedente de oferta de mão de obra, bem como, e sobretudo, a necessidade de garantir a sua sobrevivência, e, em muitos casos, a da sua família, que levam a mulher a prostituir-se:

> No momento atual, nosso bom povo está chocado com a revelação de que, apenas na cidade de Nova York, uma entre cada dez mulheres trabalha numa fábrica, que a média do salário recebido pelas mulheres seja de seis dólares por semana, por 48 a 60 horas de trabalho, e que a maioria das trabalhadoras enfrente vários meses de inatividade, o que faz com que a média salarial seja de 280 dólares por ano. Em vista desses horrores econômicos, é de se admirar que a prostituição e o tráfico de escravas brancas tenham se tornado fatores tão dominantes? Para que os números acima não pareçam exagerados, é bom examinar o que alguns especialistas sobre prostituição têm a dizer: "Uma causa fértil da depravação feminina pode ser encontrada em várias tabelas que mostram a descrição dos empregos buscados, e dos salários recebidos, pelas mulheres antes de sua queda, e é uma questão para os economistas políticos decidirem o quanto meras considerações de negócios devam ser uma desculpa – de parte dos empregadores – para uma redução de seus índices de remuneração, e se a economia de uma pequena porcentagem de salários não é mais do que contrabalançada pela enorme quantia de taxas impostas ao público mais amplo para compensar as despesas feitas graças a um sistema de vício que é, em

---

[6] LASCH, Christopher. *A mulher e a vida cotidiana: amor, casamento e feminismo.* Trad. Heloísa Martins Costa. Rio de Janeiro: Civilização Brasileira, 1999.

muitos casos, o resultado direto de uma compensação insuficiente pelo trabalho honesto". Nossos reformadores contemporâneos fariam bem em ler o livro do Dr. Sanger. Lá eles descobrirão que entre os dois mil casos observados por ele, apenas uns poucos se originaram da classe média, com condições estáveis, ou lares agradáveis. A ampla maioria era de garotas e mulheres trabalhadoras, algumas levadas à prostituição pela penúria, outras por causa de uma vida cruel e arruinada em casa, e mais outras ainda por causa de uma natureza física frustrada e aleijada (da qual falarei adiante). Seria bom também que vigilantes da pureza e da moralidade aprendessem que entre os dois mil casos, 490 eram de mulheres casadas, mulheres que viviam com seus maridos. Evidentemente, não havia muita garantia para sua "segurança e pureza" na santidade do casamento. O Dr. Alfred Blaschko, em *Prostitution in the Nineteenth Century* (A prostituição no século XIX), é ainda mais enfático na caracterização das condições econômicas como um dos fatores mais importantes da prostituição. "Embora a prostituição tenha existido em todas as épocas, foi no século XIX que ela se tornou uma instituição social gigantesca. O desenvolvimento da indústria, com vastas massas de pessoas no mercado competitivo, o crescimento e congestionamento das grandes cidades, a insegurança e incerteza do emprego, deram à prostituição um impulso nunca antes sonhado em nenhum período da história humana." E Havelock Ellis, embora não tão definitivo ao tratar do fator econômico, é ainda assim levado a admitir que ele é, direta e indiretamente, sua causa principal. Ele descobriu, assim, que uma ampla porcentagem de prostitutas é recrutada na classe das empregadas domésticas, ainda que elas tenham menos problemas e maior segurança. Por outro lado, o senhor Ellis não nega que a rotina diária, o trabalho pesado, a monotonia da vida da moça empregada doméstica, e especialmente o fato de que ela poderá nunca ter o companheirismo e a alegria de um lar, não é um fator a ser negligenciado no impulso para que ela busque lazer e esquecimento na alegria e no brilho da prostituição. Em outras palavras, a empregada doméstica, sendo tratada como uma faz-tudo, nunca tendo direito sobre si mesma, e esgotada pelos caprichos de sua patroa, pode encontrar uma saída, assim como a garota vendedora de loja, ou trabalhadora fabril, apenas na prostituição.[7]

---

[7] GOLDMAN, Emma. The Traffic in Women. In: *Emma Goldman's Anarchism and Other Essays. Second Revised Edition*. New York/London: Mother Earth Publishing Association, 2011. p. 249-251.

Existe, portanto, um conjunto de condições de base que potenciam fluxos migratórios em geral e o ingresso das mulheres na prostituição, mas, no entanto, não se poderá deduzir dessa circunstância a sua conexão imediata.

Um cenário de extrema precariedade nas condições de sobrevivência e no acesso a recursos provenientes do trabalho levou homens e mulheres, em diversos contextos sociais e culturais, a deslocarem-se para locais onde, potencialmente, poderiam encontrar melhores oportunidades; de modo análogo, as mulheres buscaram na prostituição a oportunidade de obter melhores condições de sobrevivência.

O processo em que ocorre essa busca de oportunidades apanha, recorrentemente, os indivíduos em situação de extrema fragilidade e com poucas possibilidades de negociar as condições em que vão trabalhar. Nessas circunstâncias, poder-se-ia afirmar que os sujeitos prescindem de algo e cedem, sob coação, para obter qualquer minguada renda; e esse algo, não raramente, é a sua dignidade. Em certo sentido, como alguns autores já afirmaram, o sistema econômico capitalista instituiu a prostituição de seus trabalhadores, pois estes, para além de venderem o seu corpo, pela força de trabalho, vendem, muitas vezes, a sua dignidade, os seus valores e princípios éticos e humanistas, quando não vendem, também, a sua condição de ser humano.

A mulher que se prostitui insere-se nessa escalada de perda e cedência. No entanto, no quadro dos processos econômicos, ela não é explorada no âmbito das forças produtivas, pois a sua força de trabalho é seu corpo, simultaneamente, a mercadoria que se apresenta ao mercado. Nesse sentido, ela não é aquele trabalhador anônimo que incorpora um valor que o consumidor desconhece: ela é trabalho, é valor e é mercadoria, de uma só vez. De algum modo, podemos até expressar que a mulher que se prostitui pode, em tese, prescindir da organização empresarial para exercer a sua atividade.

O contexto da industrialização entre os finais do século XIX e o início do século XX originou, assim, um espaço para trabalhadores em situação de extrema vulnerabilidade que ficaram expostos a processos de recrutamento massivos que os conduziam a atividades que, por um lado, não exigiam qualificação técnica, e, por outro, desenvolviam-se em deficientes condições de segurança e salubridade, e em regimes de prolongado e excessivo esforço. Esses processos de angariação de força de trabalho não eram seletivos: homens, mulheres e crianças eram recrutados em regime de trabalhos forçados, muitas vezes sem salários, garantindo-lhes apenas a alimentação necessária para a reposição e manutenção do esforço continuado.

Era esse o cenário que envolvia os primeiros fluxos migratórios internos da Europa industrializada e os primeiros processos de emigração para a América do Norte. Certamente que se tratava de um quadro de atividades que operava na ilegalidade, recorrendo a fluxos clandestinos, e sujeitos, portanto, à vigilância, controle e sanção das autoridades.

É, portanto, o caráter invisível, ou pelo menos mais velado, da exploração da força de trabalho, associado ao abuso da condição precária dos trabalhadores e a sua exposição a condições precárias de subsistência em situação de submissão e coação, que transforma o processo migratório em sistema de tráfico.

A extensão dessas práticas de recrutamento e exploração às mulheres que se prostituem acarreta duplo agravamento da sua condição: se a opção pela atividade da prostituição já decorre, por si, de uma situação de precariedade econômica e de ausência de expectativas estáveis, quando ela se insere em processo migratório forçado ou em situação de ilegalidade, culmina, não raramente, na deterioração da condição de sobrevivência e de dignidade do sujeito, que se encontra submetido a mecanismos de opressão e a práticas de violência física e psicológica.

No entanto, aquilo que, desde o início, poderia apresentar-se à análise das circunstâncias e aos mecanismos de vigilância, controle e sanção como um mesmo fenômeno, ainda que com incidências diversas, pois os grupos de migrantes não eram homogêneos nem se apresentavam todos sob a mesma origem e referencial sociocultural, desde cedo se fragmentou e se apresentou, institucionalmente e à sociedade, como temas distintos: um problema era a "escravidão branca", outro problema era a prostituição.

O termo "escravidão branca"[8] serviu, precisamente, para, nas décadas finais do século XIX, sustentar as campanhas de denúncia contra

---

[8] Ver: DOEZEMA, Joe. Loose Women or Lost Women? The re-emergence of the myth of "white slavery" in contemporary discourses of "trafficking in women".

aquelas condições a que grupos de indivíduos encontravam-se sujeitos na sequência de processos migratórios da Europa para as Américas e, sobretudo, dentro dos Estados Unidos. Tratava-se de movimentos cívicos oriundos da classe média branca, cujas motivações em torno do termo "escravidão branca" não eram homogêneas, nem as suas estratégias coincidentes, mas que, genericamente, tinham como referência o processo de abolição da escravidão negra, ao qual comparavamm as condições geradas pelo capitalismo feroz e sem escrúpulos, que, desta vez, atingia os que não eram negros. Note-se que aqueles processos espúrios também afetavam, nos Estados Unidos, os trabalhadores negros, mas tal fato não era, no entanto, motivo de significativa preocupação.

Entretanto, a noção de "escravas brancas" encontra-se na sequência de outras nomenclaturas, como a de "mulheres perdidas" do período pré-vitoriano, ou a de "desviantes sexuais" do período vitoriano, e fazia parte de uma estratégia de regulação da prostituição, enquanto atividade. Alegavam as vozes regulacionistas, de mulheres e homens da classe média, que o trânsito de prostitutas entre o velho e o novo mundo estava a propiciar o aumento da quantidade de mulheres que se dedicavam à prostituição, e, com isso, o aumento da quantidade de homens que buscavam "fora de casa" novas experiências sexuais, ocasionando um cenário de promiscuidade generalizada e de propagação de doenças. Também, o termo "escravas brancas" associava-se à ideia repugnante de mulheres brancas que vendiam seu corpo a homens não brancos naqueles locais distantes.[9]

Tratava-se, aliás, de problematizar a prostituição a partir de antigas posturas morais e religiosas que encontraram, no período higienista oitocentista, argumentos cientificamente sustentados para proceder à limpeza social. O pressuposto do regulacionismo é que a atividade da prostituição, sendo incontornável, deveria ser, no entanto, sanitariamente regulada e controlada, obrigando as mulheres prostitutas a submeterem-se a exames médicos que atestassem a sua aptidão sanitária, bem como deveria proceder-se à inspeção dos bordeis – práticas

---

International Studies Convention Washington, DC, February 16-20, 1999. *Gender Issues*, v. 18, n. 1 (2000): 23-50.

[9] Id. *Loose Women or Lost Women?*

que se enquadram na lógica da "ciência da sexualidade" explicitada por Michel Foucault.[10] No entanto, não deixava de estar implícito, naquela perspectiva, o caráter culposo e desviante dos bons costumes que se associava às mulheres prostitutas, sempre de classe mais desfavorecida, o que fazia subentender uma campanha de pureza social.

A campanha regulacionista culminou com a promulgação, na Inglaterra, dos *Contagious Diseases Acts*, em 1864, 1866, 1869, contra os quais se insurgiu a campanha "abolicionista". Josephine Butler liderou, durante dezesseis anos, um movimento que não apenas recusava os *Acts*, vendo neles mecanismo explícito de determinação e constrangimento da sexualidade feminina que abria espaço a formas mais amplas de controle violento sobre a mulher (uma vez que era exercido por instituições públicas), mas, também, argumentava que a prostituição resultava, tão só, da desenfreada luxúria dos homens, em um cenário de efetiva degradação de valores éticos e humanistas das instituições sociais. Também a campanha abolicionista reconhecia, naquelas normas reguladoras, a expressão oficial de uma sociedade com "duplo padrão" no olhar sobre o comportamento sexual de homens e mulheres: os agentes transmissores das doenças eram as mulheres prostituídas; todos os homens, bem como as "outras" mulheres, mantinham-se à margem dessa promiscuidade.

Também o termo "escravas brancas" foi utilizado, na sua semântica, de modo diferenciado pelos dois movimentos. A campanha regulacionista continha certo nível de discriminação, não só racial, mas, sobretudo, social, baseada na oposição puro/impuro: escravizar a branca era sujar o imaculado, a candura e a inocência natural da mulher. E, nesse sentido, as escravas seriam aquelas seduzidas ou forçadas a ir para o exterior, não aquelas que permaneciam à sua porta, consideradas impuras.

As vozes abolicionistas, entretanto, apegaram-se mais à noção de escravidão para argumentar a insistência da separação entre prostitutas "voluntárias" pecadoras e prostitutas "involuntárias" inocentes,

---

[10] FOUCAULT, Michel. *História da sexualidade. I – A vontade de saber.* Rio de Janeiro: Graal, 1988.

interpretando a sua condição como de vítimas, justificando, assim, a anulação das normas reguladoras.[11]

O caráter de inocência da vítima constrói-se, desse modo, por meio da diversidade de dispositivos de retórica: ora enfatiza-se a juventude, a virgindade, a brancura e a falta de vontade da mulher em tornar-se prostituta; ora acentua-se a figura do traficante, como desviante de virtudes, origem de todos os males, simplificando-se, dessa forma, complexas realidades, a partir de uma fórmula explicativa melodramática, em que contracenam a vítima e o vilão, papéis nem sempre desempenhados pelos mesmos sujeitos em função do olhar.

Como suporte daquele aceso debate, algumas notícias, artigos e romances alimentaram o imaginário e o mito sobre a "escravidão branca", com relatos de atrocidades, violações, raptos e cativeiros violentos.[12]

O impulso inicial emancipatório do movimento abolicionista, que pretendia desconstruir o mito da "escravidão branca", não apenas tinha sido revertido pela instituição de dispositivos reguladores e controladores sobre as mulheres, como muitas de suas militantes passaram a apoiar a agenda do movimento da "pureza social", que continha uma

---

[11] Kamala Kempadoo observa: "Uma corrente feminista se origina nas pressões feministas ocidentais (euroamericanas) de classe média contra a prostituição, em fins do século XIX, em torno do 'Tráfico de escravas brancas', que reapareceu no final da década de 1970 como 'escravidão sexual feminina'. A partir de uma análise feminista radical das relações sociais que dá prioridade a relações de gênero, esta perspectiva liga o tráfico exclusivamente à prostituição, vista, por sua vez, como a pior forma de opressão patriarcal e a forma mais intensa de vitimização de mulheres. Sua premissa central é de que a prostituição é 'assédio sexual, abuso sexual e violência sexual', e as mulheres, coletivamente, vítimas da violência masculina. Considera-se, assim, que a indústria global do sexo força as mulheres à prostituição, as mantém em escravidão sexual e viola seus direitos e integridade corporal. Supõe-se que as mulheres nunca entram livremente em relações sexuais fora do 'amor' ou do desejo sexual autônomo. Ao contrário, considera-se que elas são sempre forçadas à prostituição – em suma, traficadas – através do poder e controle que os homens exercem sobre suas vidas e seus corpos. Desse ponto de vista, instituições patriarcais, como a família, o casamento e a prostituição, são definidas para as mulheres como violência, estupro e abuso, e acredita-se que as mulheres que participam dessas instituições são vítimas enganadas do poder e do privilégio masculino. Acredita-se que a liberação feminina, universalmente, só pode ser obtida através da abolição das instituições que sustentam o patriarcado". (KEMPADOO, Kamala. Mudando o debate sobre o tráfico de mulheres. *Cadernos Pagu* 25 (2005): 58-59.)

[12] DOEZEMA. *Loose Women or Lost Women?*

estrutura de valoração moral discriminando entre mulheres culpadas e inocentes, e iria dar ao Estado novos instrumentos repressivos sobre as mulheres. Aquela campanha conduziu, na Inglaterra, à aprovação do *Criminal Law Amendment Bill*, de 1921 (a lei *Slave With*), que foi instrumentalizado contra prostitutas e mulheres trabalhadoras; nos Estados Unidos, à *Mann Act*, de 1910, aproveitada pela polícia para prender, ao mesmo tempo, prostitutas e indivíduos que perseguissem negros; como, também, a Grécia, aprovou legislação, em 1912, proibindo mulheres menores de vinte e um anos de viajar para o exterior sem autorização especial.[13]

Após 1914, com o início dos conflitos da Primeira Guerra Mundial, os fluxos migratórios de trabalhadores foram significativamente reduzidos, e as campanhas antiescravidão perderam dinamismo e espaço político de implantação. À exceção de fenômenos migratórios localizados e temporários, decorrentes dos conflitos que obrigaram ao trânsito de grandes grupos de população como refugiados, esse cenário permaneceu durante o período entre as duas guerras mundiais e até o final da fase de reconstrução da Europa e de recuperação e consolidação econômica dos países intervenientes, anos de 1970.

Certamente que nem todos os fluxos migratórios de trabalhadores foram extintos, sobretudo nos anos que se seguiram à Segunda Guerra Mundial, nem desapareceu o trânsito de mulheres conduzidas para fora de seus países ao mercado da prostituição. No entanto, o tema da "escravidão branca", ou fenômeno de tráfico que lhe é associado, só reaparece com certa relevância nos fóruns internacionais, durante os anos de 1980.

O tema da "escravidão branca" ressurge, então, com a denominação de "tráfico de mulheres", agora inserido na agenda política dos movimentos feministas, das organizações de direitos humanos, de grupos cívicos e religiosos, entre outros, com âmbitos de incidência em nível local, regional e internacional.

Embora, inicialmente, tivesse associado à noção de "tráfego" – *traffic* –, com base no trânsito de prostitutas da América Latina e da Ásia

---

[13] Ibid.

para a Europa Ocidental, o fenômeno passou a assumir o caráter de "tráfico" – *trafficking* –, a partir do significativo fluxo, organizado e sistemático, de contingentes de mulheres do Leste europeu, nomeadamente da Rússia, Ucrânia e Romênia, com destino à Europa Ocidental, Estados Unidos e Ásia. Acentuam-se, também, os fluxos inter-regionais, como do Nepal para a Índia, da Birmânia para Taiwan, bem como o ressurgimento de deslocamentos locais, do espaço rural para as cidades, em países em desenvolvimento no continente asiático, na África e no Brasil.

Ainda que o universo das mulheres inseridas nesses fluxos migratórios não se circunscreva, agora, às brancas europeias e americanas – daí que a "escravidão branca" deixasse de ter suporte sociopolítico –, os discursos iniciais não tinham abandonado as representações, ou os mitos, associados à inocência, à virgindade, à juventude usurpada, ao engano e à violência.

O documentário *Trafficking Cinderella*, de 1999,[14] retoma o discurso já anteriormente explorado dos sonhos desfeitos da juventude, das estratégias de ilusão e sedução, inserido em uma retórica de práticas de violência, estupro e humilhação. É possível reconhecer, naquelas narrativas, a recuperação de vários temas emblemáticos das campanhas da "escravidão branca" – a inocência, a juventude, a virgindade –, como termos de um binômio que se opõe à promiscuidade, à devassidão e à perda de valores morais.

Se as estratégias articuladas em torno das "escravas brancas" serviram, antes, de pretexto para instituir práticas de controle e repressão sobre as mulheres, principalmente as prostitutas, ou as potenciais prostitutas, como as mulheres expostas a condições precárias de trabalho e de subsistência, quais são as intenções que agregam as recentes campanhas contra o "tráfico de mulheres"?

Não se trata de questionamento que pretenda, sob a suposição de que existam propósitos menos esclarecidos nessas campanhas – o que não seria inédito –, transformar os fatos reais em falsas evidências, ou

---

[14] *Trafficking Cinderella* (1999), de Mira Niagolova, é um documentário sobre prostituição forçada e tráfico de mulheres do Leste europeu para a Europa Ocidental. Duração: 48 min.

de negar que proliferam de forma crescente os casos em que muitas mulheres, e também homens, encontram-se em condições de trabalho e submetidos a práticas de violência análogas à escravidão; apenas pretendemos compreender os processos que conduzem à construção daqueles cenários imaginários e representações sociais que tendem a rotular o conjunto de fluxos migratórios de mulheres para o mercado sexual como "tráfico de mulheres".

Como primeira reflexão, podemos procurar entender se o caráter do trânsito de mulheres destinadas à atividade sexual corresponde ao estereótipo da jovem inocente, seduzida, raptada e, sistematicamente, violada e, finalmente, traficada para o comércio sexual.

Por um lado, a evidência do tráfico baseia-se, recorrentemente, em fontes não reveladas, no anonimato, portanto, em indícios não confirmáveis. A *Global Alliance Against Trafficking in Women* (GAATW), que realizou uma pesquisa de âmbito internacional sobre o tráfico de mulheres – a pedido do relator especial da ONU –, sobre a violência contra as mulheres (*Special Rapporteur On Violence Against Women*), realçou que, encontrar estatísticas confiáveis sobre a extensão do tráfico, era praticamente impossível, devido à ausência de pesquisas sistemáticas e à falta de "definição precisa, coerente e inequívoca do fenômeno e da ilegalidade ou natureza criminal do tráfico e da prostituição".[15]

No entanto, essas condicionantes metodológicas, operacionais e conceituais não impedem que os especialistas e jornalistas divulguem alarmantes e sensacionais dados quantitativos. Por exemplo, em artigo produzido pelo *Working Group on Contemporary Forms of Slavery*, da ONU, apresenta-se estimativa de um a dois milhões de mulheres traficadas a cada ano, mas sem referências nem às fontes dos dados nem à metodologia aplicada na pesquisa.[16]

---

[15] WEIJERS, M.; LAP-CHEW, L. *Trafficking in Women Forced Labour and Slavery-Like Practices in Marriage, Domestic Labour and Prostitution*. Utrecht/Bangkok: The Foundation Against Trafficking in Women (STV)/The Global Alliance Against Trafficking in Women (GAATW), 1997, p. 15.

[16] INTERNATIONAL MOVEMENT AGAINST ALL FORMS OF DISCRIMINATION AND RACISM (IMADR). *Strengthening the International Regime to Eliminate the Traffic in Persons and the Exploitation of the Prostitution of Others*. Tokyo: IMADR, 1998, p. 1.

Por outro lado, segundo os relatores do GAATW, as estatísticas disponíveis referem-se, geralmente, à quantidade de "trabalhadoras do sexo" migrantes ou domésticas, o que não configura, necessariamente, situações de tráfico de pessoas, dado que algumas já poderiam exercer a atividade antes do fluxo migratório. Tal como as estatísticas sobre a "escravidão branca", para Buenos Aires, baseava-se nas nacionalidades das prostitutas registradas, também agora, de modo análogo, o relatório da *Global Survival Network* (GSN), de 1997, utiliza a quantidade de mulheres do Leste europeu para exercer atividades ligadas ao sexo na Europa Ocidental e nos Estados Unidos como evidência e prova de tráfico.[17] Mas mesmo esses números não são confiáveis: Kempadoo anota as variações nas estimativas da quantidade de prostitutas na Ásia – as estimativas para a cidade de Bombaim situam-se em uma faixa de 100 mil a 600 mil.[18]

Também, e de forma significativa, existem indícios de que são as profissionais do sexo, em vez das inocentes coagidas, que incorporam a maior parte do contingente desses fluxos. O relatório da GAATW é confirmado, em grande parte, pelas informações fornecidas por organizações que trabalham diretamente com vítimas do tráfico, e anuncia que a maioria das mulheres sabe que está sendo conduzida para atividades com fins sexuais, mas, entretanto, é objeto de práticas de aliciação e mentira, quer quanto às condições em que vão trabalhar, quer em relação aos pagamentos que vão receber.[19] Os indícios apontam, ainda, que o rapto, como procedimento de angariação de mulheres destinadas ao tráfico, é muito raro.[20] A pesquisa realizada pela Fundação para a Mulher na Tailândia constatou que, majoritariamente, as mulheres que migravam do Norte da Tailândia para o Japão estavam cientes de

---

[17] CALDWELL, Gillian; GALSTER, Steven R. *Crime and Servitude: an exposé of the traffic in Russian women for prostitution: a preliminary report*. Washington/New York: Global Survival Network/International League for Human Rights, 1997.

[18] KEMPADOO, Kamala. *Global Sex Workers: Rights, Resistance and Redefinition*. London: Routledge, 1998, p. 15.

[19] WEIJERS; LAP-CHEW. *Trafficking in Women Forced Labour and Slavery-Like Practices in Marriage, Domestic Labour and Prostitution*, p. 99.

[20] CALDWELL; GALSTER. *Crime and Servitude*.

que iriam trabalhar em atividades sexuais.[21] Outras pesquisas, como a de Brockett and Murray (1994), na Austrália; a de Anarfi (1998), em Gana; a de Kempadoo (1998), no Caribe; Coin (1998), na República Dominicana; e a da *Salomon Alapitvany Foundation* (1998), na Hungria, indicam que as mulheres que procuram migrar não são tão facilmente "enganadas" em relação ao tipo de trabalho que as aguarda, e estão conscientes sobre a maioria dos empregos oferecidos estar relacionada com o mercado do sexo.[22]

Observe-se que as imagens e os cenários construídos em torno do mito e da sua negação não resultam, apenas, da falta de consistência dos dados estatísticos e da dificuldade de se constituírem fontes confiáveis, e, a partir destas, configurar critérios e metodologias de análise mais adequadas: aquela dispersão de olhares e de quadros interpretativos decorre, para além dos diversos contextos sociais, econômicos e culturais em que se insere a mulher, e para os quais ela é destinada, do modo como os movimentos políticos, cívicos, e também religiosos, instituem as suas campanhas e constroem os seus filtros valorativos e as suas referências ideológicas sobre a mesma realidade concreta.

Nessa perspectiva, ressaltamos a contribuição dos movimentos feministas, ou dos movimentos de mulheres, se quisermos abarcar um universo maior de tipo de militância em torno do debate sobre a condição da mulher, para a construção dessa dicotomia entre um olhar socialmente seletivo do problema e um olhar globalizador das circunstâncias do fenômeno. Tal como já tinha ocorrido no debate sobre as "escravas brancas", no século XIX, um dos lados é representado, agora, pelas neoabolicionistas, cuja figura emblemática é Kathleen Barry, sendo o seu texto de referência "Female Sexual Slavery", de 1979. Nesse movimento, a organização fundada por Barry, a *Coalition Against Trafficking in Women* (CATW), representa uma das vozes mais ativas e defende que a exploração sexual é uma condição política, a base da subordinação e discriminação da mulher e da perpetuação do patriarcado.

---

[21] SKROBANEK, Siriporn; BOONPAKDI, Nattaya; JANTHAKEERO, Chutima (Ed.). *The Traffic in Women*. London: Zed Books, 1997.

[22] DOEZEMA. *Loose Women or Lost Women?*

Sobre os princípios orientadores daquele movimento, Sousa Santos (et al) observa:

> [...] entende que a voluntariedade da mulher para a prostituição é construída política e socialmente a partir da pobreza, do abuso sexual e das obrigações familiares a cargo da mulher (1999: 180). Aqueles que sustentam esta posição não estabelecem uma distinção entre prostituição forçada e prostituição voluntária e consideram que qualquer cedência do Estado no sentido da sua legalização é, no fundo, uma cedência às constantes violações dos direitos humanos à dignidade e à autonomia sexual. Estando o tráfico intimamente ligado à prostituição, as feministas abolicionistas defendem que o primeiro se combate mais facilmente combatendo a prostituição e entendem que é perigoso o caminho seguido por vários Estados, entre eles a Holanda e a Alemanha, de estabelecer uma diferenciação entre tráfico e prostituição. Para esta corrente, ao legalizarem a prostituição, a mensagem que os Estados transmitem às mulheres é que, num contexto de práticas patriarcais culturalmente aceites, quando todas as oportunidades se lhes esgotam, a sociedade dá-lhes uma outra que não devem recusar: a da venda do seu corpo.[23]

Do outro lado do debate, à semelhança das regulacionistas do século XIX, situam-se os movimentos que pretendem ver reconhecida e institucionalizada a distinção, para efeitos legais e trabalhistas (entre outros), entre o tráfico de mulheres – que consubstancia a prostituição forçada – e a prostituição voluntária. A organização que protagoniza esse movimento, a GAATW, entende que: "O tráfico de pessoas e a prostituição forçada são manifestações de violência contra as mulheres e a rejeição destas práticas, que são uma violação à autodeterminação, deve incluir o respeito à autodeterminação das pessoas adultas que estão voluntariamente envolvidas na prostituição".[24]

---

[23] SOUSA SANTOS, Boaventura de; GOMES, Conceição; DUARTE, Madalena. Tráfico sexual de mulheres: representações sobre ilegalidade e vitimação. *Revista Crítica de Ciências Sociais*, Coimbra: CES 87 (2009): 78.

[24] THE GLOBAL ALLIANCE AGAINST TRAFFICKING IN WOMEN (GAATW). *A Proposal to Replace the Convention for the Suppression of the Traffic in Persons and of the Exploitation of the Prostitution of Others*. Utrecht: GAATW, 1994.

Trata-se de uma abordagem transnacional do fenômeno que também foi influenciada pelos movimentos das trabalhadoras do sexo, que encaram a prostituição não como atividade essencialmente degradante ou de extrema opressão sexual das mulheres, mas como atividade que se inscreve no direito de as mulheres disporem de seu corpo, incluindo para prestação de serviços sexuais. Nesse sentido, defendem que a prostituição é uma atividade laboral que deve ser enquadrada legalmente, de modo a que os direitos dos trabalhadores e trabalhadoras sexuais, que não são apenas pessoas que praticam a prostituição, possam ser respeitados.[25] Entendem, assim, que a relação entre tráfico de mulheres e prostituição é invocada, não raras vezes, para obstar a legalização da prostituição e a consagração dos direitos das mulheres que a exercem.[26]

Naquelas posturas críticas, inserem-se, segundo Sousa Santos (et al), alguns autores e autoras como Kamala Kempadoo e Joe Doezema, que têm estudado essas questões a partir de uma perspectiva do Sul. De acordo com seu discurso, as feministas abolicionistas instituíram a imagem de uma mulher do Sul como eterna submissa, ignorante, amarrada a concepções culturais tradicionais, vitimizada, fazendo emergir,

---

[25] Esther de Figueiredo Ferraz sugere outro olhar sobre a "regulamentação" da prostituição: "Dissemos que a prostituição é uma forma de escravatura feminina, e o é realmente pela natureza das causas que levam a mulher a se prostituir, gênero de vida que ela se vê obrigada a levar, pela exploração que, em torno dos seus lucros vultosos ou reduzidos, se organiza, quer no plano local, quer no cenário internacional. E essa escravatura atinge a sua fase aguda ou exacerbada quando o Estado, visando – ao que alega – proteger a saúde da população e salvaguardar a ordem pública, se decide regulamentá-la. (…) E tudo isso, essa escravatura feminina organizada, por que e para quê? Para garantir – dizem cinicamente os regulamentaristas – a ordem pública, a moralidade das famílias, a saúde da população… A ordem pública…, Mas a ordem pública não se pode manter à custa da oficialização do vício! Não pode cerrar os olhos à exploração da fraqueza e da infelicidade alheia! A moralidade das famílias… Mas essas mulheres que se quer transformar em 'para-raios' da devassidão masculina, para evitar que os transbordamentos dessa devassidão venham molestar as criaturas honestas – senhoras virtuosas e virgens imaculadas –, essas mulheres não nasceram na 'zona' nem desceram de Marte. Saíram, elas também, dos sacrários dos lares. Lares pobres, talvez, mas lares povoados de eternas figuras familiares: pai, mãe e irmãos". (FERRAZ, Esther de Figueiredo. *A prostituição, forma remanescente de escravatura feminina. Conferência pronunciada na Escola de Polícia da Secretaria de Segurança Pública: XIII Semana de Estudos Policiais.* São Paulo: Pontifícia Universidade Católica de São Paulo [s.n.], 1952, p. 7; 11.)

[26] SOUSA SANTOS et al. Tráfico sexual de mulheres, p. 78.

no contraponto, as mulheres ocidentais esclarecidas, civilizadas, suas salvadoras.

Esse movimento crítico não nega, no entanto, que o tráfico sexual assume-se como forma de violência contra as mulheres, mas exige que o modo como se pensa o fenômeno tenha em conta perspectivas múltiplas, não podendo ser compreendido com base em uma leitura unidimensional assente na construção social do gênero e na opressão das mulheres pelo patriarcado, uma vez que a complexidade dos processos ligados à exploração comercial do sexo escapa a tal análise. Nesse sentido, entendem que o tráfico emerge de relações não apenas patriarcais, mas, também, capitalistas, imperialistas e raciais, pois todas confluem no mercado do sexo. Segundo Sousa Santos (et al):

> Estas são, aliás, variáveis que têm obrigado os estudos feministas a entrar em diálogo com outras teorias. E é assim que crescentemente vemos contempladas, por exemplo, nos estudos sobre a violência doméstica contra as mulheres, variáveis como a raça, a religião ou a orientação sexual. Para estas autoras, contudo, as análises sobre tráfico sexual insistem num diálogo fechado, condicionado por uma visão conservadora do que é a prostituição: uma forma de violência sobre as mulheres numa indústria – a do sexo – criada e gerida por homens, na qual as mulheres não têm qualquer autonomia ou poder de ação. Se a capacidade de ação das mulheres é reconhecida noutras análises do patriarcado, por que não no tráfico sexual? Segundo estas opiniões, é fundamental ouvir a mulher naquilo que são as suas vontades e expectativas e perceber, não numa lógica de criminalização, em que aspectos e dinâmicas a mulher se vê como vítima e em quais ela se percepciona como agente.[27]

No entanto, a simples ideia da possibilidade de a mulher, inserida no mercado sexual, apresentar-se não apenas na condição de vítima, mas assumir o seu próprio percurso de vida, associada à ideia de que muitas mulheres que entram no trânsito internacional têm consciência da atividade que vão exercer, por um lado, tem radicalizado as vozes e os argumentos e, por outro, sido aproveitada para ora minimizar os efeitos

---

[27] Ibid., p. 79.

e a extensão do fenômeno, ora instituir práticas de controle direto sobre as mulheres migrantes.

Daí que, para além dos discursos abolicionistas, que entendem a prostituição, em si mesma, como violação à dignidade da mulher ao instituir-se em contextos de vulnerabilidade econômica e social, de relações de poder assimétricas e em condições de continuada opressão, independentemente de se entender o caráter forçado ou voluntário da opção tomada pela mulher, outros movimentos têm procurado lacunas no debate no sentido de sustentar regimes diferenciados do fenômeno. Em tais discursos, além de ser difícil aglutinar olhares homogêneos sobre o problema, pois defendem, precisamente, as perspectivas analíticas múltiplas, eles também têm levado algumas vozes a expressar teorias de vitimização em torno de grupos específicos. Ou seja, quando os discursos emancipatórios que sustentam a autodeterminação e a liberdade de escolha tornam difícil estabelecer o lugar da vítima no tráfico de mulheres para o mercado sexual, busca-se em outros grupos, nas crianças e nos adolescentes, os focos para o debate, desviando, aparentemente de forma não premeditada, as preocupações sobre o tráfico dos adultos, que constitui, ainda, o cenário mais significativo do problema.

Contudo, esse deslocamento de foco traz agregado, em nosso entender, vasto conjunto de posturas ideológicas, configurações conceituais e estratégias políticas tão diversas, que, paradoxalmente, se articulam aparentando formar um bloco de noções e de mobilizações homogêneas.[28]

---

[28] Sobre as articulações que se formam em torno do tema, Kamala Kempadoo observa: "A perspectiva da 'escravidão sexual feminina' está historicamente ligada à Europa Ocidental e à América do Norte, e a movimentos reformistas de mulheres de classe média originários nessa parte do mundo. Emma Goldman, anarquista e firme defensora da autonomia sexual das mulheres, por exemplo, observou criticamente nas primeiras décadas do século XX que a cruzada contra a escravidão branca, que se tornou sinônimo de uma campanha contra a prostituição, foi apoiada, quando não liderada por mulheres e movimentos reformistas da elite e da classe média da Europa Ocidental e dos EUA, que procuravam 'salvar' suas irmãs 'decaídas' de maneira paternalista. Essa posição feminista contra a prostituição impõe uma lógica particular burguesa e imperialista às primeiras campanhas contra o tráfico, e pode ainda ser encontrada no movimento contemporâneo das mulheres dos EUA, algumas das quais se alinham com ideologias e agendas políticas cristãs conservadoras. Por exemplo, Donna Hughes – porta-voz da *US Coalition Against Trafficking in Women* (CATW) –, escrevendo no *Washington Post* com Phyllis Chesler no começo

Torna-se patente que existe a intenção de explorar, por vezes de modo sensacionalista, um conjunto de valores, como a juventude e a virgindade, no sentido de transformar a vítima em inocente do tráfico. Termos como inocente, ingênua e desesperada, instituem-se como códigos para "não prostituta". A mobilização social e a formulação das políticas públicas de combate ao "tráfico" exigem que as suas vítimas sejam sexualmente inocentes.[29]

O clamor público e as agendas políticas não estão, aparentemente, preocupados com a proteção das mulheres que integram o mercado sexual, mas em prevenir que as mulheres inocentes tornem-se prostitutas. A prostituta culpada não pode, pois, ser vítima de tráfico, como expressa uma delegada no Seminário de Budapeste sobre tráfico.[30]

Ao contrário do que as estratégias feministas emancipatórias visavam, a autodeterminação e a liberdade de escolha transformaram a mulher prostituta em delinquente, clandestina dentro da sua busca de reconhecimento, e, para todos os efeitos, a descoberto de qualquer tipo de proteção, mesmo que as condições em que exerce a sua atividade, os regimes de exploração e a submissão a práticas de violência sejam os mesmos das inocentes.

A essa contradição não é alheio certo olhar "colonial" sobre a questão. As feministas ocidentais, que construíram o estereótipo da mulher

---

de 2005, argumenta que 'a esquerda' tem pouco a oferecer no debate sobre o tráfico, e que, em seu lugar, 'grupos baseados na fé' (com exceção dos islamitas, observam) são os melhores aliados na questão do tráfico. Além disso, insiste ela num modo típico das feministas da segunda onda, o movimento norte-americano das mulheres e a liberdade das mulheres norte-americanas lideram as mulheres do resto do mundo na liberação (e assim, por implicação, podem continuar a liderar na questão do tráfico). De modo semelhante, Laura Lederer – mais conhecida por sua iniciativa de 'reconquistar a noite' – tornou-se conselheira sênior substituta sobre o tráfico de pessoas e trabalha em cooperação com a *Interagency Task Force on Trafficking in Persons*, no nível do gabinete da Presidência dos EUA, comitê dominado pelos neoconservadores. Feministas radicais, como Hughes e Lederer, que hoje lideram as campanhas feministas contra o tráfico nos EUA, ilustram o que Lynne Chancer chama de 'fenômeno das estranhas parcerias', em que certas feministas trabalham com a direita radical". (KEMPADOO. Mudando o debate sobre o tráfico de mulheres, p. 59-60.)

[29] DOEZEMA. *Loose Women or Lost Women?*

[30] Transnational Training Seminar on Trafficking in Women, 20-24 de junho, 1998, Budapest, Hungria.

do terceiro mundo como não emancipada, pobre, ingênua, não são catalogadas como incapazes de agir como donas de suas próprias vidas, ou de serem coagidas para trabalhar no mercado sexual. A "não ocidental" representa a mulher incapaz, criatura infantil, cuja imagem perpetua o que Chandra Mohanty identifica como o "olhar colonial" das feministas ocidentais.[31] Essa perspectiva, apesar das distinções ideológicas e conceituais, também se vê reproduzida pelas vozes neoabolicionistas, como adverte Kempadoo.[32]

Aquela estratégia separatista que diferencia e distancia as mulheres prostitutas "boas" das "más", formatando a vítima, obriga à instituição de um vitimizador. Certamente que o Estado, pelas suas instituições políticas, jurídicas e sociais, já fez o seu papel ao isolar as prostitutas voluntárias, remetendo-as ao ostracismo, e, portanto, o vilão passa a ser encarnado por um sujeito – o abusador, o traficante. Com esse artifício, os contextos de pobreza, de degradação de valores morais e éticos, de vulnerabilidade individual, de ausência de democratização no acesso à educação, à saúde, à habitação, ao emprego e à proteção social e jurídica, passam a ter um rosto concreto, um indivíduo ou uma rede – o traficante e o tráfico; ou seja, o tráfico de mulheres tende a deixar de ser fenômeno de âmbito essencialmente conjuntural para situar-se no plano das relações individuais – e as instituições, tal como em outros cenários de conflitos de interesses, emergem como entidades reguladoras e mediadoras.

Transformar interesses individuais em "problema público" e em agenda política nunca foi empreendimento fácil; daí que, ancorar um problema à linguagem simbólica e aos valores veiculados nas representações coletivas, pode, em muitas circunstâncias, ser mais bem-sucedido.

Entre esses apelos ao sentimento coletivo, podemos distinguir a convocação de sentimentos de pânico generalizado em função do anúncio de ameaças a valores e interesses tomados como de todo o grupo social, mobilizando, assim, a construção de imaginários e de ideários que, tão rapidamente, são enfatizados como são abandonados. Um desses apelos

---

[31] MOHANTY, C. Under Western Eyes: Feminist Scholarship and Colonial Discourses. *Feminist Review*, 1988, p. 22.

[32] KEMPADOO. *Global Sex Workers*, p. 11.

refere-se, precisamente, à associação de significados entre migração feminina e perigo sexual: essa conexão de termos desperta a sensação de que a migração de mulheres é eminentemente negativa, inquina e contagia diversos planos da ordem social, política, econômica e até mesmo de segurança pública.

Entretanto, de modo ambíguo, e como aparente expiação de eventuais sentimentos de culpa, a sociedade elege, no conjunto daquelas mulheres migrantes, as suas vítimas, que, curiosamente, são também prostitutas, mas não todas: apenas aquelas jovens, se possível crianças e adolescentes, para as quais ainda não se atribuiu o direito legal de livre escolha. Mas, ainda que as vítimas possam ser mulheres adultas, elas têm origem bem definida – provenientes de países subdesenvolvidos, do espaço rural ou das periferias empobrecidas –, tal como têm, frequentemente, seus destinos traçados – a devolução à origem. Trata-se, assim, de sucessivas práticas seletivas, discriminatórias e de exclusão explícita, quando se aborda a mulher migrante. No entanto, os homens inseridos, muitas vezes, nos mesmos fluxos migratórios são rotulados como sujeitos ativos, fortes, aventureiros e empreendedores, ainda que sobre eles recaiam, por outros (ou idênticos) motivos, outras (ou as mesmas) práticas de discriminação e exclusão.

Assim, do mesmo modo que o tráfico de mulheres situa-se em um campo de nexos causais de múltipla determinação, também não se consubstancia em um único problema: aliás, cada perspectiva analítica estruturada sobre o fenômeno constrói os seus próprios problemas, que, raramente, consideram, de forma ativa e substancial, a voz dos sujeitos intervenientes, as mulheres.

Esse silenciamento dos sujeitos, no que ele significa como resultado de dispositivos de cerceamento da liberdade e da autonomia das mulheres, conduz-nos ao problema da invisibilidade do fenômeno.

2. Da (in)visibilidade do fenômeno ao cinismo social

Desde o período da "escravidão branca", tal como Kamala Kempadoo observou, em que as mulheres envolvidas em processos migratórios e sujeitas a mecanismos ilegais de transporte de pessoas para a realização de trabalhos em regimes de grande precariedade, análogos aos processos de escravidão, a voz escutada é a de suas salvadoras da classe média europeia e norte-americana. Naqueles discursos, a partir do final do século XIX, o sujeito não era a mulher que vivia aquelas circunstâncias, nem a mulher que, para superar as suas condições de existência, buscava em outros lugares espaço para a realização de suas escolhas e outro patamar para a sua existência; a mulher que estava presente naqueles discursos era aquela que se pretendia manter prisioneira de atributos funcionais e valores morais e religiosos que, supostamente, configuravam a ordem social.

Nessa perspectiva, a prostituição servia como indutor dos medos coletivos; o destino do qual se deveria defender a mulher; portanto, tornava-se necessário limitar o livre fluxo de mulheres para prevenir a tentação ou abdução para as entranhas dos fantasiosos processos de rapto de jovens brancas conduzidas a cativeiros sexuais em lugares longínquos e desconhecidos. Desse modo, a liberdade de escolha das mulheres trabalhadoras, ainda que forçada por uma conjuntura que se perpetua, constituía afronta (e, ao mesmo tempo, tentação) à pseudoaristocrática domesticidade das mulheres da classe média burguesa.

Retirar essa mobilidade das mulheres migrantes pressupunha transformar a sua condição em vítima, não para resolver e melhorar a sua situação concreta, mas para articular dispositivos de controle sob o pretexto de combate aos grupos organizados de recrutamento de mulheres. Trata-se de estratégia que se repete, ciclicamente, ao longo do tempo na ideia de que, se não existe oferta, desmobiliza-se a procura.

Contudo, em raros momentos, escuta-se o discurso da vítima e pouco se conhece sobre as vicissitudes da sua trajetória de vida, suas motivações, necessidades momentâneas, sonhos e projetos a longo prazo. É nesse sentido que entendemos que, por detrás de um discurso ativo, por vezes estridente, se silencia a realidade dos sujeitos concretos.

Ainda que aquelas vozes feministas não sejam homogêneas, nem decorram de idênticas perspectivas ideológicas e teóricas, permanece, sistematicamente, a postura de porta-voz das vítimas; daquelas cujas situações de submissão e vulnerabilidade impedem a emergência do discurso, mas que, paradoxalmente, lutam, por sua própria iniciativa, para obter outra condição. Curiosamente, o voluntarismo, a disposição – consubstanciada, muitas vezes, em efetivo sacrifício, pela entrega de seu corpo e sua identidade – e a iniciativa de buscar outras oportunidades para melhorar as condições de subsistência (própria e das suas famílias), são condenados, pois constituem, para muitos, a causa do desgaste da estrutura familiar, dos divórcios (pelo afastamento dos cônjuges) e da delinquência dos filhos abandonados. Adicionalmente, ainda paira sobre elas o pânico do "desvio": a possibilidade de a mulher cooptada, ou longe do olhar vigilante, "se perder" na prostituição.

Contraditoriamente, essa culpa jamais é imputada aos homens; nesses olhares, criticamente seletivos, está embutida uma construção de gênero que atribui um espaço de domesticidade inalienável ao papel da mulher nas respectivas sociedades. Assim, discursos e narrativas são estruturados a partir dos porta-vozes que tendem a tornar invisíveis os microprocessos e os contextos particulares que orientam as motivações de grupos concretos na escolha da emigração.

Mais do que a ameaça ou a coação direta sobre a mulher que se encontra aprisionada às malhas do tráfico, entendemos que o receio de ser "descoberta" pelo grupo social alargado, no qual está inserida, leva-a a esconder sua situação ou seu destino. Ou seja, a invisibilidade do fenômeno, paradoxalmente, opera a partir dos valores e das representações sociais, constrangendo a vítima de tráfico a remeter-se, tanto quanto possível, ao anonimato. Essa circunstância é muito evidente, como refere Sousa Santos (et al),[33] na realidade das mulheres brasileiras que se deslocam para o mercado sexual de Portugal: com receio de que as ameaças dos traficantes levem sua atividade ao conhecimento de sua comunidade de origem, começaram a adotar pequenas redes de amigos e familiares para estabelecer o fluxo migratório, no sentido de salvaguardar o segredo. Nesse sentido, a invisibilidade institui-se como efetivo pacto de segredo.

O pacto de segredo subentende, necessariamente, a ausência de vozes, não apenas dos sujeitos, mas de todos que partilham o segredo, seja de um coletivo restrito, no caso do núcleo familiar, ou mais alargado,

---

[33] SOUSA SANTOS et al. Tráfico sexual de mulheres.

quando se naturalizam práticas e se interiorizam valores, tidos como instituídos e, por isso, ninguém fala deles.

A ambiguidade estabelece-se, pois, quando a sociedade, aparentemente, pretende libertar a mulher do jugo do tráfico (mas que, objetivamente, significa retirá-la da prostituição, ou do seu perigo), conduzindo-a, no entanto, por um percurso de sucessivas rotulagens excludentes, quando ela não é, ainda, indiciada por práticas delituosas, relegando-a às margens dos efetivos processos de sociabilidade.

Trata-se de ambiguidades que se desdobram em outras, que de forma cumulativa vão reconfigurando e aumentando a complexidade da invisibilidade do fenômeno; ou melhor, a invisibilidade da mulher dentro do fenômeno. O pacto de segredo dentro de portas ou além-fronteiras não apenas é distinto como potencia o silenciamento da mulher: além do ocultamento da sua atividade e das condições em que é exercida – por força dos compromissos pactuados com o tráfico –, a mulher migrante deve manter-se discreta no âmbito das relações sociais do país de destino, ou porque a sua situação se reveste de alguma ilegalidade, ou porque as posturas xenófobas ou antiemigração condicionam o seu processo de inclusão e sociabilidade.

A apropriação dos discursos e das narrativas por parte de porta-vozes redireciona e instrumentaliza a voz da mulher no sentido de sustentar posturas ideológicas e agendas políticas, subalternizando não apenas o discurso direto mas, sobretudo, o significado de a mulher migrante poder sair da sua invisibilidade e anonimato e, assim, iniciar uma trajetória de efetiva autodeterminação.

Contudo, a insistência na construção da figura da vítima acentua a expressão de cinismo social, ao desvincular do quadro vitimizador as contradições da ordem social, econômica, política e cultural. A obsessão pela procura de vítimas – e elas vão mudando ao longo do processo e diferem de lugar para lugar – cresce na medida em que se torna necessário expiar culpas coletivas, fazendo crer, no âmbito do senso comum, que a sociedade pretende protegê-las dos tentáculos do tráfico. Ou seja, as instituições sociais e políticas tendem a confortar-se na sua responsabilidade solidária, distinguindo as vítimas das não vítimas – entenda-se, as prostitutas forçadas das prostitutas voluntárias –, criminalizando o tráfico, perseguindo os traficantes (e as prostitutas voluntárias), mas sem, no entanto, envolver-se na transformação das condições concretas de existência que conduzem a mulher ao tráfico. Como observa Sousa Santos (et al):

O risco é, portanto, o de se obter uma definição de tráfico que estabeleça hierarquias morais informadas por valores morais, que acabem por se traduzir em barreiras legais e/ou práticas entre as mulheres que merecem mais ajuda, as que merecem uma ajuda relativa e as que não merecem qualquer tipo de ajuda. Por outro lado, nesta construção social de "vítima", não devemos negar aquilo que é a autodeterminação das mulheres, assumindo como tráfico situações em que a prostituição é exercida segundo uma estratégia definida pela própria mulher ou, pelo menos, em que esta participa. Esta mulher dificilmente quer denunciar a "rede" na qual pode estar inserida, podendo inclusivamente não querer ser salva. Estas diferentes situações merecem uma ponderação e uma reflexão atentas porque, de fato, para além do "tipo" paradigmático de tráfico sexual – a situação de uma mulher claramente enganada e obrigada a prostituir-se, contra a sua vontade, pela primeira vez, mediante o exercício de coação e força quando chega a Portugal –, existe todo um espectro de situações que, escapando a esta imagem-tipo de violência no tráfico, se configuram como dramáticas formas de abuso e destruição. O perigo de esta realidade se diluir vem de muitos lados: 1) há muitas mulheres que eram prostitutas nos seus países de origem e que, portanto, dificilmente conseguem ser vistas como vítimas e exploradas ao vício do olhar preconcebido; 2) há mulheres que sabiam que vinham para a prostituição e aceitaram as regras iniciais do jogo; estas mulheres, apesar de criarem a ilusão de que vivem num mundo desenhado pela sua vontade, estão frequentemente sujeitas a redefinições e alterações nas regras do jogo por quem se encontra em situação de tomar partido das vulnerabilidades e invisibilidades acima referidas; 3) existem muitas mulheres imigrantes que fazem da prostituição em Portugal uma opção, sem que o domínio sobre as regras do jogo lhes seja retirado. Este fato, *per se*, podendo corresponder à face mais visível (e até mais comum do fenômeno, conforme alguns atores), pode levar a uma "camuflagem sociológica" das situações em que as mulheres são vítimas de uma reversão dramática dessa ideia de autodeterminação sexual. As fronteiras entre as duas situações são tênues, uma vez que são várias as formas de precariedade que se jogam neste enredo, numa teia que facilmente conduz as mulheres à situação de exploração sexual. Desde logo, o desespero da pobreza dos países de origem – as extremas situações de vulnerabilidade econômica e as desigualdades entre o Norte e o Sul potenciam que as mulheres sejam seduzidas para emigrar sob propostas vagas, entregando-se, assim, a situações de completa incerteza ontológica, forjadas e aproveitadas pela "indústria do sexo". Em segundo lugar, o fato de a prostituição ser um fenômeno encetado na sombra da sociedade, sob lógicas de ocultação e criminalidade que favorecem todo tipo de abusos sobre os atores mais vulneráveis desse mesmo fenômeno, as mulheres que se prostituem e que estão longe do seu país natal, sem referências sociais ou outras. Um terceiro aspecto é o fato de a imigração ilegal configurar uma situação em que os seus promotores e as suas vítimas (imigrantes e exploradas/os) partilham o medo do Estado e o receio das forças de segurança.[34]

3. O tráfico: do negócio à exploração

Termos como "comércio de pessoas", "venda de crianças e adolescentes", "venda de serviços sexuais", "mercado sexual", "comércio do sexo" ou "indústria do sexo", estão, de certo modo, associados à ideia de tráfico de pessoas e pressupõem a existência de algum negócio; de alguém que vende e alguém que compra. Tal como se torna unânime a noção de que esse negócio envolve uma mercadoria, ou objeto de troca: o corpo, nomeadamente, o corpo da mulher, jovem ou adulta.

Existe, assim, uma vinculação orgânica, no quadro da ordem econômica capitalista, entre trabalho e exploração. A extração da mais-valia e a constituição do lucro, como processos básicos da reprodução do capital, nada mais são que a exaustiva exploração do trabalho. Esse mecanismo, entendido na crítica ao capitalismo sem escrúpulos, antiético ou desumano, é visto, na ótica de Max Weber,[35] por exemplo, como a essência do sistema – o capitalismo é aético, ou seja, não traz subjacente qualquer ética.

Nesse sentido, não existem limites quanto às estratégias para a obtenção do lucro e reprodução do capital: os sujeitos, pela sua força de trabalho, seja qual for a modalidade de utilização, estão entre as

---

[34] SOUSA SANTOS et al. Tráfico sexual de mulheres, p. 87-88.

[35] WEBER, Max. *A ética protestante e o espírito do capitalismo*. Trad. Ana Falcão Bastos e Luís Leitão. Lisboa: Editorial Presença, 2001.

primeiras "coisas" a serem exploradas, pois não implicam a imobilização do capital investido. Desse modo, o negócio e a exploração são termos que fazem parte da mesma lógica.

Nessa perspectiva, poderíamos nos questionar: Em que reside a especial perversidade no negócio do tráfico de pessoas, nomeadamente no tráfico de mulheres?

Em sentido lato, o fenômeno, do mesmo modo que é aético, também não discrimina os objetos a transacionar. Não é muito distinta a condição a que são submetidos, em todos os passos do processo migratório, os "bolivianos" em São Paulo, os "trabalhadores do Leste" na Europa Ocidental, as famílias do Magrebe que invadem a Espanha e a Itália e as mulheres brasileiras que se prostituem em Portugal e na Espanha. Não existe, pois, na lógica da exploração capitalista e na radicalização na extração da mais-valia, uma inédita ausência de escrúpulos na configuração das práticas que envolvem as redes que movimentam mulheres e homens de um lado para o outro do globo.

Entendemos, assim, que os questionamentos e os debates não devem situar-se no plano da ética (ou da sua ausência) do negócio, mas no da ética sociopolítica que vem admitindo a sua ocorrência com ramificações que vão além dos meros interesses empresariais provados. Referimo-nos, aqui, à ambiguidade na abordagem ao migrante, quer no âmbito do seu estatuto nos países de destino, quer no âmbito das macrorrelações sociais e nas condições de cidadania no seu país de origem; ou seja, referimo-nos à coisificação do migrante como mão de obra, como corpo gerador de lucro.

No fenômeno das migrações internacionais, as pessoas são tratadas como coisas, em várias instâncias. Entendemos que a coisificação do migrante permite a exploração radical a que os indivíduos estão sujeitos tanto no país de origem, antes de processo migratório, como no país de recepção, após a entrada nos novos processos de relações sociais. A coisificação acaba por reduzir os sujeitos, de ambulantes à procura de novas oportunidades para obter uma vida digna, a fornecedores de força de trabalho, passando a ser tomados como cifras, problemas, soluções e todo um cardápio de discursos que se referem apenas à capacidade de produzir valor, e cada vez menos às suas condições de cidadania.

Note-se que, tendencialmente, não se procura qualificar as atividades dos migrantes, utilizando-se, simplesmente, o seu caráter primário de força de trabalho associado à exploração do seu corpo, aproveitando-se essa condição para exacerbar as práticas de sobre-exploração e de submissão pela baixa remuneração.

Contudo, existe um campo discursivo institucional que apaga da memória coletiva essa condição de migrante explorado, elevando-o ao "status" de contribuinte. De forma cínica, os países exportadores de emigrantes olham os seus corajosos compatriotas como um fator de ajuste da balança de pagamentos – as remessas provenientes do seu trabalho no exterior constituem um dos fatores determinantes nas contas da nação. O Brasil, por exemplo, é o 15º país do mundo em volume de remessas de seus emigrantes, e, em 2003, equivaleu à metade de todo o investimento estrangeiro direto. Como observa Machado:

> Em outra reportagem da Gazeta, do dia 22/04/2004, de Rodrigo Mesquita, notifica-se a soma total de remessas enviadas por emigrantes brasileiros em Portugal. Em 2003, as remessas por meio do Banco do Brasil (BB) chegaram a 100 milhões de euros, segundo o administrador do banco em Portugal, Gladstone Siqueira. O volume real de transferências, entretanto, deve ser situado em torno do 350 a 400 milhões de euros, mas este " (é) um número difícil de ser mensurado porque boa parte dessas remessas passa por canais que não são controlados pelo Banco Central brasileiro", diz o administrador para a reportagem. O crescimento das remessas, entretanto, é fruto de uma estratégia especializada, implementada anteriormente entre emigrantes brasileiros no Japão. Esta pedagogia da emigração significou a busca de novos clientes através da abertura de contas e inclui a abertura de cinco novas agências do BB em Portugal, que já possui 30.000 clientes, cobrindo uma boa parte da emigração brasileira neste país. A reportagem introduz essas informações e termina com o seguinte texto: "O Banco do Brasil em Portugal encerrou o exercício de 2003 com um resultado líquido positivo de US$ 4,477 milhões e ativos de US$ 528 milhões. As captações interbancárias ficaram em US$ 250 milhões de acordo com o balanço já aprovado". [...]. De certa forma, a reflexão sobre o banco, como não poderia deixar de ser, resume-se à perspectiva de lucro líquido oferecida pelas remessas. Nenhuma palavra sobre os emigrantes, que passam a ser uma entidade metafísica, mediada

pela reflexão quantitativa do valor de suas remessas. A sua existência depende e se reduz ao dinheiro que são capazes de produzir e enviar ao país de origem.[36]

Nesse sentido, o migrante constitui em item estatístico, em fonte anônima de recursos financeiros para o mercado de capitais de seu país, instituindo um vínculo identitário – emigrante-dinheiro – que abandona a natureza e a condição dos sujeitos, tornando a lógica de relação entre a fonte e o seu país de caráter meramente monetário. Note-se que os discursos referem-se apenas à parte visível das remessas operadas através das entidades bancárias a partir de contas pessoais. Ficam por contabilizar as pequenas remessas enviadas por portador próprio para pagar os compromissos com aqueles que agenciaram a viagem, bem como as poupanças remetidas para os familiares.

Nessa perspectiva, os emigrantes são vistos como fonte estável de divisas. A ideia de fonte é a mais eloquente representação da sua coisificação, que não é um sujeito, mas um fornecedor estável de alguma coisa benéfica ao Estado: "o emigrante vira um reflexo do seu trabalho; é o fetiche do emigrante".[37] Em alguns raros momentos, a condição de ilegalidade dos emigrantes é referenciada, lastimando-se, apenas porque ela é um obstáculo à maior remessa de divisas por via legal, e, por decorrência, à maior coleta de taxas.

Do outro lado, do ponto de vista do país receptor, a questão é como fazer para que o imigrante remeta menos dinheiro para o seu país de origem e participe no estímulo à economia local.

Contudo, o Estado também é capaz de ultrapassar a coisificação do migrante e pensá-lo em termos de cidadania e direitos. Tal acontece no caso da contribuição para a Previdência Social que, por exemplo, migrantes pagam ao Estado de acolhimento, tornando-se em vão se eles retornarem a seu país de origem depois de algum tempo.[38]

---

[36] MACHADO, Igor José de Renó. Implicações da imigração estimulada por redes ilegais de aliciamento – o caso dos brasileiros em Portugal. In: *Socius Working Papers*. Lisboa: UTL, 2005, n. 3, p. 6-7.

[37] Ibid., p. 8.

[38] O Estado brasileiro firmou um acordo com alguns países – Argentina, Cabo Verde, Chile, Espanha, Grécia, Itália, Luxemburgo, Paraguai, Portugal e Uruguai – que

No estudo sobre o "custo" do imigrante na sociedade portuguesa, André Corrêa D'Almeida procura compreender se a presença de trabalhadores estrangeiros tem efeitos positivos ou negativos nas contas do Estado:

> [...] admite-se que um imigrante ucraniano ativo que contribua tanto quanto um seu colega trabalhador português para o desenvolvimento do país, não constitui, ao contrário deste, um custo para o Estado português no seu processo educativo/formativo. E, muito provavelmente, não se beneficiará mais tarde dos descontos para a segurança social que andou a efetuar enquanto cidadão ativo no nosso país.[39]

O imigrante constitui, também nessa circunstância, fonte privilegiada de capitais para o Estado de acolhimento regular às suas contas, sem que este tenha investido na formação profissional e na sua educação. O pressuposto aqui é de que o imigrante vai ter de voltar, um dia, para seu país de origem, ou vai ser forçado a tal em razão das políticas cada vez mais severas de controle e legalização de estrangeiros.

Alguns autores, como Baganha,[40] referem que os fluxos migratórios do Sul para o Norte estão a corroer as estruturas do Estado social europeu ao levar trabalhadores baratos e, por consequência, contribuir menos; contudo, os países ricos que absorvem essa força de trabalho, para além de recolherem os dividendos diretos dessas contribuições, inauguram um esquema de transferência de recursos dos países pobres para as nações desenvolvidas – aqueles migrantes em plena idade ativa deixam de contribuir, quer com a sua força de trabalho, quer com as taxas e impostos, para o desenvolvimento da sua sociedade de origem para alimentarem os sistemas orçamentários dos países de destino.

---

permite aos brasileiros que regressam inserir o tempo de contribuição nesses países na conta própria da aposentadoria brasileira, sem prejuízo do tempo de trabalho no estrangeiro.

[39] D'ALMEIDA, André Corrêa. Estudo do impacto da imigração em Portugal nas contas do Estado. ACIME. 2002. Disponível em: <www.acime.gov.pt>. Acesso em: 20/08/2011.

[40] BAGANHA, M. I. A cada sul o seu norte: dinâmicas migratórias em Portugal. In: SOUSA SANTOS, Boaventura de (Org.). *Globalização: fatalidade ou utopia?* Porto: Edições Afrontamento, 2001.

Não por acaso, em matéria de política migratória, a posição dos Estados é ambígua quando se trata de reprimir o tráfico de pessoas. A ponderação e valoração de princípios estão além de critérios de direitos humanos e cidadania: o cinismo social, ao qual já nos referimos, ascende a patamares de configuração de estratégia macroeconômica que abafam as condições em que são gerados esses recursos. Nesse sentido, a perspectiva da exploração não poderá ser apenas imputada ao empresário sem escrúpulos, pois o caráter aético contamina, também, a prática política.

Se o argumento da coisificação do migrante é válido para os trabalhadores homens legalizados, ele assume uma configuração radical quando falamos de mulheres, e ainda mais acentuada se elas estão inseridas no mercado sexual. Note-se que essas mulheres encontram-se, em geral, sob o manto da ilegalidade e da invisibilidade, e, portanto, não constituem, de forma direta, uma fonte de contribuições para o Estado. Mais, o negócio em que se inserem movimenta, muitas vezes, capitais de proveniência desconhecida que escapam às malhas dos sistemas fiscais, servindo a sua atividade e os seus dividendos como esquema de branqueamento de capitais (lavagem de dinheiro). No entanto, as parcas remessas dessas mulheres para o país de origem constituem entrada de moeda estrangeira, e os negócios em que elas participam no país de destino geram consumo e movimentam o comércio e a economia. Assim, a sua vinculação precária ao estatuto de fonte contributiva coloca-a em situação de coisa descartável em função das pressões, dos clamores, dos pânicos sociais que se vão instalando; ou seja, a sua existência, porque proveitosa, vai sendo tolerada até que, em algum momento, se entenda que elas constituem um fator de instabilidade social e política.

Acreditamos que a instabilidade temporal da sua permanência em determinado território acentua as práticas de exploração até à exaustão das forças de seus corpos, de sua saúde física e mental, no sentido de delas retirar toda a mais-valia e, rapidamente, repor o capital investido e gerar lucros.

Nesse cenário, entendemos que a noção de negócio e de exploração, ao contrário do que o senso comum construiu, não é qualidade exclusiva às práticas do tráfico de pessoas, mas é transversal aos posicionamentos das diversas instâncias da ordem social e política, estando, muitas vezes, não só apenas pactuadas, mas claramente expressas nas configurações das políticas públicas, quer nos Estados exportadores, quer nos Estados importadores de migrantes.

Nessa transversalidade de práticas institucionais, o paradoxo estabelece-se, também, na duplicidade dos discursos que, por vezes de modo simultâneo, fazem a apologia da emigração (enquanto processo de livre circulação de indivíduos), da integração social (pela multiculturalidade) e da legalização dos migrantes que entraram pelos canais do tráfico e/ou condenam e combatem os fenômenos migratórios sob o pretexto de o excessivo contingente de novos trabalhadores concorrer com os trabalhadores locais e, por isso, baixar os patamares dos salários e dos direitos trabalhistas e sociais adquiridos. Ou seja, o migrante constitui um fator potenciador do lucro, quer para o Estado, quer para os operadores do capital, e, ainda, para os agentes econômicos que operam sob essa ambiguidade de discursos; essa circunstância induz a uma situação concorrencial que tende a contagiar a condição de toda a massa trabalhadora, ao introduzir novos indicadores de custo/benefício ou de salário/produtividade.

Esse conjunto de ambiguidades e contradições conduz a impasses conjunturais e aberturas legais rapidamente aproveitadas pelos agentes econômicos para recolherem maiores dividendos da vulnerabilidade momentânea dos sujeitos migrantes e não migrantes: aos primeiros, são prometidos os privilégios dos segundos, e a estes, são usurpados seus direitos historicamente constituídos.

A referida coisificação do migrante ocorre, como vimos, tanto no campo das instituições de origem como das instituições do local de destino. Essa redução dos sujeitos a objetos estende-se, também, à formulação do atributo de vítima, que vincula a sua situação a uma atividade circunscrita a tipos concretos de tráfico. Ou seja, o atributo de vítima da mulher inserida, por qualquer mecanismo, no mercado sexual em local longe de casa não é construído a partir das condições de miséria, de desemprego, de abandono pelas instituições educativas, previdenciárias ou de proteção social do seu local de origem, mas apenas é fixado pelas condições de exploração a que é submetida pelo traficante. E, ainda nessa circunstância, tentam convencê-la de que a sua ilusória busca por uma vida melhor deu-se em sua plena consciência e livre vontade.

Para trás, ficaram, esquecidos, os compromissos de solidariedade (muitos deles estabelecidos na Constituição Cidadã) que ligam cidadãos às instituições políticas e jurídicas, como também se ignoram as contribuições que mulheres e homens fizeram para a construção das instituições sociais. Observe-se, por exemplo, o caso de milhares de mulheres e homens dos países do "bloco de Leste europeu" que, após o desmoronamento do Estado socialista de proteção social, que eles construíram e consolidaram, foram abandonados e privados de qualquer mecanismo de assistência econômica e social; ou mesmo, o caso recente dos trabalhadores portugueses que, aos primeiros sinais de crise dos mercados, foram atirados para o desemprego e sem acesso aos subsídios que o Estado de Bem-Estar Social, durante décadas, ilusoriamente, anunciou como garantidos. Em ambos os casos, grupos significativos de indivíduos encontraram-se, de repente, inseridos em fluxos migratórios ilegais que os conduziram a situações de exploração radical da sua força de trabalho em condições que, em alguns casos, assemelham-se a regimes de escravidão; no entanto, o seu status de vítima é fixado por esta última circunstância.

Onde se situa, então, o limite que define a condição de vítima de exploração naquele universo de circunstâncias comum a um vasto conjunto de sujeitos?

Em muitos casos, são diferenciáveis as condições em que se encontram aquelas vítimas de um sistema que atira seus cidadãos para condições de sobrevivência precária e aquelas recrutadas pelo tráfico: estas, segundo o modelo clássico, são paulatinamente inseridas em mecanismos de violência e intimidação que vão esvaziando o sujeito da sua identidade e dignidade, aprisionando-o a relações de obrigação e dependência que cerceiam a sua liberdade. Essa condição configura o caráter de escravidão: não que mulheres e homens sejam, efetivamente, patrimônio de um "senhor", mas, nas novas circunstâncias, seu corpo e seu labor são propriedade de ampla articulação de interesses, em que, muitas das vezes, não reconhecem os rostos de seus donos.

Conclusão

Do mesmo modo que o Protocolo de Palermo e o Protocolo sobre a Emigração Ilegal refletem o senso comum de que o fenômeno migratório ilegal se consubstancia em duas realidades paralelas, mas diferenciadas, também se tem tornado recorrente a noção de que esses processos ocorrem segundo fluxos entre países ou regiões pobres e espaços geográficos e socioeconômicos mais ricos.

Entretanto, motivado pelas dificuldades impostas pelo crescente controle de fronteiras que, acoberto de questões de segurança e do anunciado combate a todos os tipos de tráfico, pretende, efetivamente, controlar o mercado de trabalho e/ou a fixação de estrangeiros pobres nos países ricos (muitas vezes ocultando estratégias xenófobas), o tráfico de mulheres (e também de crianças e adolescentes) tem diversificado, mais recentemente, as características desses fluxos – os países pobres ora "exportam" mulheres prostitutas, voluntárias ou não, ora importam estrangeiros ricos para consumo do turismo sexual.

Alguns autores, como Lydia Cacho,[41] consideram que essa diversidade de fluxos resulta da fragmentação dos sujeitos inseridos no tráfico segundo atributos de gênero, etários e étnicos, de enquadramento da tutela jurídica e da noção de consentimento (leia-se projeto emancipatório pessoal ou, se quisermos, prostituição voluntária).

Essa categorização dos sujeitos induz a leituras distorcidas, não apenas da realidade concreta que é vivenciada, mas, também, da contabilidade estatística do fenômeno: um histórico de maus-tratos e de violência sexual na infância e de exploração sexual na adolescência, muitas vezes perpetrada e/ou estimulada pelos próprios pais e mães – que constitui certo universo estatístico das vítimas –, transforma-se, a partir do dia em que as mulheres atingem a maioridade, em prostituição voluntária, pois não existe, para aquelas recém-mulheres adultas, outro horizonte de vida que não seja permanecer na atividade, configurando, estatisticamente, uma opção própria, ainda que sem opção.[42]

---

[41] CACHO, Lydia. *Esclavas del poder: un viaje al corazón de la trata sexual de mujeres y niñas en el mundo.* Barcelona: Editora Debate, 2010.

[42] Esther de Figueiredo Ferraz observa: "A perda da mocidade que, para a mulher honesta, vem acompanhada de tão doces compensações – a consolidação das afeições

Encontrei-me com traficantes, clientes de prostitutas, políticos, intelectuais, produtores de pornografia, atrizes pornô, prostitutas e feministas, cuja premissa principal, contra as organizações abolicionistas que resgatam e protegem as mulheres e meninas submetidas à exploração sexual, é que com frequência se falsificam as cifras sobre o número real de vítimas existentes no mundo. Ao mesmo tempo, consideram que, sim, é possível diferenciar claramente entre a prostituição voluntária da prostituição forçada. Quase todos os regulamentaristas concordam que a medida deve ser feita com base na liberdade de movimento da pessoa estudada e a da percepção que ela tem de ser ou não escravizada. Embora minha metodologia seja objetiva, minha sensibilidade foi transformando-se à medida que cada pessoa – vítimas e vitimizadores – me contava sua história, enquanto olhava seus olhos e observava seus gestos e emoções. [...] Por exemplo, um sociólogo francês insistia que as adolescentes dos povos do Vietnã que visitei, pelo fato de irem e virem por si mesmas ao prostíbulo, eram prostitutas livres. No entanto, depois de passar vários dias comendo e dormindo em sua comunidade, fui testemunha dos níveis de violência doméstica e sexual que elas padecem e da instrução que recebem de seus pais para levar o dinheiro "do holandês" para casa. Segundo o meu ponto de vista, elas são escravas da exploração, mas também estão sendo escravizadas pelos valores culturais da violência contra as mulheres: são vítimas concretas da violência estrutural.[43]

Não se deve deduzir de forma inequívoca, da interpretação do Protocolo de Palermo, que o consentimento não significa que a mulher também possa ser vítima de uma situação de exploração análoga à escravidão e os seus direitos serem violentados e usurpados. A presunção dessa dupla condição da mulher – a mulher que consente (ainda que dificilmente ela saiba tudo o que irá enfrentar) e a mulher que nada sabe – conduz ao arbítrio de níveis de vitimização que, quando não são absorvidos pelos ordenamentos jurídicos de proteção e pelos programas de apoio, são, no mínimo, incorporados ao senso comum. Desse modo,

---

domésticas, o suave arrefecer das paixões, o manso desfolhar de pequeninas ilusões e vaidades, o aumento de prestígio social, a definitiva estabilidade econômica – a perda da mocidade representa, para a meretriz, um verdadeiro fantasma que lhe povoa de sombras e inquietações os últimos anos da juventude e lhe martiriza a maturidade". (FERRAZ. Conferência na Escola de Polícia da Secretaria de Segurança Pública, p. 9.)

[43] CACHO. *Esclavas del poder*, p. 260-261.

instituem-se olhares diferenciados consoante as mulheres serem mais ou menos vítimas, nomeadamente quando se trata de analisar aquelas que estão inseridas nas atividades do mercado sexual.

Entretanto, alguns autores observam que a noção de consentimento pode ser construída:

> A reflexão, a partir da aproximação com a realidade estudada, permitiu trazer a indicação do conceito de "consentimento induzido": a palavra induzir significa levar a, persuadir, instigar, incutir. [...] Neste sentido, também o que chamamos de "consentimento induzido" diz respeito ao conceito de cooptação que aqui adquire o significado de abuso por parte de um grupo que domina um tipo de situação – no caso as pessoas que fazem parte da rede para exploração sexual comercial – em relação a uma pessoa ou grupo, para levar a uma aparente escolha ou consentimento. Para lograr tal objetivo, são utilizados argumentos favoráveis de mudanças radicais do cotidiano de vida das pessoas, cotidiano este marcado por situações negativas de fragilidade e da quase inexistência de opções, o que leva as pessoas a aderirem às propostas e realizar a sua "escolha". É uma forma indireta e encoberta de cooptação e também uma alienação, isto é, uma situação de dependência e de falta de autonomia que envolve uma dimensão subjetiva aliada a uma dimensão objetiva de ordem socioeconômica. As "regras do jogo" já estão definidas e, nesse sentido, a decisão é, em grande parte, pré-ordenada. Ou seja, a escolha é tomada com aprovação e incitamento do grupo que propõe a ação e que utiliza a sua posição de poder para influenciar decisivamente na "escolha". Esta forma de cooptação é difícil de identificar, pois essas "regras do jogo" são formalmente respeitadas e os acordos, ocultos, são difíceis de documentar. Além disso, as pessoas que "escolhem", incorporam ao seu próprio discurso os argumentos do grupo que exerce a cooptação.[44]

Podemos estar, assim, diante de armadilhas conceituais que, na expectativa de incorporarem o debate feminista, nomeadamente aquele que expressa espaços identitários e de autodeterminação esclarecidos

---

[44] LEAL, Maria Lúcia; LEAL, Maria de Fátima P. (Org.). PESTRAF – Pesquisa sobre Tráfico de Mulheres, Crianças e Adolescentes para Fins de Exploração Sexual Comercial: Relatório Nacional – Brasil. Brasília: CECRIA, 2002, p. 45.

da mulher ocidental, ao mesmo tempo ignoram o universo da diversidade de contextos, condições e estatutos das mulheres do resto do mundo.

Os tratados, convenções e protocolos criam, também, a ilusão de que os fluxos do tráfico de pessoas são transnacionais e transcontinentais. Ainda que se reconheça, em muitos relatórios, a existência de trânsitos locais e regionais de mulheres, crianças e adolescentes, destinadas ao mercado sexual, as "recomendações" remetem, frequentemente, para as políticas governamentais locais, o enfrentamento desses fenômenos, criando a imagem de que se trata de um problema circunscrito e, portanto, da responsabilidade e da soberania de cada país afetado.

Podemos, ainda, observar que os sinais que revelam que a definição de tráfico não se resume ao debate dicotômico entre a possibilidade, ou não, de argumentar-se o princípio do consentimento ou da vontade do sujeito migrante, expressam-se de modo evidente na construção de alguns dados e indicadores estatísticos.

No seu estudo para a OIT sobre a "indústria do sexo" no Sudoeste asiático, Lin Lean Lim assinalava que, nos países daquela região, entre 0,25% e 1,5% da população feminina total dedicava-se à prostituição. Além disso, as distintas atividades relacionadas com a venda de serviços sexuais proporcionavam emprego a vários milhões de pessoas.[45] Segundo aquele estudo, a sobrevivência de muitas famílias rurais pobres dependia da renda que obtinham e lhes remetiam as suas filhas que se dedicavam à prostituição nas zonas urbanas. A autora apontava a existência de mulheres forçadas à prostituição, vítimas do tráfico organizado, pelo engodo e exploração, mas, também, a "própria vontade" de muitas de trabalhar na prostituição. Destacava, também, que as condições em que viviam as "trabalhadoras do setor" eram muito diversas. Lin Lean Lim reforçava que, apesar do estigma social e dos riscos que a prática da prostituição agregava, o trabalho apresentava-se atrativo para as jovens por seus incentivos econômicos; frequentemente, era

---

[45] Segundo Lim (1998), na Tailândia, de um total de 104.262 empregados nos mais de 7 mil estabelecimentos onde se poderia comprar algum tipo de serviço sexual, mais de um terço era "pessoal de apoio", ou seja, pessoas (incluindo proprietários de negócios e cafetões) que não eram, propriamente, "trabalhadoras sexuais", mas que viviam da indústria do sexo.

uma atividade melhor retribuída em relação à maioria dos trabalhos disponíveis para as mulheres naquelas regiões geográficas e naqueles contextos socioeconômicos.[46]

No que concerne à Europa, um estudo de 1999 do projeto TAMPEP, referido por Ruiz,[47] apresentava as seguintes porcentagens de mulheres migrantes prostituídas nos diversos países europeus (sobre dados de 1997): 90% na Itália; 25% na Suécia e Noruega; 85% na Áustria; 62% no Norte da Alemanha e 32% no Sul; 60% na Holanda e 45% na Bélgica. A pesquisa assinalava, também, que 75% das prostitutas estrangeiras na Alemanha procediam da América Latina e Caribe, e que as autoridades suíças contabilizaram 3.675 mulheres provenientes da República Dominicana e 2.004 do Brasil.

Segundo Ruiz, o desmembramento da União Soviética e o agravamento dos conflitos nos Balcãs (antiga Iugoslávia) impulsionaram, também, um intenso tráfico de mulheres com origem no Leste da Europa, destinadas à Europa ocidental e outros continentes; com base em dados de 1998, cerca de 90% das mulheres traficadas na Alemanha eram provenientes dos países do Leste europeu, estimando-se que, durante a década de 1990, 500 mil mulheres ucranianas foram traficadas com destino à Turquia, Israel, Grécia, Itália, Espanha e Alemanha. Ainda segundo o mesmo autor, uma pesquisa realizada em 1996 pela Comissão Europeia estimava que entre 200 mil e 500 mil mulheres, provenientes de todo o mundo, seriam vítimas do tráfico na Europa. Além disso, a ONU e a Organização Internacional das Migrações estimavam que 500 mil mulheres fossem introduzidas, a cada ano, na União Europeia para trabalhar como prostitutas e, também, que, segundo a Comissão Econômica das Nações Unidas para a Europa, 500 mil mulheres e meninas colombianas encontram-se fora de seu país, envolvidas, de algum modo, com o mercado do sexo.

No entanto, alguns detalhes das pesquisas, como a de Ruiz, permitem indagarmo-nos sobre alguns daqueles consensos que se estabelecem

---

[46] LIM, Lin Lean. *The sex sector: the economic and social bases of prostitution in southeast Asia*. OIT, 1998.

[47] TAMPEP – Transnational AIDS/STD Prevention Among Migrant Prostitutes in Europe Project. Ver: RUIZ, José Luis Solana. *Prostitución, tráfico e inmigración de mujeres. Ayuntamento de Cordoba*. Granada: Comares Editorial, 2003.

sobre as rotas e movimentos do tráfico de mulheres: por exemplo, nos mesmos estudos em que se expressa a eclosão dos processos migratórios de mulheres a partir do Leste da Europa, nomeadamente da Ucrânia, rumo à Espanha, ocorre, para o mesmo destino (pelo menos estatisticamente) idêntico movimento de mulheres para o mercado sexual provenientes de Portugal – no ano 2000, foram identificadas, na Espanha, 271 ucranianas e 247 portuguesas. Recorde-se que, no mesmo período, Portugal e Espanha são mencionados, em muitos relatórios, como países de recepção e trânsito de fluxos de mulheres traficadas para fins sexuais originárias tanto do Leste da Europa quanto da América do Sul e Latina, Caribe e África.

Trata-se, assim, de dinâmicas sociais que, aparentemente, ultrapassam lógicas de relação mercantil entre locais marcadamente exportadores ou locais importadores, tal como ultrapassam lógicas de pura interdependência de oferta e procura entre grupos de indivíduos previamente fixados ou entre países ricos e países pobres.

Entendemos que, salvaguardadas as especificidades do tráfico de mulheres para fins sexuais, existe um conjunto de permanências que pode ser identificado no âmbito dos processos migratórios tradicionais e que se cruzam com os movimentos mais esporádicos e mutantes: referimo-nos às práticas que expressam certa "tradição" ou costume e que retratam o migrante como um sujeito que exerce, no estrangeiro, atividades que dificilmente aceitaria realizar na sua própria terra. A escolha de um local onde o migrante pode tornar-se anônimo facilita a fuga aos mecanismos de coerção moral do seu grupo de pertencimento, permite-lhe suportar a vergonha de uma atividade "menos digna" e, ainda, iludir o seu grupo quanto a seu verdadeiro destino, por quanto possa, em algum momento, ostentar os proventos recolhidos em terras longínquas. Não se trata de estratégia exclusiva das mulheres que escolhem o outro lado da fronteira para se prostituir, dizendo às suas famílias que vão exercer a profissão de domésticas ou de cuidadoras de crianças e idosos, mas, também, de muitos homens que se ocupam em trabalhos penosos e desqualificados.

Certamente aquela disponibilidade para o sacrifício não passa despercebida aos agentes do tráfico que, sempre que possível, articulam dispositivos que visam explorar de forma intensa aquelas condições. Portanto, aqueles trânsitos não se constituem, no âmbito dos processos do tráfico de migrantes, como fluxos que obedeçam a configurações com categorias analíticas predeterminadas.

Aquelas circunstâncias acentuam a dificuldade de formular critérios de análise quantitativa passíveis de serem amplamente aplicados, pois à referida invisibilidade dos fatos, inerente ao caráter clandestino e ilegal do tráfico de pessoas, há que acrescentar a invisibilidade que os próprios migrantes atribuem às suas práticas em função do constrangimento moral a que estão sujeitos no âmbito das relações do grupo social de pertencimento.

Aquelas estratégias que podem também ser interpretadas como mecanismos de sobrevivência dos sujeitos migrantes, ganham contornos particulares quando compreendidos no âmbito de uma perspectiva de gênero.

Saskia Sassen[48] entende a existência de um fenômeno de "feminização da sobrevivência" no âmbito dos processos da denominada economia global: trata-se de fluxos transfronteiriços, internacionais e regionais, e dentro do mesmo país, em que o contingente de mulheres migrantes, sobretudo as mulheres estrangeiras, é crucial para o fomento e manutenção de certos processos econômicos.

A utilização de mulheres vindas de outros lugares alimenta largo espectro de setores econômicos, desde a prostituição – que é ilegal em alguns países – até atividades regulares como o trabalho doméstico, o serviço de limpeza, o cuidado de crianças e idosos ou, mesmo, o trabalho sazonal na agricultura e no comércio.

Nesses processos, os agenciadores compreendem não só os traficantes e suas redes, mas, também, agências de contratação e, mesmo, instituições governamentais, quando determinada região ou país, carente de mão de obra, estimula a recepção de trabalhadores migrantes. Contudo, configuram-se, por decorrência, mecanismos que exploram, sobretudo, o papel da mulher, no âmbito dos microprocessos de

---

[48] SASSEN, Saskia. Será este o caminho? Como lidar com a imigração na era da globalização. *Eurozine, Revista Crítica de Ciências Sociais*, 2003. Disponível em: <http://www.eurozine.com/articles/2003-03-13-sassen-pt.html>.

sustentação econômica do grupo familiar, oriunda de contextos socioeconômicos precários, resultando na feminização dos mecanismos de sobrevivência em nível global, estendendo-se às estruturas familiares e, em muitas circunstâncias, às próprias instituições sociais e econômicas dos seus governos.

Identificar as dinâmicas de gênero na atual economia globalizada, para além das questões de desigualdade de acesso ao emprego e da remuneração do trabalho que afetam as mulheres, poderá auxiliar-nos na desconstrução de alguns paradoxos que se vislumbram entre as prenoções sobre o tráfico de mulheres e os efetivos contextos e circunstâncias em que ele ocorre. Por exemplo, a elevada incidência de atividades informais – nas grandes metrópoles mundiais, tais como São Paulo –, quando não são clandestinas, mas recorrem à força de trabalho de mulheres migrantes para a realização de tarefas manuais, tem estimulado as redes de tráfico de mulheres. No entanto, no âmbito das ações das autoridades não são objeto de idêntica valoração e significação em relação às atividades realizadas por homens no mesmo contexto de informalidade, exploração e ilegalidade e em relação às atividades com fins sexuais. Ou seja, a assimilação no senso comum da valorização do trabalho feminino, associada ao estatuto servçal e à condição de submissão, induzida nas representações coletivas, tende a desagravar a situação da mulher de forma sistêmica, deixando, mesmo, de serem relevantes os argumentos do aliciamento forçado ou do consentimento, por quanto a mulher é observada no sentido de uma "natural" aptidão para se entregar a sacrificados processos de sobrevivência.

Assim, podemos verificar uma articulação estrutural entre, por um lado, contextos de origem, marcados por desemprego e pobreza, e a inexistência de recursos e políticas estatais para satisfazer as necessidades de sustentação e coesão social, e, por outro lado, a conformação de fluxos alternativos de sobrevivência crescentemente feminizados. Entretanto, a configuração desse trânsito de mulheres decorre de certas condições, como a existência de vínculos específicos entre países e regiões que favorecem certos circuitos, e que são carentes de certos tipos de mão de obra ou são tolerantes às práticas de exploração e discriminação étnica e de gênero – isso, certamente, justificaria a existência de rotas preferenciais e destinos privilegiados para as mulheres migrantes.

Podemos observar, também, que a tendência para a feminização da sobrevivência é sintomática nas atividades designadas como ilegais. A delitosidade feminina expressa em taxas de crescimento da população feminina encarcerada, motivada pelo tráfico de drogas e, em alguns países, pela prática de prostituição, poderá indicar uma nova escolha dos sujeitos objeto de aliciamento para a realização de certas atividades de risco. Aquilo que, em primeira análise, poderia sugerir estratégia alternativa, e esporádica, para que as redes de aliciamento para o tráfico de drogas, ou de migração ilegal, iludam a vigilância e o controle das autoridades, tem vindo, nas últimas duas décadas, a revelar-se como processo consolidado, com modo de operação bem delineado, que aproveita de modo incisivo as condições socioeconômicas que acometem a situação da mulher em determinados lugares do mundo.

A instabilidade nos mecanismos de coesão familiar, sobretudo nos grupos sociais atingidos pela instabilidade no emprego e pelo trabalho precário e mal remunerado, associada à fragilidade dos mecanismos de suporte institucional nos campos da educação, habitação, saúde e assistência social, tem afetado de forma relevante as mulheres: o abandono escolar precoce, a adesão a práticas de delinquência juvenil, a emergência de relações afetivas na adolescência que levam a ausências do lar familiar, a maternidade precoce – que eleva o contingente de mães solteiras –, as relações afetivas efêmeras, ou o abandono por parte de companheiros e cônjuges, levam a mulher, no início da idade adulta, a um espaço de incertezas no qual existem poucas referências estáveis em que possa ancorar o seu projeto de vida.

Nesse sentido, a tênue expectativa apresentada por qualquer aliciador constitui uma saída possível, quando não necessária, para garantir a sobrevivência da mulher, de seus filhos e, em alguns casos, de seus familiares.

Entendemos, assim, que a abordagem ao tráfico de mulheres para fins sexuais não deverá situar-se desvinculada das circunstâncias de ampla abrangência e relação que envolvem a mulher no âmbito da diversidade e complexidade da sociedade contemporânea, atendendo a contextos sociais, econômicos e culturais concretos e historicamente construídos.

Nesse sentido, os olhares, necessariamente diversos no âmbito de variados campos do conhecimento, poderão superar a perspectiva, por vezes ilusória, de que se trata de fenômeno global, pela sua aparente generalização geográfica de modos de manifestação, que se articula e expressa segundo padrões uniformes, deduzindo-se, portanto, que pode ser compreendido segundo categorias analíticas e conceituais genéricas e aplicação universal.

Referências bibliográficas

BAGANHA, M. I. A cada sul o seu norte: dinâmicas migratórias em Portugal. In: SOUSA SANTOS, Boaventura de. (Org.). *Globalização: fatalidade ou utopia?* Porto: Edições Afrontamento, 2001.

BRASIL. *MERCOSUL e as migrações: os movimentos nas fronteiras e a construção de políticas públicas regionais de integração*. Brasília: Ministério do Trabalho, 2008.

CACHO, Lydia. *Esclavas del poder: un viaje al corazón de la trata sexual de mujeres y niñas en el mundo*. Barcelona: Editora Debate, 2010.

D'ALMEIDA, André Corrêa. Estudo do impacto da imigração em Portugal nas contas do Estado. ACIME. 2002. Disponível em: <www.acime.gov.pt>. Acesso em: 20/08/2011.

DOEZEMA, Jo. Loose Women or Lost Women? – The re-emergence of the myth of "white slavery". In: Contemporary discourses of "trafficking in women". International Studies Convention Washington, DC, February 16-20, 1999. Gender Issues, v. 18, n. 1, Winter. Washington, DC, 2000, p. 23-50.

FERRAZ. Esther de Figueiredo. Conferência na Escola de Polícia da Secretaria de Segurança Pública: XIII Semana de Estudos Policiais: Pontifícia Universidade Católica de São Paulo. A prostituição, forma remanescente de escravatura feminina. São Paulo: [s.n], 1952.

FOUCAULT, Michel. *Historia da sexualidade I: a vontade de saber*. Rio de Janeiro: Graal, 1988.

GAATW. *A proposal to replace the Convention for the Suppression of the Traffic in Persons and of the Exploitation of the Prostitution of Others*. Utrecht: GAATW, 1994.

GOLDMAN, Emma. The Traffic in Women. In: *Emma Goldman's Anarchism and Other Essays. Second Revised Edition*. New York/London: Mother Earth Publishing Association, 1911. p. 183-200.

INTERNATIONAL MOVEMENT AGAINST ALL FORMS OF DISCRIMINATION AND RACISM (IMADR). Strengthening the International Regime to Eliminate the Traffic in Persons and the Exploitation of the Prostitution of Others. Tokyo: IMADR, 1998.

KEMPADOO, Kamala. *Global Sex Workers: Rights, Resistance and Redefinition*. London: Routledge, 1998.

_____. Mudando o debate sobre o tráfico de mulheres. *Cadernos Pagu* (25), jul.-dez. 2005, p. 55-78.

LASCH, Christopher. *A mulher e a vida cotidiana; amor, casamento e feminismo*. Trad. Heloísa Martins Costa. Rio de Janeiro: Civilização Brasileira, 1999.

LEAL, Maria Lúcia; LEAL, Maria de Fátima P. (Org.). PESTRAF – Pesquisa sobre Tráfico de Mulheres, Crianças e Adolescentes para Fins de Exploração Sexual Comercial: Relatório Nacional – Brasil. Brasília: CECRIA, 2002.

LIM, Lin Lean. *The sex sector: the economic and social bases of prostitution in southeast Asia*. OIT, 1998.

MACHADO, Igor José de Renó. Implicações da imigração estimulada por redes ilegais de aliciamento – o caso dos brasileiros em Portugal. In: *Socius Working Papers*. Lisboa: UTL, 2005, n. 3.

MARX, Karl. Manuscritos econômicos e filosóficos: trabalho alienado (1844). In: FROMM, Erich. *Conceito marxista do homem*. Rio de Janeiro: Zahar Editores, 1983.

MOHANTY, C. Under Western Eyes: Feminist Scholarship and Colonial Discourses. *Feminist Review*, 1988, p. 30-38.

RUIZ, José Luis Solana. *Prostitución, tráfico e inmigración de mujeres. Ayuntamento de Cordoba*. Granada: Comares Editorial, 2003.

SASSEN, Saskia. Será este o caminho? Como lidar com a imigração na era da globalização. *Eurozine, Revista Crítica de Ciências Sociais*, 2003. Disponível em: <http://www.eurozine.com/articles/2003-03-13-sassen-pt.html>.

SIMMEL. George. A metrópole e a vida mental. In: VELHO, Otávio G. (Org.). *O fenômeno urbano*. Rio de Janeiro: Guanabara, 1987.

_____. O dinheiro na cultura moderna. In: SOUZA, Jessé; ÖELZE, Berthold (Org.). *Simmel e a modernidade*. Brasília: Unb, 1998, p. 109-117.

SOUSA SANTOS, Boaventura de; GOMES, Conceição; DUARTE, Madalena. Tráfico sexual de mulheres: representações sobre ilegalidade e vitimação. *Revista Crítica de Ciências Sociais*, 87. Coimbra: CES (2009): 69-94.

WEBER, Max. *A ética protestante e o espírito do capitalismo*. Trad. Ana Falcão Bastos e Luís Leitão. Lisboa: Editorial Presença, 2001.

WEIJERS, M.; LAP-CHEW, L. *Trafficking in Women, Forced Labour and Slavery-Like Practices. In: Marriage, Domestic Labour and Prostitution*. Utrecht/Bangkok: The Foundation Against Trafficking in Women (STV)/The Global Alliance Against Trafficking in Women (GAATW), 1997.

9

Tráfico de pessoas
Um crime que cruza as fronteiras e exige um trabalho em conjunto

Thomas Brennan[*]

Introdução

O tráfico de pessoas pode ser qualificado como um crime que envergonha a humanidade, uma forma moderna de escravidão. É uma violação da dignidade e dos direitos humanos das pessoas mais vulneráveis que são exploradas, em vista de satisfazer os desejos e prazeres daqueles que têm mais dinheiro e poder. As vítimas do tráfico são frequentemente exploradas e forçadas a se engajar em atividades ilegais, como a prostituição e o tráfico de drogas até, e acabam sendo as vítimas presas e perseguidas por essas atividades, enquanto os traficantes normalmente ficam livres para continuar seus empreendimentos criminosos.

O tráfico de pessoas é uma das formas mais lucrativas do crime organizado. É extremamente requisitado e, enquanto pobreza, isolamento e outras vulnerabilidades persistirem, novas vítimas serão sempre "recrutadas". Uma vez traficadas, é extremamente complicado libertar essas pessoas, tanto física quanto psicologicamente. E, como tantas

---

[*] Thomas Brennan é doutor em Educação (Harvard University – Cambridge – USA), mestre em Educação (Harvard University), Teologia e Teologia Moral (Pontifical College Josephinum – Worthington, Ohio – USA). Foi capelão na Harvard University (1999-2003) e representou os salesianos de Dom Bosco junto à ONU (Salesian Mission at United Nations – New York, 2003-2017).

outras formas de comércio ilícito, o tráfico de pessoas requer e alimenta a corrupção sistêmica.

A nossa cegueira coletiva e o silêncio sobre a realidade do tráfico de pessoas deveriam ser uma vergonha para todos nós.

1. Tráfico de pessoas: um problema global

A comunidade global, por meio das Nações Unidas (ONU), tomou a firme resolução de combater o tráfico de pessoas quando a Assembleia Geral adotou, em 15/11/2000, a Resolução 55/25 – A Convenção das Nações Unidas contra o Crime Organizado Transnacional –,[1] primeiro e mais importante instrumento internacional a tratar do assunto.[2] O artigo 32 da convenção instituiu uma "Conferência das Partes na Convenção para melhorar a capacidade dos Estados-partes no combate à criminalidade organizada transnacional e para promover e analisar a aplicação da presente convenção". Um dos grupos de trabalho da Conferência das Partes deveria tratar especificamente do tráfico de pessoas.

O tráfico de pessoas foi imediatamente reconhecido como um crime que não conhece fronteiras e, por isso, requer uma resposta coerente, unificada e global. Três protocolos, um dos quais é o Protocolo Relativo à Prevenção, Repressão e Punição do Tráfico de Pessoas, em especial mulheres e crianças, identificaram as três mais escandalosas formas de crimes transnacionais. O referido protocolo é o primeiro instrumento legalmente obrigatório que apresenta uma definição de tráfico de pessoas aceita globalmente. Assim diz o artigo 3, no parágrafo "a":

---

[1] UNITED NATIONS. GENERAL ASSEMBLY. Resolution 55/25 of 15 November 2000. United Nations Convention against Transnational Organized Crime. Disponível em: <http://www.unodc.org/pdf/crime/a_res_55/res5525e.pdf>. Versão em português: <http://www.planalto.gov.br/ccivil_03/_ato2004-2006/2004/decreto/d5015.htm>. Acesso em: 20/05/2016.

[2] Em sintonia com a Declaração do Milênio, adotada em 08/09/2000, por meio da qual os Estados-membros resolveram intensificar os esforços para lutar contra o crime transnacional em todas as suas dimensões, incluindo o tráfico de pessoas. Ver: UNITED NATIONS. GENERAL ASSEMBLY. Resolution 55/2 of 08 September 2000. United Nations Millennium Declaration. Disponível em: <http://www.un.org/millennium/declaration/ares552e.htm>. Versão em português: <http://direitoshumanos.gddc.pt/3_1/IIIPAG3_1_11.htm>. Acesso em: 20/05/2016.

A expressão "tráfico de pessoas" significa o recrutamento, o transporte, a transferência, o alojamento ou o acolhimento de pessoas, recorrendo à ameaça ou uso da força ou a outras formas de coação, ao rapto, à fraude, ao engano, ao abuso de autoridade ou à situação de vulnerabilidade ou à entrega ou aceitação de pagamentos ou benefícios para obter o consentimento de uma pessoa que tenha autoridade sobre outra para fins de exploração. A exploração incluirá, no mínimo, a exploração da prostituição de outrem ou outras formas de exploração sexual, o trabalho ou serviços forçados, escravatura ou práticas similares à escravatura, a servidão ou a remoção de órgãos [...][3]

Essa definição chama atenção para três elementos constitutivos do tráfico de pessoas: o ato em si, os meios para realizá-lo e a intenção do ato. Ela também deixa claro que o tráfico refere-se à exploração, incluindo prostituição de outros, exploração sexual e trabalho forçado,[4] escravidão ou prática similar e tráfico de órgãos. O aumento do uso da

---

[3] UNITED NATIONS. GENERAL ASSEMBLY. Resolution 55/25 of 15 November 2000. Protocol to Prevent, Suppress and Punish Trafficking in Persons, Especially Women and Children, supplementing the United Nations Convention against Transnational Organized Crime. Disponível em: <https://www.unodc.org/documents/middleeastandnorthafrica/organised-crime/UNITED_NATIONS_CONVENTION_AGAINST_TRANSNATIONAL_ORGANIZED_CRIME_AND_THE_PROTOCOLS_THERETO.pdf>. Versão em português: <http://www.planalto.gov.br/ccivil_03/_ato2004-2006/2004/decreto/d5017.htm>. Acesso em: 20/05/2016.
Os outros protocolos são: Protocolo Relativo ao Combate ao Tráfico de Migrantes por Via Terrestre, Marítima e Aérea e Protocolo contra a Fabricação e Tráfico Ilícito de Armas de Fogo, suas Peças e Componentes e Munições. Ver: UNITED NATIONS. GENERAL ASSEMBLY. Resolution 55/25 of 15 November 2000. United Nations Convention against Transnational Organized Crime; UNITED NATIONS. GENERAL ASSEMBLY. Resolution 55/255 of 31 May 2001. Protocol against the Illicit Manufacturing of and Trafficking in Firearms, Their Parts and Components and Ammunition, supplementing the United Nations Convention against Transnational Organized Crime. Disponíveis em: <https://www.unodc.org/documents/middleeastandnorthafrica/organised-crime/UNITED_NATIONS_CONVENTION_AGAINST_TRANSNATIONAL_ORGANIZED_CRIME_AND_THE_PROTOCOLS_THERETO.pdf>. Versões em português: <http://www.planalto.gov.br/ccivil_03/_ato2004-2006/2004/decreto/d5016.htm; http://www.planalto.gov.br/ccivil_03/_ato2004-2006/2006/decreto/D5941.htm>. Acesso em: 20/05/2016.

[4] O tráfico humano para o trabalho existe no mundo todo nesses setores: agricultura, construção, eletrônica, pesca e hidrocultura, mineração e produção de metais básicos, indústria têxtil e fabricação de vestuário, transporte, armazenagem, silvicultura, hotelaria, cuidados de saúde, e serviços caseiros.

internet para a exploração sexual de populações vulneráveis, especialmente de crianças e jovens, é um problema sério, que tem desafiado autoridades locais e internacionais a encontrar meios legais para fiscalizar, reprimir e processar esse crime.[5] Com a Convenção da ONU e seus protocolos, a comunidade internacional toma consciência e reconhece publicamente que o tráfico de pessoas afeta todas as nações, que é imprescindível que os países de origem, trânsito e destino enfrentem o assunto através de leis e políticas nacionais e que membros da comunidade global precisam colaborar uns com os outros se desejam acabar com o tráfico de pessoas.

Tendo primeiro considerado o tráfico de pessoas numa perspectiva legal, os Estados-membro da ONU começaram a focar os direitos humanos e a dignidade das vítimas. As múltiplas agências e os principais órgãos da ONU trabalharam diligentemente para elaborar princípios e normas para ajudar as nações no combate ao tráfico de pessoas. O primeiro grande esforço, intitulado Princípios e Diretrizes sobre Direitos Humanos e Tráfico de Pessoas,[6] foi apresentado pelo escritório do Alto Comissário da ONU para os Direitos ao Conselho Social e Econômico durante sua sessão ordinária em New York, de 1º a 26 de julho de 2002. Em seguida, a questão do tráfico humano, especialmente de mulheres e crianças, foi pauta da 16ª sessão da Comissão de Direitos Humanos.[7]

---

[5] Ver as publicações da ECPAT Internacional, uma rede global de organizações e indivíduos que trabalham juntos para a eliminação da prostituição e pornografia infantil e do tráfico de crianças para fins sexuais: Stay Safe from Online Sexual Exploitation: a guide for young people (2014); Online Child Abuse and Exploitation: Global Threats, Challenges, Data and Initiatives 2015; Power, Impunity and Anonymity (2016). E também: The Global Protection Online Network, Annual Report 2015 of Internet Watch Foundation, The Canadian Centre for Child Protection Report: Child Sexual Abuse Images on the Internet (2016). Disponível em: <http://www.ecpat.org/resources/>.

[6] UNITED NATIONS. ECONOMIC AND SOCIAL COUNCIL. Report of the United Nations High Commissioner for Human Rights to the Economic and Social Council, 20 May 2002. Recommended Principles and Guidelines on Human Rights and Human Trafficking. Disponível em: <https://documents-dds-ny.un.org/doc/UNDOC/GEN/N02/401/68/PDF/N0240168.pdf?OpenElement>. Acesso em: 20/05/2016.

[7] A Comissão de Direitos Humanos adotou a decisão de 2004/110 e decidiu nomear um relator especial para o tráfico de pessoas, especialmente de mulheres e crianças, por um período de três anos. A comissão também recomendou que o relator

Os princípios e as diretrizes serviram de modelo para o relator especial ajudar os Estados-membros a integrar a perspectiva dos direitos humanos nas leis nacionais, regionais e internacionais contra o tráfico de pessoas. Essa perspectiva serviu para orientar políticas de prevenção do tráfico e proteção de pessoas traficadas.[8]

Uma nota especial deveria ser feita a respeito da necessidade de proteger crianças que são traficadas.[9] Além de todas as convenções sobre Direitos Humanos já citadas, a principal referência a respeito da situação do tráfico de crianças é a Convenção sobre os Direitos da Criança, que foi ratificada por quase todos os Estados-membros.[10] Com seus

---

especial colaborasse com relevantes parceiros da ONU, com organizações regionais, com as vítimas e seus representantes. O Conselho Econômico e Social, em sua decisão 2004/228, sancionou a decisão da Comissão de Direitos Humanos 2004/110. O mandato foi prorrogado até então e, em julho de 2014, o mandato do relator especial foi prorrogado por mais três anos pela Resolução 26/8 do Conselho de Direitos Humanos.

[8] Interpretando as disposições do protocolo e das diretrizes e servindo-se delas como base para formular as suas recomendações, o relator especial foi instruído a estar atento às disposições delineadas na Declaração Universal dos Direitos Humanos e nos principais instrumentos internacionais referentes aos direitos humanos: o Pacto Internacional sobre os Direitos Civis e Políticos, o Pacto Internacional sobre os Direitos Econômicos, Sociais e Culturais, a Convenção contra a Tortura e Outros Tratamentos ou Penas Cruéis, Desumanos ou Degradantes, a Convenção sobre a Eliminação de Todas as Formas de Discriminação contra as Mulheres, a Convenção Internacional sobre a Eliminação de Todas as Formas de Discriminação Racial, a Convenção Internacional sobre os Direitos das Crianças, a Convenção Internacional sobre a Proteção dos Direitos de Todos os Trabalhadores Migrantes e dos Membros das suas Famílias, a Convenção sobre os Direitos Humanos das Pessoas com Deficiência, a Convenção Suplementar sobre Abolição da Escravatura, do Tráfico de Escravos e das Instituições e Práticas Análogas à Escravatura, a Declaração de Viena sobre Criminalidade e Justiça e todas as convenções e os tratados regionais contra o tráfico de pessoas.

[9] A convenção define "criança" como uma pessoa menor de 18 anos, a não ser que relevantes leis reconheçam uma idade antecipada para a maioridade.

[10] UNITED NATIONS. GENERAL ASSEMBLY. Resolution 44/25 of 20 November 1989. Convention on the Rights of the Child. Disponível em: <http://www.ohchr. org/EN/ProfessionalInterest/Pages/CRC.aspx>. Versão em português: <http:// www.planalto.gov.br/ccivil_03/decreto/1990-1994/d99710.htm>. A Convenção sobre os Direitos das Crianças foi o tratado de direitos humanos mais ampla e rapidamente ratificado da história, com a participação de 192 países. Somente dois países, Somália e Estados Unidos, não a ratificaram. Assinando a convenção, os Estados Unidos assinalaram sua intenção de ratificá-la, mas até 2015 não o tinham feito. Ver: <http://www.unicef.org/crc/index_30229.html>.

protocolos opcionais sobre a venda de crianças, prostituição e pornografia infantil e os direitos da criança em conflitos armados, a convenção serve como um guia claro para proteger crianças, adolescentes e jovens do tráfico humano.

Com o aumento do tráfico de pessoas para o trabalho e os fluxos de migrantes e refugiados, também se incluindo vítimas do tráfico, resulta evidente que precisamos nos referir a certo número de convenções da Organização Internacional do Trabalho (OIT): Convenção 29: sobre trabalho forçado ou obrigatório; Convenção 105: sobre a abolição do trabalho forçado; Convenção 143: sobre as imigrações efetuadas em condições abusivas e sobre a promoção da igualdade de oportunidades e de tratamento dos trabalhadores migrantes e a Convenção 182: sobre a proibição das piores formas de trabalho infantil e ação imediata para sua eliminação.[11]

A reunião do relator especial sobre o tráfico de pessoas deveria ser considerada na perspectiva de outras precedentes e subsequentes decisões da ONU. Todas elas visavam proteger as populações mais vulneráveis do mundo que corriam mais risco de serem exploradas pelo tráfico e seus financiadores. No começo de 1990, uma década antes de a Assembleia Geral aprovar a *Convenção das Nações Unidas contra o Crime Organizado Transnacional*, a Comissão de Direitos Humanos aprovou a Resolução 1990/68, de 07/03/1990,[12] apresentando um relatório especial sobre a venda, prostituição e pornografia de crianças. Essa ação despertou a consciência das pessoas para a exploração sexual dos jovens e tornou-se um importante primeiro passo no enfrentamento da realidade do tráfico de pessoas para a exploração sexual. Uma série de resoluções e ações da Assembleia Geral em 2006 e 2007 demonstraram a seriedade com que os Estados-membros trataram o tráfico humano.

Dando seguimento ao pedido feito pelo Conselho Econômico e Social na Resolução 2006/27 de 27/07/2006, para a cooperação internacional na prevenção e combate ao tráfico de pessoas, assim como para a proteção das vítimas do tráfico humano, a Assembleia Geral criou

---

[11] Ver: <http://www.ilo.org/brasilia/lang--pt/index.htm>.

[12] Ver: atas oficiais do Conselho Econômico e Social, 1990, *Suplemento*, n. 2 e *corrigendum* (E/1990/22 e Corr.1), cap. II, sessão A.

um Grupo de Coordenação Interagências contra o Tráfico de Pessoas, para fomentar a coordenação e a cooperação entre relevantes agências das Nações Unidas e outras organizações internacionais envolvidas no combate ao tráfico de pessoas.[13] Outros relatórios foram solicitados e indicados em 2007. O primeiro foi indicado pelo Conselho de Direitos Humanos na Resolução 6/14 de 28/09/2007, para tratar de formas contemporâneas de escravidão, incluindo suas causas e consequências, seguido pela solicitação da Assembleia Geral de que o secretário-geral indicasse um representante especial em violência contra crianças na Resolução 62/141, de 18/12/2007.

O tráfico de pessoas foi assumido pela Cúpula Mundial em 2005. A Assembleia Geral adotou um documento final[14] que afirmou categoricamente que o tráfico de pessoas continua a ser um sério desafio à humanidade, exigiu uma resposta internacional concreta e interpelou todas as nações a elaborar, implantar e reforçar medidas efetivas para prevenir, suprimir e punir o tráfico de pessoas. Um esforço extraordinário tem de ser feito para proteger as vítimas.

As resoluções da Assembleia Geral sobre o tráfico de pessoas começaram a abordar a natureza multidimensional do fenômeno e a necessidade de esclarecer e coordenar os meios para reforçar a cooperação internacional na prevenção e no combate ao tráfico de pessoas, ao mesmo tempo que protegem as vítimas do tráfico.[15] Ficou claro para a ONU que o tráfico de mulheres e meninas precisa de atenção especial e, na sua 61ª sessão, a Assembleia Geral aprovou uma resolução sobre o

---

[13] UNITED NATIONS. GENERAL ASSEMBLY. Resolution 61/180 of 20 December 2006. Improving the coordination of efforts against trafficking in persons. Disponível em: <https://www.iom.int/jahia/webdav/shared/shared/mainsite/policy_and_research/un/61/A_RES_61_180_EN.pdf>. Acesso em: 30/05/2016.

[14] UNITED NATIONS. GENERAL ASSEMBLY. Resolution 60/1 of 16 September 2005. 2005: World Summit Outcome. Disponível em: <http://www.un.org/womenwatch/ods/A-RES-60-1-E.pdf>. Acesso em: 30/05/2016.

[15] UNITED NATIONS. GENERAL ASSEMBLY. Resolution 58/137 of 22 December 2013. Strengthening international cooperation in preventing and combating trafficking in persons and protecting victims of such trafficking. Disponível em: <https://www.iom.int/jahia/webdav/shared/shared/mainsite/policy_and_research/un/58/A_RES_58_137_en.pdf>. Acesso em: 30/06/2016.

assunto.[16] Esta resolução foi seguida por outras sobre os meios para eliminar o tráfico de pessoas, ainda no final da 61ª sessão e, depois, na 63ª. Num contexto de maior conscientização sobre a realidade do tráfico de pessoas e de um forte desejo de eliminá-lo globalmente, ficou clara para os Estados-membros a necessidade de melhorar a coordenação dos esforços para combater o tráfico de pessoas.[17]

Para promover a luta global contra o tráfico humano, em sintonia com as orientações da ONU, a Iniciativa Global da ONU para Lutar contra o Tráfico Humano (UN.GIFT – United Nations Global Initiative to Fight Human Trafficking) foi iniciada em 2007. Reconhecendo que os Estados-membros seriam beneficiados pela perícia e pelos recursos de agências profissionais ligadas à ONU, a International Labour Organization (ILO), o Office of the United Nations High Commissioner for Human Rights (OHCHR), o United Nations Children's Fund (UNICEF), o United Nations Office on Drugs and Crime (UNODC), o International Organization for Migration (IOM) e a Organization for Security and Cooperation in Europe (OSCE) criaram a UN.GIFT.[18]

A iniciativa de trabalhar com todas as partes interessadas – governantes, empresas, universidades, sociedade civil e mídia – e apoiar-se reciprocamente (UN.GIFT) ajudou a criar novas parcerias e desenvolver instrumentos efetivos para lutar contra o tráfico. No início da UN.GIFT, as agências especializadas evidenciaram que um problema global, tão amplo e sério quanto o tráfico de pessoas, não pode ser enfrentado por um único governo nem por uma coalisão de governos. É

[16] UNITED NATIONS. GENERAL ASSEMBLY. Resolution 61/144 of 19 December 2006. Trafficking in women and girls. Disponível em: <http://www.un.org/en/development/desa/population/migration/generalassembly/docs/globalcompact/A_RES_61_144.pdf>. Acesso em: 30/06/2016.

[17] UNITED NATIONS. GENERAL ASSEMBLY. Resolution 64/178 of 18 December 2009. Improving the coordination of efforts against trafficking in persons. Disponível em: <http://www.un.org/en/development/desa/population/migration/generalassembly/docs/globalcompact/A_RES_64_178.pdf>. Acesso em: 30/06/2016.

[18] Uma doação dos Emirados Arabes foi a primeira fonte de financiamento da UN.GIFT. Outras doações foram feitas pelos governos da Austrália, Áustria, Bélgica, Canadá e Suíça. A UNICEF, o United Nations Development Fund for Women (UNIFEM), o United Nations Development Programme (UNDP), o United Nations Fund for International Partnerships também deram a sua contribuição, além de outras doações públicas.

essencial uma resposta global, tomada conjuntamente por todas as partes interessadas. Parcerias multilaterais e colaboração com as pessoas que trabalham na base é a única maneira efetiva de enfrentar problemas sem fronteiras.

Os Estados-membros se tornaram mais plenamente engajados no combate ao tráfico de pessoas quando eles realizaram um debate sobre o tráfico humano na Assembleia Geral, em 3 de junho de 2008. Houve um fórum de discussão que se concentrou em três "Pês": prevenção, proteção e processo. Mais tarde, seria acrescentado um quarto "P": parceria. Dando andamento a esse debate, em 2009, os associados tiveram um diálogo interativo sobre o tema: "Tomando iniciativas conjuntas para acabar com o tráfico humano". Resultou clara a necessidade de reforçar ações coletivas entre os associados e outras partes interessadas, incluindo organizações regionais, internacionais, não governamentais, privadas e midiáticas.

A 61ª sessão da Assembleia Geral da ONU (2006-2007), por meio da Resolução 61/180, solicitou que o secretário-geral se empenhasse em melhorar o trabalho inicial da interagência na coordenação de grupos no trabalho de combate ao tráfico de pessoas e apoiasse a criação de uma nova agência para que isso se tornasse realidade: o grupo coordenador interagência sobre o tráfico de pessoas (ICAT).[19] Ao Escritório das Nações Unidas sobre Drogas e Crimes (UNODC) foi confiado um papel de coordenação dentro do ICAT, a fim de melhorar a cooperação e coordenação. Ao UNODC foi confiada a responsabilidade de facilitar

---

[19] O ICAT compreende dezesseis agências associadas, tendo o UNODC como secretariado; a presidência é rotativa entre os membros. A diversidade de membros indica a extensão de sua natureza. A diversidade de associação indica a natureza transversal do problema: Department of Peace Keeping Operations (DPKO); International Civil Aviation Organization (ICAO); International Criminal Police Organization (ICPO-Interpol); International Labour Organization (ILO); International Organization on Migration (IOM); Office of the High Commissioner for Human Rights (OHCHR); United Nations Joint Program on HIV/AIDS (UNAIDS); United Nations Development Program (UNDP); United Nations Educational, Scientific and Cultural Organization (UNESCO); United Nations Population Fund (UNFPA); United Nations High Commissioner for Refugees (UNHCR); United Nations Children's Fund (UNICEF); United Nations Interregional Crime and Justice Research Institute (UNICRI); United Nations Office on Drugs and Crime (UNODC); UN Women; The World Bank.

uma abordagem holística e integral do problema do tráfico de pessoas por toda a comunidade internacional.

A Resolução 64/293 da Assembleia Geral estabeleceu o Plano Global de Ação da ONU para o Combate do Tráfico de Pessoas e reforçou o importante trabalho do ICAT dentro de todo o sistema.[20] Além disso, o Plano de Ação foi um chamado para fortalecer e apoiar o ICAT na sua missão de melhorar a coordenação e a cooperação entre os relevantes membros da ONU, incluindo os ligados aos direitos humanos.[21]

Apesar de reconhecer o progresso feito no combate ao tráfico de pessoas, a Assembleia Geral reconheceu publicamente que precisava melhorar a coordenação dos esforços. Além disso, os Estados-membros perceberam que o apoio financeiro por parte de todos os associados era fundamental para levar adiante o combate ao tráfico de pessoas e o apoio às vítimas. E então, como parte do Plano Global, o Fundo Voluntário das Nações Unidas para as Vítimas do Tráfico de Pessoas, especialmente Mulheres e Crianças, foi estabelecido. O fundo foi destinado a fornecer às vítimas de tráfico assistência humanitária, legal e financeira por meio da mobilização de organizações governamentais, intergovernamentais e civis. O secretário-geral ficou encarregado de coordenar todos os esforços para inaugurar o fundo e acompanhar sua efetiva operação. Algumas contribuições já eram feitas para apoiar o combate ao tráfico humano, mas o novo Plano Global de Ação pretendia centralizar todos os recursos num único lugar. Com essa mudança,

---

[20] UNITED NATIONS. GENERAL ASSEMBLY. Resolution 64/293 of 30 July 2010. United Nations Global Plan of Action to Combat Trafficking in Persons. Disponível em: <https://www.unodc.org/documents/human-trafficking/United_Nations_Global_Plan_of_Action_to_Combat_Trafficking_in_Persons.pdf>. Acesso em: 10/09/2016.

[21] O Grupo de Amigos Unidos contra o Tráfico Humano, uma associação informal de voluntários dos Estados-membros da ONU, foi criado para ajudar a fortalecer e consolidar o Plano Global de Ação da ONU para o Combate do Tráfico de Pessoas. Ver: UNITED NATIONS. GENERAL ASSEMBLY. Letter and Annex dated 24 February 2010 from the Permanent Representatives of Bahrain, Bangladesh, Belarus, Bolivia (Plurinational State of), Ecuador, Egypt, India, Kazakhstan, Kyrgyzstan, Nicaragua, Nigeria, the Philippines, Qatar, the Russian Federation, Tajikistan, Turkmenistan, the United Arab Emirates, Uzbekistan and Venezuela (Bolivarian Republic of) to the United Nations addressed to the Secretary-General and the President of the General Assembly. Disponível em: <http://mfa.gov.by/upload.old/english.pdf>. Acesso em: 20/07/2016.

os Estados-membros se deram conta da necessidade de contar com um mecanismo de prestação de contas e aferição do progresso em alcançar os objetivos, identificar áreas de crescimento, manter os associados e as agências informados sobre o que está acontecendo e como o plano está sendo implementado.

O primeiro relatório de avaliação foi definido para 2013 e devia ser incluído no relatório da Assembleia Geral. Essa iniciativa foi considerada de grande importância e necessitada de imediata atenção a ponto de a resolução atribuir ao secretário-geral a responsabilidade de apresentar propostas de financiamento da equipe, bem como os requisitos do secretariado, e realocar recursos do orçamento proposto para o biênio 2012-2013, em vista de fortalecer a capacidade do Escritório da ONU sobre Drogas e Crime, conforme descrito no Plano Global de Ação.

Prioridades de financiamento indicam o nível de compromisso com o projeto ou ação em andamento, e este foi um passo importante no aprofundamento do compromisso da ONU no combate ao tráfico global de pessoas.

O Plano Global de Ação também reconhece os mecanismos planejados e as iniciativas tomadas em níveis sub-regionais, regionais e internacionais. Está claro que a ação conjunta pelo fim do tráfico humano foi um imperativo político e moral. As palavras tiveram de ser postas em prática.[22]

---

[22] *Inter alia*, as seguintes iniciativas deveriam ser notadas: a Arab Initiative for Building National Capacities to Combat Human Trafficking: o Doha Founding Forum; o Asia-Europe Meeting Action Plan to Combat Trafficking in Persons, Especially Women and Children; a Association of Southeast Asian Nations Declaration against Trafficking in Persons, Particularly Women and Children; o Bali Process on People Smuggling, Trafficking in Persons and Related Transnational Crime; o Black Sea Economic Cooperation Organization Action Plan on Cooperation in Combating Crime, in particular in Its Organized Forms; o Council of the Baltic Sea States Task Force against Trafficking in Human Beings; o Commonwealth of Independent States Agreement on Cooperation in Combating Trafficking in Persons, Human Organs and Tissues; a Central American Coalition against Trafficking in Persons; a Coordinated Mekong Ministerial Initiative against Trafficking; a Council of Europe Convention on Action against Trafficking in Human Beings; a Declaration on the Fight against Trafficking in Persons of the Economic Community of West African States; o Joint Plan of Action to Combat Trafficking in Persons, Especially Women and Children, of the Economic Community of West African States and the Economic Community of Central African States; the Manama

2. Corrupção: o motor que conduz o tráfico de pessoas

O tráfico de pessoas não pode ocorrer sem corrupção. Pelo fato de a ONU não poder impor uma legislação e dispositivos jurídicos aos Estados-membros no exercício do seu governo soberano, foi ficando cada vez mais claro que a corrupção em nível nacional, regional e global é o motor que move o crime da exploração. Fechando os olhos ao que estava acontecendo, os Estados-membros acabaram sendo cúmplices da violação dos direitos humanos e da dignidade dos seus cidadãos mais vulneráveis. O tráfico de pessoas se tornou invisível porque ninguém quis ver. Os traficantes foram capazes de fazer os seus negócios devido à impunidade, criando ambientes favoráveis para a perpetração do crime, revitimizando os explorados que tiveram sua dignidade e humanidade roubadas.

Quando os Estados-membros começaram a abordar o tema do tráfico de pessoas, ficou claro que os governantes precisavam enfrentar a pública e a privada corrupção sistêmica, assim como a cumplicidade na perpetração do crime. Para ajudar nisso, a Organização para a Cooperação Econômica e Desenvolvimento (OECD) elaborou Princípios Orientadores para o Combate à Corrupção relacionada ao Tráfico de Pessoas, primeiro instrumento internacional que focalizou amplamente a ligação entre corrupção e tráfico de pessoas.[23]

International Conference on Human Trafficking at the Crossroads: the Private-Public Partnership to Fight Human Trafficking; o Southern Common Market (MERCOSUR) Plan of Action to Combat Trafficking in Persons; o Organization of American States Work Plan to Combat Trafficking in Persons in the Western Hemisphere; o Ouagadougou Action Plan to Combat Trafficking in Human Beings, Especially Women and Children; the Organization for Security and Cooperation in Europe Action Plan to Combat Trafficking in Human Beings; o Plan of Action of the Regional Conference on Migration; a South Asian Association for Regional Cooperation Convention on Preventing and Combating Trafficking in Women and Children for Prostitution; o Stability Pact for South-Eastern Europe Task Force on Trafficking in Human Beings, of the Organization for Security and Cooperation in Europe; e o Stockholm Programme for 2010-2014 of the European Union and its Action Plan, definindo prioridades no campo da justiça e nos assuntos de casa e, também, um coordenador antitráfico.

[23] ORGANISATION FOR ECONOMIC CO-OPERATION AND DEVELOPMENT (OECD). Trafficking in persons and corruption. Breaking the chain. Highlights.

Cooperação internacional, melhor aplicação dos recursos, foco preciso no combate à corrupção, são questões-chave para efetivamente frear o tráfico de pessoas.

A UNODC enfrentou o problema da corrupção e identificou as áreas mais comuns em que a corrupção promove o tráfico humano no setor público.[24] Eles notaram o seguinte:

- os traficantes recrutam, transportam e exploram as vítimas com a ajuda de funcionários públicos corruptos;
- há falta de investigação, ação judicial e condenação de pessoas envolvidas com o tráfico, devido a oficiais de justiça criminal corruptos;
- há falta de informação, de dados estatísticos, de relatórios que relacionem o tráfico de pessoas à corrupção;
- a proteção às vítimas do tráfico é impedida por funcionários públicos corruptos (e/ou atores da sociedade civil);
- há falta de respostas adequadas para as causas profundas do tráfico de pessoas;
- há falta de respostas adequadas contra os principais impedimentos que garantam uma adequada justiça penal.

A corrupção sistêmica só pode ser vencida se todas as partes interessadas se comprometerem a eliminar a corrupção nos setores que estão sob sua responsabilidade. Se aqueles que têm poder econômico, legislativo e moral não forem íntegros e honestos, o tráfico de pessoas continuará sendo um câncer na sociedade. Dando ênfase à ligação entre corrupção e tráfico humano, a UNODC apontou um dos principais problemas sistêmicos que os Estados-membros precisam enfrentar se quiserem pôr um fim ao tráfico humano.

OECD 2016, p. 4 e 6. Disponível em: <http://www.oecd.org/gov/ethics/Trafficking--in-persons-and-corruption_Highlights.pdf>. Acesso em: 15/09/2016.

[24] UNITED NATIONS OFFICE ON DRUGS AND CRIME (UNODC). Issue Paper – The Role of Corruption in Trafficking in Persons. Vienna: United Nations, 2011, p. 27. Disponível em: <http://www.unodc.org/documents/human-trafficking/2011/Issue_Paper_-_The_Role_of_Corruption_in_Trafficking_in_Persons.pdf>. Acesso em: 15/09/2016.

2.1 Aprofundando a compreensão da realidade

Para resolver de modo efetivo um problema, é preciso entender suas múltiplas dimensões. A ONU, por meio de suas agências e Estados-membros, tem publicado pesquisas regularmente e desenvolvido ferramentas e mecanismos para educar todos os interessados a respeito do crime do tráfico de pessoas, suas causas, consequências e meios efetivos para combatê-lo. Dentro da ONU, a UNODC tem sido líder em sensibilizar e conscientizar sobre o tráfico de pessoas. Além do Relatório Global semestral sobre o tráfico de pessoas, há uma série de publicações feitas pela UNODC que oferecem importantes informações sobre o assunto.[25]

O ICAT também produziu dois estudos importantes para orientar juízes e líderes políticos: prevenir o tráfico de pessoas enfrentando a demanda (2014) e o quadro jurídico internacional sobre o tráfico de pessoas (2012), e assumiu o compromisso de publicar outros documentos para ajudar os Estados-membros. Diversos relatórios publicados pela IOM e OIT mostram o compromisso crescente de toda a ONU quanto ao aprofundamento da compreensão do tráfico de pessoas e o trabalho incansável para eliminá-lo. Todas as pesquisas realizadas deixam claros os danos provocados às pessoas e às sociedades quando o crime do tráfico humano permeia o tecido social das nações.

Um importante relatório anual é publicado no Departamento de Estado dos Estados Unidos para monitorar e combater o tráfico de pessoas: o Relatório sobre o Tráfico de Pessoas (TIP).[26] Ele serve como importante ferramenta no combate ao tráfico de pessoas, além de ser

---

[25] Em 2015: The Role of Recruitment Fees and Abusive and Fraudulent Recruitment Practices of Recruitment Agencies in TiP; The Concept of "Exploitation" in the Trafficking in Persons Protocol, Trafficking in Persons for the Purpose of Organ Removal; em 2014: Global Report on Trafficking in Persons; The Role of "Consent" in the Trafficking in Persons Protocol; em 2010: Needs Assessment Toolkit on the Criminal Justice Response to Human Trafficking; International Framework for Action to Implement the Trafficking in Persons Protocol; UNODC Model Law against Trafficking in Persons.

[26] U.S. DEPARTMENT OF STATE. Under Secretary for Civilian Security, Democracy, and Human Rights. Office to Monitor and Combat Trafficking in Persons. Disponível em: <http://www.state.gov/j/tip/rls/tiprpt/index.htm>. Acesso em: 20/07/2016.

o recurso mais completo que temos à disposição sobre ações governamentais antitráfico humano.

O relatório é amplamente usado por organizações internacionais, governamentais e civis para examinar a realidade global do tráfico humano, a fim de que possam direcionar recursos para onde há mais necessidade. O governo dos Estados Unidos iniciou o relatório anual para demonstrar seu compromisso com uma questão-chave que toca os direitos humanos e a aplicação da lei e serve-se do relatório como sua principal ferramenta diplomática para engajar governos estrangeiros no combate ao tráfico. Seu propósito é fornecer uma visão global atualizada sobre a natureza e os fins do tráfico de pessoas e mostrar os dados apresentados pelos governos sobre os esforços e as políticas para confrontar e eliminar tal tráfico. E enquanto promove ações para combater o tráfico e conseguir recursos para programas de prevenção, proteção e repressão, o seu objetivo final é ajudar a libertar as vítimas e condenar os traficantes.

Há dados no relatório de mais de 170 países sobre o tráfico humano. As informações são coletadas pelas embaixadas americanas, pelos órgãos oficiais dos governos, pela sociedade civil, por organizações internacionais, por meio de relatórios e reuniões com jornalistas, sobreviventes, traficantes e acadêmicos, durante visitas aos países de todas as regiões do mundo.

Os países são classificados em três categorias, dependendo da conformidade dos seus governos com padrões mínimos para eliminar o tráfico, delineados na Lei de Proteção à Vítima do Tráfico de Pessoas (TVPA), dos Estados Unidos. Nenhum país está isento de problemas com o tráfico de pessoas, e estar classificado numa classe superior requer que o país continue dando sérios passos para combatê-lo e eliminá-lo. O relatório divide os países em três categorias, baseadas na sua conformidade à TVPA. Essas categorias são:

- Nível 1: Países cujos governantes cumprem plenamente os mínimos padrões da TVPA.
- Nível 2: Países cujos governantes não cumprem plenamente os mínimos padrões da TVPA, mas estão fazendo significativos esforços para se conformar a eles.

- Nível 2 (*Watchlist*): Países cujos governantes não cumprem plenamente os mínimos padrões da TVPA, mas estão fazendo significativos esforços para se conformar a eles, e a) o número absoluto de vítimas de graves formas de tráfico é muito significativo ou está crescendo significativamente; ou b) há falhas quanto ao fornecimento de provas de crescentes esforços para combater graves formas de tráfico de pessoas desde o ano anterior; ou c) a determinação de que um país está fazendo significativos esforços para se conformar aos mínimos padrões estava baseada no compromisso assumido de dar passos futuros adicionais durante o ano seguinte.

- Nível 3: Países cujos governantes não cumprem plenamente os mínimos padrões e não estão fazendo esforços significativos nesse sentido.

Ao mesmo tempo que o relatório tem sido útil na luta contra o tráfico, ele também tem sido objeto de análise e crítica. Alguns países veem problemas na metodologia de pesquisa; outros julgam que a crítica das medidas antitráfico deveria basear-se em padrões internacionais que os países desenvolveram em conjunto, aceitaram livremente e comprometeram-se a sustentar, e não tanto em critérios elaborados unilateralmente pelos políticos dos Estados Unidos.

Enquanto os Estados Unidos adotaram a TVPA em 2000 e começaram a publicar o relatório em 2001, eles não se incluíram na análise anual até 2010. Isso provocou certo ressentimento nos outros países, que foram julgados por padrões pelos quais o próprio país julgador não se responsabilizava, embora fosse responsável por defini-los.

Os Estados-membros, por meio da Resolução 68/192 da Assembleia Geral, definiram o dia 30 de julho como Dia Mundial Contra o Tráfico de Pessoas, a ser observado anualmente a partir de 2014. A ONU o designou Dia Internacional para chamar a atenção para um problema de interesse e preocupação internacional, para reforçar o impacto da questão em níveis nacional e internacional e encorajar todos os cidadãos do mundo a agir em relação ao tráfico humano. A celebração do Dia Mundial Contra o Tráfico Humano constitui um apelo feito a todas as pessoas para trazer as vítimas que estavam escondidas à luz do dia e assumir responsabilidades no enfrentamento das condições sistêmicas que permitem que o tráfico de pessoas se perpetue.

2.2 Avançando nas conquistas: o relator especial[27] e a programação em andamento

Em 2015, foram publicados pela ONU importantes documentos sobre o tráfico de pessoas: em abril, o relatório do relator especial sobre o tráfico humano, especialmente de mulheres e crianças,[28] por Maria Grazia Giammarinaro; em maio, a Resolução sobre a Implementação do Plano Global de Ação da ONU de Combate ao Tráfico de Pessoas;[29] e, em novembro, a Resolução sobre a Melhoria da Coordenação dos Esforços Contra o Tráfico de Pessoas.[30] Os Estados-membros demonstraram muita seriedade ao enfrentarem o tráfico de pessoas globalmente e em todas as suas dimensões.

A Agenda 2030 para o Desenvolvimento Sustentável, também aprovada em 2015, reflete muito o conteúdo do relatório e as decisões tomadas pela ONU. O Conselho de Direitos Humanos, a Assembleia Geral e o Conselho Econômico e Social, todos comprometidos com o combate ao tráfico humano por meio de seus relatórios e resoluções, é evidência concreta da seriedade com a qual os Estados-membros queriam eliminar esse crime de suas nações. Nesses documentos, há um repetido apelo aos Estados-membros para fortalecer seus compromissos políticos e

---

[27] O trabalho do relator especial tem de estar alinhado com os relevantes órgãos competentes da ONU, incluindo o Comitê para a Eliminação da Discriminação contra a Mulher, o Comitê sobre Direitos Econômicos, Sociais e Culturais, o Comitê de Direitos Humanos, o Comitê contra a Tortura, o Comitê para a Eliminação da Discriminação Racial, o Comitê para os Direitos da Criança e o Comitê para a Proteção dos Direitos de Todos os Migrantes Trabalhadores e Membros de suas Famílias.

[28] UNITED NATIONS. GENERAL ASSEMBLY. Report of the Special Rapporteur on trafficking in persons, especially women and children, Maria Grazia Giammarinaro, 31 March 2015. Disponível em: <http://www.un.org/en/ga/search/view_doc. asp?symbol=A/HRC/29/38>. Acesso em: 10/08/2016.

[29] UNITED NATIONS. ECONOMIC AND SOCIAL COUNCIL. Implementation of the United Nations Global Plan of Action to Combat Trafficking in Persons, 19 May 2015. Disponível em: <http://www.un.org/en/ga/search/view_doc.asp?symbol=E/CN.15/2015/L.4/Rev.1>. Acesso em: 10/08/2016.

[30] UNITED NATIONS. GENERAL ASSEMBLY. Improving the coordination of efforts against trafficking in persons. Disponível em: <http://www.un.org/en/ga/search/view_doc.asp?symbol=%20A/C.3/70/L.13/Rev.%201>. Acesso em: 10/08/2016.

prestar atenção às suas obrigações legais, para prevenir e combater o tráfico de pessoas. Além disso, os Estados-membros que não tinham ratificado a Convenção da ONU Contra o Crime Organizado Transnacional e o Protocolo Relativo à Prevenção, Repressão e Punição do Tráfico de Pessoas, em especial Mulheres e Crianças, deveriam tomá--los como prioridade a ser posta em prática o mais rápido possível. A vontade política é a medida do compromisso de uma nação no combate ao tráfico de pessoas.

Maior ênfase foi dada também aos direitos humanos na abordagem do tráfico de pessoas, para que fosse, ao mesmo tempo, sensível às questões de gênero[31] e de idade, reconhecendo as necessidades particulares de tais populações. Atenção especial foi recomendada às crianças, uma vez que os dados demonstravam um aumento no número de crianças exploradas sexualmente e pelo mercado do trabalho. Os trabalhos perigosos, sujos e degradantes e, às vezes, até mortais das sociedades foram rotineiramente sendo passados aos membros mais jovens da comunidade, muitas vezes após decepções e falsas promessas. Servindo-se de uma abordagem baseada nos direitos humanos para tratar dos fatores que levam pessoas mais vulneráveis a serem traficadas, isso ajuda a elaborar leis e políticas mais efetivas de prevenção do tráfico, de proteção das vítimas e de punição dos criminosos.

Um avanço animador no debate sobre o tráfico de pessoas foi uma menção explícita a algumas características societárias,[32] nem sempre mencionadas entre os fatores que tornam as pessoas mais vulneráveis ao tráfico humano. Entre elas estão: discriminação de gênero, exclusão e marginalização social, cultura de tolerância em relação à violência

---

[31] As mulheres são significativamente envolvidas no tráfico de pessoas, como vítimas e como criminosas. Os dados relacionados às mulheres referem-se às descobertas mais interessantes feitas pelo Relatório 2014 da UNDOC sobre tráfico de pessoas. O relatório confirma que mulheres e meninas são desproporcionalmente exploradas não apenas para fins sexuais, mas também laborais. Em algumas regiões, como na Ásia do Sul e do Leste, na África e no Oriente Médio, as mulheres são a maioria das pessoas exploradas para o trabalho forçado. Ver: <https://www.unodc.org/documents/data-and-analysis/glotip/GLOTIP_2014_full_report.pdf>. Acesso em: 10/08/2016.

[32] Fatores que tornam as pessoas vulneráveis ao tráfico incluem pobreza, desemprego, desigualdade, emergências humanitárias, incluindo conflitos armados, desastres naturais e violência sexual.

contra mulheres, jovens e crianças; a demanda que impulsiona todas as formas de tráfico e os bens e serviços produzidos como resultado do tráfico de pessoas; turismo sexual, especialmente para abusar de crianças; tráfico de homens e meninos.[33]

O tráfico de pessoas é um problema mundial e pode ocorrer em níveis regional, nacional, internacional e transcontinental. O relator especial sublinhou uma importante descoberta feita pelo Relatório Global de 2014, que mostra algumas tendências no que diz respeito ao tráfico humano, informação que poderá ajudar na formulação de abordagens efetivas para seu enfrentamento.

> Tendências recentes revelam que as vítimas tendem a ser traficadas de países mais pobres para os mais desenvolvidos dentro de uma mesma região. Da mesma forma, há uma correlação entre a riqueza de um país de destino (medida pelo produto interno bruto) e a porcentagem das vítimas traficadas provenientes de outra região (tráfico transregional). Países mais ricos atraem vítimas de uma variedade de origens e países, enquanto países menos ricos são mais afetados por fluxos de tráfico doméstico ou sub-regional.[34]

Há um forte apelo para aumentar os esforços por parte de todos os Estados-membros para criminalizar o tráfico de pessoas em todas as suas formas. O relator especial[35] deu uma ampla lista de medidas, delineando o que os governantes deviam considerar.

---

[33] Homens e meninos podem tornar-se vítimas do tráfico, particularmente para o trabalho forçado e, em proporção menor, para exploração sexual. Contudo, a falta de consciência sobre o envolvimento de homens como pessoas traficadas resultou em falhas de identificação e significativa discriminação em relação às vítimas masculinas, especialmente no que se refere ao acesso à proteção e assistência.

[34] UNITED NATIONS. GENERAL ASSEMBLY. Report of the Special Rapporteur on trafficking in persons, especially women and children, Maria Grazia Giammarinaro, 31 March 2015, n.9, p. 6. Disponível em: <http://www.un.org/en/ga/search/view_doc.asp?symbol=A/HRC/29/38>. Acesso em: 10/08/2016.

[35] É clara a referência feita a outros relatórios, como, por exemplo: Relatório sobre os Direitos Humanos dos Migrantes; Relatório sobre Formas Contemporâneas de Escravidão, incluindo suas causas e consequências; Relatório sobre Venda de Crianças, Prostituição e Pornografia Infantil.

[...] o relator especial assumirá e desenvolverá uma ampla compreensão do tráfico para qualquer propósito ilícito. Isso inclui – mas não se limita a – tráfico de adultos e crianças para fins sexuais, para exploração laboral, para adoção abusiva e para participação em conflitos armados; tráfico de mulheres, homens e crianças para trabalho forçado e outras formas de exploração, tais como exploração em atividades ilícitas ou criminosas, mendicância forçada ou organizada; tráfico de mulheres e meninas para casamentos forçados e servis, exploração sexual e trabalho forçado, incluindo servidão doméstica; e tráfico de pessoas para remoção de órgãos (A/HRC/26/37, parágrafo 36).[36]

Ao mesmo tempo que condenam o tráfico de pessoas em todas as suas formas, as nações devem também se comprometer em investigar, processar e penalizar os traficantes e os intermediários que facilitam e participam em suas atividades criminais. Os Estados-membros devem demostrar que desejam assimilar e cumprir plenamente as leis internacionais sobre direitos humanos, refugiados, migrantes, ajuda humanitária e trabalho. Se, por um lado, os traficantes têm de ser responsabilizados por seus crimes, por outro as vítimas do tráfico devem ser amparadas com proteção e assistência para começar o processo de cura e reintegração na sociedade. O "piso de proteção social"[37] deve ser extensivo a todos.

Uma primeira preocupação em todas as estratégias para assistir as vítimas do tráfico tem de ser o compromisso de dar-lhes um remédio rápido e eficiente. Isso deveria incluir: restituição, reabilitação, compensação, satisfação e garantias de não repetição. Um dos obstáculos a ser superado é fazer com que a prestação de serviços dependa da

---

[36] UNITED NATIONS. GENERAL ASSEMBLY. Report of the Special Rapporteur on trafficking in persons, especially women and children, Maria Grazia Giammarinaro, 31 March 2015, n. 52, p. 15. Disponível em: <http://www.un.org/en/ga/search/view_doc.asp?symbol=A/HRC/29/38>. Acesso em: 10/08/2016.

[37] Para uma compreensão mais completa sobre "piso de proteção social", ver: INTERNATIONAL LABOR ORGANIZATION. Social Protection Floor. Disponível em: <http://www.ilo.org/secsoc/areas-of-work/policy-development-and-applied-research/social-protection-floor/lang--en/index.htm>. Acesso em: 10/08/2016; ORGANIZAÇÃO INTERNACIONAL DO TRABALHO. Piso de Proteção Social para uma Globalização Equitativa e Inclusiva. Genebra, 2011, p. 9. Disponível em: <http://www.ilo.org/public/portugue/region/eurpro/lisbon/pdf/pub_relatbachelet.pdf>. Acesso em: 10/08/2016.

capacidade ou disposição da vítima de cooperar com procedimentos legais. Uma avaliação completa da resposta adequada contra o tráfico humano em nível nacional ajudará a identificar as barreiras que impedem o acesso ao remédio: se a responsabilidade do Estado afeta ou não a forma de reparação oferecida; quais são as formas de reparação à disposição das vítimas; a facilidade de acesso ao fundo de compensação para as vítimas; e as condições para a proteção dos direitos das vítimas em acordos fora do tribunal.

Melhorar o acesso à justiça para todos, incluindo as vítimas do tráfico, é um elemento constitutivo importante de uma sociedade sadia, que busca promover e proteger o bem comum enquanto serve todos os seus membros. Os governantes estão começando a entender que a justiça para todos é essencial, caso se queira alcançar os objetivos propostos. Nesse sentido, a Agenda 2030 é uma oportunidade efetiva para avaliar as conquistas, as dificuldades e os desafios, inclusive em relação à implementação dos instrumentos legais que garantam maior respeito aos direitos humanos e reforcem o combate ao tráfico de pessoas.

Se é importante reagir diante das crises, os Estados-membros foram progressivamente percebendo a necessidade de fortalecer estratégias preventivas para poder erradicar o tráfico de pessoas da própria nação. Mais ainda, eles se deram conta de que tais esforços deveriam assegurar a participação de toda a ONU, seus Estados-membros e todas as partes interessadas, incluindo o setor privado, as organizações da sociedade civil, o público em geral e a mídia nacional e internacional.

3. O caminho a seguir: a Agenda 2030 para o desenvolvimento sustentável

Como os Estados-membros trabalharam para negociar os Objetivos do Desenvolvimento Sustentável que pretendiam guiar uma agenda universal e transformativa até 2030, ativistas da sociedade civil, governantes e agências da ONU empenharam-se para que fossem o mais inclusivo possível.[38] Nos dois anos do processo de discussão, consulta

---

[38] No preâmbulo da Agenda 2030 temos cinco elementos constitutivos que devem ser considerados em conjunto para que os objetivos sejam alcançados. *Pessoas:* "Estamos determinados a acabar com a pobreza e a fome, em todas as suas formas e

e negociação sob a liderança de um Grupo de Trabalho Aberto, um documento de consenso sobre os Objetivos do Desenvolvimento Sustentável foi formalmente aprovado pela Assembleia Geral, em setembro de 2015.[39]

Todos tinham clareza de que eram muitos os problemas transnacionais que afetavam os bens comuns em nível global, e que eles deveriam ser tratados de maneira sustentável e equitativa. Cada nação teria de melhorar sua resposta aos problemas sociais que a afligiam. As soluções deviam ser sustentáveis e os padrões de vida dos estratos menos favorecidos deviam ser melhorados de forma sustentável, para realmente se eliminar a pobreza extrema. O processo deveria ser efetivamente monitorado e constantemente avaliado.

O tráfico de pessoas foi incluído como uma das preocupações a serem enfrentadas pelos dezessete objetivos globais para chegar a um desenvolvimento sustentável. Eles são apresentados aqui com os objetivos e as metas que foram votados para fazer parte da agenda:

dimensões, e garantir que todos os seres humanos possam realizar o seu potencial em dignidade e igualdade, em um ambiente saudável"; *planeta:* "Estamos determinados a proteger o planeta da degradação, sobretudo por meio do consumo e da produção sustentáveis, da gestão sustentável dos seus recursos naturais e tomando medidas urgentes sobre a mudança climática, para que ele possa suportar as necessidades das gerações presentes e futuras"; *prosperidade:* "Estamos determinados a assegurar que todos os seres humanos possam desfrutar de uma vida próspera e de plena realização pessoal, e que o progresso econômico, social e tecnológico ocorra em harmonia com a natureza"; *paz:* "Estamos determinados a promover sociedades pacíficas, justas e inclusivas que estejam livres do medo e da violência. Não pode haver desenvolvimento sustentável sem paz e não há paz sem desenvolvimento sustentável"; *parcerias:* "Estamos determinados a mobilizar os meios necessários para implementar esta Agenda por meio de uma Parceria Global para o Desenvolvimento Sustentável revitalizada, com base num espírito de solidariedade global reforçada, concentrada em especial nas necessidades dos mais pobres e mais vulneráveis e com a participação de todos os países, todas as partes interessadas e todas as pessoas". ONUBR. NAÇÕES UNIDAS NO BRASIL. Transformando nosso mundo: A Agenda 2030 para o Desenvolvimento Sustentável. Preâmbulo, New York, 2015. Disponível em: <https://nacoesunidas.org/pos2015/agenda2030/>. Acesso em: 10/08/2016.

[39] O documento do Grupo de Trabalho Aberto pode ser acessado em: UNITED NATIONS. GENERAL ASSEMBLY. Report of the Open Working Group of the General Assembly on Sustainable Development Goals, 12 August 2014. Disponível em: <http://undocs.org/A/68/970>. Acesso em: 10/08/2016.

5.2 – eliminar todas as formas de violência contra as mulheres e as meninas nas esferas públicas e privadas, incluindo o tráfico, o abuso sexual e outros tipos de exploração;

8.7 – tomar medidas imediatas e efetivas para erradicar o trabalho forçado, acabar com a escravidão moderna e com o tráfico humano e assegurar a proibição e eliminação das piores formas de trabalho infantil, incluindo recrutamento e uso de crianças-soldados e, até 2025, acabar com todas as formas de trabalho infantil;

16.2 – acabar com o abuso, a exploração, o tráfico humano e todas as formas de violência e tortura de crianças.

Os objetivos aos quais essas metas correspondem são: Objetivo 5 – "Alcançar a igualdade de gênero e empoderar todas a mulheres e meninas"; Objetivo 8 – "Promover o crescimento econômico sustentado, inclusivo e sustentável, emprego pleno e produtivo e trabalho decente para todos"; Objetivo 16 – "Promover sociedades pacíficas e inclusivas para o desenvolvimento sustentável, proporcionar o acesso à justiça para todos e construir instituições eficazes, responsáveis e inclusivas em todos os níveis".[40] As metas são uma clara indicação de que os Estados-membros estão comprometidos em combater o tráfico de pessoas de maneira holística e sistêmica dentro de seus próprios países e de que reconhecem que nenhuma nação está isenta desse tipo de crime. Ainda mais, orientar as metas para esses três objetivos indica as forças sociais que mais impactam o tráfico de pessoas.[41] Atenção especial é dada à exploração de crianças pelo tráfico, seja para o trabalho ou para fins sexuais. Isso indica a presença generalizada desse mais terrível crime no mundo.

---

[40] Ver: <https://nacoesunidas.org/pos2015/agenda2030/>.

[41] Reforçando a importância da ligação entre o tráfico de pessoas e a Agenda 2030, a UNODC promoveu uma importante Conferência na Sede da Organização das Nações Unidas (UNHQ – New York), em fevereiro de 2016: "Parceria e Coordenação Reforçadas para Parar o Tráfico Humano: Erradicando a Escravidão Moderna por meio do Desenvolvimento Sustentável". Durante a conferência foi lançada uma ação conjunta EU-UNODC para o período de quatro anos, a fim de prevenir e enfrentar o tráfico de pessoas e o contrabando de migrantes, o que responderá às necessidades de treze países na África, Ásia, Europa Oriental e América Latina.

Logo depois da adoção da Agenda 2030, a OIT começou construir uma aliança para alcançar a meta 8.7. Essa aliança entre os países interessados reuniu, *inter alia*, governantes, empregadores, sindicatos, organizações civis e religiosas, acadêmicos e mídia para partilhar conhecimentos e experiências e organizar atividades conjuntas e concentrar esforços na consecução dessa meta.[42] Para a OIT, soluções efetivas e sustentáveis já estão sendo utilizadas nos vários setores, mas são amplamente conhecidas. Com modificações que respeitem a cultura, as capacidades e os recursos de outras nações, as mesmas soluções poderiam ser utilizadas em outros lugares. Buscar a integração de perspectivas complementares é mais importante do que fomentar a competição entre os Estados-membros se se quiser, de fato, mudar a realidade. Associados. Focando nas raízes do problema, na prevenção, em políticas sustentáveis, em legislação significativa e em execução eficaz, a meta 8.7 se torna viável.

4. Grandes deslocamentos de refugiados e migrantes

Todas as pessoas têm o direito de migrar. No entanto, estamos testemunhando grandes deslocamentos de pessoas, nem sempre como resultado de uma escolha livre ou do desejo de viver em outro lugar. Tais fluxos tendem a ser ainda maiores devido a conflitos violentos, terrorismo, pobreza, desigualdade, mudanças climáticas, calamidades e degradação ambiental. Com o crescimento global da xenofobia e da instabilidade econômica, as pessoas que migram, independentemente da própria motivação, são vistas como perigosas, violentas e sem referência moral. O medo generalizado criou um clima de hostilidade e exclusão em relação a migrantes, refugiados, vítimas do tráfico humano e do trabalho forçado. Pelo fato de o estranho e do recém-chegado serem vistos de modo tão negativo, as posturas em relação a eles também são, na maioria das vezes, inadequadas.

---

[42] A OIT não considera o trabalho como assunto a ser abordado de forma isolada. Para ela, o alcance da meta 8.7 está diretamente relacionado ao sucesso da implementação dos seguintes objetivos: 1 – acabar com a pobreza; 4 – assegurar educação; 5 – alcançar igualdade de gênero; 8 – promover trabalho decente; 10 – reduzir a desigualdade; 16 – promover paz e justiça.

O secretário-geral da ONU, Sr. Ban Ki-Moon, em seu relatório de 9 de maio de 2016 – portanto, antecedendo a Reunião de Alto Nível para Abordar os Grandes Movimentos de Refugiados e Migrantes, em 19 de setembro de 2016 –, alertou os Estados-membros a respeito dos consideráveis riscos, caso optassem por não enfrentar tais problemas. Ele, enfaticamente, dirigiu-se à comunidade mundial dizendo:

> Se não agarrarmos esta oportunidade para reforçar o respeito pelas leis internacionais, pôr em prática novas abordagens e fortalecer nossas respostas conjuntas, nós provavelmente veremos perda ainda maior de vidas e aumento de tensões entre os Estados-membros e dentro de suas comunidades. Mais refugiados e migrantes morrerão em trânsito. Quadrilhas transnacionais de migrantes, redes de tráfico de pessoas continuarão a florescer, aumentando a exploração dos mais vulneráveis. Os direitos e a dignidade de milhões de seres humanos poderão ser ainda mais diminuídos se eles padecerem nos campos ou nas margens das cidades sem acesso às condições básicas, sem meios de subsistência e sem oportunidades de renda. Com milhões de crianças sem escolas e milhões de adultos sem possibilidade de auferir um rendimento, a promessa que fizemos um ano atrás de "não deixar ninguém para trás" corre o risco de se tonar um mero clichê, com consequências de grandíssimo alcance.[43]

De acordo com o secretário, quando as nações falham no enfrentamento das crises humanitárias, um vazio é criado nessas sociedades e preenchido por indivíduos perigosos que acabam explorando as pessoas mais vulneráveis. Com grandes grupos de pessoas se deslocando, indivíduos criminosos têm se servido dos fluxos migratórios para mover as pessoas que eles exploram. Contrabando e tráfico de pessoas são crimes diferentes,[44] mas as pessoas surpreendidas em ambas as

---

[43] UNITED NATIONS. GENERAL ASSEMBLY. Report of the Secretary-General, 09 May 2016. In Safety and Dignity: Addressing Large Movements of Refugees and Migrants, n. 7, p. 3. Disponível em: <http://www.un.org/pga/70/wp-content/uploads/sites/10/2015/08/21-Apr_Refugees-and-Migrants-21-April-2016.pdf>. Acesso em: 20/08/2016.

[44] "Enquanto contrabandistas facilitam a movimentação irregular de indivíduos pelas fronteiras internacionais como um negócio ilícito, traficantes usam força, coerção ou embustes para explorar esses indivíduos de vários modos, inclusive para fins sexuais e trabalho forçado." In: UNITED NATIONS. GENERAL ASSEMBLY.

situações, além de serem profundamente desrespeitadas quanto a seus direitos fundamentais, estão desprovidas de efetiva proteção legal. Ficando perdidas no meio da multidão durante os deslocamentos, elas são frequentemente criminalizadas por não utilizar o sistema regular de migração. Mesmo sendo difícil precisar o número exato, há um consenso entre aqueles que estudam esse assunto de que o risco do tráfico tende a aumentar com o vasto movimento de refugiados e migrantes.[45] Para ajudar a eliminar os crimes de contrabando e tráfico humano, seria importante aumentar as oportunidades de migrações seguras, regulares e ordenadas, tanto no cruzamento de fronteiras quanto na travessia de mares.

> Os Estados-membros também têm a obrigação de desmontar os esquemas de contrabando e as redes de tráfico humano, prender e processar os criminosos que se beneficiam desses crimes. As políticas marítimas e de fronteiras, incluindo os protocolos de desembarcação, deveriam ser conformes aos padrões de direitos humanos e ao imperativo humanitário de "resgatar primeiro e depois fazer perguntas". Eu chamei a atenção dos Estados-membros para rever a legislação e o sistema penal de seus países, a fim de garantir que fiquem de acordo com os padrões internacionais no que se refere ao contrabando, ao tráfico, à segurança marítima e à gestão das fronteiras.[46]

Reconhecendo que grandes deslocamentos de pessoas refugiadas e migrantes podem incluir vítimas do tráfico humano e que algumas pessoas que inicialmente eram migrantes ou refugiadas acabaram se

---

Report of the Secretary-General, 09 May 2016. In Safety and Dignity: Addressing Large Movements of Refugees and Migrants, n. 31, p. 9. Disponível em: <http://www.un.org/pga/70/wp-content/uploads/sites/10/2015/08/21-Apr_Refugees-and--Migrants-21-April-2016.pdf>. Acesso em: 20/08/2016.

[45] UNITED NATIONS. GENERAL ASSEMBLY. Report of the Special Rapporteur on trafficking in persons, especially women and children, Joy Ngozi Ezeilo, 27 March 2014. Disponível em: <http://undocs.org/A/HRC/26/37/Add.2>. Acesso em 20/08/2016.

[46] UNITED NATIONS. GENERAL ASSEMBLY. Report of the Secretary-General, 09 May 2016. In: Safety and Dignity: Addressing Large Movements of Refugees and Migrants, n. 54, p. 15. Disponível em: <http://www.un.org/pga/70/wp-content/uploads/sites/10/2015/08/21-Apr_Refugees-and-Migrants-21-April-2016.pdf>. Acesso em: 20/08/2016.

tornando vítimas do tráfico humano, o documento de 19 de setembro incluiu o tráfico de pessoas. Os artigos mais relevantes são os que se referem aos compromissos de: "encorajar a ratificação, o acesso e a implementação de instrumentos internacionais relevantes para prevenir e combater o tráfico de pessoas e o contrabando de migrantes" (34); "vigorosamente combater o tráfico humano e o contrabando de migrantes visando à eliminação de ambos por meio de medidas específicas para identificar as vítimas..." (35); "desmantelar e eliminar as redes criminosas envolvidas", rever as própria legislação para assegurar conformidade "com o direito internacional sobre contrabando de migrantes, tráfico humano e segurança marítima" [...], "implementar o Plano Global de Ação da ONU para o Combate do Tráfico de Pessoas", "estabelecer ou atualizar, conforme o caso, políticas nacionais e regionais antitráfico humano" (36).[47]

Os Estados-membros também iniciaram o processo de negociações intergovernamentais, em vista da adoção de um Pacto Global para a Migração Segura, Ordenada e Regular.[48] Com tal pacto, um consenso entre os Estados-membros da ONU poderia levar a estabelecer pontos de referência comuns para uma ampla cooperação internacional, no que se refere aos migrantes e à mobilidade humana. Isso também contribuiria para melhorar a governança global e a coordenação dos esforços para lidar com a migração em todas as suas dimensões, incluindo a humanitária e as relacionadas aos direitos humanos.

É importante ter presente o trabalho dos relatores especiais. Sendo eles observadores objetivos, livram-se de pressões que muitas vezes são impostas a agentes do governo ou de instituições privadas e brindam a comunidade mundial com uma compreensão mais apurada do tráfico de pessoas por meio dos seus relatórios: Relator Especial sobre os

---

[47] UNITED NATIONS. GENERAL ASSEMBLY. Resolution 71/1 of 19 September 2016. New York Declaration for Refugees and Migrants. Disponível em: <http://www.un.org/en/ga/search/view_doc.asp?symbol=A/RES/71/1>. Acesso em: 10/11/2016.

[48] Trata-se de uma nova agenda, chamada de "Pacto Global para a Migração Segura, Ordenada e Regular", que deverá ser adotada em 2018 e estabelecerá uma série de princípios e compromissos entre os governos para melhorar a coordenação sobre a migração internacional.

Direitos Humanos dos Migrantes; Relator Especial sobre Formas Contemporâneas de Escravidão; Relatório Especial sobre Venda de Crianças, Prostituição e Pornografia Infantil.

Como podemos ver, há muitas pessoas e organizações, agências e comissões, relatórios e reuniões de cúpula, resoluções e acordos voltados para o combate ao tráfico de pessoas por meio da ONU. Também ficou claro que é um problema sem fronteiras, que tem de ser abordado em toda a sua complexidade. Nenhuma instância, sozinha, consegue ter total compreensão de todas as nuances do tráfico de pessoas. Nenhuma nação, sozinha, consegue proteger suas fronteiras. O trabalho coletivo, as parcerias, os esforços conjuntos, a partilha de recursos e as políticas comuns são fundamentais, se quisermos eliminar o tráfico de pessoas.

5. A participação da sociedade civil é essencial

Durante o desenvolvimento das respostas da ONU sobre o tráfico de pessoas, os Estados-membros tomaram consciência de que sem a participação da sociedade civil nenhuma mudança seria possível. Mais ainda, eles parecem ter entendido que as práticas efetivas já em andamento por parte de ativistas e agências deveriam servir de modelo para os governantes garantirem que as vítimas são assistidas e que precisas informações sobre a realidade do tráfico de pessoas em seus países poderiam ser reunidas.

Prioridade dada às pessoas, direitos humanos, abordagem participativa vendo sendo as características das respostas que a sociedade civil tem dado ao problema do tráfico de pessoas, sobretudo no que se refere às vítimas. As causas profundas e os problemas sistêmicos que apoiam e sustentam o tráfico de pessoas têm sido consistentemente destacados por membros da sociedade civil envolvidos com o assunto.

Muito antes que a globalização fosse identificada e caracterizada, as organizações civis tinham respondido às necessidades humanas das pessoas em suas comunidades locais e nacionais. Elas trabalharam para criar mudanças sistêmicas, a fim de que um ambiente favorável para o crescimento e desenvolvimento de todas as pessoas, incluindo as populações mais vulneráveis, fosse possível. Suas maiores preocupações foram a pobreza, a desigualdade, a corrupção, a falta de oportunidade educativa, o acesso aos cuidados da saúde, a discriminação e a violência de gênero, a desigualdade racial e a migração como fatores subjacentes que favorecem ou mantêm a prática criminal do tráfico de pessoas. Mais ainda, a sociedade civil tem alertado para a incompetência governamental que perpetua estruturas de exclusão, marginalização e discriminação, em vez de eliminá-las. Lisa Cahill, por exemplo, tem refletido sobre a linguagem que é muito usada na sociedade civil a respeito dos direitos humanos para todos os cidadãos. Suas reflexões teológicas são aplicáveis ao trabalho que a sociedade civil realiza na luta contra o tráfico de pessoas. Ela confronta a extrema desigualdade que existe no mundo e mostra que a herança preconceituosa manifestada pelo classismo, racismo e sexismo está dificultando a realização da dignidade das pessoas.

> Termos modernos como *dignidade humana, humanidade completa, democracia, direitos humanos, igualdade, solidariedade e igual oportunidade* são formas de desafiar padrões de acesso injustos. Esta linguagem representa um *ethos* social, político e legal no qual a participação no bem comum e o acesso aos bens básicos da sociedade são universalmente partilhados, ainda que em muitos modelos culturais possíveis. Esta é a moderna definição de justiça social, que é um constituinte indispensável da Teologia Moral contemporânea.[49]

A sociedade civil sempre defendeu a ideia de que as pessoas devem ter acesso às condições básicas que permitem a sobrevivência, a comunidade, o desenvolvimento social e a criação da cultura. Em sintonia com as frequentes referências feitas pela ONU de que todas as pessoas precisam viver livres de medos e pressões e ter suas necessidades básicas atendidas, a sociedade civil tem procurado criar condições para o desenvolvimento humano integral e tomado iniciativas para advogar a favor da implementação e da garantia do "piso de proteção social para uma globalização equitativa e inclusiva", da OIT.[50]

---

[49] CAHILL, Lisa S. Teologia moral. Da mudança evolucionária para revolucionária. In: KEENAN, J. (Org.). *Ética teológica católica no contexto mundial.* Aparecida: Santuário, 2010, p. 390.

[50] O Piso de Proteção Social "é um conjunto integrado de políticas sociais concebido

As muitas formas de pobreza que existem no mundo dificultam o progresso de sociedades inteiras e provocam um impacto extremamente negativo sobre os que vivem na pobreza. Duas formas de pobreza têm de ser enfrentadas imediatamente: material e moral. A pobreza material impede as pessoas de realizar o seu potencial pela falta de recursos e oportunidades. A pobreza moral leva as pessoas ao egoísmo que se expressa em ganância e arrogância. Todas as formas de pobreza expõem as pessoas à exploração por pessoas inescrupulosas e amorais. A pobreza é um solo fértil para o tráfico de pessoas.

Ronaldo Zacharias, um renomado teólogo salesiano do Brasil, escreveu eloquentemente sobre a natureza insidiosa da pobreza generalizada. O que ele diz sobre a insensibilidade em relação ao sofrimento que enfrentam os pobres no Brasil tem uma aplicação mais ampla e destaca algumas das forças motivadoras por trás do tráfico de pessoas.

> A pobreza, em todas as suas formas desumanizadoras, tem-se tornado uma praga que se manifesta de diversas formas: falta de comida, de habitação, de trabalho, de assistência médica e de respeito à dignidade humana de cada pessoa. E todos assistem tranquilamente como extremas formas de pobreza têm dado origem a explosivos conflitos sociais. A globalização da miséria constitui para nós um desafio de proporções incalculáveis: como podemos começar a responder às necessidades dos excluídos, dos marginalizados e daqueles que perderam tudo?[51]

Nós só poderemos responder às necessidades dos outros se reconhecermos nossa comum humanidade e dignidade. Membros da sociedade civil que lutam para superar o tráfico de pessoas começam seu trabalho com respeito pelo valor de todas as pessoas. De sua posição privilegiada na sociedade, eles acabam dando voz às vítimas sem voz. Em seus trabalhos de combate ao tráfico de pessoas, acredito que muitas

---

para garantir a segurança de renda e o acesso universal a serviços sociais, com atenção particular aos grupos vulneráveis, além de proteção e empoderamento de indivíduos ao longo do seu ciclo de vida". In: ORGANIZAÇÃO INTERNACIONAL DO TRABALHO. Piso de Proteção Social para uma Globalização Equitativa e Inclusiva. Genebra, 2011, p. 9. Disponível em: <http://www.ilo.org/public/portugue/region/eurpro/lisbon/pdf/pub_relatbachelet.pdf>. Acesso em: 10/08/2016.

[51] ZACHARIAS, Ronaldo. Sonhando com uma nova Teologia Moral para o Brasil. In: KEENAN. Ética teológica católica, p. 203.

organizações da sociedade civil usam a metodologia do Papa João XXIII, apresentada na Encíclica *Mater et Magistra*, de 1961:

> Para levar a realizações concretas os princípios e as diretrizes sociais, passa-se ordinariamente por três fases: estudo da situação; apreciação da mesma à luz desses princípios e diretrizes; exame e determinação do que se pode e deve fazer para aplicar os princípios e as diretrizes à prática, segundo o modo e no grau que a situação permite ou reclama. São os três momentos que habitualmente se exprimem com as palavras seguintes: *ver, julgar e agir.*[52]

Uma vez que os agentes da sociedade civil estão em contato direto com o povo e as comunidades afetadas pelo tráfico de pessoas, eles são as pessoas mais adequadas para descrever o custo humano do tráfico para suas vítimas. Eles vêm pessoas, não apenas estatísticas. Eles se deparam com violência e violação toda vez que olham nos olhos das vítimas ou das famílias que elas deixaram para trás. Eles advogam com compaixão ao responder às necessidades das vítimas com as quais se encontram e, por isso, são as pessoas mais indicadas para dizer o que funciona ou não no combate ao tráfico.

A sociedade civil trabalha para superar todas as forças que levam à desumanização e demonização do "outro". A violência sistêmica, que é desigualdade, pobreza e injustiça emanando da desigualdade social e econômica, precisa acabar. A ênfase precisa ser dada à justiça restaurativa, que infunde esperança nas vítimas. É assim que se inicia o processo de transformação das atitudes sociais em relação às pessoas mais vulneráveis, especialmente as que vivem na pobreza. As pessoas que foram traficadas passam a ser vistas como pessoas dignas de cuidado e os serviços a elas prestados como ajuda para que superem o trauma que experimentaram como resultado do tráfico. O foco é posto sempre na pessoa e no cuidado, e não na criminalização das vítimas.

Laurenti Magesa, ao referir-se à história da África, tem presente a escravidão e o colonialismo como tragédias incomparáveis na história da humanidade, em termos de "crueldade e destruição da dignidade e

---

[52] PAPA JOÃO XXIII. Carta Encíclica *Mater et Magistra*, sobre a evolução da questão social à luz da doutrina cristã. 11. ed. São Paulo: Paulinas, 2001, n. 232.

identidade humanas", a ponto de comprometerem a percepção que os próprios povos africanos têm de si, "como realmente 'não povos', cuja vida e civilização não são de muita significação, se na verdade não para qualquer um, para a humanidade". Para ele,

> a insegurança africana é, talvez, o mais abrangente fator na "pobreza antropológica" da África, a espécie de pobreza que não é simplesmente material, mas afeta a própria personalidade. Ela tem enormes consequências éticas; uma delas é a situação psicológica que instintivamente obstrui a iniciativa em muitas áreas de desenvolvimento pessoal e social.[53]

O que Magesa diz sobre os efeitos mutilantes da pobreza antropológica na África proporciona uma visão profunda sobre a psicologia das vítimas do tráfico de pessoas e suas famílias. Imobilizadas por um sentimento de pouca valia, as pessoas marginalizadas e excluídas são mais suscetíveis de serem traficadas.

As vítimas do tráfico frequentemente também se sentem emocionalmente presas. Elas podem se sentir tão vinculadas aos seus traficantes e abusadores que acabam não vendo outra possiblidade de vida além da submissão a eles. Alguns chegam a desenvolver a chamada Síndrome de Estocolmo. As agências da sociedade civil que lidam com as vítimas têm constatado a necessidade de enfrentar problemas de saúde psicológica que emergiram da exploração. Mais e mais, os grupos estão buscando incluir serviços de saúde mental nos planos de ação governamentais elaborados para assistir as vítimas do tráfico.

Insights advindos de Paulo Freire ajudaram muito nesse trabalho. Freire enfocou seus esforços em ajudar as pessoas oprimidas a se libertarem de seus opressores. Seu método para superar a psicologia da opressão consiste em reforçar o empoderamento das vítimas por meio de um processo de conscientização[54] que leve as pessoas a conhecer

---

[53] MAGESA, Laurenti. Posicionando a Igreja entre os miseráveis da terra. In: KEENAN. *Ética teológica católica*, p. 85.

[54] De acordo com o Instituto Freire, conscientização é o processo de desenvolvimento de uma consciência crítica a respeito de uma realidade social através da reflexão e da ação. A ação é fundamental porque é o processo de mudança da realidade. Paulo Freire diz que todos nós adquirimos mitos que têm uma tendência dominante, e o

bem a própria situação e, assim, poder tomar as decisões necessárias para melhorá-la.

> E aí está a grande tarefa humanista e histórica dos oprimidos: libertar-se a si e aos opressores. Estes, que oprimem, exploram e violentam, em razão de seu poder, não podem ter, neste poder, a força de libertação dos oprimidos nem de si mesmos. Só o poder que nasça da debilidade dos oprimidos será suficientemente forte para libertar a ambos. Por isto é que o poder dos opressores, quando se pretende amenizar ante a debilidade dos oprimidos, não apenas quase sempre se expressa em falsa generosidade, como jamais a ultrapassa. Os opressores, falsamente generosos, têm necessidade, para que a sua "generosidade" continue tendo a oportunidade de realizar-se, da permanência da injustiça. A "ordem social injusta é a fonte geradora, permanente, desta 'generosidade' que se nutre da morte, do desalento e da miséria. Daí o desesperto desta 'generosidade' diante de qualquer ameaça, embora tênue, à sua fonte".[55]

Até mesmo quando as pessoas ficam livres de seus traficantes, muitas experienciam certo desespero devido ao que elas percebem ser uma falta de opções viáveis. Suas vidas estão cheias de inseguranças físicas, emocionais, psicológicas, financeiras e sociais, tensão financeira e exclusão social nas comunidades que as acolhem. Isso muitas vezes as exclui do acesso à educação, cuidados de saúde, moradia e serviços legais. Por tudo isso, essas pessoas também têm acesso limitado ao trabalho no mercado formal, tornam-se mais vulneráveis à exploração na economia informal ou voltam a ser vítimas do tráfico.

As organizações da sociedade civil são diligentes no trabalho com as famílias que vivem na pobreza, educando os pais desesperados a não entregarem seus filhos a pessoas que prometem boa recompensa financeira ou estudos para eles. Tais organizações têm sido também diligentes no combate ao turismo sexual – que muitas vezes envolve também crianças –, pressionando para que se aprovem e reforcem leis

---

aprendizado é um processo crítico que depende da descoberta dos problemas reais e das necessidades atuais. Ver: <http://www.freire.org/component/easytagcloud/118-module/conscientization/>. Acesso em: 20/08/2016.

[55] FREIRE, Paulo. *Pedagogia do oprimido*. 24. ed. Rio de Janeiro: Paz e Terra, 1997, p. 30-31.

que punam os compradores de "pacotes sexuais", liderando protestos e campanhas públicas de conscientização nos grandes eventos esportivos e estabelecendo parceria com empresas de comunicação para que parem de incentivar os clientes a consumir negócios antiéticos e criminosos, incluindo a prostituição.

Abre-se, hoje, um novo panorama a ser urgentemente enfrentado, o do crescimento do "negócio" sexual virtual, que envolve todos os países e se expande de forma assustadora. Embora algumas iniciativas de combate aos crimes sexuais virtuais já tenham sido tomadas – A Força Tarefa Global Virtual; A Aliança Global Contra o Abuso Sexual Infantil Virtual; O Fórum Internacional de Boas Práticas; A Rede de Proteção Global Virtual; A ECPAT Internacional –, muita coisa ainda deve ser feita. Os dados estatísticos são perturbadores – a grande maioria de crianças retratadas em materiais sexualmente abusivos beira os 10 anos de idade – e, mesmo assim, não conseguem capturar plenamente a profundidade da dor e do sofrimento provocados na vida de tantas vítimas.

6. Não à indiferença!

Um dos objetivos das organizações da sociedade civil é superar a indiferença tão comum por parte das pessoas que não têm uma experiência direta sobre um determinado assunto. Muitas pessoas demonstram certa propensão a fechar os olhos diante de problemas que preferem não ver ou que acreditam não valer a pena enfrentar.

O pesquisador Kevin Bales[56] fez um excelente trabalho para levantar o véu que cobre a escravidão moderna e o tráfico de pessoas. Se, por um lado, a pesquisa é importante, por outro, o testemunho daqueles que experimentaram isso na própria pele é um dos mais convincentes

---

[56] Ver: BALES, Kevin. *Disposable People: New Slavery in the Global Economy* (1999; 2004; 2012); *Understanding Global Slavery: A Reader* (2005); *New Slavery: A Reference Handbook* (2005); *Ending Slavery: How We Free Today's Slaves* (2007); BALES, Kevin; TROOD, Zoe. *To Plead Our Own Cause: Personal Stories by Today's Slaves* (2008); BALES, Kevin; MALBERT, Roger; SEALY, Mark. *Documenting Disposable People: Contemporary Global Slavery* (2008); BALES, Kevin; SOODALTER, Ron. *The Slave Next Door: Human Trafficking and Slavery in America Today* (2009); BALES, Kevin; TROOD, Zoe; WILLIAMSON, Alex Kent. *Modern Slavery: The Secret World of 27 Million People* (2009); BALES, Kevin. *Blood and Earth: Modern Slavery, Ecocide, and the Secret to Saving the World* (2016).

meios para superar a indiferença sobre o assunto. Isso foi fortemente demonstrado quando uma vítima – Nadia Murad Basee Taha – deu o seu testemunho diante do Conselho de Segurança pela primeira vez em dezembro de 2015.[57] Para o presidente do Conselho, o tráfico humano deveria ser tratado como crime de guerra.

Contudo, uma voz vinda de fora dos Estados-membros tem chamado a atenção de todos pela força moral com a qual tem pedido que as novas formas de escravidão – tráfico humano, trabalho forçado, prostituição infantil, comércio de órgãos – sejam banidas da face da terra, por serem crimes muito graves, que formam feridas incuráveis no corpo de toda a comunidade humana.

> A cultura do relativismo é a mesma patologia que impele uma pessoa a aproveitar-se de outra e a tratá-la como mero objeto, obrigando-a a trabalhos forçados, ou reduzindo-a à escravidão por causa de uma dívida. É a mesma lógica que leva à exploração sexual de crianças, ou ao abandono dos idosos que não servem os interesses próprios. É também a lógica interna daqueles que dizem: "Deixemos que as forças invisíveis do mercado regulem a economia, porque os seus efeitos sobre a sociedade e a natureza são danos inevitáveis". Se não há verdades objetivas nem princípios estáveis, fora da satisfação das aspirações próprias e das necessidades imediatas, que limites pode haver para o tráfico de seres humanos, o crime organizado, o narcotráfico, o comércio de diamantes ensanguentados e de peles de animais em vias de extinção? Não é a mesma lógica relativista a que justifica a compra de órgãos dos pobres com a finalidade de vendê-los ou utilizá-los para experimentação, ou o descarte de crianças porque não correspondem ao desejo de seus pais? É a mesma lógica do "usa e joga fora" que produz tantos resíduos, só pelo desejo desordenado de consumir mais do que realmente se tem necessidade.[58]

---

[57] Nadia foi vítima do ISIL – Islamic State of Iraq and the Levant. Ver: UN Web TV. Disponível em: <http://webtv.un.org/watch/nadia-murad-basee-taha-isil-victim-on-trafficking-of-persons-in-situations-of-conflict-security-council-7585th-meeting/4665835954001>. Acesso em: 20/08/2016.

[58] PAPA FRANCISCO. Carta Encíclica *Laudato Si'*, sobre o cuidado da casa comum. São Paulo: Paulinas, 2015, n. 213.

O Papa Francisco tem repetidamente convocado a comunidade mundial a criar uma cultura do encontro para poder superar a globlização da indiferença, derrubar os muros que impedem de ver os sofrimentos dos outros e amortecem a empatia. Em sua contundente homilia na ilha de Lampedusa, ele afirmou com toda força:

> Também hoje assoma intensamente esta pergunta: Quem é o responsável pelo sangue destes irmãos e irmãs? Ninguém! Todos nós respondemos assim: não sou eu, não tenho nada a ver com isso; serão outros, eu não certamente. Mas Deus pergunta a cada um de nós: "Onde está o sangue do teu irmão que clama até mim?". Hoje ninguém no mundo se sente responsável por isso; perdemos o sentido da responsabilidade fraterna; caímos na atitude hipócrita do sacerdote e do levita de que falava Jesus na parábola do Bom Samaritano: ao vermos o irmão quase morto na beira da estrada, talvez pensemos "coitado" e prosseguimos o nosso caminho, não é dever nosso; e isto basta para nos tranquilizarmos, para sentirmos a consciência em ordem. A cultura do bem-estar, que nos leva a pensar em nós mesmos, torna-nos insensíveis aos gritos dos outros, faz-nos viver como se fôssemos bolas de sabão: estas são bonitas mas não são nada, são pura ilusão do fútil, do provisório. Esta cultura do bem-estar leva à indiferença a respeito dos outros; antes, leva à globalização da indiferença. Neste mundo da globalização, caímos na globalização da indiferença. Habituamo-nos ao sofrimento do outro, não nos diz respeito, não nos interessa, não é responsabilidade nossa! [...] Somos uma sociedade que esqueceu a experiência de chorar, de "padecer com": a globalização da indiferença tirou-nos a capacidade de chorar! No Evangelho, ouvimos o brado, o choro, o grande lamento: "Raquel chora os seus filhos [...], porque já não existem". Herodes semeou morte para defender o seu bem-estar, a sua própria bola de sabão. E isto continua a repetir-se... Peçamos ao Senhor que apague também o que resta de Herodes no nosso coração; peçamos ao Senhor a graça de chorar pela nossa indiferença, de chorar pela crueldade que há no mundo, em nós, incluindo aqueles que, no anonimato, tomam decisões socioeconômicas que abrem a estrada aos dramas como este. "Quem chorou?" Quem chorou hoje no mundo?[59]

---

[59] PAPA FRANCISCO. Homilia pronunciada na viagem a Lampedusa (08/09/2013). Disponível em: <http://w2.vatican.va/content/francesco/pt/homilies/2013/documents/papa-francesco_20130708_omelia-lampedusa.html>. Acesso em: 20/08/2016.

Dentre as iniciativas tomadas por Francisco, vale ressaltar a sua participação na cerimônia de assinatura da Declaração Conjunta dos Líderes Religiosos Contra a Escravidão Moderna, realizada no Vaticano em 2/12/2014:

> Nós, abaixo assinados, nos reunimos hoje para uma iniciativa histórica de inspirar ações espirituais e práticas de todas as fés globais e as pessoas de boa vontade em todas as partes, para erradicar a escravidão moderna no mundo até 2020 e para sempre.
>
> Aos olhos de Deus [o grande imã de Al Azhar usa a palavra "religiões"], cada ser humano é uma pessoa livre, seja garota, rapaz, mulher ou homem, e está destinado a existir para o bem de todos em igualdade e fraternidade. A escravidão moderna, em termos de tráfico humano, trabalho forçado e prostituição, tráfico de órgãos, e qualquer relacionamento que desrespeite a convicção fundamental de que todas as pessoas são iguais e têm a mesma liberdade e dignidade, é um crime contra a humanidade.
>
> Nós nos comprometemos, hoje aqui, a fazer tudo que estiver em nosso poder, dentro de nossas comunidades de fé e além, a trabalharmos juntos para a liberdade de todos aqueles que estão escravizados e são vítimas do tráfico, para que o futuro delas possa ser restaurado. Hoje, temos a oportunidade, a consciência, a sabedoria, a inovação e a tecnologia para conseguir este imperativo humano e moral.[60]

---

[60] Disponível em:<https://www.prnewswire.com/news-releases/lideres-religiosos-do-mundo-assinaram-declaracao-para-erradicar-a-escravidao-moderna-300003264.html>. Ver também: PAPA FRANCISCO. Palavras pronunciadas durante a cerimônia com líderes religiosos para a assinatura da Declaração Conjunta contra a Escravidão. Disponível em: <https://w2.vatican.va/content/francesco/pt/speeches/2014/december/documents/papa-francesco_20141202_dichiarazione-schiavitu.html>. Acesso em: 20/08/2016. Vale ressaltar que, logo em seguida, foi formada a COAT NET – Christian Organizations Against Trafficking in Human Beings (COAT-NET), rede que reúne muitos grupos cristãos que se empenham no combate ao tráfico humano. Seus objetivos são: conscientizar sobre o problema do tráfico humano; lutar contra as causas de vulnerabilidade, tais como pobreza e falta de trabalho; advogar por políticas migratórias e econômicas que reduzam a vulnerabilidade das pessoas para o tráfico; advogar por melhores leis antitráfico que protejam as vítimas e punam os traficantes de forma mais efetiva; cooperar com autoridades, igrejas e relevantes atores sociais nos desafios provocados pelo tráfico de pessoas; acompanhar os sobreviventes no início de uma nova vida. Ver: <http://www.coat-net.org/Coatnet.html>.

O Papa Francisco, entre tantos sinais de atenção ao tema, não apenas esteve presente, mas sancionou a Declaração de Compromisso do Grupo Santa Marta – grupo internacional composto por chefes de polícia, bispos, religiosas e representantes da sociedade civil – em lutar para erradicar o tráfico humano e a escravidão moderna, assinada em 10 de abril de 2014, no Vaticano: "Exorto a comunidade internacional a adotar estratégias cada vez mais unânimes e efetivas contra o tráfico de pessoas, de modo que, em todos os lugares do mundo, homens e mulheres não sejam mais usados como meios e que a sua inviolável dignidade seja sempre respeitada".[61]

Vale a pena notificar que congregações religiosas femininas foram pioneiras no combate ao tráfico de pessoas. Sensibilizando a sociedade e servindo diretamente as vítimas, elas têm sido até hoje uma presença profética, que desafia a comunidade mundial a erradicar o tráfico humano. Elas organizaram muitas coalizões[62] em diferentes países e fundaram, em 2009, uma organização oficial – *Talitha Kum* –[63] para representar as principais congregações religiosas femininas da Igreja Católica. Ao longo de sua história, *Talitha Kum* tem promovido colaboração em rede com outras organizações de base, no trabalho contra o tráfico de pessoas.

Conclusão

Na luta contínua para eliminar a exploração das pessoas vulneráveis por parte do tráfico, todas as partes interessadas têm de trabalhar em nível global e local para mudar as estruturas que apoiam e mantêm o tráfico. Os esforços feitos pela ONU são necessários para ajudar a formular políticas que tenham aplicabilidade universal e que também possam ser usadas como instrumentos para responsabilizar os governos. A

---

[61] PAPA FRANCISCO. SANTA MARTA GROUP. DECLARATION. Disponível em: <http://santamartagroup.com/about-santa-marta-group/declaration/>. Acesso em: 20/08/2016.

[62] US Catholic Sisters Against Human Trafficking. Disponível em: <http://www.sistersagainsttrafficking.org/about/international-affiliations/>. Acesso em: 10/10/2016.

[63] *Talitha Kum* Rede Internacional da Vida Consagrada contra o Tráfico de Pessoas. Disponível em: <http://www.talithakum.info/>. Acesso em: 10/10/2016.

participação da sociedade civil em ambos os processos pode ajudar a garantir que a dignidade e os direitos humanos sejam protegidos.

Dentre os temas com os quais nos devemos comprometer em todos os níveis, gostaria de recomendar os que seguem como primeiros passos na superação do tráfico de pessoas. Sendo o tráfico humano problema sistêmico, ele tem de ser tratado sistematicamente de modo que todas as forças sociais que contribuem para a sua persistência sejam abordadas. Engajar todas as partes interessadas para simultaneamente trabalhar no combate às causas do problema é fundamental para a sua erradicação.

Como foi ressaltado várias vezes, acabar com a pobreza extrema é o ponto de partida para alcançar o bem comum e criar um ambiente favorável ao progresso de todos. Quando isso for feito, o passo seguinte será enfrentar os níveis de desigualdade social. Há quem sugira que, em vez de declarar guerra contra a pobreza, devemos combater a ganância, a avareza e o consumismo. Fazendo isso, começaríamos a apreciar a dignidade das pessoas e não as reduziríamos a meros consumidores ou instrumentos a serem usados para promover os interesses econômicos dos mais ricos.

Com essa mudança de mentalidade, poderíamos começar a abordar a questão da demanda, seja ela por produtos baratos ou por exploração sexual. Conscientizar as comunidades sobre a procedência dos produtos que consome e alertar as pessoas para refutar qualquer mercadoria que resulte de trabalho escravo são elementos importantes de uma estratégia de sucesso para acabar com o tráfico.[64]

A compra e venda de mulheres, homens, meninas e meninos para exploração e abuso sexual precisa ser tratada como ação criminosa, responsabilizando-se tanto quem paga quanto quem controla a vida das

---

[64] Há muitos websites que podem ajudar as pessoas a descobrirem se os seus produtos favoritos são feitos ou não com trabalho escravo. Comprar produtos do Comércio Justo (Fair Trade) já é uma maneira de ajudar a reduzir a demanda. Ver: Verite: <http://www.verite.org/>; Slavery Footprint: <http://slaveryfootprint.org/>; End Slavery Now: Buy Slave Free: <http://www.endslaverynow.org/act/buy-slave-free>; Free the Slaves: <http://www.freetheslaves.net/global-advocacy/slavery-free-commerce/>; Polaris Project: <https://polarisproject.org/>; Not For Sale: <https://www.notforsalecampaign.org/>, <http://www.free2work.org/>.

pessoas traficadas. Os resultados são positivos quando, por exemplo, o turismo sexual é reduzido e a corrupção das autoridades locais é tratada com severidade.

O fim da demanda, especialmente quanto à exploração sexual de outros, precisa ser tratado em todos os níveis da sociedade e do governo. A indústria do sexo tem trabalhado diligentemente para normalizar a exploração e o abuso de mulheres e crianças usando termos como "profissionais do sexo". Isso é muito problemático porque acaba ocultando que tal indústria prospera e depende do tráfico de pessoas. A organização não governamental CATW – Coalition Against Trafficking in Women – tem lutado contra a "normalização" da exploração sexual como uma legítima opção de "trabalho".[65] Enquanto alguns dizem que a "profissionalização" protege os "trabalhadores", as pesquisas têm mostrado que ela se tornou uma fonte de arrecadação de impostos para alguns governantes que, por isso, fecham os olhos aos abusos dessa "indústria". Não podemos ignorar, também, que legitimando essa prática tornaria mais difícil descobrir as vítimas do tráfico e dos traficantes, pois legisladores inescrupulosos manipulariam as leis para protegerem a si mesmos como legítimos empregadores.

Mudanças sistêmicas podem ser alcançadas quando todas as partes interessadas se comprometerem em ajudar os membros mais vulneráveis da própria sociedade. Quando as pessoas forem vistas como irmãos e irmãs que precisam de ajuda uns dos outros e não como fardos a serem suportados, as sociedades mudarão. As famílias se fortalecerão, o clima cultural melhorará e o bem comum passará a ter maior valor. O compromisso assumido pelos governos de implementar as Agendas de Trabalho Decente e o Piso de Proteção Social propostos pela OIT, bem como de assegurar a sua realização, é um claro sinal de prevenção da exploração realizada pelo tráfico de pessoas.

De acordo com o P. Greg Boyle,[66] jesuíta fundador do *HomeBoy Industries* em Los Angeles, a maneira mais rápida de parar o disparo de uma bala é um trabalho. O trabalho feito por ele com ex-membros de

---

[65] Ver: COALITION Against Trafficking in Women: <http://www.catwinternational.org>

[66] Ver: <http://www.homeboyindustries.org/>. Ver também: BOYLE, Gregory. *Tattoos on the Heart: The Power of Boundless Compassion*. New York: Free Press, 2010.

gangues tem dado resultado na comunidade e demonstrado a sabedoria das iniciativas da OIT quando são postas em ação.

O uso da internet é um novo campo de batalha na luta contra o tráfico de pessoas, especialmente de crianças. Normas internacionais para acabar com o abuso de crianças por meio da tecnologia têm de ser claramente articuladas e impostas. O silêncio em relação a esse crime significa cumplicidade e permite que ele se expanda exponencialmente. As ferramentas necessárias para monitorar a web existem. Agora, precisamos de um compromisso sério por parte do Estado e dos políticos para colocá-las em prática.

Aprovar legislação que proteja as vítimas do tráfico e garanta a elas todos os serviços que precisam para superar as experiências traumáticas que tiveram, é uma das mais importantes iniciativas que os governantes podem tomar. Até que eliminemos o crime de tráfico humano, é imperativo que vejamos as pessoas que foram exploradas como dignas de cuidado e apoio, como portadoras de direitos, mas que tiveram sua dignidade violada. Se é verdade que "a grandeza de uma nação se mede pela maneira com a qual ela trata seus membros mais fracos" (Mahatma Gandhi), a maneira como respondemos àqueles que foram vítimas do tráfico é a medida da nossa humanidade e da nossa grandeza.

> O oposto do amor não é o ódio; é a indiferença. Sempre temos de tomar partido. A neutralidade favorece o agressor; nunca a vítima. O silêncio encoraja o torturador; nunca o torturado. Pode haver momentos em que somos impotentes para evitar a injustiça; mas nunca deve haver um momento em que devemos deixar de protestar (Elie Wiesel).

Referências bibliográficas

BOYLE, Gregory. *Tattoos on the Heart: The Power of Boundless Compassion*. New York: Free Press, 2010.

CAHILL, Lisa S. Teologia Moral. Da mudança evolucionária para revolucionária. In: KEENAN, J. (Org.). *Ética teológica católica no contexto mundial*. Aparecida: Santuário, 2010, p. 383-394.

FREIRE, Paulo. *Pedagogia do oprimido*. 24. ed. Rio de Janeiro: Paz e Terra, 1997.

INTERNATIONAL LABOR ORGANIZATION. Social Protection Floor.

MAGESA, Laurenti. Posicionando a Igreja entre os miseráveis da terra. In: KEENAN, J. (Org.). *Ética teológica católica no contexto mundial*. Aparecida: Santuário, 2010, p. 83-95.

ONUBR. NAÇÕES UNIDAS NO BRASIL. Transformando nosso mundo: a Agenda 2030 para o desenvolvimento sustentável. Preâmbulo. New York, 2015.

ORGANISATION FOR ECONOMIC CO-OPERATION AND DEVELOPMENT (OECD). Trafficking in persons and corruption. Breaking the chain. Highlights, 2016.

ORGANIZAÇÃO INTERNACIONAL DO TRABALHO. Piso de Proteção Social para uma Globalização Equitativa e Inclusiva, 2011.

PAPA FRANCISCO. Carta Encíclica *Laudato Si'*, sobre o cuidado da casa comum. São Paulo: Paulinas, 2015.

_____. Homilia pronunciada na viagem a Lampedusa (08/09/2013). Disponível em: <http://w2.vatican.va/content/francesco/pt/homilies/2013/documents/papa-francesco_20130708_omelia-lampedusa.html>. Acesso em: 20/08/2016.

PAPA JOÃO XXIII. Carta Encíclica *Mater et Magistra*, sobre a evolução da questão social à luz da doutrina cristã. 11. ed. São Paulo: Paulinas, 2001.

United Nations

Implementation of the United Nations Global Plan of Action to Combat Trafficking in Persons, 2015.

Improving the coordination of efforts against trafficking in persons, 2006.

Issue Paper – The Role of Corruption in Trafficking in Persons. Vienna: United Nations, 2011.

Letter and Annex dated 24 February 2010 from the Permanent Representatives of Bahrain, Bangladesh, Belarus, Bolivia (Plurinational State of), Ecuador, Egypt, India, Kazakhstan, Kyrgyzstan, Nicaragua, Nigeria, the Philippines, Qatar, the Russian Federation, Tajikistan, Turkmenistan, the United Arab Emirates, Uzbekistan and Venezuela (Bolivarian Republic of) to the United Nations addressed to the Secretary-General and the President of the General Assembly, 2010.

Report of the United Nations High Commissioner for Human Rights to the Economic and Social Council. Recommended Principles and Guidelines on Human Rights and Human Trafficking, 2002.

Report of the Open Working Group of the General Assembly on Sustainable Development Goals, 2014.

Report of the Special Rapporteur on trafficking in persons, especially women and children, Joy Ngozi Ezeilo, 2014.

Report of the Special Rapporteur on trafficking in persons, especially women and children, Maria Grazia Giammarinaro, 2015.

Report of the Secretary-General. In Safety and Dignity: Addressing Large Movements of Refugees and Migrants, 2016.

Resolution 44/25 of 20 November 1989. Convention on the Rights of the Child.

Resolution 55/2 of 08 September 2000. United Nations Millennium Declaration.

Resolution 55/25 of 08 January 2001. United Nations Convention Against Transnational Organized Crime.

Resolution 55/25 of 15 November 2000. Protocol to Prevent, Suppress and Punish Trafficking in Persons, Especially Women and Children, supplementing the United Nations Convention against Transnational Organized Crime.

Resolution 55/255 of 31 May 2001. Protocol against the Illicit Manufacturing of and Trafficking in Firearms, Their Parts and Components and Ammunition, supplementing the United Nations Convention against Transnational Organized Crime.

Resolution 58/137 of 22 December 2013. Strengthening international cooperation in preventing and combating trafficking in persons and protecting victims of such trafficking.

Resolution 60/1 of 16 September 2005. World Summit Outcome.

Resolution 61/144 of 19 December 2006. Trafficking in women and girls.

Resolution 61/180 of 20 December 2006. Improving the coordination of efforts against trafficking in persons.

Resolution 64/178 of 18 December 2009. Improving the coordination of efforts against trafficking in persons.

Resolution 64/293 of 30 July 2010. United Nations Global Plan of Action to Combat Trafficking in Persons.

Resolution 71/1 of 19 September 2016. New York Declaration for Refugees and Migrants.

U.S. DEPARTMENT OF STATE. Under Secretary for Civilian Security, Democracy, and Human Rights. Office to Monitor and Combat Trafficking in Persons.

ZACHARIAS, Ronaldo. Sonhando com uma nova Teologia Moral para o Brasil. In: KEENAN, J. (Org.). *Ética teológica católica no contexto mundial.* Aparecida: Santuário, 2010, p. 201-215.

Sites

http://www.catwinternational.org

http://www.coatnet.org

http://www.ecpat.org/resources/

http://www.homeboyindustries.org

http://www.freire.org

http://www.ilo.org

http://www.ilo.org/brasilia/lang--pt/index.htm.

https://nacoesunidas.org

http://www.oecd.org

http://www.sistersagainsttrafficking.org

http://www.unodc.org

http://www.talithakum.info

10

Tráfico de pessoas e garantia de direitos
Um sonho, um laço, um nó

Antonio Carlos da Costa Nunes [*]

Introdução

Pretendo trazer neste artigo a narração de um relato ficcional, retratando uma situação de tráfico de pessoas, tendo em vista construir um elemento ilustrativo para a discussão do fenômeno. O texto está disposto em três partes, configurando uma leitura sobre o conceito, conforme descrito no artigo 3º do Protocolo de Palermo, relativo à prevenção, repressão e punição do tráfico de pessoas. Embora se trate de um relato ficcional, este crime configura-se como sendo a história de milhões de pessoas em todo o mundo. Ao final, apresento alguns desafios mais amplos e, também, ações mais locais que considero fundamentais como práticas para o enfrentamento do tráfico de pessoas e a garantia de direitos.

---

[*] Antonio Carlos da Costa Nunes é mestre em Educação (Universidade Federal de Minas Gerais – UFMG) e especialista em Gestão de Projetos Sociais (Pontifícia Universidade Católica de Minas Gerais – PUC-Minas). Atuou como gestor do Núcleo de Enfrentamento ao Tráfico de Pessoas de Minas Gerais, vinculado à Secretaria de Estado de Defesa Social (SEDS), e atualmente exerce a função de técnico em um projeto da Conferência Nacional dos Bispos do Brasil para a efetivação da Política Nacional da População em Situação de Rua.

1. A Constituição da trama

1.1 Cena 1 – Um sonho

João, 32 anos, pedreiro com formação na escola da vida, garante ser "pau pra toda obra", pois faz de tudo um pouco. Baiano de nascimento e de coração; morador de uma comunidade esquecida pelo tempo, por falta de opção. João, esposo de Maria, pai de cinco filhos. A esposa cuida da comida rala, e João cuida do terreiro vazio enquanto não tem trabalho.

Eis que em um costumeiro dia quente do sertão, passa pela comunidade um homem que oferta aos moradores uma proposta de trabalho.

"É pra trabalhar em São Paulo!", disse à esposa ao retornar para casa. O salário? 2 mil reais por mês, moradia, alimentação e uma tal de gratificação por produtividade. Os olhos da esposa brilharam, acompanhando os sonhos de João. As crianças pularam de alegria com a promessa de o pai de trazer um brinquedo para cada uma quando voltasse.

1.1.1 Análise da cena 1

Da primeira cena, emergem três elementos fundamentais: morador de uma comunidade esquecida, cinco filhos e sem emprego. Esses elementos dão indícios de que uma pessoa inserida em um contexto social, político e econômico específico pode estar diante de um risco maior do que outras.[1] Isso porque se observa que a "vulnerabilidade cresce quando aparecem algumas das situações a seguir: falta de acesso à informação, aos serviços básicos de educação, e falta de confiança ou credibilidade na sustentação de estratégias de ação".[2] Nesse sentido, o crime de tráfico de pessoas configura-se como um tipo de violação,

---

[1] Com tal afirmação, não se objetiva reforçar a ideia de grupos de risco, mas reafirmar que minorias de gênero, raça, crianças e adolescentes se encontram sob uma maioria discursiva que reforça um lugar social para as mulheres, crianças e determinados grupos étnico-raciais, somando-se a um conjunto de violações, inclusive por parte do Estado, na falta de garantia de direitos fundamentais.

[2] GUARESCHI, Neusa et al. Intervenção na condição de vulnerabilidade social: um estudo sobre a produção de sentidos com adolescentes do programa do trabalho educativo. *Estudos e Pesquisa em Psicologia*, UERJ, RJ, v. 7, n. 1 (2007): 23. Disponível em: <http://www.revispsi.uerj.br/v7n1/artigos/pdf/v7n1a03.pdf>. Acesso em: 15/08/2015.

que, na maioria das vezes, relaciona-se às condições de vulnerabilidade precedentes.

Pode ocorrer que, antes mesmo de se configurar uma situação de tráfico de pessoas, homens, mulheres e crianças estejam em situações nas quais lhes foram dificultadas, ou até mesmo, negadas, o acesso mínimo às políticas públicas (saúde, educação, moradia, trabalho, assistência social etc.), o que a princípio, em muitos dos casos, caracteriza um conjunto de violações dos direitos humanos. Portanto, é mister afirmar que "o tráfico de pessoas, em outras palavras, encontra terra fértil na violação de direitos humanos econômicos, sociais e culturais".[3]

Soma-se a isso uma característica timbrada em nosso tempo: somos todos capitais, materialidade humana de investimento. Ora, se me permitem uma breve retomada na história, se temos na teoria do liberalismo clássico a vontade do "deixar fazer" do mercado, ou seja, se o que se busca é uma delimitação dos limites da mão do Estado, no neoliberalismo a racionalidade econômica estende-se para todas esferas da sociedade.[4] Nesse sentido, tomando como base a Escola de Chicago, verifica-se claramente a ideia de um sujeito capitalizável: o capital humano.[5] Com isso, cada um passa a ser agente ativo do investimento em si mesmo. Mas, com isso, pode estar em jogo uma questão um pouco violenta. Se cada um é responsável pelo investimento que faz, o que faremos com os que não empreendem? O que resta àqueles e àquelas que não forem capazes de fazer os investimentos adequados em si mesmos? Ofertaremos subempregos aos investidores *subprime*?

---

[3] NEDERSTIGT, Frans. Tráfico de seres humanos: gênero, raça, crianças e adolescentes. In: SOUSA, N. H. B; MIRANDA, A. A.; GORENSTEIN, F. (Org.). *Desafios e perspectivas para o enfrentamento ao tráfico de pessoas no Brasil*. Brasília: Secretaria Nacional de Justiça. Coordenação de Enfrentamento ao Tráfico de Pessoas, 2011, p. 135.

[4] FOUCAULT, Michel. *O nascimento da biopolítica*. São Paulo: Martins Fontes, 2008.

[5] Faço essa leitura tomando como referência *O nascimento da biopolítica*, de Michel Foucault, em especial no momento que o autor trabalha a emergência do neoliberalismo, tendo em vista demonstrar o quanto essa concepção passa de uma teoria da economia de mercado e estende-se para a economia da vida. Nas palavras do autor, trata-se de um "modelo das relações sociais, um modelo da existência, uma forma de relação do indivíduo consigo mesmo, com o tempo, com o seu círculo, com o futuro, com o grupo, com a família" (p. 332).

Com isso, gostaria de afirmar dois fatores de risco ao crime de tráfico de pessoas: o primeiro é o da não garantia de direitos fundamentais, e o segundo é a existência de uma cultura que coloca cada um como responsável pela capitalização de si.

1.2 Cena 2 – Um laço

É chegada a hora de partir. João vai até o local indicado e encontra mais sessenta colegas que trabalharão no mesmo lugar. O clima é de euforia. Ao entrar no ônibus, o empregador anuncia uma taxa de deslocamento de 200 reais para cada um. Eles não sabiam... eles não tinham o valor...

"Não tem problema, minha gente, só me passem os documentos como garantia e, no primeiro salário, a gente põe tudo em dia."

Todos aceitam. É aceitar ou voltar para casa.

Tudo acertado, da Bahia para Brasília, com uma passagem por Goiás, Triângulo Mineiro, Ribeirão Preto e... logo se passaram os sete dias de viagem. Por que tanta demora? Foi preciso tomar rotas alternativas, pois o ônibus não tinha documentação e, além do mais, não comportava todos os trabalhadores sentados. Foi preciso comer, beber e tomar banho. Sem problema! Tudo anotado na caderneta.

1.2.1 Análise da Cena 2

A segunda cena demonstra como, a partir da oferta de uma oportunidade, pode-se ter o início de um conjunto de violações. Segundo a definição do Protocolo de Palermo, do ano de 2000, no artigo 3º:

> A expressão "tráfico de pessoas" significa o recrutamento, o transporte, a transferência, o alojamento ou o acolhimento de pessoas, recorrendo à ameaça ou uso da força ou a outras formas de coação, ao rapto, à fraude, ao engano, ao abuso de autoridade ou à situação de vulnerabilidade ou à entrega ou aceitação de pagamentos ou benefícios para obter o consentimento de uma pessoa que tenha autoridade sobre outra para fins de exploração. A exploração incluirá, no mínimo, a exploração da prostituição de outrem ou outras formas de exploração sexual, o trabalho ou serviços forçados, escravatura ou práticas similares à escravatura, a servidão ou a remoção de órgãos.[6]

---

[6] BRASIL. Presidência da República. Casa Civil. Subchefia para Assuntos Jurídicos.

Logo se vê que, mesmo que ainda não se tenham efetivado os fins da exploração, há um conjunto de constrangimentos que começam a impedir movimentos de liberdade, tais como: não falar a língua, ter contraído dívida e a falta de documentação. E esses são apenas alguns dos fatores, desde a origem ou no trânsito, que impedem o exercício da autonomia individual. Se até aqui é possível averiguar fatores que podem restringir a liberdade, em outros casos, quando há abuso de autoridade, uso da força ou qualquer outra forma de violência, fica quase impossível qualquer movimento de reação sem um risco eminente de dano.

Com isso, quero dizer que, se os movimentos abolicionistas tiveram o mérito de romper com as correntes da escravidão, outros movimentos de poder fazem uso de instrumentos mais sutis, mas, nem por isso, menos violentos e poderosos para laçar sonhos.

1.3 Cena 3 – O nó

A obra era grande. Vinte andares em um bairro nobre de São Paulo. O alojamento, sem nenhuma nobreza, comportava quinze pessoas, mas, como não havia camas, foi possível abrigar quase o dobro. A comida? Duas refeições por dia. Não era incomum a marmita conter comida estragada. Mas fazer o quê? Era pegar ou largar. Largar?

"Eu tô indo embora!", disse um colega de João ao mestre de obras. Mas, durante a conversa, ficou bem claro que, por conta das dívidas, isso seria impossível. Esse fato fez com que o ânimo dos mais revoltados se acalmasse. Ainda mais depois de saberem que os vigias estavam armados, que não sabiam se locomover na cidade de São Paulo, que não tinham nenhum documento em mãos. Descobriram-se, assim, desumanizados.

Depois dos oito meses, alguns voltaram para a Bahia, mas com menos do que o prometido; outros, no percurso, acabaram indo para a

---

Decreto n. 5.017, de 12 de março de 2004. Protocolo Adicional à Convenção das Nações Unidas contra a Criminalidade Organizada Transnacional relativo à Prevenção, à Repressão e à Punição do Tráfico de Pessoas, em especial de Mulheres e Crianças. Disponível em: http://www.planalto.gov.br/ccivil_03/_ato2004-2006/2004/decreto/d5017.htm>. Acesso em: 25/06/2015.

"terra prometida". Isso mesmo! Um foi a óbito por pneumonia, outro por alcoolismo e outros...

João está vivo! Mora em São Paulo mesmo. Mora nas ruas, mora em qualquer lugar... João está livre! Livre para ir embora, para matar a saudade... Ele acabou preso na vergonha dos sonhos enterrados no concreto da obra e na falta de coragem de olhar nos olhos de Maria, se chegasse em casa com as mãos vazias.

1.3.1 Análise da cena 3

Não é incomum a vergonha, pois o sonho de alguém que sai e diz que voltará trazendo consigo boas-novas muitas vezes é compartilhado por outras pessoas. O nó da exploração da sexualidade, do trabalho forçado e de outros tipos de explorações possíveis ao tráfico de pessoas, amarra o indivíduo em um tempo marcado. É um nó difícil de desatar e, muitas vezes, um nó cego.

O quadro a seguir (figura 1), elaborado pela Organização Internacional do Trabalho (OIT), embora tenha sido desenvolvido para demonstrar alguns danos às vítimas da exploração sexual, serve para análise dos impactos de outras modalidades de tráfico de pessoas.

Tabela 1 – Possíveis danos sofridos pelas vítimas

FORMA	IMPACTO	CAUSA	DANO
INDIVIDUAL	Psicológico	Ameaças, negligência, confinamento e violência.	Podem desenvolver sintomas da síndrome pós-traumática. Depressão e tendências suicidas. Dificuldades de se integrar socialmente e de formar relações de afeto.
	Físico	Confinamento, uso forçado de drogas, abortos compelidos, privação de alimentação e sono.	No sistema reprodutor (em decorrência de doenças sexualmente transmissíveis), pulmões (por falta de alimentação adequada, excesso de umidade nos locais de atividades, tabagismo incentivado para suprir carências) e sistema imunológico (em razão de HIV/Aids).

	Legal	Gravidez indesejada e afastamento compulsório de filhos. Condição de migrante não documentado no país de destino e, autoria de crime, no caso de a prostituição ser considerada crime no país de destino.	Perda da guarda de filhos, encarceramento, deportação, expulsão.
	Social	Confinamento e estigmatização da sua condição.	Isolamento social, desconfiança e timidez excessiva. Ruptura dos laços familiares.
	Econômico	Endividamento com os traficantes.	Perda de bens pessoais e dos de familiares.
SOCIAL	Econômico	Exclusão de serviços educacionais e sociais.	Mão de obra desqualificada. Maior ônus aos programas sociais. Aumento da vulnerabilidade de mulheres e adolescentes do círculo de convivência da vítima.

Fonte: Organização Internacional do Trabalho (OIT), 2006.

Conforme demonstrado na figura 1, os danos às vítimas do tráfico humano vão desde impactos de ordem pessoal a social. Contudo, esse quadro serve apenas como uma referência, pois esses impactos podem variar de acordo com a tipologia da exploração, com o contexto cultural, político e econômico onde ocorreu, como também, a partir da singularidade de cada indivíduo ao vivenciar uma situação de exploração. Há, ainda, situações não descritas em que o dano é irreparável, quando se trata de tráfico de órgãos ou de óbito durante o processo de exploração.

Conclusão

Para finalizar, gostaria de propor algumas considerações que, mais do que conclusões, são um convite para a ação.

Se o crime se organiza para realizar violações, é preciso que outras instâncias de poder se organizem para a garantia da dignidade humana. Trata-se, portanto, de um projeto de luta, pois, muitas vezes, até mesmo grupos bem-intencionados em garantir os direitos humanos consideram o bem econômico como algo de maior importância, inibindo ações mais efetivas.

Nesse jogo de forças, não é possível a ação legítima fora da arena política. Portanto, é fundamental a organização da sociedade civil para a inclusão na agenda política de pautas que cobrem ações mais efetivas dos Estados com relação ao fenômeno do tráfico de pessoas e temas transversais.

É fundamental ressaltar que, embora o Protocolo de Palermo seja um importante marco legal no âmbito global, este tem como foco principal a repressão ao crime organizado transnacional.[7] Faz-se mister a pressão sobre a comunidade política internacional para a pactuação de instrumentos jurídicos internacionais para a garantia dos direitos humanos.

Em níveis locais, penso ser imprescindível a mobilização social para o tema, mas também a mobilização das instituições que têm como obrigação atender a essas situações. Refiro-me aqui a todo o sistema de justiça criminal, aos serviços de saúde e proteção social. Esses atores, além de mobilizados, precisam estar capacitados para atender a essas demandas; do contrário, corre-se o risco de haver um abismo entre o direito constituído e o direito efetivado, favorecendo processos de revitimização.

Penso ainda ser possível a inclusão do tema no currículo escolar/universitário, pois os processos educativos (ensino e pesquisa) são um dos instrumentos mais eficazes na modificação de uma cultura violenta.

Por fim, se a globalização tem sido uma globalização da economia e de formas culturais hegemônicas, não têm sido, na mesma medida, globais o direito de ir e vir, o direito ao trabalho digno e o direito a sonhar.

---

[7] HEINTZE, Hans-Joachim; PETERKE, Sven. Conteúdo significativo do Protocolo da ONU relativo à Prevenção, Repressão e Punição do Tráfico de Pessoas (2000). In: SOUSA; MIRANDA; GORENSTEIN. *Desafios e perspectivas para o enfrentamento ao tráfico de pessoas no Brasil*, p. 62-82.

Para quem leu sobre os sonhos de João, cabe o sono aos conformados e a luta aos sonhadores.

Referências bibliográficas

BRASIL. Presidência da República. Casa Civil. Subchefia para Assuntos Jurídicos. Decreto n. 5.017, de 12 de março de 2004. Protocolo Adicional à Convenção das Nações Unidas Contra a Criminalidade Organizada Transnacional relativo à Prevenção, à Repressão e à Punição do Tráfico de Pessoas, em especial de Mulheres e Crianças. Disponível em: <http://www.planalto.gov.br/ccivil_03/_ato2004-2006/2004/decreto/d5017.htm>. Acesso em: 25/06/2015.

FOUCAULT, Michel. *O nascimento da biopolítica*. São Paulo: Martins Fontes, 2008.

GUARESCHI, Neusa. Intervenção na condição de vulnerabilidade social: um estudo sobre a produção de sentidos com adolescentes do programa do trabalho educativo. *Estudos e Pesquisa em Psicologia*, UERJ, Rio de Janeiro, v. 7, n. 1 (2007): 20-30. Disponível em: <http://www.revispsi.uerj.br/v7n1/artigos/pdf/v7n1a03.pdf>. Acesso em: 15/08/2015.

HEINTZE, Hans-Joachim; PETERKE, Sven. Conteúdo significativo do Protocolo da ONU Relativo à Prevenção, Repressão e Punição do Tráfico de Pessoas (2000). In: SOUSA, N. H. B; MIRANDA, A. A.; GORENSTEIN, F. (Org.). *Desafios e perspectivas para o enfrentamento ao tráfico de pessoas no Brasil*. Brasília: Secretaria Nacional de Justiça. Coordenação de Enfrentamento ao Tráfico de Pessoas, 2011, p. 62-82.

NEDERSTIGT, Frans. Tráfico de seres humanos: gênero, raça, crianças e adolescentes. In: SOUSA, N. H. B; MIRANDA, A. A.; GORENSTEIN, F. (Org.). *Desafios e perspectivas para o enfrentamento ao tráfico de pessoas no Brasil*. Brasília: Secretaria Nacional de Justiça. Coordenação de Enfrentamento ao Tráfico de Pessoas, 2011, p. 134-160.

ORGANIZAÇÃO INTERNACIONAL DO TRABALHO (OIT). Tráfico de pessoas para fins de exploração sexual. Brasília: OIT, 2006.

Ecologia e solidariedade
Proposições da Encíclica Laudato Si'

Marcial Maçaneiro[*]

Introdução

Publicada pelo Papa Francisco, em 2015, a encíclica *Laudato Si'*[1] constitui um marco histórico e eclesial por vários motivos. Antes de tudo, é o primeiro documento pontifício dedicado inteiramente ao "cuidado da Casa comum", focando a complexa relação entre antropologia e ecologia, na qual se incluem muitas questões éticas, econômicas, políticas, educacionais e mesmo teológicas.[2] Além disso, de modo oficial, essa encíclica insere a questão ecológica no rol do ensino social da Igreja, na esteira das questões abordadas nos documentos anteriores, como paz, desenvolvimento, trabalho, solidariedade, economia

---

[*] Marcial Maçaneiro é doutor Doutor em Teologia (Pontifícia Universidade Gregoriana – Roma), professor da Pontifícia Universidade Católica do Paraná (Curitiba), membro do Grupo de Pesquisa "Fé cristã e contemporaneidade", subgrupo 2: "Ecoteologia, religião e consciência planetária" (FAJE/CAPES), consultor teológico do Instituto Ciência e Fé da PUC-PR e colaborador do Programa de Formação do CELAM (Bogotá).

[1] PAPA FRANCISCO. Carta Encíclica *Laudato Si'*, sobre o cuidado da casa comum. São Paulo: Paulinas, 2015 (A voz do Papa, 201). Daqui em diante = LS.

[2] LS 48-52, 66-64, 106-114, 164-165, 189-198, 216-221.

e justiça social, firmados por João XXIII, Paulo VI, João Paulo II e Bento XVI.[3]

Aliás, vale destacar que a abordagem usada por Francisco não trata a ecologia como um anexo às demais questões, mas sim como questão complexa que afeta e é afetada pelos outros temas (paz, desenvolvimento, trabalho, economia etc.). Ao lado dessas características, temos outro marco histórico: uma encíclica cujo autor jesuíta é latino-americano e vem do hemisfério Sul. Donde o olhar desde a periferia, que rompe com uma longa tradição de documentos mais ou menos eurocentrados, trazendo à ribalta as vozes do Sul.

Na *Laudato Si'* o papa assume a ecologia em sua complexidade, incorporando elementos científicos, técnicos e culturais, em diálogo com a ética, a sociologia e a economia, sem olvidar, contudo, as luzes de uma teologia fundamental da Criação, tema que aborda no capítulo II. Dizemos *fundamental*, porque os tópicos se detêm nos elementos básicos da Revelação – como a fé na Trindade criadora, a leitura sapiencial e ética das narrativas bíblicas, o destino universal dos bens criados e o olhar de Jesus sobre as criaturas –,[4] sem problematizar conceitualmente algumas questões hermenêuticas e científicas da relação entre teologia e ciências naturais.[5] Afinal, trata-se de uma encíclica com vistas à evangelização e promoção do desenvolvimento humano integral comprometido com a Criação, e não de um tratado acadêmico sobre ciências naturais ou tecnologia ambiental. É no expediente de sua competência magisterial que o Papa Francisco se posiciona, elaborando suas ponderações e propostas.

Por outro lado, os aspectos fundamentais da encíclica se desenvolvem num movimento de interlocução, definindo-se e aprimorando-se em cada capítulo temático, como palavra que instaura um colóquio entre pessoas e entre saberes. De fato, um dos propósitos de Francisco

---

[3] Questões respectivamente presentes nos documentos *Pacem in Terris, Populorum Progressio, Laborem Exercens, Sollicitudo Rei Socialis, Centesimus Annus* e *Caritas in Veritate*; todas são, de algum modo, problematizadas pela questão ecológica abordada na LS.

[4] LS 63-100.

[5] Ver: KÜNG, Hans. *O princípio de todas as coisas*. 2. ed. São Paulo: Vozes, 2009; MOLTMANN, Jürgen. *Ciência e sabedoria*. São Paulo: Loyola, 2007.

é chamar ao diálogo os sujeitos crentes e não crentes, de diferentes competências, com vistas a discutir, avaliar e propor soluções viáveis à crise socioambiental hodierna: "Lanço um convite urgente a renovar o diálogo sobre a maneira como estamos construindo o futuro do planeta. Precisamos de um debate que nos una a todos, porque o desafio ambiental que vivemos e as suas raízes humanas dizem respeito e têm impacto sobre todos nós".[6]

Em decorrência desse corte dialógico, presente no texto e na mente do autor, muitas vozes se cruzam na polifonia dessa encíclica, ouvidas e integradas no debate.[7] Dessa polifonia ressoam particularmente as *vozes do Sul* presentes em *Laudato Si'*, verificadas tanto nas fontes citadas (declaração de conferências episcopais, teologia do povo, autores sul-americanos...) quanto nos temas em causa (desenvolvimento das populações do Sul, preservação das bacias do rio Amazonas e do rio Congo, periferias das metrópoles latino-americanas...).[8]

No presente estudo, nos concentramos no capítulo I da encíclica, para tratar atentamente de suas primeiras colocações sobre a relação humanidade-natureza-sociedade. Esse recorte não pretende fixar um limite, mas sim propor uma iniciação à análise de toda a encíclica, a começar das primeiras páginas, onde o papa enuncia suas intenções e sua diagnose das condições do planeta Terra.[9] Dessas páginas, extraímos o título e os subtítulos aqui expostos, a partir do binômio ecologia e solidariedade.

1. O chamado ao diálogo e à solidariedade

Nas primeiras linhas da encíclica, Francisco declara sua preocupação de modo emblemático: "unir toda a família humana na busca de um desenvolvimento sustentável e integral".[10] O verbo no infinitivo explicita uma ação, uma iniciativa que pretende articular-se como projeto

---

[6] LS 14.

[7] LS 13-14.

[8] MAÇANEIRO, Marcial. Vozes do Sul na encíclica *Laudato Si'*. *Revista Pistis & Praxis* 3 (2016): 715-760.

[9] LS 17-61.

[10] LS 13.

e não apenas discurso. Observamos ainda dois detalhes de redação: a humanidade é qualificada como *família* (indicando vínculos éticos e religiosos, não só genéticos) e o desenvolvimento é adjetivado como *sustentável e integral* (indicando a imbricação entre ecologia ambiental e ecologia humana).

1.1 Sujeitos em destaque

Tendo declarado sua preocupação com o desenvolvimento integral e sustentável, o papa cita quatro categorias de sujeitos, como que convocando-os à reflexão e interlocução:

- aqueles que, "nos variados setores da atividade humana, estão trabalhando para garantir a proteção da casa que partilhamos";
- "aqueles que lutam com vigor por resolver as dramáticas consequências da degradação ambiental na vida dos mais pobres do mundo";
- os próprios "pobres do mundo" aqui mencionados;
- "os jovens" que esperam um "futuro melhor" (LS 13).

Notemos que é da voz dos *jovens* que Francisco ecoa esta premente indagação: "Como se pode pretender construir um futuro melhor, sem pensar na crise do meio ambiente e nos sofrimentos dos excluídos?".[11] Trata-se de uma interrogação estratégica, não só por vir das novas gerações, mas pelos termos que comporta: a *crise ambiental* e o *sofrimento dos excluídos* enunciados lado a lado. Francisco une esses dois termos na mesma interrogação e nos mesmos esforços de resposta que efetuará ao longo dos seis capítulos de *Laudato Si'*. De fato, crise ambiental e exclusão social emolduram todo o quadro analítico e propositivo do papa, numa aproximação entre cuidado ambiental e cuidado solidário pelos últimos da sociedade.

1.2 Problemas ambientais modernos

Na sequência, Francisco fala do movimento ecológico moderno e de seus esforços para solucionar os problemas ambientais, recordando que esses mesmos problemas, bem como sua solução, têm "raízes

---

[11] LS 13, final.

humanas".[12] As "soluções concretas" passam pela "conscientização" e pelas "numerosas agregações de cidadãos" que, em muitos países, se engajam na questão ecológica.[13] Contudo, o papa lamenta que "muitos esforços na busca de soluções concretas para a crise ambiental acabam, com frequência, frustrados não só pela recusa dos poderosos, mas também pelo desinteresse dos outros".[14] E cita algumas atitudes a superar: a negação do problema, a indiferença, a resignação acomodada e a confiança cega nas soluções técnicas – atitudes que afetam crentes e não crentes.[15]

1.3 Apelo à solidariedade universal

A essa altura da argumentação (n. 14), o papa convoca seus interlocutores com um apelo da Conferência dos Bispos Católicos da África do Sul:

> Precisamos de nova solidariedade universal. Como disseram os bispos da África do Sul, "são necessários os talentos e o envolvimento de todos para reparar o dano causado pelos humanos sobre a criação de Deus". Todos podemos colaborar, como instrumentos de Deus, no cuidado da Criação, cada um a partir da sua cultura, experiência, iniciativas e capacidades.[16]

O apelo ao "envolvimento de todos" para reparar os danos ambientais provém da Declaração Pastoral sobre a Crise Ambiental publicada pela Conferência Episcopal Sul-Africana em 5 de setembro de 1999. Desse modo, o papa incorpora a voz sul-africana em seu "convite urgente a renovar [com todos] o diálogo sobre o modo como estamos construindo o futuro do planeta".[17] Esse eco sul-africano não será obviamente neutro ou casual, pois remete aos desafios e às esperanças provados pela sociedade e pela Igreja sul-africanas, com seus embates

---

[12] LS 14.

[13] LS 14.

[14] LS 14.

[15] LS 14.

[16] LS 14. Referência à Conferência dos Bispos Católicos da África do Sul. *Pastoral Statement on the Environmental Crisis* (5 de setembro de 1999), na nota 22 da encíclica.

[17] LS 14, início.

pela justiça, direitos humanos, democracia e dignidade étnica. A inserção dessa voz africana no convite a uma "nova solidariedade" é, pois, intencional: além de advertir sobre os fatores éticos e sociais que acompanham a crise ecológica, denota o cenário multicultural considerado pelo papa, não eurocêntrico, mas aberto à participação de "todos" no "cuidado da Criação, cada um a partir de sua cultura, experiência e capacidades".[18] Salvaguardar a vida em nossa Casa comum, na convivência das espécies e das sociedades, requer "uma decisão ética, fundada na solidariedade de todos os povos".[19]

2. As condições atuais da Casa comum

Concluído o prólogo, Francisco dedica o capítulo I de *Laudato Si'* ao "que está acontecendo em nossa Casa", a terra. São quarenta e quatro parágrafos nos quais ele traça "uma resenha, certamente incompleta, das questões que hoje nos causam inquietação e que já não se podem esconder debaixo do tapete" – como ele mesmo diz, em tom direto e coloquial.[20]

2.1 Crise ecológica e empobrecimento das populações

Na sua competente *resenha*, o papa faz uma diagnose das condições planetárias na atualidade: ritmo acelerado da exploração da terra, em descompasso com a lenta dinâmica dos ecossistemas (17-19); poluição, mudança climática e cultura do descarte (20-22); o clima como bem comum (23-26); a questão da água, incluindo as extensões marítimas (27-31); a perda da biodiversidade (32-42); a deterioração da qualidade de vida humana e degradação social (43-47): a desigualdade social das populações planetárias (48-52); a fraqueza de reações em face da crise ecológica e seus fatores (53-59); a diversidade de opiniões, no debate dessa crise, e suas soluções (60-61).

Aqui o papa ressoa a teologia pastoral e missionária da América Latina, ao aproximar crise ecológica e crise social, pelo viés da opção preferencial pelos pobres, em sintonia com a Conferência de Aparecida:

---

[18] LS 14, final.

[19] LS 172.

[20] LS 19.

A América Latina e o Caribe estão se conscientizando a respeito da natureza como herança gratuita que recebemos para proteger, como espaço precioso de convivência humana e como responsabilidade cuidadosa do senhorio do homem para o bem de todos. Essa herança muitas vezes se manifesta frágil e indefesa diante dos poderes econômicos e tecnológicos. Por isso, como profetas da vida, queremos insistir que – nas intervenções sobre os recursos naturais – não predominem os interesses de grupos econômicos que arrasam irracionalmente as fontes de vida, em prejuízo de nações inteiras e da própria humanidade. As gerações que nos sucederão têm direito a receber um mundo habitável e não um planeta com ar contaminado.[21]

Para Francisco, no campo das políticas públicas ambientais, "há demasiados interesses particulares; com muita facilidade o interesse econômico chega a prevalecer sobre o bem comum".[22] Isso compromete a vida presente e futura das espécies, incluindo a espécie humana.[23] Voltando à Conferência de Aparecida, a reflexão prossegue nestes termos:

A riqueza natural da América Latina e do Caribe experimenta hoje uma exploração irracional que vai deixando um rastro de dilapidação, inclusive de morte por toda a nossa região. Em todo esse processo, tem enorme responsabilidade o atual modelo econômico, que privilegia o desmedido afã pela riqueza, acima da vida das pessoas e dos povos e do respeito sensato pela natureza. A devastação de nossas florestas e da biodiversidade mediante uma atitude predatória e egoísta, envolve a responsabilidade moral dos que a promovem, porque coloca em perigo a vida de milhões de pessoas, em especial do hábitat dos camponeses e indígenas, que são expulsos para as terras improdutivas e para as grandes cidades para viverem amontoados nos cinturões de miséria.[24]

Trata-se do modelo econômico predatório e consumista, focado na capitalização dos recursos naturais, sob a égide do lucro a todo custo

---

[21] CONSELHO EPISCOPAL LATINO-AMERICANO. *Documento de Aparecida. Texto conclusivo da V Conferência Geral do Episcopado Latino-Americano e do Caribe*. Brasília: Edições CNBB, 2007. Documento de Aparecida, n. 471, citado em LS 54. Daqui em diante = DAp.

[22] LS 54.

[23] LS 159-162, em continuidade com DAp 54.

[24] DAp 473.

– modelo que o Papa Francisco avalia criticamente em LS 106-114 ao tratar do paradigma tecnocrático. Examinando "o que está acontecendo com a nossa casa [a terra]", o papa vai dos efeitos às causas da crise ecológica moderna, percebendo em suas raízes um problema de paradigma: uma visão de mundo disjuntiva, que fragmenta a realidade ao separar humanidade e natureza com o muro das tecnologias de produção. Isso teve três efeitos nocivos: desconectou as pessoas da natureza e as acostumou a modos de vida cada vez mais artificiais; tratou o planeta como estoque de recursos a ser explorado e capitalizado, em função de uma economia que maximiza o lucro; enfim, segregou as populações vulneráveis a espaços periféricos, num processo de crescente empobrecimento e exclusão.[25] Para reverter tal situação, o papa lança três prioridades: o princípio do bem comum (156-162), a solidariedade dos povos (14, 172) e o cuidado para com os pobres e vulneráveis (27 e 48-52).

2.2 Por que a opção pelos pobres?

Sobre a opção pelos pobres, cabe aqui uma observação, se quisermos respeitar o modo como o papa a assimila. Sendo focada no ser humano em sua condição de miséria, exclusão, doença, abandono, opressão e degredo, essa opção lança pontes com outras práticas e sensibilidades de igual enfoque, especialmente no campo da promoção humana e da ação social, cidadã e reivindicatória. É comum associar essa opção pastoral com agendas ditas *de esquerda*, ainda mais quando se dá em contextos violentos, classistas, excludentes, antidemocráticos e totalitários. Contudo, é igualmente inegável a *raiz teológica* (não apenas sociológica) da predileção pelos pobres, anunciada na teologia bíblica da Aliança (cf. Lv 25; Dt 10) e assumida ao centro da Boa-Nova por Jesus de Nazaré, que curou enfermos em dia de sábado (Mc 3,1-5), saciou os famintos (Mc 6,37-42), acudiu uma mulher fenícia (Mc 7,24-30), enfrentou o mercado religioso (Mc 11,15-18), citou um samaritano como exemplo de solidariedade (Lc 10,30-37) e decretou a prática das obras de misericórdia, referindo-as à sua própria pessoa: "Todas as vezes que o fizestes a um desses meus irmãos mais pequeninos, a mim o fizestes"

---

[25] LS 48-52; 190-191.

(Mt 25,40); e "todas as vezes que o deixastes de fazer a um destes mais pequeninos, a mim o deixastes de fazer" (Mt 25,45). Ora, esse dito do Messias é tão inspirador quanto severo.

Enraizada no Evangelho, a opção pelos pobres está "implícita na fé cristológica que professa o Deus que se fez pobre por nós, para nos enriquecer com sua pobreza",[26] sendo assumida como tal pelo Papa Francisco. Desse modo, o cuidado para com os últimos da sociedade se torna critério de reflexão e ação para todas as formas de apostolado, incluindo nestas a participação da Igreja na questão ambiental. Afinal, trata-se de uma situação duplamente crítica: "já se ultrapassaram certos limites máximos de exploração do planeta", mas "sem termos resolvido o problema da pobreza".[27]

2.3 A terra como lugar teológico

A prioridade conferida às populações pobres e vulneráveis – embora mencionada por outros pontífices – ocupa um espaço particular na postura do Papa Francisco: ele não só integra em seu ministério petrino uma *opção preferencial* do episcopado latino-americano,[28] como também a insere num lugar teológico e histórico preciso: a questão ecológica. Pois ele pondera que as condições de vida humana e planetária da terra atual constituem, ao mesmo tempo, um problema histórico (referido à Modernidade tecnocrática)[29] e um problema teológico (referido à Teologia da Criação).[30] Desse modo, o papa aproxima teologia, antropologia e ética numa abordagem conjuntiva das ecologias ambiental e humana, como dirá no capítulo IV: "Não há duas crises separadas: uma ambiental, outra social; mas uma única e complexa crise socioambiental. As diretrizes para a solução requerem uma abordagem integral para combater a pobreza, devolver a dignidade aos excluídos e, simultaneamente, cuidar da natureza".[31]

---

[26] DAp 391.

[27] LS 27.

[28] DAp 391-402.

[29] LS 106.

[30] LS 66-68.

[31] LS 139.

Essa *abordagem integral* da questão ecológica significa admitir, do ponto de vista da fé, a beleza e a dádiva da terra, na qual se manifesta a glória e a bondade daquele que a criou.[32] Assim, Francisco segue a teologia clássica que reconhece a Criação como manifestação do Criador.[33] Mais do que isso, ele opera uma gradação nessa perspectiva quando contempla o conjunto cósmico das criaturas para apontar, de maneira contundente, a terra em suas condições atuais. Há, pois, em Francisco um olhar que desce, da Criação cósmica à natureza fenomênica; e da natureza fenomênica ao Planeta Terra habitado pela humanidade, compreendido como "nossa Casa comum".[34]

Desse modo, afirma-se a terra como lugar teológico para a inteligência e a prática da fé cristã; ao mesmo tempo dom e tarefa que nos vêm da parte do Deus Criador.[35] O papa usa expressões como "nossa irmã, a mãe Terra", inspirado em Francisco de Assis, e "nossa terra oprimida e devastada".[36] Isso não decorre apenas dos apelos da natureza explorada – embora gritantes para o *auditus fidei* –, mas do caráter dadivoso da terra, confiada a nós pelo Criador para "a cultivar e guardar" (Gn 2,15).[37] Ora, essa tarefa confiada nos albores da Criação já constitui uma primeva Aliança entre o Criador e a criatura humana, relevante para o pensar e o agir cristãos no contexto recente de crise energética, climática e alimentar.[38]

Esse cuidado da terra inclui o cuidado da humanidade, modelada do barro e vivificada pelo Sopro divino. Ambas – terra e humanidade – estão implicadas na Aliança proposta pelo Criador e situada biblicamente no centro da teologia judaico-cristã da Criação.[39] Corresponder

---

[32] LS 12.

[33] LS 12, 233, 234.

[34] LS 3.

[35] LS 65-69.

[36] LS 1, 2.

[37] LS 66-71.

[38] Sobre a Aliança e a teologia da Criação, veja-se: MOLTMANN, Jürgen. *Deus na Criação*. Petrópolis: Vozes, 1993; BRUNNER, Emil. *A doutrina cristã da Criação e da Redenção*. São Paulo: Fonte Editorial, 2006.

[39] LS 218-220.

a essa Aliança no contexto da hodierna crise ambiental pede de nós uma verdadeira "conversão ecológica".[40]

2.4 A ecologia inserida no magistério social da Igreja

Ao vincular natureza e humanidade sob o signo do Deus Criador, o papa dá um passo significativo do ponto de vista do magistério eclesial: parte da reflexão ecológica dos pontífices que o precederam,[41] assume a opção pelos pobres como critério de discernimento e declara que a presente encíclica sobre o cuidado da Casa comum "se insere no magistério social da Igreja".[42] De fato, no *corpus* da encíclica isso se opera com atenção epistemológica e ética: de um lado, o Papa Francisco reconhece a complexidade da questão ecológica, que solicita uma ciência articulada com as "outras áreas de saber, incluindo a filosofia e a ética social";[43] de outro lado, ele conecta os problemas "do meio ambiente e dos pobres"[44] como faces da mesma crise humano-ambiental. Sua reflexão é clara, nesse sentido:

> As mudanças climáticas são um problema global com graves implicações ambientais, sociais, econômicas, distributivas e políticas, constituindo atualmente um dos principais desafios para a humanidade. Provavelmente os impactos mais sérios recairão, nas próximas décadas, sobre os países em vias de desenvolvimento. Muitos pobres vivem em lugares particularmente afetados por fenômenos relacionados com o aquecimento [da temperatura global], e os seus meios de subsistência dependem fortemente das reservas naturais e dos chamados serviços do ecossistema como a agricultura, a pesca e os recursos florestais. Não possuem outras disponibilidades econômicas nem outros recursos que lhes permitam adaptar-se aos impactos climáticos ou enfrentar situações catastróficas, e gozam de reduzido acesso a serviços sociais e de proteção.[45]

---

[40] LS 216-221.

[41] LS 3-6.

[42] LS 15. Ver: MAÇANEIRO, Marcial. A ecologia e o ensino social da Igreja. In: ZACHARIAS, R.; MANZINI, R. *Magistério e Doutrina Social da Igreja*. São Paulo: Paulinas, 2016, p. 230-283.

[43] LS 110.

[44] LS 110.

[45] LS 25.

Advogando em favor das populações fragilizadas, Francisco adverte sobre os efeitos trágicos da crise climática e alimentar para os mais pobres:

> As mudanças climáticas dão origem a migrações de animais e vegetais que nem sempre conseguem adaptar-se; e isto, por sua vez, afeta os recursos produtivos dos mais pobres, que são forçados também a emigrar com grande incerteza quanto ao futuro da sua vida e dos seus filhos. É trágico o aumento de emigrantes em fuga da miséria agravada pela degradação ambiental, que, não sendo reconhecidos como refugiados nas convenções internacionais, carregam o peso da sua vida abandonada sem qualquer tutela normativa. Infelizmente, verifica-se uma indiferença geral perante estas tragédias, que estão acontecendo agora mesmo em diferentes partes do mundo. A falta de reações diante destes dramas dos nossos irmãos e irmãs é um sinal da perda do sentido de responsabilidade pelos nossos semelhantes, sobre o qual se funda toda a sociedade civil.[46]

Notemos que, ao invés de expor os fundamentos e alcances da opção evangélica pelos pobres (como já feito na *Evangelii Gaudium* 186-192), o papa se empenha, agora, em fazer desta opção um critério de discernimento das causas e soluções da crise ecológica. A partir daqui, a opção pelos pobres se traduzirá em cuidado pelos fragilizados e excluídos, numa crítica aberta à economia financista, focada na "maximização do lucro" às custas "da pobreza e da degradação ambiental".[47] Esse modelo econômico se sobrepôs à ética, descurou o bem comum e desvirtuou a política, resultando numa "cultura do descarte"[48] repleta de dejetos: sejam *dejetos ambientais* como "lixo", "poluição" e envenenamento dos "lençóis freáticos",[49] sejam os *dejetos sociais* como o "trabalho forçado e escravidão", "abandono dos idosos", "tráfico de seres humanos" e o "descarte de crianças".[50] Fica, assim, evidente as muitas conexões entre ecologia e demais temas-chave do ensino social da Igreja.

---

[46] LS 25.

[47] LS 195, 198.

[48] LS 43.

[49] LS 20-29.

[50] LS 123.

2.5 Curar as relações humanas e cuidar da Criação

Em face desses fatos, o Papa Francisco compreende "a crise ecológica" como "uma expressão ou uma manifestação externa da crise ética, cultural e espiritual da modernidade", observando que "não podemos iludir-nos de sanar a nossa relação com a natureza e o meio ambiente, sem curar todas as relações humanas fundamentais".[51] Para tanto, o pontífice propõe vários elementos:

- a concepção da natureza como "dádiva" (71, também 5, 67, 140);
- o "valor próprio" das criaturas na sua diversidade (69);
- a correção do "antropocentrismo desordenado" (118);
- "a terra como herança comum" e "o destino universal dos bens" (93);
- a defesa dos "direitos fundamentais dos mais desfavorecidos" (93);
- a reorientação da economia e da política pelo princípio do "bem comum" (189);
- a promoção local e internacional de um "desenvolvimento integral e solidário" (50), que seja "sustentável e equitativo" (192).

Assim, as intenções e a diagnose da Casa comum presentes no primeiro capítulo se projetam e se processam, apropriadamente, nos tópicos subsequentes da encíclica.

3. A questão das águas

Ainda no quadro da diagnose das condições do planeta, as populações carentes voltam ao centro das preocupações quando o papa trata da questão da água. Abre-se assim um novo eixo temático, que conecta água-saúde-nutrição-bem comum.[52]

3.1 Recursos hídricos dos países em desenvolvimento

O Papa Francisco nos adverte que

> é bem conhecida a impossibilidade de sustentar o nível atual de consumo dos países mais desenvolvidos e dos setores mais ricos da socie-

---

[51] LS 119.
[52] LS 30, 31, 87, 95, 156.

dade, onde o hábito de desperdiçar e jogar fora atinge níveis inauditos. Já se ultrapassaram certos limites máximos de exploração do planeta, sem termos resolvido o problema da pobreza.[53]

Dentre os recursos naturais, tantas vezes malgeridos e até desperdiçados, o mais vital é a água:

> A água potável e limpa constitui uma questão de primordial importância, porque é indispensável para a vida humana e para sustentar os ecossistemas terrestres e aquáticos. As fontes de água doce fornecem os setores sanitários, agropecuários e industriais. A disponibilidade de água manteve-se relativamente constante durante muito tempo, mas agora, em muitos lugares, a procura excede a oferta sustentável, com graves consequências a curto e longo prazo. Grandes cidades, que dependem de importantes reservas hídricas, sofrem períodos de carência do recurso, que, nos momentos críticos, nem sempre se administra com uma gestão adequada e com imparcialidade.[54]

Isto atinge, sobretudo, as populações carentes, como ocorre na África:

> A pobreza da água pública verifica-se especialmente na África, onde grandes setores da população não têm acesso à água potável segura, ou sofrem secas que tornam difícil a produção de alimento. Em alguns países há regiões com abundância de água, enquanto outras sofrem de grave escassez.[55]

Além de sofrer com a escassez de recursos hídricos, evidente na carência de saneamento e na má distribuição dos mesmos recursos, os pobres sofrem também com a qualidade da água que lhes é provida:

> Um problema particularmente sério é o da qualidade da água disponível para os pobres, que diariamente ceifa muitas vidas. Entre os pobres, são frequentes as doenças relacionadas com a água, incluindo as causadas por micro-organismos e substâncias químicas. A diarreia e a cóle-

---

[53] LS 27.

[54] LS 28.

[55] LS 28.

ra, devidas a serviços de higiene e reservas de água inadequados, constituem um fator significativo de sofrimento e mortalidade infantil.[56]

Essas situações de carência e enfermidade se agravam com a poluição e o envenenamento da água disponível:

> Em muitos lugares, os lençóis freáticos estão ameaçados pela poluição produzida por algumas atividades extrativistas, agrícolas e industriais, sobretudo em países desprovidos de regulamentação e controles suficientes. Não pensamos apenas nas descargas provenientes das fábricas; os detergentes e produtos químicos que a população utiliza em muitas partes do mundo continuam a ser derramados em rios, lagos e mares.[57]

No discernimento do papa, a crítica recai em dois setores socialmente responsáveis: a atividade de extração e produção, em grande parte nas mãos da iniciativa privada; e a gestão dos recursos hídricos e correspondente fiscalização, nas mãos do poder público.

3.2 O acesso à água: um direito de todos

Para o pontífice, trata-se, sobretudo, de admitir o acesso à água como *direito fundamental da pessoa humana*, a começar dos mais pobres e carentes de recursos. Mais uma vez, as palavras de Francisco refletem um problema que afeta particularmente as sociedades em desenvolvimento, como países da Ásia, África e América Latina:

> Enquanto a qualidade da água disponível piora constantemente, em alguns lugares cresce a tendência para se privatizar este recurso escasso, tornando-se uma mercadoria sujeita às leis do mercado. Na realidade, *o acesso à água potável e segura é um direito humano essencial, fundamental e universal, porque determina a sobrevivência das pessoas e, portanto, é condição para o exercício dos outros direitos humanos.* Este mundo tem uma grave dívida social para com os pobres que não têm acesso à água potável, porque isto *é negar-lhes o direito à vida radicado na sua dignidade inalienável.* Esta dívida é parcialmente saldada com maiores contribuições econômicas para prover de água limpa e saneamento as populações mais pobres. Entretanto, nota-se um desperdício

---

[56] LS 29.
[57] LS 29.

de água não só nos países desenvolvidos, mas também naqueles em vias de desenvolvimento que possuem grandes reservas. Isto mostra que o problema da água é, em parte, uma questão educativa e cultural, porque não há consciência da gravidade destes comportamentos num contexto de grande desigualdade.[58]

O Papa Francisco questiona seriamente os casos em que a água é privatizada e tratada como mercadoria, restringindo e elitizando seu acesso aos mais ricos, em detrimento das populações carentes. Daí a importância de uma gestão cidadã dos recursos hídricos, que exercite a participação das comunidades locais nos processos de decisão, que implemente leis ambientais adequadas, que comprometa a política e a economia sob o primado do bem comum – como indicado mais adiante.[59] É nesse sentido que o papa recorda também alguns exemplos positivos:

Alguns países fizeram progressos na conservação eficaz de certos lugares e áreas – na terra e nos oceanos –, proibindo aí toda a intervenção humana que possa modificar a sua fisionomia ou alterar a sua constituição original. No cuidado da biodiversidade, os especialistas insistem na necessidade de prestar uma especial atenção às áreas mais ricas em variedade de espécies, em espécies endêmicas, raras ou com menor grau de efetiva proteção. Há lugares que requerem um cuidado particular pela sua enorme importância para o ecossistema mundial, ou que constituem significativas reservas de água assegurando assim outras formas de vida.[60]

Dentre as muitas reservas de água, a encíclica cita a região amazônica e a bacia do Rio Congo, igualmente ricas em biodiversidade. Vejamos.

3.3 Biodiversidade da Amazônia e Bacia do Rio Congo

Prosseguindo com o tema da água, Francisco se detém em duas realidades do hemisfério Sul, de grande impacto ambiental, climático e

---

[58] LS 30.

[59] LS 189-198.

[60] LS 37.

social: a Amazônia (América do Sul) e a Bacia do Rio Congo (África). Ele as qualifica como pulmões do planeta e reserva de biodiversidade:

> Mencionemos, por exemplo, os pulmões do planeta repletos de biodiversidade que são a Amazônia e a bacia fluvial do Congo, ou os grandes lençóis freáticos e os glaciares. A importância destes lugares para o conjunto do planeta e para o futuro da humanidade não se pode ignorar. Os ecossistemas das florestas tropicais possuem uma biodiversidade de enorme complexidade, quase impossível de conhecer completamente, mas quando estas florestas são queimadas ou derrubadas para desenvolver cultivos, em poucos anos perdem-se inúmeras espécies, ou tais áreas transformam-se em áridos desertos.[61]

Além da extinção de espécies e da desertificação dessas áreas, o papa questiona as propostas de internacionalização da Amazônia, advogando os direitos das populações ali implicadas, com base na soberania nacional:

> Todavia, ao falar sobre estes lugares, impõe-se um delicado equilíbrio, porque não é possível ignorar também os enormes interesses econômicos internacionais que, a pretexto de cuidar deles, podem atentar contra as soberanias nacionais. Com efeito, há "propostas de internacionalização da Amazônia que só servem aos interesses econômicos das corporações internacionais".[62]

Aqui o papa cita o Documento de Aparecida, do qual foi relator em 2007:

> A crescente agressão ao meio ambiente pode servir de pretexto para propostas de internacionalização da Amazônia, que só servem aos interesses econômicos de corporações internacionais. A sociedade pan-amazônica é pluriétnica, pluricultural e plurirreligiosa. Nela, cada vez mais, se intensifica a disputa pela ocupação do território. As populações tradicionais da região querem que seus territórios sejam reconhecidos e legalizados.[63]

---

[61] LS 38.

[62] LS 38. Referência ao DAp 86, na nota 24 da LS.

[63] DAp 86.

De fato, o respeito pelas "populações tradicionais da Amazônia" passa pelo reconhecimento do seu "acervo de conhecimento tradicionais sobre a utilização dos recursos naturais, assim como sobre o valor medicinal de plantas e outros organismos vivos, muitos dos quais formam a base de sua economia".[64] É imprescindível que se respeite a integridade cultural e biótica da Amazônia com pesquisa e legislação adequadas, ativando instâncias de participação de todos os países amazônicos: Brasil, Bolívia, Colômbia, Equador, Guiana, Peru, Suriname e Venezuela.[65] Não só com a preservação da terra, das matas e da água, mas também defendendo o acervo farmacológico das comunidades indígenas, muitas vezes cobiçado por empresas estrangeiras que buscam seu patenteamento, sem nenhum benefício para os autóctones.[66]

Por outro lado, valorizando as iniciativas de proteção ambiental e cultural da Amazônia, o papa reconhece:

> É louvável a tarefa de organismos internacionais e organizações da sociedade civil que sensibilizam as populações e colaboram de forma crítica, inclusive utilizando legítimos mecanismos de pressão, para que cada governo cumpra o dever próprio e não delegável de preservar o meio ambiente e os recursos naturais do seu país, sem se vender a espúrios interesses locais ou internacionais.[67]

3.4 Preservação do mundo marinho

O hemisfério Sul dá o tom, ainda, quando a encíclica trata da preservação do mundo marinho ao citar um documento da Conferência dos Bispos Católicos das Filipinas:

> Passando aos mares tropicais e subtropicais, encontramos os recifes de coral, que equivalem às grandes florestas da terra firme, porque abrigam cerca de um milhão de espécies, incluindo peixes, caranguejos,

---

[64] DAp 83.

[65] Esses países formam, juntos, a Organização do Tratado de Cooperação Amazônica (OTCA), com o escopo de promover uma visão e uma ação de conjunto do desenvolvimento da bacia amazônica, assim como da gestão da água e de seu ecossistema.

[66] DAp 83-84.

[67] LS 38.

moluscos, esponjas, algas e outras. Hoje, muitos dos recifes de coral no mundo já são estéreis ou encontram-se num estado contínuo de declínio: "Quem transformou o maravilhoso mundo marinho em cemitérios subaquáticos despojados de vida e de cor?". Este fenômeno deve-se, em grande parte, à poluição que chega ao mar resultante do desflorestamento, das monoculturas agrícolas, das descargas industriais e de métodos de pesca destrutivos, nomeadamente os que utilizam cianeto e dinamite. É agravado pelo aumento da temperatura dos oceanos. Tudo isso nos ajuda a compreender como qualquer ação sobre a natureza pode ter consequências que não advertimos à primeira vista e como certas formas de exploração de recursos se obtêm à custa duma degradação que acaba por chegar até ao fundo dos oceanos.[68]

O cenário de devastação dos oceanos é retratado aqui com seus fatores industriais e químicos, agravados pelo aquecimento global. Francisco se faz porta-voz de uma realidade cada vez mais urgente: a poluição e depredação das águas oceânicas, com sua vasta fauna e flora, resultando em desequilíbrio climático e escassez de alimento.[69] Para sanar esse problema, o papa aplica os princípios da interação e da responsabilidade:

> [*Princípio da interação:*] Visto que todas as criaturas estão interligadas, deve ser reconhecido com carinho e admiração o valor de cada uma delas, e todos nós, seres criados, precisamos uns dos outros.
> [*Princípio da responsabilidade:*] Cada território detém uma parte de responsabilidade no cuidado dessa família [de seres criados], pelo que deve fazer um inventário acurado das espécies que abriga, a fim de desenvolver programas e estratégias de proteção, cuidando com particular solicitude das espécies em vias de extinção.[70]

O *princípio da interação* e o *princípio da responsabilidade*, que destacamos didaticamente na citação, articulam, respectivamente, a

---

[68] LS 41. Referência à Conferência dos Bispos Católicos das Filipinas. Carta pastoral "O que está ocorrendo com nossa bela região?" (*What is happening to our beautiful land?*), na nota 25 da LS.

[69] LS 37 e 40-41.

[70] LS 42, incisos nossos.

contribuição das ciências e as contribuições da ética, em vista da preservação das espécies e da cuidadosa gestão dos recursos naturais.

4. Clamor da terra, clamor dos pobres

O Papa Francisco prossegue sua reflexão pontuando as intersecções entre "degradação ambiental" e "degradação humana e social",[71] com evidente preocupação pelas populações carentes do planeta. Sua intenção é prospectar – desde um ponto de vista crítico e analítico – as possíveis vias de solução da crise socioambiental, pontuadas especialmente no capítulo V da encíclica. Donde sua atenção à "desigualdade planetária" que assola sobretudo "as pessoas mais pobres", citando a Conferência Episcopal da Bolívia:

> O ambiente humano e o ambiente natural degradam-se em conjunto; e não podemos enfrentar adequadamente a degradação ambiental, se não prestarmos atenção às causas que têm a ver com a degradação humana e social. De fato, a deterioração do meio ambiente e a da sociedade afetam de modo especial os mais frágeis do planeta: "Tanto a experiência comum da vida cotidiana como a investigação científica demonstram que os efeitos mais graves de todas as agressões ambientais recaem sobre as pessoas mais pobres". Por exemplo, o esgotamento das reservas ictíicas [*de peixes aptos à alimentação humana*] prejudica especialmente as pessoas que vivem da pesca artesanal e não possuem qualquer maneira de a substituir; a poluição da água afeta particularmente os mais pobres que não têm possibilidade de comprar água engarrafada; e a elevação do nível do mar afeta principalmente as populações costeiras mais pobres que não têm para onde se transferir. O impacto dos desequilíbrios atuais manifesta-se também na morte prematura de muitos pobres, nos conflitos gerados pela falta de recursos e em muitos outros problemas que não têm espaço suficiente nas agendas mundiais.[72]

---

[71] LS 48.

[72] LS 48, inciso nosso. Referência à Conferência Episcopal da Bolívia. Carta pastoral "El universo, don de Dios para la vida" (2012), n. 17, na nota 26 da LS, e à Conferência Episcopal Alemã/Comissão para a Pastoral Social. "Der Klimawandel: Brennpunkt globaler, intergenerationeller und ökologischer Gerechtigkeit" (2006), n. 28-30, na nota 27 da LS.

Aqui, o papa aproxima intencionalmente uma citação da Conferência Episcopal Boliviana e outra da Conferência Episcopal Alemã, para mostrar o quanto a crise climática e alimentar aflige, especialmente, as populações pobres. Trata-se de um fato mundial que solicita maior empenho das agendas política, econômica e sanitária, em ações internacionais coordenadas.[73] Francisco expressa, então, sua preocupação:

> Gostaria de assinalar que muitas vezes falta uma consciência clara dos problemas que afetam particularmente os excluídos. Estes são a maioria do planeta, milhares de milhões de pessoas. Hoje são mencionados nos debates políticos e econômicos internacionais, mas com frequência parece que os seus problemas se colocam como um apêndice, como uma questão que se acrescenta quase por obrigação ou perifericamente, quando não são considerados meros danos colaterais. Com efeito, na hora da implementação concreta, permanecem frequentemente no último lugar.[74]

A esse fato o papa reage, convidando os gestores, os comunicadores, os cientistas e os governantes a superar distâncias sociais, para ouvir de perto o clamor da terra e dos pobres:

> Isto se deve, em parte, ao fato de que muitos profissionais, formadores de opinião, meios de comunicação e centros de poder estão localizados longe deles, em áreas urbanas isoladas, sem ter contato direto com os seus problemas. Vivem e refletem a partir da comodidade dum desenvolvimento e duma qualidade de vida que não está ao alcance da maioria da população mundial. Esta falta de contato físico e de encontro, às vezes favorecida pela fragmentação das nossas cidades, ajuda a cauterizar a consciência e a ignorar parte da realidade em análises tendenciosas. Isto, às vezes, coexiste com um discurso "verde". Mas, hoje, não podemos deixar de reconhecer que *uma verdadeira abordagem ecológica sempre se torna uma abordagem social*, que deve integrar a justiça nos debates sobre o meio ambiente, para ouvir tanto o clamor da terra como o clamor dos pobres.[75]

---

[73] LS 173-175.

[74] LS 49.

[75] LS 49, grifo do papa.

Na expressão final desse parágrafo, desprovida de qualquer referência, encontramos um eco da obra *Ecologia: grito da terra, grito dos pobres* de Leonardo Boff, de 2004. Essa menção pede de nós uma breve análise, para compreendermos o pensamento de Francisco.

4.1 A teologia do povo

Como sabemos, Bergoglio (Papa Francisco) não é um expoente da Teologia da Libertação, nem utiliza os mesmos métodos que Leonardo Boff. Cada um tem seus itinerários acadêmicos, pastorais e carismáticos distintos; um é jesuíta, e o outro, franciscano. Pois enquanto muitos teólogos da libertação seguem a análise sociológica, tematizando as dinâmicas sociais de classe e partidos políticos, Bergoglio segue a análise histórico-cultural[76] de individuação dos dados religiosos, éticos e políticos da experiência popular, com vistas à evangelização. Aproxima-se da chamada Teologia do povo, expressando-se em tom pastoral, e ao mesmo tempo crítico e propositivo.[77] Francisco declara sua convicta "opção pelos últimos"[78] e anuncia a libertação como experiência de *misericórdia*:[79] "caridade efetiva para com o próximo; compaixão que compreende, assiste e promove".[80]

A misericórdia é assumida por Francisco como imperativo evangélico: "Dai-lhes vós mesmos de comer" (Mc 6,37).[81] Com esse enfoque,

---

[76] Esta análise articula o binômio evangelização e cultura, com uma compreensão de inculturação à luz da Encarnação do Verbo. Sob tal luz, eminentemente teológica, Francisco compreende as culturas dos povos como expressões poliédricas da mesma humanidade (EG 236), a serem valorizadas pela Igreja em sua missão universal (EG 237). A diversidade cultural se reflete no "rosto pluriforme" da Igreja (EG 116). Francisco, inclusive, lança uma nova versão da máxima tomista "a graça supõe a natureza", ao dizer que "a graça supõe a cultura" (EG 115). PAPA FRANCISCO. Exortação Apostólica *Evangelii Gaudium*, sobre o anúncio do Evangelho no mundo atual. São Paulo: Paulinas, 2013.

[77] Ver: SCANNONE, Juan C. Incarnazione, *kènosis*, inculturazione e povertà. In SPADARO, A.; GALLI, C. M. (Ed.). *La riforma e le riforme nella Chiesa*. Brescia: Queriniana, 2016, p. 459-484.

[78] EG 195.

[79] EG 37 e 188.

[80] EG 179.

[81] As fontes evangélicas de Mt 25,40 e Mc 6,37 são as mais recorrentes, ao lado de "Felizes os misericordiosos, porque alcançarão misericórdia" (Mt 5,7 apud EG 193). A misericórdia é assumida como um imperativo: "Sede misericordiosos como o

ele valoriza a proposta pastoral libertadora da América Latina, como se nota claramente na *Evangelii Gaudium*, quando cita a Instrução *Libertatis Nuntius* (XI, I), sobre alguns aspectos da Teologia da Libertação: "A Igreja, guiada pelo Evangelho da Misericórdia e pelo amor ao homem, *escuta o clamor pela justiça* e deseja responder com todas as suas forças".[82] E fazendo uma analogia com a encarnação do Verbo em Jesus Cristo, afirma: "Este imperativo de ouvir o clamor dos pobres faz-se carne entre nós, quando no mais íntimo de nós mesmos nos comovemos à vista do sofrimento alheio".[83]

4.2 O carisma do discernimento

Com esse quadro argumentativo e propositivo, o Papa Francisco deixa claro de onde veio, com evidentes referências ao cenário eclesial sul-americano. Contudo, não estaciona em tópicos periféricos do debate teológico-pastoral, mas vai diretamente ao Evangelho, mostrando o quanto a Palavra de Deus constitui a *arché* (princípio fundante e metodológico) de seu *discernimento* sobre a condição humana[84] e de seu anúncio preferencial do Evangelho aos últimos:[85]

> Vinde, benditos de meu Pai, recebei por herança o Reino preparado para vós, desde a fundação do mundo. Pois tive fome e me destes de comer. Tive sede e me destes de beber. Era forasteiro e me acolhestes. Estive nu e me vestistes; doente e me visitastes; preso e viestes ver-me. [...] Em verdade vos digo: Cada vez que o fizestes a um desses meu irmãos mais pequeninos, a mim o fizestes (Mt 25,34-36).

Como já foi mencionado, agora é o próprio Papa Francisco quem expõe a razão teológica de sua preferência pelos últimos da sociedade:

---

vosso Pai é misericordioso" (Lc 6,36 apud EG 179), "porque quem não pratica a misericórdia, será julgado sem misericórdia" (Tg 2,13 apud EG 193). Este imperativo se cristalizou, sobretudo, no Ano Jubilar da Misericórdia: PAPA FRANCISCO. *Misericordiae Vultus. O rosto da misericórdia. Bula de proclamação do Jubileu Extraordinário da Misericórdia*. São Paulo: Paulinas, 2015.

[82] EG 188.

[83] EG 193.

[84] EG 50.

[85] EG 179, 209.

Para a Igreja, a opção pelos pobres é mais uma categoria teológica que cultural, sociológica, política ou filosófica. Deus "manifesta a sua misericórdia antes de mais" a eles (João Paulo II, Homilia em Santo Domingo, 1984). Esta preferência divina tem consequências na vida de fé de todos os cristãos, chamados a possuírem "os mesmos sentimentos que estão em Cristo Jesus" (Fl 2,5). Inspirada por tal preferência, a Igreja fez uma *opção pelos pobres*, entendida como uma "forma especial de primado na prática da caridade cristã, testemunhada por toda a Tradição da Igreja" (SRS 42). Como ensinava Bento XVI, esta opção "está implícita na fé cristológica que professa o Deus que se fez pobre por nós, para enriquecer-nos com sua pobreza" (DAp 392, Discurso Inaugural de Bento XVI). Por isso, desejo uma Igreja pobre para os pobres. Estes têm muito para nos ensinar. Além de participar do *sensus fidei*, nas suas próprias dores conhecem Cristo sofredor. É necessário que todos nos deixemos evangelizar por eles. A nova evangelização é um convite a reconhecer a força salvífica das suas vidas, e a colocá-los no centro do caminho da Igreja. Somos chamados a descobrir Cristo neles: não só a emprestar-lhes a nossa voz nas suas causas, mas também a ser seus amigos, a escutá-los, a compreendê-los e a acolher a misteriosa sabedoria que Deus nos quer comunicar através deles.[86]

Essa perspectiva evangélica e cristocêntrica faz com que Francisco avance num percurso magisterial próprio – coerente com sua vocação jesuítica e missionária –, sem desprezar as convergências e a cooperação com outras análises e iniciativas, especialmente em questões fundamentais como "a inclusão social dos pobres, a questão da paz e do diálogo social",[87] "a dignidade da pessoa humana e o bem comum".[88] Essa mesma prioridade é dimensionada pela crise socioambiental na encíclica *Laudato Si'*, como observa Ferraro:

> Diante da dura realidade da miséria, pobreza gerada pela injustiça social, a opção pelos pobres – como nos indica Papa Francisco –, se torna uma energia vital na defesa da "Casa comum". Pois quem mais sofre com a devastação da "nossa irmã, mãe terra", são os pobres, especialmente as mulheres, os camponeses e os indígenas.[89]

---

[86] EG 198.

[87] EG 185.

[88] EG 218.

[89] FERRARO, Benedito. *Laudato Si'* e a opção pelos pobres. In MURAD, A.; TAVARES, S. S. (Org.). *Cuidar da casa comum*. São Paulo: Paulinas, 2015, p. 72.

5. Dívida ecológica entre Norte e Sul

A constatação de uma "dívida ecológica"[90] entre países do Norte e países do Sul é um posicionamento do Papa Francisco, considerado por muitos uma "questão controversa"[91] do debate sobre causas e soluções do aquecimento global. Vejamos seus termos e alcances.

5.1 Quais os argumentos?

Ocupando oito parágrafos da encíclica,[92] o argumento da *dívida ecológica* parte de dois fatores principais: primeiro, a exploração de grandes volumes de matéria-prima sofrida pelos países do Sul para sustentar a industrialização dos países do Norte; segundo, as consequências nefastas (sobretudo para o clima e a produção agrícola) do efeito estufa nos países do Sul, em consequência do alto índice de emissão de dióxido de carbono, majoritariamente por parte dos países do Norte:

> A desigualdade [social e planetária] não afeta apenas os indivíduos, mas países inteiros, e obriga a pensar numa ética das relações internacionais. Com efeito, há uma verdadeira *dívida ecológica*, particularmente entre o Norte e o Sul, ligada a desequilíbrios comerciais com consequências no âmbito ecológico e com o uso desproporcionado dos recursos naturais efetuado historicamente por alguns países. As exportações de algumas matérias-primas para satisfazer os mercados no Norte industrializado produziram danos locais, como, por exemplo, a contaminação com mercúrio na extração minerária do ouro ou com o dióxido de enxofre na do cobre. De modo especial é preciso calcular o espaço ambiental de todo o planeta usado para depositar resíduos gasosos que se foram acumulando ao longo de dois séculos e criaram uma situação que agora afeta todos os países do mundo. O aquecimento causado pelo enorme consumo de alguns países ricos tem repercussões nos lugares mais pobres da terra, especialmente na África, onde o

---

[90] LS 51.

[91] GARCÍA JIMÉNEZ, José Ignacio. El diálogo en *Laudato Si'*. In: GIMÉNEZ-RICO, E. S. (Ed.). *Cuidar de la tierra, cuidar de los pobres*. Maliaño: Editorial Sal Terrae, 2015, p. 135.

[92] LS 51-52; 170-175.

aumento da temperatura, juntamente com a seca, tem efeitos desastrosos no rendimento das cultivações.[93]

Partindo da exportação de matéria-prima e dos danos do efeito estufa, o papa elenca outros fatores de impacto socioambiental no Sul, dando voz aos bispos argentinos da região da Patagônia-Comahue:

> A isto se acrescentam os danos causados pela exportação de resíduos sólidos e líquidos tóxicos para os países em vias de desenvolvimento e pela atividade poluente de empresas que fazem nos países menos desenvolvidos aquilo que não podem fazer nos países que lhes dão o capital: "Constatamos frequentemente que as empresas que assim procedem são multinacionais, que fazem aqui o que não lhes é permitido em países desenvolvidos ou do chamado primeiro mundo. Geralmente, quando cessam as suas atividades e se retiram, deixam grandes danos humanos e ambientais, como o desemprego, aldeias sem vida, esgotamento dalgumas reservas naturais, desflorestamento, empobrecimento da agricultura e pecuária local, crateras, colinas devastadas, rios poluídos e qualquer obra social que já não se pode sustentar".[94]

Francisco declara "perverso" para com os países pobres o atual "sistema de relações comerciais" liderado pelos países ricos.[95] Ele argumenta com base na desproporção entre custos energéticos e resíduos industriais do Norte e fontes de energia limpa e reservas naturais do Sul, de fato, uma desproporção pouco considerada nas negociações internacionais. Os países pobres sofrem limitações por causa de sua dívida externa (em termos comerciais e financeiros), sem poder contrapor – nas relações comerciais – os prejuízos sofridos em decorrência do efeito estufa causado pelo Norte, ainda que sejam ricos em matéria-prima e reservas naturais (em termos ecológicos e ambientais):

> A dívida externa dos países pobres transformou-se num instrumento de controle, mas não se dá o mesmo com a dívida ecológica. De várias maneiras os povos em vias de desenvolvimento, onde se encontram as

---

[93] LS 51.

[94] LS 51. Referência aos bispos da região da Patagônia-Comahue (Argentina). *Mensaje de Navidad* (2009), n. 2, na nota 30 da LS.

[95] LS 52.

reservas mais importantes da biosfera, continuam a alimentar o progresso dos países mais ricos à custa do seu presente e do seu futuro. A terra dos pobres do Sul é rica e pouco contaminada, mas o acesso à propriedade de bens e recursos para satisfazerem as suas carências vitais é-lhes vedado por um sistema de relações comerciais e de propriedade estruturalmente perverso. É necessário que os países desenvolvidos contribuam para resolver esta dívida, limitando significativamente o consumo de energia não renovável e fornecendo recursos aos países mais necessitados para promover políticas e programas de desenvolvimento sustentável. As regiões e os países mais pobres têm menos possibilidade de adotar novos modelos de redução do impacto ambiental, porque não têm preparação para desenvolver os processos necessários nem podem cobrir os seus custos.[96]

5.2 O princípio da responsabilidade diferenciada

Para reequilibrar as relações comerciais entre Norte e Sul, será justo incluir nelas os fatores socioambientais próprios de cada país, aplicando o *princípio da responsabilidade diferenciada* desses países quanto à mudança climática:

> Deve-se manter claramente a consciência de que a mudança climática tem *responsabilidades diversificadas* e, como disseram os bispos dos Estados Unidos, é oportuno concentrar-se "especialmente sobre as necessidades dos pobres, fracos e vulneráveis, num debate muitas vezes dominado pelos interesses mais poderosos". É preciso revigorar a consciência de que somos uma única família humana. Não há fronteiras nem barreiras políticas ou sociais que permitam isolar-nos e, por isso mesmo, também não há espaço para a globalização da indiferença.[97]

O Papa Francisco volta ao tema no capítulo V da encíclica, citando os bispos da Bolívia:

> Algumas das estratégias para a baixa emissão de gases poluentes apostam na internacionalização dos custos ambientais, com o perigo de impor aos países de menores recursos pesados compromissos de re-

---

[96] LS 52.

[97] LS 52. Referência à Conferência dos Bispos Católicos dos EUA. Global climate change: a plea for dialogue, prudence and common good (2001) na nota 31 da LS.

dução de emissões comparáveis aos dos países mais industrializados. A imposição destas medidas penaliza os países mais necessitados de desenvolvimento. Assim, acrescenta-se uma nova injustiça sob a capa do cuidado do meio ambiente. Como sempre, a corda quebra no ponto mais fraco. Uma vez que os efeitos das mudanças climáticas se farão sentir durante muito tempo, mesmo que agora sejam tomadas medidas rigorosas, alguns países com escassos recursos precisarão de ajuda para se adaptar a efeitos que já estão a produzir-se e afetam as suas economias. É verdade que há responsabilidades comuns, mas diferenciadas, pelo simples motivo – como disseram os bispos da Bolívia – de que os países que foram beneficiados por um alto grau de industrialização, à custa duma enorme emissão de gases com efeito de estufa, têm maior responsabilidade em contribuir para a solução dos problemas que causaram.[98]

Essa compreensão de dívida ecológica "continua sendo um ponto muito controverso nas discussões internacionais sobre mudança climática" – observa García Jiménez –, "porque reconhecer esta dívida de forma legal e política provocaria imediatamente a geração de direitos econômicos específicos, aplicáveis sobre os países desenvolvidos, para indenizar os países em vias de desenvolvimento".[99] No atual estágio de discussões sobre a responsabilidade de cada país no controle de poluentes e diminuição gradativa das emissões de dióxido de carbono, o mecanismo para "se concretizar tal responsabilidade é algo que corresponde às negociações internacionais; mas o reconhecimento da dívida ecológica assentaria as bases para um diálogo em chave de compensação, com repercussões jurídicas a considerar".[100]

De qualquer modo, ainda que não obtenha o consenso dos agentes industriais e financeiros, o papa traz ao debate um fato significativo para os protocolos de redução das emissões de dióxido de carbono: "A pretensa eficácia dos mercados não pode preterir outros valores, como a equidade e a responsabilidade diferenciada de alguns atores

---

[98] LS 170. Referência à Conferência Episcopal da Bolívia. Carta pastoral "El universo, don de Dios para la vida" (2012), n. 86, na nota 127 da LS.

[99] GARCÍA JIMÉNEZ. El diálogo en *Laudato Si'*, p. 136.

[100] Ibid., p. 137.

específicos".[101] Francisco propõe ações conjuntas de prevenção e contenção do aquecimento global, que incluam erradicação da miséria, fontes de energia limpa, superação do consumismo, combate à corrupção e partilha de recursos entre os países:

> Para os países pobres, as prioridades devem ser a erradicação da miséria e o desenvolvimento social dos seus habitantes; ao mesmo tempo devem examinar o nível escandaloso de consumo de alguns setores privilegiados da sua população e contrastar melhor a corrupção. Sem dúvida, devem também desenvolver formas menos poluentes de produção de energia, mas para isso precisam contar com a ajuda dos países que cresceram muito à custa da atual poluição do planeta. O aproveitamento direto da energia solar, tão abundante, exige que se estabeleçam mecanismos e subsídios tais, que os países em vias de desenvolvimento possam ter acesso à transferência de tecnologias, assistência técnica e recursos financeiros, mas sempre prestando atenção às condições concretas, pois "nem sempre se avalia adequadamente a compatibilidade dos sistemas com o contexto para o qual são projetados". Os custos seriam baixos se comparados com os riscos das mudanças climáticas. Em todo caso, trata-se primariamente duma decisão ética, fundada na solidariedade de todos os povos.[102]

6. Primado da ética e responsabilidade política

Ainda no capítulo I da encíclica, Francisco retoma uma diretriz básica do ensino social da Igreja, já proposta em documentos anteriores: o primado da ética sobre a política, e desta sobre a economia, com base na dignidade do ser humano e no destino universal dos bens da Criação (cf. *Gaudium et Spes* 33-34, *Centesimus Annus* 31, *Sollicitudo rei socialis* 33). A perversão desse ordenamento, com "a submissão da política à tecnologia e à finança, demonstra-se na falência das reuniões de cúpulas mundiais sobre o meio ambiente".[103] Daí "a fraqueza da reação política internacional" à crise ecológica, uma vez que "o interesse econômico

---

[101] Ibid., p. 137.

[102] LS 172. Referência ao Pontifício Conselho Justiça e Paz. Documento "Energia, Giustizia e Pace" (2013), n. 56, na nota 128 da LS.

[103] LS 54.

chega a prevalecer sobre o bem comum e manipular a informação, para não ver afetados os seus projetos".[104]

Notemos que o Papa Francisco não demoniza a economia irrestritamente, mas reivindica a reforma ética e funcional do atual sistema econômico: que os investidores internacionais, os bancos e os conglomerados financeiros não usurpem das nações a função governativa das legítimas instâncias políticas, por administrarem o mundo sob a égide do lucro.[105] A promoção dos direitos, a regulamentação concernente ao meio ambiente e a gestão dos bens naturais ou industriais, devem passar pelas instâncias deliberativas da política, com base no direito e na participação democrática dos cidadãos.[106] A maximização do lucro e a especulação financeira não devem constranger os processos decisórios, como tem ocorrido em larga escala entre os países, fortalecendo investidores e debilitando a governança democrática.[107] Nesta linha de raciocínio

> [...] o Documento de Aparecida pede que, "nas intervenções sobre os recursos naturais, não predominem os interesses de grupos econômicos que arrasam irracionalmente as fontes da vida". A aliança entre economia e tecnologia acaba por deixar de fora tudo o que não faz parte dos seus interesses imediatos. Deste modo, poder-se-á esperar apenas algumas proclamações superficiais, ações filantrópicas isoladas e ainda esforços por mostrar sensibilidade para com o meio ambiente, enquanto, na realidade, qualquer tentativa das organizações sociais para alterar as coisas será vista como um distúrbio provocado por sonhadores românticos ou como um obstáculo a superar.[108]

Sinais de esperança são reconhecidos, como o desenvolvimento de controles mais eficientes dos danos ambientais, o combate à corrupção e a sensibilidade ecológica das populações.[109] Entretanto,

---

[104] LS 54.

[105] LS 189.

[106] LS 176-181.

[107] LS 183-184.

[108] LS 54.

[109] LS 55.

[...] os poderes econômicos continuam a justificar o sistema mundial atual, onde predomina uma especulação e uma busca de receitas financeiras que tendem a ignorar todo o contexto e os efeitos sobre a dignidade humana e sobre o meio ambiente. Assim se manifesta como estão intimamente ligadas a degradação ambiental e a degradação humana e ética.[110]

Mais do que nunca, há que se investir na educação ambiental, na revisão de comportamentos, nas tecnologias de preservação e recuperação da natureza, na criatividade empresarial, no valor humano do trabalho, na participação dos povos originários nos processos decisórios, reforçando a rede de iniciativas que – ainda em tempo – poderá conter os atuais danos ambientais e projetar soluções viáveis.[111]

Conclusão

Como dissemos, este estudo quer servir de iniciação ao conjunto do documento, cujas intenções e critérios já se anunciam em suas primeiras linhas, pois trata-se de uma abordagem crítica, propositiva e dialógica, atenta às relações humanidade-natureza-sociedade e com muitos subtemas importantes, como o demonstram os demais capítulos: II. "O evangelho da Criação"; III. "A raiz humana da crise ecológica"; IV. "Uma ecologia integral"; V. "Algumas linhas de orientação e ação"; VI. "Educação e espiritualidade ecológicas".

Além de retomar pronunciamentos do magistério anterior, Francisco inova ao citar fontes ecumênicas e episcopais referidas à questão ecológica: ele incorpora a contribuição de Bartolomeu I, patriarca ortodoxo de Constantinopla,[112] e valoriza as declarações das conferências episcopais, sobretudo do Sul do planeta.[113] Mais que retórica, trata-se de incluir tais contribuições na construção dos argumentos, em atitude receptiva e dialógica no cenário das Igrejas.

---

[110] LS 56.

[111] LS 102-103, 128-129, 203-206.

[112] LS 7-9.

[113] LS 14, 38, 41, 48, 51, 52 e 54.

No que se refere à abordagem, o papa é firme na sua *atenção às populações pobres e vulneráveis* e na assunção do *primado do bem comum*, instaurando um critério de valor relevante no quadro do comércio e do Direito, habitualmente restritos ao bem público e ao bem privado. A crise ecológica é tão ampla e urgente, que solicita a *esfera do bem comum* em complemento do bem público e privado, uma vez que a água, o solo, o clima e outros recursos naturais destinam-se a todas as pessoas e populações, sem exclusão de fronteira ou nacionalidade.

Próprio da sua abordagem é também o *princípio da responsabilidade diferenciada* entre as nações e sociedades industrializadas, ao avaliar os modos e as consequências da exploração de recursos naturais. Isso pede mais diálogo e colaboração entre os países, para propor ações articuladas de gestão, legislação, pesquisa e preservação em matéria socioambiental. Nessa esteira, Francisco aponta para a *dívida ecológica entre Norte e Sul* de modo singular, ativando uma jurisprudência ainda em construção nos expedientes do Direito Ambiental e Internacional.

Essa reflexão, como visto, articula dados das ciências naturais e da teologia, da sociologia e da ética à altura da complexidade que a ecologia comporta. É de fato admirável que o bispo de Roma – situado na instância de um primado eclesial e, portanto, delimitado – manifeste tal largueza de olhar e cuidado para com as condições atuais da vida na terra, sempre guiado pela misericórdia e pela honestidade intelectual. Sem dúvida, pesam aqui a herança milenar da teologia bíblica da Criação, a escola franciscana de espiritualidade, a riqueza do magistério anterior e o discernimento próprio do carisma jesuítico. Mas certamente pesam, também, as contribuições recentes da pesquisa e dos debates internacionais, como o Simpósio sobre Humanidade Sustentável, Natureza Sustentável: nossa Reponsabilidade, promovido em 2014 pela Pontifícia Academia de Ciências com a Pontifícia Academia de Ciências Sociais, a pedido do mesmo Papa Francisco, cuja *declaração final* se encontra em anexo.

Temos ante os olhos uma encíclica oportuna, ao mesmo tempo crítica e propositiva, escrita com método conjuntivo e postura interdisciplinar. O texto não dispensa outras leituras, a começar do magistério antecedente, mas traduz a sensibilidade e a competência próprias de Bergoglio. No mais, o tema em si se nos propõe como inadiável, enquanto cristãos e cidadãos da terra.

Referências bibliográficas

BOFF. L. *Ecologia: grito da terra, grito dos pobres*. Rio de Janeiro: Sextante, 2004.

BRUNNER, Emil. *A doutrina cristã da Criação e da redenção*. São Paulo: Fonte Editorial, 2006.

CONSELHO EPISCOPAL LATINO-AMERICANO. Documento de Aparecida. Texto conclusivo da V Conferência Geral do Episcopado Latino-Americano e do Caribe. Brasília: CNBB, 2007.

FERRARO, Benedito. *Laudato Si'* e opção pelos pobres. In: MURAD, A.; TAVARES, S. S. (Org.). *Cuidar da casa comum*. São Paulo: Paulinas, 2015, p. 65-72.

GARCÍA JIMÉNEZ, José Ignacio. El diálogo en *Laudato Si'*. In: GIMÉNEZ-RICO, E. S. (Ed.). *Cuidar de la tierra, cuidar de los pobres*. Maliaño: Editorial Sal Terrae, 2015, p. 125-140.

KÜNG, Hans. *O princípio de todas as coisas*. 2. ed. São Paulo: Vozes, 2009.

MAÇANEIRO, M. A ecologia e o ensino social da Igreja: inscrição e alcances de um paradigma. In: ZACHARIAS, R.; MANZINI, R. (Org.). *Magistério e Doutrina Social da Igreja*. São Paulo: Paulinas, 2016, p. 230-283.

_____. Vozes do Sul na encíclica *Laudato Si'*. *Revista Pistis & Praxis* 3 (2016): 715-760.

MOLTMANN, Jürgen. *Ciência e sabedoria*. São Paulo: Loyola, 2007.

PAPA FRANCISCO. Exortação Apostólica *Evangelii Gaudium*, sobre o anúncio do Evangelho no mundo atual. São Paulo: Paulinas, 2013.

_____. Carta Encíclica *Laudato Si'*, sobre o cuidado da casa comum. São Paulo: Paulinas, 2015.

_____. *Misericordiae Vultus. O rosto da misericórdia. Bula de Proclamação do Jubileu Extraordinário da Misericórdia*. São Paulo: Paulinas, 2015.

PONTIFICAL ACADEMY OF SCIENCES; PONTIFICAL ACADEMY OF SOCIAL SCIENCES. Statement of the Joint PAS/PASS Workshop on Sustainable Humanity, Sustainable Nature: Our Responsibility. Disponível em: <http://www.pas.va/content/accademia/en/publications/extraseries/sustainable.html>. Acesso em: 02/11/2017.

SCANNONE, J. C. Incarnazione, kénosis, inculturazione e povertà. In: SPADARO, A.; GALLI, C. M. (Ed.). *La riforma e le riforme nella Chiesa*. Brescia: Queriniana, 2016, p. 459-484. (Collana BTC 177).

Anexo
Humanidade e natureza sustentáveis

Declaração da Pontifícia Academia de Ciências
e da Pontifícia Academia de Ciências Sociais*

[1] A humanidade ingressou numa era nova, em que o poder tecnológico nos coloca numa encruzilhada. Somos herdeiros de dois séculos de enormes transformações em questão de técnica: o motor a vapor, a ferrovia, a eletricidade, o telégrafo, o automóvel, o avião, as indústrias químicas, a medicina moderna, a informativa e, mais recentemente, a revolução digital, a robótica, as biotecnologias e as nanotecnologias. Tais avanços alteraram a economia mundial, fazendo-a cada vez mais urbana e globalmente interconectada, porém cada vez mais desigual.

[2] O fato é que – na esteira da "mudança revolucionária" (*Rerum Novarum*) que a humanidade enfrentou durante a Era Industrial no início do século XIX – temos hoje um novo patamar de mudanças: alteramos o nosso meio natural a tal ponto que os cientistas definem a época atual como Era do Antropoceno: uma época em que a mão do homem – através da utilização dos combustíveis fósseis – está causando um impacto decisivo no planeta. Se a atual tendência continua, este século será testemunha de mudanças climáticas inéditas e de uma destruição sem precedentes dos ecossistemas, com graves consequências para todos nós.

[3] Quando a atividade humana deixa de respeitar a natureza, torna-se como um bumerangue que gera desigualdades e agrava ainda mais o que Papa Francisco tem chamado de "globalização da indiferença" e "economia da exclusão" (*Evangelii Gaudium*) – fenômenos estes que põem em perigo a solidariedade para com as gerações, tanto presentes quanto futuras.

---

* Tradução do inglês: Marcial Maçaneiro.

[4] Os avanços de produtividade registrados em todos os setores – agricultura, indústria e serviços – nos permitem vislumbrar o fim da pobreza, a distribuição equitativa da prosperidade e uma ampliação da expectativa de vida. Contudo, as estruturas sociais injustas (*Evangelii Gaudium*) se tornaram verdadeiros obstáculos para uma organização adequada e sustentável da produção e uma justa distribuição de seus frutos; ambas são condições necessárias para se alcançar tais objetivos. A relação do homem com a natureza está repleta de consequências que, de modo irrefletido, nós produzimos com nossas ações, em detrimento das gerações presentes e futuras. Constatamos que os processos socioambientais não se corrigem por si mesmos. Advertidas pela ética e pela coletividade organizada, as forças do mercado se mostram incapazes de resolver por si só as crises da pobreza, da exclusão e do meio ambiente, que se relacionam entre si. Ademais, o fracasso do mercado acompanha o fracasso das instituições que não têm assumido o bem comum como objetivo maior.

[5] Estes problemas têm se agravado ultimamente, pelo fato de que, na atualidade, a atividade econômica é medida unicamente em termos de produto interno bruto (PIB), omitindo-se a concomitante degradação da terra e as injustas desigualdades, seja entre os países, seja dentro de cada país. O crescimento do PIB vem acompanhado de brechas inaceitáveis entre ricos e pobres, os quais continuam sem ter acesso à maior parte dos avanços do tempo atual. Por exemplo, cerca de 50% de toda a energia disponível no planeta é utilizada por apenas um bilhão de pessoas; entretanto, os impactos negativos no ambiente estão afetando três bilhões de pessoas, carentes de acesso à mesma energia. Esses três bilhões têm um acesso tão limitado à energia moderna, que devem cozinhar seu alimento, bem como aquecer e iluminar seus lares, com métodos comprovadamente prejudiciais à saúde.

[6] A utilização maciça dos combustíveis fósseis, que constitui o centro do sistema energético mundial, causa profundas alterações no clima do planeta e aumenta a acidez de nossos oceanos. O aquecimento global e as condições extremas de clima a ele associadas alcançarão níveis perigosos num futuro próximo, quando nossos filhos tiverem que responder pelo planeta; nestas mesmas condições, os 40% de pobres do

mundo – que têm um papel mínimo na contaminação do ambiente – são os que mais haverão de sofrer. Levadas a uma escala industrial, as práticas agrícolas estão transformando a paisagem por toda parte: sua intervenção nos ecossistemas, seus riscos à biodiversidade e à sobrevivência de algumas espécies atingiram, hoje, níveis planetários.

[7] Ainda que a utilização do solo se tenha aprimorado, com extensão e intensidade inusitadas, a insegurança alimentar continua preocupante, com um bilhão de habitantes padecendo de fome crônica e outro bilhão sendo vítima da fome tácita, resultante do déficit de micronutrientes. É trágico que se desperdice um terço dos alimentos produzidos para o consumo humano: no dizer de Papa Francisco, "é como roubar da mesa daqueles que são pobres e passam fome".

[8] Diante da pobreza persistente, das crescentes desigualdades sociais e econômicas, e da incessante destruição do meio ambiente, os Governos do mundo têm feito uma convocação a que se adotem as Metas de Desenvolvimento Sustentável (MDS) – uma série de objetivos universais destinados a dirigir as medidas que se deverão tomar, em nível planetário, a partir de 2015 [quando também se realizará a Conferência Mundial sobre o Clima, em Paris]. Para cumprir tais metas, será preciso uma cooperação de nível mundial, além de inovações tecnológicas acessíveis e do respaldo de políticas socioeconômicos nacionais e regionais, como, por exemplo: a aplicação de impostos nessas metas, a legislação contra os abusos ambientais, a definição de limites ao enorme poderio das empresas transnacionais e uma redistribuição justa da riqueza. Com toda certeza, a relação entre humanidade e natureza deve ser abordada mediante ações solidárias e coletivas nos níveis local, regional e global.

[9] As bases tecnológicas e operacionais de um genuíno desenvolvimento sustentável são, na verdade, alcançáveis: estão-nos disponíveis e acessíveis. É possível pôr fim à pobreza extrema através de investimentos específicos em educação, saúde, moradia e infraestrutura social, como o acesso a energias sustentáveis e o fomento de meios de subsistência entre os mais pobres. As desigualdades sociais podem ser reduzidas mediante a proteção dos direitos humanos, o efetivo Estado de direito, a democracia participativa, o acesso universal aos serviços

públicos, o reconhecimento da dignidade da pessoa humana, os mecanismos de eficácia das políticas sociais e fiscais, as reformas financeiras baseadas na ética, as políticas de criação de emprego digno em grande escala, a integração dos setores econômicos informais e populares, a colaboração nos níveis nacional e internacional para se erradicar as novas formas de escravidão – como, por exemplo, o trabalho forçado e a exploração sexual. Os sistemas energéticos podem se tornar muito mais eficientes e menos dependentes do carvão, do petróleo e do gás natural: assim se evitariam as mudanças climáticas, se protegeriam os oceanos e se limparia o ar, livrando-o das substâncias contaminantes produzidas pelo uso do carvão. Também o setor alimentar pode tornar-se mais produtivo e eficiente na utilização do solo e da água, sendo menos contaminante e mais respeitoso para com as comunidades camponesas e indígenas. Igualmente o desperdício de comida pode reduzir-se notavelmente, resultando em benefícios sociais e ecológicos.

[10] É provável que o maior desafio em campo ecológico resida no terreno dos valores humanos. Os principais obstáculos à sustentabilidade e à inclusão são a desigualdade, a injustiça, a corrupção e o tráfico de pessoas. Nossas economias, nossas democracias, nossas sociedades e nossas culturas pagam um altíssimo preço por esta crescente brecha que se amplia entre ricos e pobres, em cada uma das nações e entre elas. Talvez o aspecto mais nocivo do crescente abismo em termos de investimento e riqueza, observado em tantos países, é que se está aprofundando a desigualdade de oportunidades. Mais que isso, a desigualdade, a injustiça globalizada e a corrupção estão minando nossos valores éticos, nossa dignidade enquanto pessoas e nossos direitos humanos. Necessitamos, acima de tudo, converter nossas convicções e atitudes, para combater a globalização da indiferença, a cultura do descarte e a idolatria do dinheiro. Devemos insistir na opção preferencial pelos pobres; fortalecer a família e a comunidade; honrar e proteger a Criação como responsabilidade imperativa da humanidade em face das futuras gerações. Contamos com a capacidade tecnológica e a inovação necessárias para sermos bons cuidadores da Criação. A humanidade precisa, urgentemente, corrigir o rumo de sua relação com a natureza, adotando as Metas de Desenvolvimento Sustentável, que nos permitirão promover um padrão sustentável de desenvolvimento econômico e

de inclusão social. Uma ecologia humana saudável em matéria de virtudes éticas contribui para a sustentabilidade da natureza e o equilíbrio do meio ambiente. Hoje em dia necessitamos construir um vínculo que compreenda benefícios mútuos: os valores humanos deveriam impregnar a economia, e o respeito pela Criação deveria promover a dignidade e o bem-estar humanos.

[11] Estes são temas centrais, sobre os quais podemos esperar um consenso entre as religiões e as pessoas de boa vontade. São questões que os jovens de todo o mundo poderão assumir como suas, pois constituem vias de construção de um mundo melhor. Nossa mensagem traz consigo um aviso urgente, já que os perigos do Antropoceno são reais e a injustiça da globalização da indiferença é grave. Por outro lado, nossa mensagem é também carregada de esperança e de alegria: um mundo mais saudável, mais seguro, mais justo, mais próspero e mais sustentável está ao nosso alcance! E quantos entre nós são crentes, peçamos ao Senhor que nos dê o pão de cada dia, nutrimento do corpo e do espírito.

Erradicar a pobreza sem deixar ninguém para trás

Os desafios da Agenda 2030 para o desenvolvimento sustentável

*Leo Pessini**

Introdução[1]

A Organização das Nações Unidas (ONU), com seus 193 Estados-membros, adotou formalmente, na Cúpula das Nações Unidas sobre o Desenvolvimento Sustentável, realizada em Nova York, de 25 a 27 de setembro de 2015, a agenda "Transformando Nosso Mundo: a Agenda 2030 para o Desenvolvimento Sustentável". São 17 objetivos e 169 metas assumidas pelos Estados-membros, a serem cumpridos no prazo de 15 anos. Para o então secretário-geral da ONU, Ban Ki-moon, embora adotada apenas pelos Estados-membros da ONU, "a nova agenda é uma promessa dos líderes para a sociedade mundial [...] uma agenda

---

* Leo Pessini tem pós-doutorado em Bioética (Edinboro University – *The James F. Drane Bioethics Institute* – Pensilvânia – USA), é doutor em Teologia Moral (Pontifícia Faculdade Nossa Senhora da Assunção – São Paulo), especialista em Clinical Pastoral Education and Bioethics (Saint Luke's Medical Center – Milwaukee/WI – USA) e superior-geral dos camilianos.

[1] Versão revisada e atualizada do artigo: PESSINI, Leo. Alguns comentários bioéticos em relação à Agenda 2030 da ONU para o desenvolvimento sustentável. *Revista IHU on-line* (24/08/2017). Disponível em: <http://www.ihu.unisinos.br/78-noticias/570923-alguns-comentarios-bioeticos-em-relacao-a-agenda-2030-da-onu-para-o-desenvolvimento-sustentavel>. Acesso em: 10/10/2017. Alguns comentários.

para acabar com a pobreza em todas as suas formas, uma agenda para o planeta", conforme discurso feito na abertura dos trabalhos da cúpula.

A Agenda 2030 visa substituir os Objetivos de Desenvolvimento do Milênio (2000-2015), resultado da Declaração do Milênio, adotada em 2000 por todos os Estados-membros da ONU, que eram: 1. Acabar com a fome e a miséria; 2. Oferecer educação básica de qualidade para todos; 3; Promover a igualdade entre sexos e a autonomia das mulheres; 4. Reduzir a mortalidade infantil; 5. Melhorar a saúde das gestantes; 6. Combater a Aids, a malária e outras doenças; 7. Garantir qualidade de vida e respeito ao meio ambiente; 8. Estabelecer parcerias para o desenvolvimento.[2]

A Agenda 2030 foi precedida pelo relatório-síntese de 2014, intitulado "O caminho para a dignidade até 2030: acabando com a pobreza, transformando todas as vidas e protegendo o planeta", que começou a ser elaborado desde a Rio+20 e contou com o apoio e a colaboração de governos, de empresários, de todo o Sistema ONU e de milhares de pessoas ao redor do mundo. Para Ban Ki-moon, o relatório-síntese abria caminho para se poder "adentrar o ano mais importante para o desenvolvimento desde a criação das Nações Unidas", pois estava diante da humanidade "uma oportunidade histórica e o dever de agir vigorosamente para tornar a dignidade para todos uma realidade, sem deixar ninguém para trás".

Os Objetivos do Desenvolvimento Sustentável (ODS) foram construídos sobre as bases dos Objetivos de Desenvolvimento do Milênio (ODM) –, que produziram o mais bem-sucedido movimento antipobreza da história humana –, procurando dar continuidade aos trabalhos inacabados e responder aos novos desafios. Se os ODM se importavam mais com as questões sociais, davam maior atenção às necessidades dos países em desenvolvimento, os ODS, por sua vez, se caracterizam por serem mais globais, incluírem tanto os países em desenvolvimento quanto os já desenvolvidos, abordarem questões de ecologia e meio ambiente.

---

[2] UNRIC. Declaração do Milênio (Nova York, 6-8 de setembro de 2000). Disponível em: <https://www.unric.org/html/portuguese/uninfo/DecdoMil.pdf>. Acesso em: 10/08/2017.

Podemos dizer que a Agenda 2030 apresenta uma consciência mais crítica, ampla e globalmente compartilhada dos desafios a serem assumidos para se alcançar o desenvolvimento sustentável.

1. "Desenvolvimento sustentável" e "sustentabilidade"

Ao comemorar seus 70 anos de existência, a ONU, em 2015, procurou reinventar-se e ser uma referência importante para todos os 193 países-membros em termos de promoção da paz, superação de conflitos étnicos e desenvolvimento de seus povos. Foi nesse contexto que a Cúpula das Nações Unidas sobre o Desenvolvimento Sustentável adotou a Agenda 2030. Em outras palavras, os líderes mundiais assumiram oficialmente um novo conceito de desenvolvimento, o chamado "desenvolvimento sustentável". Desde a Conferência das Nações Unidas sobre o Meio Ambiente e Desenvolvimento, de 1992, realizada no Rio de Janeiro e conhecida como ECO-92 ou Cúpula da Terra, o mundo identificou um novo caminho para o bem-estar humano, o do desenvolvimento sustentável. Esse conceito, apresentado na Agenda 21 – um dos principais resultados da ECO-92 –, reconhece que o desenvolvimento econômico deve ser equilibrado com um crescimento que responda às necessidades das pessoas e proteja o meio ambiente.

Reconhecendo o sucesso dos ODM, os países concordaram, no documento final da Conferência do Clima, realizada no Rio de Janeiro, em 2012, a Rio+20 – "O futuro que queremos", em estabelecer um grupo de trabalho aberto para elaborar um conjunto de metas a respeito do desenvolvimento sustentável. Depois de um ano de consultas, foram propostos 17 objetivos específicos com 169 metas associadas, num documento de 55 páginas, com 286 referências ao "desenvolvimento sustentável". As negociações intergovernamentais sobre a composição das metas duraram mais de dois anos e incluíram numerosas contribuições da sociedade civil e de outras partes interessadas.

E, assim, o conceito de sustentabilidade foi ganhando terreno e fundamentando todas as discussões. Para melhor compreender o seu significado, é importante conhecer um pouco a sua evolução histórica. Quem utilizou o conceito pela primeira vez foi a norueguesa Gro

Harlem Brundtland, ex-diretora-geral da Organização Mundial da Saúde. Em 1987, como presidente de uma comissão da ONU, Gro Harlem Brundtland publicou um relatório intitulado "Nosso futuro comum", relacionando meio ambiente com progresso e definindo o termo pela primeira vez: "desenvolvimento sustentável significa suprir as necessidades do presente sem afetar as habilidades das gerações futuras de suprirem as próprias necessidades". O que se defende não é pura e simplesmente a interrupção do crescimento econômico, afirmou Brundtland: "O que se reconhece é que os problemas de pobreza e subdesenvolvimento só poderão ser resolvidos se tivermos uma nova era de crescimento sustentável, na qual os países do Sul do globo desempenhem um papel significativo e sejam recompensados por isso com os benefícios equivalentes".[3]

A sustentabilidade se aplica a toda atividade humana e para esta ser sustentável necessita ser economicamente viável, socialmente justa, culturalmente aceita e ecologicamente correta. Portanto, quando falamos de "desenvolvimento sustentável", de "sustentabilidade", estamos diante de um conceito que passou por uma evolução de compreensão e chegou a ser um conceito sistêmico, isto é, integrador de aspectos econômicos, sociais, culturais e ambientais, entre outros elementos.

2. Os referenciais éticos fundamentais da Agenda 2030

No preâmbulo da Agenda 2030, afirma-se que:

> Esta agenda é um plano de ação para as pessoas, para o planeta e para a prosperidade. Ela também busca fortalecer a paz universal com mais liberdade. Reconhecemos que a erradicação da pobreza em todas as suas formas e dimensões, incluindo a pobreza extrema, é o maior desafio global e um requisito indispensável para o desenvolvimento sustentável.[4]

---

[3] BRUNDTLAND, B. H. Our Common Future. In: Ambiente – Relatório Brundtland – versão original (22/03/2011). Disponível em: <https://ambiente.files.wordpress.com/2011/03/brundtland-report-our-common-future.pdf>. Acesso em: 10/11/2017.

[4] ONUBR. Nações Unidas no Brasil. Transformando nosso mundo: a Agenda 2030 para o desenvolvimento sustentável. Disponível em: <https://nacoesunidas.org/pos2015/agenda2030/. Acesso em: 05/11/2017.

A Agenda 2030 se constrói sobre o legado dos ODM e assume os objetivos e as metas não alcançadas, visando concretizar os direitos humanos de todos, particularmente dos mais vulneráveis. Tais objetivos se apresentam de forma integrada e indivisível, abrangendo as três dimensões do desenvolvimento sustentável, a saber: econômica, social e ambiental. São 5 os princípios que embasam os objetivos. São uma espécie de referenciais éticos, valores inegociáveis a serem buscados e preservados com determinação:

1. *Pessoas:* estamos determinados a acabar com a pobreza e a fome, em todas as suas formas e dimensões, e a garantir que todos os seres humanos possam realizar o seu potencial em dignidade e igualdade, em um ambiente saudável;

2. *Planeta:* estamos determinados a proteger o planeta da degradação, sobretudo por meio do consumo e da produção sustentáveis, da gestão sustentável dos seus recursos naturais, e tomando medidas urgentes sobre a mudança climática, para que ele possa suportar as necessidades das gerações presentes e futuras.

3. *Prosperidade:* estamos determinados a assegurar que todos os seres humanos possam desfrutar de uma vida próspera e de plena realização pessoal, e que o progresso econômico, social e tecnológico ocorra em harmonia com a natureza.

4. *Paz:* estamos determinados a promover sociedades pacíficas, justas e inclusivas, que estejam livres do medo e da violência. Não pode haver desenvolvimento sustentável sem paz e não há paz sem desenvolvimento sustentável.

5. *Parceria:* estamos determinados a mobilizar os meios necessários para implementar essa agenda por meio de uma Parceria Global para o Desenvolvimento Sustentável revitalizada, com base num espírito de solidariedade global reforçada, concentrada em especial nas necessidades dos mais pobres e mais vulneráveis e com a participação de todos os países, todas as partes interessadas e todas as pessoas.

Os vínculos e a natureza integrada dos ODS são de importância crucial para assegurar a concretização dos propósitos da Agenda 2030. Em assim ocorrendo, diz o documento: "a vida de todos será profundamente melhorada e nosso mundo será transformado para melhor".

A ONU nasceu há 70 anos, a partir da divisão das nações e das cinzas da Segunda Guerra Mundial. A geração de líderes mundiais daquele tempo, depois de muito sofrimento, acabou acreditando num futuro da humanidade a partir dos valores da paz, do diálogo e da cooperação internacional. "'Nós, os povos' são as celebradas palavras de abertura da Carta da ONU. E são 'nós os povos' que estão embarcando hoje na estrada para 2030. É uma agenda do povo, pelo povo e para o povo, e isto, acreditamos, irá garantir o seu sucesso" (n. 52). Enfim, "o futuro da humanidade e do nosso planeta está em nossas mãos. Também está nas mãos da geração mais jovem de hoje, que vai passar a tocha para as gerações futuras" (n. 53).

3. Conhecendo os objetivos da Agenda 2030

A partir dos referenciais éticos elencados anteriormente é que são propostos os 17 objetivos do milênio, a saber: 1. Acabar com a pobreza em todas as suas formas, em todos os lugares; 2. Acabar com a fome, alcançar a segurança alimentar e melhoria da nutrição e promover a agricultura sustentável; 3. Assegurar uma vida saudável e promover o bem-estar para todos, em todas as idades; 4. Assegurar a educação inclusiva e equitativa de qualidade, e promover oportunidades de aprendizagem ao longo da vida para todos; 5. Alcançar a igualdade de gênero e empoderar todas as mulheres e meninas; 6. Assegurar a disponibilidade e gestão sustentável da água e saneamento para todos; 7. Assegurar o acesso, confiável, sustentável, moderno e a preço acessível, à energia para todos; 8. Promover o crescimento econômico sustentado, inclusivo e sustentável, emprego pleno e produtivo e trabalho decente para todos; 9. Construir infraestruturas resilientes, promover a industrialização inclusiva e sustentável e fomentar a inovação; 10. Reduzir a desigualdade dentro dos países e entre eles; 11. Tornar as cidades e os assentamentos humanos inclusivos, seguros, resilientes e sustentáveis; 12. Assegurar padrões de produção e de consumo sustentáveis; 13. Tomar medidas urgentes para combater a mudança do clima e seus impactos; 14. Conservar e promover o uso sustentável dos oceanos, mares e recursos marinhos para o desenvolvimento sustentável; 15. Proteger, recuperar e promover o uso sustentável dos ecossistemas terrestres, gerir de forma sustentável as florestas, combater à desertificação, deter e reverter a degradação do solo e a perda de biodiversidade; 16. Promover sociedades pacíficas e inclusivas para o desenvolvimento sustentável, proporcionar o acesso à justiça para todos e construir instituições eficazes, responsáveis e inclusivas em todos os níveis; 17. Fortalecer os meios de implementação e revitalizar a parceria global para o desenvolvimento sustentável.

Obviamente que estamos diante de uma visão extremamente ambiciosa e transformadora. Como é dito na agenda:

> Prevemos um mundo livre da pobreza, fome, doença e penúria, onde toda a vida pode prosperar. Prevemos um mundo livre do medo e da violência. Um mundo com alfabetização universal. Um mundo com acesso equitativo e universal à educação de qualidade em todos os níveis, aos cuidados de saúde e proteção social, onde o bem-estar físico, mental e social estão assegurados. [...] Prevemos um mundo de respeito universal dos direitos humanos e da dignidade humana, do Estado de Direito, da justiça, da igualdade e da não discriminação, do respeito pela raça, etnia e diversidade cultural; e de igualdade de oportunidades que permita a plena realização do potencial humano e contribua para a prosperidade compartilhada. Um mundo justo, equitativo, tolerante, aberto e socialmente inclusivo em que sejam atendidas as necessidades das pessoas mais vulneráveis (n. 7-8).

4. Um check-up das doenças do mundo na perspectiva da Agenda 2030

Sem sombra de dúvida, o momento histórico que estamos vivendo apresenta desafios gigantescos para o chamado desenvolvimento sustentável. Não é difícil perceber que ainda bilhões de pessoas continuam a viver na pobreza e a elas é negada uma vida digna. As desigualdades dentro dos e entre os países estão crescendo ao invés de diminuir. Existem disparidades gritantes de oportunidades, riqueza e poder. A desigualdade entre homem e mulher continua a ser um desafio fundamental. Em muitas partes do mundo, a mulher ainda é tratada como se fosse escrava, coisa ou propriedade do homem.

O desemprego, particularmente entre os jovens, é uma grande preocupação. Ameaças globais de saúde, desastres naturais mais frequentes e intensos, conflitos em ascensão, o extremismo violento, o terrorismo e as crises humanitárias relacionadas e o deslocamento forçado (migrantes) de pessoas ameaçam reverter grande parte do progresso do desenvolvimento conquistado nas últimas décadas.

O esgotamento dos recursos naturais e os impactos negativos da degradação ambiental, incluindo a desertificação, as secas, a degradação dos solos, a escassez de água doce e a perda de biodiversidade acrescentam e exacerbam a lista de desafios que a humanidade enfrenta.

A mudança climática é um dos maiores desafios do nosso tempo e seus efeitos negativos minam a capacidade de todos os países de alcançar o desenvolvimento sustentável. Os aumentos na temperatura global, o aumento do nível do mar, a acidificação dos oceanos e outros impactos das mudanças climáticas estão afetando seriamente as zonas costeiras e os países litorâneos de baixa altitude, incluindo os menos desenvolvidos e os pequenos Estados insulares em desenvolvimento.

Com este terrível diagnóstico, a conclusão não poderia ser diferente desta: a sobrevivência de muitas sociedades, bem como dos sistemas biológicos do planeta, está em risco. Estamos chegando a uma situação de emergência crítica e temos de tomar decisões "com urgência", se estivermos pensando não somente nas gerações presentes, como aponta a agenda. Esta agenda para uma ação global da humanidade, para os próximos 15 anos, é "uma carta de cidadania para as pessoas e o planeta no século XXI" (n. 50).

Este momento não deixa de ser também uma grande oportunidade. Não há como negar que houve progresso em relação ao cumprimento de muitos desafios do ODM. Centenas de milhões de pessoas emergiram da pobreza extrema. O acesso à educação aumentou, tanto para meninos quanto para meninas. A disseminação da informação e das tecnologias da comunicação e a interconectividade global têm potencial para eliminar o fosso digital e contribuir no desenvolvimento de sociedades do conhecimento, bem como para a inovação científica e tecnológica em áreas vitais para a vida no planeta, como a medicina e a energia.

Não nos podemos esquecer de nossa responsabilidade individual, institucional, nacional e internacional nesta hora crítica, como afirma o documento, pois "podemos ser a primeira geração a ter sucesso em acabar com a pobreza; assim como também pode ser a última a ter uma chance de salvar o planeta" (n. 50).

5. A visão utópica da Agenda 2030 de construir um "mundo novo"

A Agenda 2030 tem uma "visão extremamente ambiciosa e transformadora" (n. 7). O texto repete à exaustão as expressões "prevemos" e "nos comprometemos" com a construção de uma realidade nova (n. 7-9). Na visão judaico-cristã, isto corresponde à busca de "um novo céu e uma nova terra":

> Prevemos um mundo livre da pobreza, fome, doença e penúria, onde toda a vida pode prosperar. Prevemos um mundo livre do medo e da violência. Um mundo com alfabetização universal. Um mundo com acesso equitativo e universal à educação de qualidade em todos os níveis, aos cuidados de saúde e proteção social, onde o bem-estar físico, mental e social estão assegurados. Um mundo em que reafirmamos os nossos compromissos relativos ao direito humano à água potável e ao saneamento e onde há uma melhor higiene; e onde o alimento é suficiente, seguro, acessível e nutritivo. Um mundo onde hábitats humanos são seguros, resilientes e sustentáveis, e onde existe acesso universal à energia acessível, confiável e sustentável.
>
> Prevemos um mundo de respeito universal dos direitos humanos e da dignidade humana, do Estado de Direito, da justiça, da igualdade e da não discriminação; do respeito pela raça, etnia e diversidade cultural; e da igualdade de oportunidades que permita a plena realização do potencial humano e contribua para a prosperidade compartilhada. Um mundo que investe em suas crianças e em que cada criança cresce livre da violência e da exploração. Um mundo em que cada mulher e menina desfruta da plena igualdade de gênero e no qual todos os entraves jurídicos, sociais e econômicos para seu empoderamento foram removidos. Um mundo justo, equitativo, tolerante, aberto e socialmente inclusivo em que sejam atendidas as necessidades das pessoas mais vulneráveis.

Prevemos um mundo em que cada país desfrute de um crescimento econômico sustentado, inclusivo e sustentável e de trabalho decente para todos. Um mundo em que os padrões de consumo e produção e o uso de todos os recursos naturais – do ar à terra; dos rios, lagos e aquíferos aos oceanos e mares – são sustentáveis. Um mundo em que a democracia, a boa governança e o Estado de Direito, bem como um ambiente propício em níveis nacional e internacional, são essenciais para o desenvolvimento sustentável, incluindo crescimento econômico inclusivo e sustentado, desenvolvimento social, proteção ambiental e erradicação da pobreza e da fome. Um mundo em que o desenvolvimento e a aplicação da tecnologia são sensíveis ao clima, respeitem a biodiversidade e são resilientes. Um mundo em que a humanidade viva em harmonia com a natureza e em que animais selvagens e outras espécies vivas estão protegidos (n. 7-9).

Em síntese, os signatários da Agenda 2030 fazem uma espécie de profissão de fé: "Reconhecemos a diversidade natural e cultura do mundo e reconhecemos que todas as culturas e civilizações podem contribuir para, e constituem elementos cruciais de desenvolvimento sustentável" (n. 36).

6. Questões críticas a serem enfrentadas na Agenda 2030

Esta nova agenda, no seu horizonte de abrangência, "exige uma parceria global revitalizada para garantir a sua execução. [...] Esta parceria irá trabalhar em um espírito de solidariedade global, em especial a solidariedade com os mais pobres e com as pessoas em situações vulneráveis" (n. 39). Ninguém ficará fora destes compromissos, mas todos, Governo, setor privado, sociedade civil, o Sistema das Nações Unidas e outros atores deverão ser envolvidos. Segue uma lista sintética das temáticas mais críticas:

1. *Direitos humanos:* que todos os Estados-membros da ONU respeitem a Declaração Universal dos Direitos Humanos. A responsabilidade comum de todos é de "respeitar, proteger e promover os direitos humanos e as liberdades fundamentais para todos, sem distinção de qualquer tipo de raça, cor, sexo, língua, religião, opinião política ou outra

opinião, origem nacional ou social, riqueza, nascimento, deficiência ou qualquer outra condição" (n. 19).

2. *Igualdade de gênero e empoderamento das mulheres e meninas*: que todos reconheçam que "a efetivação da igualdade de gênero e o empoderamento das mulheres e meninas dará uma contribuição essencial para o progresso em todos os objetivos e metas" (n. 20). É preciso assegurar "um mundo em que cada mulher e menina desfrutem da plena igualdade de gênero e no qual todos os entraves jurídicos, sociais e econômicos para seu empoderamento foram removidos" (n. 8). Todas as formas de discriminação e violência contra as mulheres e meninas deverão ser eliminadas (Objetivo 5, 29, 27, 37).

3. *Empoderamento das pessoas mais vulneráveis*: "Aqueles cujas necessidades são refletidas na agenda incluem todas as crianças, jovens, pessoas com deficiência (das quais mais de 80% vivem na pobreza), as pessoas que vivem com HIV/Aids, idosos, povos indígenas, refugiados, pessoas deslocadas internamente e migrantes. Decidimos tomar medidas e ações mais eficazes, em conformidade com o direito internacional, para remover os obstáculos e as restrições, reforçar o apoio e atender às necessidades especiais das pessoas que vivem em áreas afetadas por emergências humanitárias complexas e em áreas afetadas pelo terrorismo" (n. 23).

4. *Erradicação da pobreza*: "Acabar com a pobreza em todas as suas formas, em todos os lugares" (Objetivo 1), incluindo a erradicação da pobreza extrema (pessoas que vivem com menos de US$ 1,25 por dia) até 2030. "Acabar com a fome, alcançar a segurança alimentar" (Objetivo 2) como uma questão de prioridade para acabar com todas as formas de desnutrição.

5. *Educação inclusiva e equitativa*: promover uma "educação inclusiva e equitativa de qualidade em todos os níveis" (n. 25), desde a primeira infância até a educação superior. Às populações mais vulneráveis, deve-se assegurar o acesso a oportunidades de aprendizagem ao longo da vida, a fim de que, adquirindo conhecimentos e habilidades necessários, possam "participar plenamente da sociedade" (n. 25).

6. *Saúde e bem-estar para todos*: promover a saúde física e mental e o bem-estar e aumentar a expectativa de vida para todos por meio da

"cobertura universal de saúde e acesso a cuidados de saúde de qualidade" (n. 26). Ninguém pode ser deixado para trás. É preciso acabar com as mortes evitáveis de recém-nascidos e crianças com menos de 5 anos de idade, com as epidemias de Aids, tuberculose, malária e demais doenças tropicais negligenciadas;

7. *Emprego para todos:* faz-se urgente "construir fundamentos econômicos robustos", projetar um "crescimento econômico sustentado, inclusivo e sustentável", compartilhar a riqueza, combater a desigualdade de renda, "trabalhar para construir economias dinâmicas, sustentáveis, inovadoras e centradas nas pessoas, promovendo o emprego dos jovens e o empoderamento econômico das mulheres, em particular, e o trabalho decente para todos", "erradicar o trabalho forçado e o tráfico humano e pôr fim ao trabalho infantil em todas as suas formas" (n. 27).

8. *Redução de resíduos:* Mudar a maneira de produção e consumo de bens e serviços (n. 28), reduzir substancialmente a geração de resíduos por meio da prevenção, reciclagem e reuso (n. 34). Garantir que as pessoas, em todos os lugares, "tenham informação relevante e conscientização para o desenvolvimento sustentável e estilos de vida em harmonia com a natureza" (n. 12.8).

9. *Migrantes:* cooperar para "garantir uma migração segura, ordenada e regular, que envolve o pleno respeito pelos direitos humanos e o tratamento humano dos migrantes, independentemente do status de migração, dos refugiados e das pessoas deslocadas" (n. 29).

10. *Mudança climática e degradação ambiental:* enfrentar a "ameaça representada pela mudança climática e pela degradação ambiental", por meio de maior cooperação internacional, visando "acelerar a redução das emissões globais de gases de efeito de estufa e abordar a adaptação aos impactos negativos das mudanças climáticas", "manter o aumento da temperatura média global abaixo de 2°C ou 1,5°C acima dos níveis pré-industriais" (n. 31) e implementar as decisões da COP-21, de Paris (n. 32).

11. *Gestão sustentável dos recursos naturais:* assegurar uma "gestão sustentável dos recursos naturais do nosso planeta", conservando e utilizando "de forma sustentável os oceanos e mares, recursos de água doce, bem como florestas, montanhas e terras áridas", protegendo "a biodiversidade, os ecossistemas e a vida selvagem", promovendo "o

turismo sustentável", combatendo "a escassez de água e a poluição da água", fortalecendo "a cooperação sobre a desertificação, as tempestades de poeira, a degradação dos solos e a seca" e promovendo "a resiliência e a redução do risco de desastres" (n. 33).

12. *Adaptação preventiva às mudanças climáticas:* "Aumentar substancialmente o número de cidades e assentamentos humanos adotando e implementando políticas e planos integrados para a inclusão, a eficiência dos recursos, mitigação e adaptação às mudanças climáticas, a resiliência a desastres" (n. 11b) e, ao mesmo tempo, reduzir os impactos negativos das atividades urbanas e dos produtos químicos que são prejudiciais à saúde humana e para o meio ambiente.

13. *Paz e segurança:* promover a paz e a segurança, pois sem elas não ocorrerá o tão sonhado desenvolvimento sustentável. Reconhecer a "necessidade de construir sociedades pacíficas, justas e inclusivas que ofereçam igualdade de acesso à justiça e que são baseadas no respeito aos direitos humanos". Redobrar "esforços para resolver ou prevenir conflitos e para apoiar os países em situação de pós-conflito". Promover o direito internacional, removendo "os obstáculos para a plena realização do direito de autodeterminação dos povos que vivem sob ocupação colonial e estrangeira" (n. 35).

14. *Esporte:* reconhecer o esporte como "um importante facilitador do desenvolvimento sustentável", que contribui "para a realização do desenvolvimento e da paz ao promover a tolerância e o respeito e as contribuições que fazem para o empoderamento das mulheres e dos jovens, indivíduos e comunidades, bem como aos objetivos da saúde, educação e inclusão social" (n. 37).

Enfim, temos diante de nós uma agenda gigantesca a ser trabalhada com muita dedicação e competência, para que possamos continuar promovendo a justiça e favorecendo a vida de todos.

7. Hora dramática dos refugiados e migrantes no mundo

Quem são os refugiados? A Convenção Relativa ao Estatuto dos Refugiados, de 1951, definiu o refugiado como sendo a pessoa que "temendo ser perseguida por motivos de raça, religião, nacionalidade, grupo social ou opiniões políticas, se encontra fora do país de sua nacionalidade e que não pode ou, em virtude desse temor, não quer valer-se da proteção desse país, ou que, se não tem nacionalidade e se encontra fora do país no qual tinha sua residência habitual em consequência de tais acontecimentos, não pode ou, devido ao referido temor, não quer voltar a ele".[5] Com o passar do tempo, definições mais amplas passaram a considerar como refugiados as pessoas obrigadas a deixar seu país devido a conflitos armados, violência generalizada e violação massiva dos direitos humanos.

A população de refugiados no mundo, que em 2014 totalizava 19,5 milhões de pessoas, chegou a 20,2 milhões de homens, mulheres e crianças em meados de 2015. É a primeira vez, desde 1992, que a marca dos 20 milhões é ultrapassada. As solicitações de refúgio aumentaram cerca de 78% (totalizando 993,6 mil casos) em relação ao mesmo período em 2014. E o número de pessoas deslocadas internamente aumentou cerca de 2 milhões, chegando a um total estimado de 34 milhões de pessoas que tiveram de se deslocar.

Considerando outras populações de refugiados e de deslocados internos sob o mandato de outras agências humanitárias, as estatísticas indicam que o ano de 2015 ultrapassou a marca dos 60 milhões de pessoas forçadas a deixar seus países de origem devido a guerras, conflitos e perseguições. Isso significa que 1 em cada 122 pessoas no mundo foi forçada a deixar sua casa.

Segundo estimativas do Alto Comissariado das Nações Unidas para os Refugiados (ACNUR) e da Organização Internacional para as Migrações (OIM), perseguição, conflito e pobreza foram os motivos que forçaram mais de um milhão de pessoas a migrar para a Europa em 2015, um número sem precedentes (1.000.573 pessoas viajaram em lanchas e barcos; 3.735 morreram ou estão desaparecidas).

---

[5] ORGANIZAÇÃO DAS NAÇÕES UNIDAS. Convenção Relativa ao Estatuto dos Refugiados (1951). Disponível em: <http://www.acnur.org/fileadmin/scripts/doc.php?file=fileadmin/Documentos/portugues/BDL/Convencao_relativa_ao_Estatuto_dos_Refugiados>. Acesso em: 15/11/2017.

"Sabemos que a migração é inevitável, é necessária e é desejável", disse William Lacy Swing, diretor-geral da OIM, em Genebra. "Mas não é o suficiente contar o número daqueles que chegam, pois quase 4 mil pessoas neste ano estão desaparecidas ou se afogaram. Nós também precisamos agir. A migração deve ser legal e segura para todos, tanto para os próprios migrantes como para os países que se tornarão seu novo lar".[6]

O ACNUR lançou uma resposta de emergência para apoiar e complementar os esforços europeus. Mais de 600 funcionários e recursos de emergência foram enviados para 20 diferentes locais, oferecendo assistência vital e proteção, além de defender os direitos humanos e o acesso ao refúgio. A OIM tornou-se atuante em todos os 28 países da União Europeia, assim como em muitos dos países limítrofes da Europa, de onde os migrantes e refugiados iniciam sua jornada ou por onde passam durante a travessia.

As taxas de repatriação voluntária para os refugiados hoje são as mais baixas dos últimos 30 anos. Continua crescendo o número de novos refugiados: cerca de 839 mil pessoas em apenas 6 meses, o equivalente a uma taxa média de quase 4.600 pessoas forçadas a sair do seu país todos os dias.

Não obstante a dramática situação que as estatísticas revelam, o ano de 2015 também foi marcado por extraordinários atos de generosidade, acolhida e concessão de asilo aos refugiados, como, por exemplo: a Turquia foi o país que mais acolheu essa população no mundo, contabilizando 1,84 milhão de refugiados no seu território em 30 de junho de 2015; o Líbano, entretanto, acolheu mais refugiados em relação ao tamanho da sua população do que qualquer outro país do mundo, apresentando a relação de 209 refugiados por mil habitantes; a Etiópia foi o país que mais gastou em relação ao tamanho de sua economia, com 469 refugiados para cada dólar do PIB *per capita*. Em termos gerais, o maior impacto no acolhimento de refugiados continua acontecendo

---

[6] UNHCR.ACNUR. Um milhão de refugiados e migrantes fugiram para a Europa em 2015 (22.12.2015). Disponível em: <http://www.acnur.org/portugues/noticias/noticia/um-milhao-de-refugiados-e-migrantes-fugiram-para-a-europa-em-2015/. Acesso em: 10/11/2017.

nos países que fazem fronteira com zonas de conflito, muitos deles no chamado mundo em desenvolvimento.

No continente africano, a Uganda acolheu, dando proteção e segurança, mais de meio milhão de pessoas que fugiram da violência e do abuso dos direitos humanos, provenientes principalmente do Sudão do Sul, do Burundi e da República Democrática do Congo. No final de 2015, Uganda tornou-se o lar de quase 511 mil refugiados e solicitantes de asilo, o maior número da história do país, fazendo com que se tornasse o terceiro maior país a hospedar refugiados na África, depois da Etiópia (736 mil) e do Quênia (594 mil).

Na Europa, a Alemanha, nos primeiros 6 meses de 2015, foi o maior receptor mundial de novas solicitações de refúgio – 159 mil, aproximando-se do total global registrado em 2014. Em segundo lugar ficou a Rússia, com 100 mil solicitações, principalmente de pessoas que fugiram do conflito na Ucrânia. O Brasil, em comparação com esses países, acolheu a insignificante cifra de somente 8.530 refugiados, principalmente do Haiti.

A solução desta problemática dos refugiados e migrantes é complexa. A comunidade internacional tem que enfrentar as causas dos deslocamentos forçados. Claro que a solução da crise, para além do humanitarismo, é uma questão política. Por exemplo, é necessário resolver conflitos como o da Síria e reconstruir os países afetados por conflitos internos. A guerra civil na Síria, que praticamente destruiu o país, é a principal causa do aumento de refugiados e de deslocamentos internos neste momento da humanidade. Desde 2011, aumentou em 4,7 milhões a população de refugiados no mundo, sendo que 4,2 milhões (89%) vieram da Síria.

8. Para além dos refugiados e migrantes, o drama dos apátridas no mundo

Além dos refugiados e migrantes, temos de considerar a situação dos apátridas. O ACNUR estima que os apátridas sejam aproximadamente 12 milhões no mundo. Sendo a nacionalidade o elo legal entre um Estado e um indivíduo, o apátrida é a pessoa que não é considerada nacional por nenhum Estado, é a pessoa que não é titular de qualquer nacionalidade.

A condição de ser um apátrida ocorre por uma variedade de razões, incluindo discriminação contra minorias na legislação nacional, falha na inclusão de todos os residentes do país no corpo de cidadãos, quando o Estado se torna independente (sucessão de Estados), e conflitos de leis entre Estados. Possuir uma nacionalidade é essencial para a completa participação na sociedade e é um pré-requisito para usufruir todos os aspectos dos direitos humanos.

Enquanto os direitos humanos são, em geral, usufruídos por todos, alguns direitos, como o direito ao voto, podem estar limitados aos nacionais. Uma questão ainda mais preocupante é a de que muitos direitos dos apátridas são violados na prática. Eles são frequentemente impossibilitados de obter documentos de identidade, correm o risco de serem detidos por não possuírem uma nacionalidade, não têm acesso à educação, aos serviços de saúde e ao emprego, não podem votar e obter passaporte, são limitados na liberdade de ir e vir. Dada a seriedade do problema, em 1954 a ONU adotou a Convenção sobre o Estatuto dos Apátridas.[7]

A estimativa do ACNUR é a de que, em 2014, eram 10 milhões as pessoas apátridas no mundo, sendo que um terço delas eram crianças.[8] Tendo presente esta realidade, o ACNUR lançou, em 2014, a campanha #IBelong (#Eu Pertenço) para tentar acabar com essa situação até 2024. O que leva muitas pessoas a serem apátridas é o fato de estarem em países que as discriminam pela sua etnia, religião ou gênero; outras nascem sob a condição de deslocados internos ou refugiados; outros, ainda, por causa de países que negam às mulheres passarem sua

---

[7] ORGANIZAÇÃO DAS NAÇÕES UNIDAS. Convenção sobre o Estatuto dos Apátridas (1954). Disponível em: <http://www.acnur.org/fileadmin/scripts/doc.php?-file=fileadmin/Documentos/portugues/BDL/Convencao_sobre_o_Estatuto_dos_Apatridas_de_1954>. Acesso em: 10/11/2017.

[8] G1, São Paulo. ONU quer resolver situação de apátridas pelo mundo em 10 anos (04/11/2004). Disponível em: <http://g1.globo.com/mundo/noticia/2014/11/onu--quer-resolver-situacao-de-apatridas-pelo-mundo-em-10-anos.html>. Acesso em: 10/11/2017.

nacionalidade aos filhos e, no caso de pais desconhecidos ou mortos, as crianças ficam sem nacionalidade.[9]

9. Trabalhadores migrantes no contexto mundial

O relatório "Estimativas Globais da Organização Internacional do Trabalho sobre Trabalhadores Migrantes" (2015) revela que os trabalhadores migrantes correspondem a 150,3 milhões dos aproximadamente 232 milhões de migrantes internacionais, uma taxa de 72,7% de população ativa entre os migrantes.[10]

Esse estudo foi lançado por ocasião do Dia Internacional do Migrante (18 de dezembro), na comemoração do 40º aniversário da Convenção 143 – Convenção sobre as Migrações em Condições Abusivas e a Promoção da Igualdade de Oportunidades e Tratamento dos Trabalhadores Migrantes, adotada pela Conferência Internacional do Trabalho de 1975. O estudo demonstra que entre os 206,6 milhões da população migrante, com idade igual ou superior a 15 anos, 83,7 milhões são homens e 66,5 milhões são mulheres.

Segundo a OIT, a migração para o trabalho é um fenômeno que afeta todas as regiões do mundo. Quase metade dos trabalhadores migrantes (45,8%) está concentrada em duas regiões: América do Norte e Europa do Norte, Sul e ocidental, enquanto os Estados árabes têm a maior proporção de trabalhadores migrantes em face da massa total de trabalhadores do país (36,5%).

O estudo revelou também que a grande maioria dos trabalhadores migrantes está no setor de serviços (106,8 milhões = 71,1%), seguido pela indústria, incluindo manufatura e construção (26,7 milhões =

---

[9] TERRA. ONU: uma criança apátrida nasce no mundo a cada 10 minutos. Disponível em: <https://www.terra.com.br/noticias/mundo/onu-uma-crianca-apatrida-nasce-no-mundo-a-cada-10-minutos,384d73e107979410VgnCLD200000b1bf-46d0RCRD.html>. Acesso em: 10/11/2017.

[10] INTERNATIONAL LABOUR OFFICE (ILO). ILO Global estimates of migrant workers and migrant domestic workers: results and methodology. Geneva: ILO, 2015. Disponível em: <http://ilo.org/wcmsp5/groups/public/---dgreports/---d-comm/documents/publication/wcms_436343.pdf>. Acesso em: 10/11/2017.

17,85%), e pela agricultura (15,7 milhões = 11,1%). Entre todos os trabalhadores migrantes, 7,7% são trabalhadores domésticos.

A OIT mostrou-se preocupada com a discriminação de mulheres migrantes no trabalho doméstico, um dos setores menos regulados pela economia. O relatório constatou que, dos cerca de 67,1 milhões de trabalhadores domésticos no mundo, 11,5 milhões (17,2%) são migrantes internacionais, dos quais cerca de 8,5 milhões (73,4%) são mulheres. O Sudeste asiático e o Pacífico acolhem a maior fatia, com 24% do número global de trabalhadoras domésticas migrantes, seguido pela Europa do Norte, Sul e ocidental, com 22,1%, e pelos Estados árabes, com 19%.

Ainda segundo o estudo da OIT, os trabalhadores migrantes domésticos crescerão de número internacionalmente como resposta às necessidades de agregados familiares, especialmente com o envelhecimento das sociedades e outras mudanças de caráter demográfico e socioeconômico.

A questão da migração é central na Agenda 2030 do Desenvolvimento Sustentável da ONU. Os migrantes precisam de trabalho, mas é igualmente certo que, nos próximos anos, muitas economias de destino precisarão de novos trabalhadores. Os problemas tendem a aumentar. As metas dos Objetivos 8 e 10 da agenda visam proteger os trabalhadores, incluindo os migrantes, por meio de políticas de migração planejadas e bem geridas.

10. A Conferência Mundial de Paris sobre o clima (COP 21 – 2015)

O ano de 2015 foi marcado em nível mundial por intensos debates em torno da temática ecológica do aquecimento global, com a realização da 21ª Conferência do Clima da ONU, em Paris. Em meados do mesmo ano, o Papa Francisco surpreendeu o mundo com a Encíclica *Laudato Si'*, sobre o cuidado da casa comum, criticamente aclamada, que merece um estudo à parte pela sua importância.

Certamente, no futuro os livros de história registrarão, não como mera coincidência, que em dezembro de 2015, em Paris, as 195 nações que integram a ONU chegaram a um acordo histórico, exatamente no final da conferência que abordou o tema das mudanças climáticas. Foram necessários nada menos que 18 anos, depois do Protocolo de Kyoto (1997), para que se chegasse ao "Acordo de Paris", como foi denominado o documento final da Conferência da ONU para combater o aquecimento global.[11]

O objetivo do acordo é impedir que a temperatura média do ar na terra ultrapasse o limiar de 2°C e, de preferência, fique abaixo de 1,5°C até o ano 2100. Com 2°C há uma boa chance de se evitar perturbações climáticas mais graves, como ondas de calor mortíferas ou secas terríveis que dizimem colheitas de alimentos. Já para evitar o derretimento de calotas de gelo como a da Groenlândia, é aconselhável respeitar o limite de 1,5°C. Para além desta marca, o nível do mar se elevaria em 6 metros, o suficiente para submergir cidades como Nova York e Rio de Janeiro.

Países-ilhas, tais como Kiribati, Maldivas, Tuvalu e Marshall, estão em risco, a ponto de se estudar até a recolocação de seus habitantes. Bastam alguns centímetros de elevação para o mar invadir terrenos baixos e lençóis freáticos. Em Bangladesh, dezenas de milhões de pessoas vivem em lugares que dependem de terras e recursos hídricos sob risco. Por causa disso, a Índia já constrói uma cerca reforçada na fronteira, prevendo poder surgir dali um *tsunami* de refugiados. Para todos esses povos, não é fácil ouvir que o Acordo de Paris é só o início, o começo de um longo caminho, e que quase tudo ainda resta por ser realizado.

O ano de 2015 foi considerado o ano mais quente já registrado na história da terra: 16,61°C foi a temperatura média da terra em julho de 2015; cerca de 1°C acima dos níveis anteriores ao século XIX, quando se acelerou o uso de combustíveis fósseis e a consequente emissão de gases do efeito estufa, como o CO2.

O que move o mundo hoje, e num futuro próximo, ainda são os combustíveis fósseis. Estamos viciados em carvão, petróleo e gás natural, substâncias que aprisionam em compostos de carbono a energia de organismos mortos há milhões de anos. Pelo Acordo de Paris, a humanidade pretende dispensar o uso de combustíveis fósseis ainda

---

[11] ONUBR. Adoção do Acordo de Paris. Disponível em: <https://nacoesunidas.org/acordodeparis/>. Acesso em: 15/11/2017.

neste século. A data de 12 de dezembro de 2015 pode entrar para a história como a data em que a humanidade tomou a decisão política mais abrangente de todos os tempos: trocar a fonte de energia responsável pelo grande crescimento econômico dos séculos XIX e XX, isto é, dar início à era da descarbonização da economia, abandonando o carvão, o petróleo e o gás natural como principais fontes de gases do efeito estufa, como o dióxido de carbono, que se acumulam na atmosfera e a aquecem globalmente. Inicia-se um processo de transição energética, dos fósseis para fontes renováveis, de energia limpa. Trata-se de uma nova consciência ambiental, que, sem dúvida alguma, exigirá vultuosos investimentos.

Podemos destacar alguns ganhos em termos de processo nas discussões que se iniciaram com o Protocolo de Kyoto (1997), passaram pela COP 15, em Copenhagen (2009), até a COP 21, em Paris (2015): se na COP 15 as negociações fracassaram por causa da prioridade dada a interesses competitivos nacionais, o reconhecimento de que estamos todos diante de uma ameaça urgente e irreversível para todas as sociedades humanas e para o planeta fez com que países ricos tomassem a decisão de repassar, a partir de 2020, US$ 100 bilhões/ano aos países em desenvolvimento; embora tal quantia represente apenas 0,16% do PIB das 20 maiores economias do mundo, é sinal da boa vontade de cooperação internacional. Outro ganho foi a decisão de capacitar os países mais necessitados, a fim de que possam implementar a adaptação e a mitigação. Foram estabelecidas também metas de redução de emissão de poluentes para cada país (INDCs), a fim de evitar o avanço do aquecimento (pelos níveis propostos, o aquecimento fica entre 2,7°C e 3,5°C, ainda insuficientes para atingir os 2oC, o que indica a necessidade de voltar a conversar a respeito). Os países se comprometeram a rever, a partir de 2018, os planos climáticos nacionais. Foi criado um organismo internacional dedicado a "perdas e danos" para compensar os países que serão mais afetados pelas mudanças do clima.

Leonardo Boff, conhecido teólogo brasileiro e estudioso da ecologia, faz uma crítica interessante, quando se refere ao horizonte a partir do qual ocorre o enfrentamento do aquecimento global. Para Boff, o que está em questão não é o destino e o futuro da vida e da terra, ameaçados pelo aquecimento global; o centro nervoso e de interesse é a economia, sob o signo de um desenvolvimento denominado "sustentável". Se os recursos naturais da terra são finitos, o progresso não pode ser infinito. Um planeta finito, em termos de recursos naturais, não suporta um projeto infinito de progresso. Boff chama a atenção para o fato de o documento citar somente uma vez a palavra terra (no n. 140), quando se refere às culturas que chamam a terra de mãe. Para ele, "a questão não é desenvolvimento e natureza, mas ser humano e natureza: relação de agressão ou de sinergia. Esse é o equívoco imperdoável da cosmologia rudimentar presente no texto".[12]

Muito ainda será discutido a respeito do processo da caminhada da humanidade em relação à questão climática. Desde uma perspectiva ética crítica, necessitamos estar vigilantes com a mercantilização da vida que, silenciosamente, vai fazendo com que os interesses do mercado prevaleçam sempre sobre os direitos sagrados dos seres vivos, sobretudo o de garantir um amanhã para a vida no planeta. Urge que implementemos uma "ética de cidadania global"!

11. A Unesco e a Agenda 2030: uma nova visão para a educação

A Unesco, Organização das Nações Unidas para a Educação, a Ciência e a Cultura, realizou, em maio de 2015, o Fórum Mundial de Educação 2015, na cidade de Incheon, Coreia do Sul. A Declaração de Incheon – "Educação 2030: rumo a uma educação de qualidade inclusiva e equitativa e à educação ao longo da vida para todos" – reafirma a visão do movimento global Educação para Todos,[13] isto é, transformar vidas por meio da educação, reconhecendo seu importante papel como principal impulsionadora para o desenvolvimento e para o alcance de outros objetivos do desenvolvimento sustentável propostos pela Agenda 2030.

---

[12] BOFF, Leonardo. A enganosa proposta da COP 21 (16/12/2015). Disponível em: <https://www.alainet.org/en/node/174296>. Acesso em: 10/10/2017.

[13] UNESCO. Declaração de Incheon. Educação 2030: rumo a uma educação de qualidade inclusiva e equitativa e à educação ao longo da vida para todos. Fórum Mundial de Educação 2015. Disponível em: <http://unesdoc.unesco.org/images/0023/002331/233137POR.pdf>. Acesso em: 20/10/2017.

Explicita-se, assim, o comprometimento, em caráter de urgência, com uma agenda de educação única e renovada, que seja holística, ousada e ambiciosa; que não deixe ninguém para trás. Essa nova visão está anunciada no Objetivo n. 4 da Agenda 2030, com suas metas correspondentes: "Assegurar a educação inclusiva e equitativa de qualidade, e promover oportunidades de aprendizagem ao longo da vida para todos".

Esta visão é inspirada por uma concepção humanista da educação e do desenvolvimento, com base nos direitos humanos e na dignidade humana, na justiça social, na inclusão, na proteção, na diversidade cultural, linguística e étnica, na responsabilidade e na prestação de contas compartilhadas. A educação é reafirmada, assim, como um bem público, um direito humano fundamental, a base que garante a efetivação de outros direitos. Ela é essencial para a paz, a tolerância, a realização humana e o desenvolvimento sustentável. A educação é um elemento-chave para se atingir o pleno emprego e a erradicação da pobreza. O empenho é, portanto, o de se esforçar no acesso, na equidade e na inclusão, bem como na qualidade e nos resultados da aprendizagem, no contexto de uma abordagem de educação ao longo da vida.

A Declaração de Incheon "é um compromisso histórico de todos nós com a transformação de vidas por meio de uma nova visão para a educação, com ações ousadas e inovadoras, para que alcancemos nossa ambiciosa meta até 2030", conclui o documento (n. 20).

Referências bibliográficas

BOFF, Leonardo. A enganosa proposta da COP 21 (16/12/2015). Disponível em: <https://www.alainet.org/en/node/174296>. Acesso em: 10/10/2017.

BRUNDTLAND, B. H. Our Common Future. In: Ambiente – Relatório Brundtland – a versão original (22/03/2011). Disponível em: <https://ambiente.files.wordpress.com/2011/03/brundtland-report-our-common-future.pdf>. Acesso em: 10/11/2017.

FRANCISCO, Papa. Carta Encíclica *Laudato Si'*, sobre o cuidado da casa comum. São Paulo: Loyola, 2015.

INTERNATIONAL LABOUR OFFICE (ILO). ILO Global estimates of migrant workers and migrant domestic workers: results and methodology. Geneva: ILO, 2015. Disponível em: <http://ilo.org/wcmsp5/groups/public/---dgreports/---dcomm/documents/publication/wcms_436343.pdf>. Acesso em: 10/11/2017.

ONUBR. Nações Unidas no Brasil. Transformando nosso mundo: a Agenda 2030 para o desenvolvimento sustentável. Disponível em: <https://nacoesunidas.org/pos2015/agenda2030/>. Acesso em: 05/11/2017.

ONUBR. Adoção do Acordo de Paris. Disponível em: <https://nacoesunidas.org/acordodeparis/>. Acesso em: 15/11/2017.

ORGANIZAÇÃO DAS NAÇÕES UNIDAS. Convenção Relativa ao Estatuto dos Refugiados (1951). Disponível em: <http://www.acnur.org/fileadmin/scripts/doc.php?file=fileadmin/Documentos/portugues/BDL/Convencao_relativa_ao_Estatuto_dos_Refugiados>. Acesso em: 15/11/2017.

_____. Convenção sobre o Estatuto dos Apátridas (1954). Disponível em: <http://www.acnur.org/fileadmin/scripts/doc.php?file=fileadmin/Documentos/portugues/BDL/Convencao_sobre_o_Estatuto_dos_Apatridas_de_1954>. Acesso em: 10/11/2017.

PESSINI, L.; BERTACHINI, L.; BARCHIFONTAINE, C. P.; HOSSNE, W. S. *Bioética em tempos de globalização*. São Paulo: Loyola, 2015.

UNESCO. Declaração de Incheon. Educação 2030: rumo a uma educação de qualidade inclusiva e equitativa e à educação ao longo da vida para todos. Fórum Mundial de Educação, 2015. Disponível em: <http://unesdoc.unesco.org/images/0023/002331/233137POR.pdf>. Acesso em: 20/10/2017.

UNHCR.ACNUR. Um milhão de refugiados e migrantes fugiram para a Europa em 2015 (22/12/2015). Disponível em: <http://www.acnur.org/portugues/noticias/noticia/um-milhao-de-refugiados-e-migrantes-fugiram-para-a-europa-em-2015/>. Acesso em: 10/11/2017.

UNRIC. Declaração do Milênio (Nova York, 6-8 de setembro de 2000). Disponível em: <https://www.unric.org/html/portuguese/uninfo/DecdoMil.pdf>. Acesso em: 10/08/2017.

13

Ideologia midiática

*Susana Nuin Núñez**

Introdução

Qual o significado dos grandes grupos midiáticos, isto é, dos monopólios e oligopólios da comunicação? Como se dá e o que caracteriza a formação da denominada *ideologia midiática* e quais são as suas consequências? Quais as possibilidades que se abrem como cidadania urbana e rural em tornar possível a ação participativa com maior eficiência e criatividade no cenário avassalado pela ideologia midiática?

O presente artigo abordará estas questões na perspectiva dos princípios fundamentais da Doutrina Social da Igreja: a *dignidade da pessoa humana, a participação, a destinação universal dos bens, o bem comum, a solidariedade e a subsidiariedade*. Não faremos aqui um confronto entre realidade e Doutrina Social da Igreja, mas uma análise crítica da realidade a partir da Doutrina Social da Igreja.

---

* Susana Nuin Núñez é doutora em Ciências Sociais (Pontifícia Universidade Gregoriana – Roma), diretora da Escola Social do Centro de Estudos do Conselho Episcopal Latino-Americano (CEBITEPAL) e membro da diretoria da Rede Latino-Americana do Pensamento Social da Igreja (REDELAPSI).

1. Grandes grupos midiáticos: monopólios ou oligopólios?

1.1 Entre poder financeiro e desenvolvimento tecnológico

Os meios de comunicação de massa (emissoras de rádio, imprensa, canais de televisão, internet) tendem cada vez mais a agrupar-se no coração das imensas estruturas para conformar os grupos midiáticos à natureza mundial. Empresas gigantes, afirmará Ramonet,[1] como News Corp, Viacom, AOL Time Warner, General Electric, Microsoft, Bertelsmann, United Global Com, Telefonica, RTL Group, France Telecom têm agora novas possibilidades de expansão devido às mudanças tecnológicas.

A "revolução digital" derrubou as fronteiras que antes separavam as três formas tradicionais da comunicação: som, escrita e imagem. Isso permitiu chegarmos ao auge da internet, que representa uma quarta maneira de comunicar. Desde então, as empresas midiáticas se veem tentadas a formar "grupos" para reunir todos os meios de comunicação e todos os setores que podem ser chamados de "setores da cultura de massas".

Estas empresas midiáticas gigantes, estes produtores de símbolos em cadeia multiplicam a difusão de mensagens de todo tipo, onde se misturam televisão, cinema, desenhos animados, musicais, parques temáticos, espetáculos esportivos, cerimônias solenes etc. Estas megaempresas, através de mecanismos de alta concentração, apoderam-se dos setores midiáticos em todos os continentes e se transformam, pela sua força econômica e importância ideológica, nos grandes atores da globalização capitalista. Os grandes grupos ampliam suas aquisições e pressionam os Governos para que anulem leis que limitam as concentrações ou leis que impeçam a constituição de monopólios e oligopólios.[2]

---

[1] RAMONET, Ignacio. Mentiras de Estado. *Le Monde Diplomatique* (01/07/2013). Disponível em: <https://diplomatique.org.br/mentiras-de-estado/>. Acesso em: 10/08/2016.

[2] Monopólio é um privilégio exclusivo concedido a um indivíduo ou a uma empresa para vender um produto ou para explorar uma indústria ou comércio num território. Oligopólio é o domínio do mercado por um pequeno número de produtores fornecedores. Três grandes exemplos na América Latina: a Televisa, no México; a

1.2 Cresce a ameaça sobre a possibilidade de participação cidadã

Trinta anos atrás já se falava do *quarto poder*. Orson Welles, no seu filme *Cidadão Kane*, já o anunciava, apesar de parecer tratar-se de um filme de realidades impossíveis. Na realidade, o *quarto poder* era justamente a possibilidade de um "contrapoder".

A sociedade democrática nem sempre é regida por uma legislação justa, e o fato de ser democrática não é garantia de que a sua legislação seja justa. Basta lembrarmos que, nos Estados Unidos, por exemplo, a escravidão existiu num contexto democrático. O quarto poder tinha, assim, nos meios de comunicação, a possibilidade de ser um poder de defesa, de proteção do povo, um "contrapoder". E isso, hoje, não existe mais.

Hoje, é o poder econômico que governa o poder político. Como se forma uma *ideologia midiática hoje*? A política tem perdido sua centralidade e prioridade. Quem gera, então, o movimento primário? É o capitalismo – e não mais a indústria ou o capital – que gera trabalho; é a especulação financeira estratégica que lidera. É o mundo financeiro que está regendo todo o restante das formas de organização social. O caso de Berlusconi, na Itália, é um exemplo: primeiro ele construiu uma grande fortuna, depois adquiriu os meios de comunicação e, em seguida, ganhou as eleições.

Faz parte da ideologia dos monopólios e oligopólios a manipulação midiática e a irresponsabilidade dos meios de comunicação hegemônicos, que têm alcançado cada vez mais níveis sem precedentes. Como afirma Atílio Boron: os grandes oligopólios multimídia que pululam na nossa América culminaram sua passagem imoral do jornalismo para a propaganda, abandonando a missão de oferecer informação verídica e objetiva para assumir o papel de agentes organizacionais dos "partidos da ordem".[3]

Rede Globo, no Brasil; o Grupo Clarin, na Argentina. Além do monopólio e oligopólio privados, há o estatal. Nesse caso, é o Estado que concentra um grande número de meios para seu benefício e/ou interesse político.

[3] BORON, Atilio. Consideraciones en torno a la batalla mediática en América Latina. In: Blog Atilio Boron. Disponível em: <http://www.atilioboron.com.ar/2017/10/consideraciones-en-torno-la-batalla.html>. Acesso em: 15/05/2017.

Como afirma Eduardo Galeano: "Já não é necessário que os fins justifiquem os meios. Agora, os meios massivos de comunicação justificam os fins de um sistema de poder que impõe seus valores em escala planetária".[4]

2. Ideologia midiática: formação e consequências

2.1 Liberdade de imprensa ou liberdade de empresa?

Muitas vezes, o modo quase ingênuo com que nossos países lutam pela liberdade de imprensa faz levantar a pergunta se se trata, de fato, de liberdade de imprensa ou liberdade de empresa.

O poder, não podemos esquecer, está com os grupos financeiros planetários que atuam na comunicação. O poder midiático é, portanto, um aparelho ideológico planetário. Grupos que são do Paraguai, do Uruguai, da Argentina, do Chile, do Brasil, de toda a América Latina, têm conexões mundiais com empresas de nível planetário. Enganamo-nos se pensamos que tais grupos são livres, objetivos, imparciais, neutros. Eles fazem parte de uma "teia de aranha midiática". Embora insistam em dizer que estão comprometidos com um "jornalismo independente", não estão muito preocupados em honrar o direito à informação.

A comunicação tornou-se um produto comerciável: pode ser comprada e vendida e está, portanto, sujeita às leis do mercado, submetida ao jogo da oferta e procura. O que conta, hoje, não é tanto o dinheiro, mas a quantidade de cidadãos que têm acesso às empresas de comunicação; o número de participantes de qualquer sistema é o real capital. Comercializa-se sobre a quantidade de cidadãos que se servem dessa empresa de comunicação que compra ou vende. Trata-se, portanto, de uma concentração, de uma grande concentração dos meios nas mãos de poucos e, como consequência, formam-se enormes empresas.

A concentração dos processos produtivos e dos esquemas globais de distribuição e comercialização em torno de um punhado de grupos

---

[4] GALEANO, Eduardo. *Patas arriba. La escuela del mundo al revés.* 7. ed. Madrid: SIGLO XXI DE ESPAÑA EDITORES, 2004, p. 279.

empresariais tem por finalidade garantir o maior domínio possível sobre a rede de fabricação, processamento, comercialização e distribuição dos produtos e serviço, ampliando consideravelmente a rentabilidade e as condições monopólicas.

A contração da competência alcança seu máximo nível quando os protagonistas de um mesmo setor optam por fusões para recuperar a rentabilidade perdida em contextos de crise econômica. As sinergias empresariais transcendem os setores originários de cada grupo e se estendem a atividades potencialmente rentáveis, envolvendo conhecimento inovador em tecnologias e técnicas avançadas, planejamento estratégico, poder financeiro e capacidade logística e distributiva.

Essas empresas se reúnem a cada ano. Onde? Em Davos, por exemplo. Quais são os lugares onde funcionam? Funcionam no Fundo Monetário Internacional, no Banco Mundial e na Organização Mundial de Comércio. É aí onde se distribui o poder econômico das grandes empresas de comunicação. Isso é muito importante, porque são empresas regidas pelo poder econômico que funcionam nesses lugares e com esse tipo de organizações. Para preservar o sistema monopólico e seu lucro em permanente expansão, as corporações recorrem a duas manobras principais, segundo David Harvey. A primeira delas é a ampla centralização do capital, exercendo o poder financeiro na busca de economia de escala e liderança no mercado. A segunda consiste em proteger, a qualquer custo, as vantagens tecnológicas por meio de patentes, leis de licenciamento e direitos de propriedade intelectual.[5]

2.2 Estamos diante de uma mudança de paradigma?

O poder midiático quer ditar à sociedade o estilo de paradigma segundo o qual ela deve viver. Ou seja, ele quer determinar o estilo de vida e o tipo de paradigma, nos direcionar para certa estrutura de sociedade, definir com que tipo de organização social devemos atuar. Trata-se de uma domesticação do poder político por parte do poder econômico.

Tudo isso é muito preocupante. Mas precisamos de tempo para ver como atuam e se desenvolvem as grandes intervenções mundiais e encontrar perspectivas a partir das quais possamos nos situar – na mesma

---

[5] HARVEY, David. *O novo imperialismo*. São Paulo: Loyola, 2004.

linha da Doutrina Social da Igreja – e interagir em vista de mudanças profundas da realidade.

Analisar os reais efeitos dos monopólios e oligopólios ajuda-nos a compreender algumas mudanças de paradigmas que acabam sendo, na realidade, mudanças de valores:

- se o poder midiático impõe um determinado estilo de vida, o que este estilo de vida tem a ver com a dignidade da pessoa e do povo, uma vez que não é expressão da pessoa e do seu estilo de convivência na sociedade?;

- se o que impera é o poder econômico de tais aglomerados midiáticos, o que estes aglomerados têm a ver com solidariedade, uma vez que anulam das suas definições os reais cenários daqueles que, de fato, precisam contar com a solidariedade uns dos outros?;

- se os aglomerados midiáticos estão concentrados nas mãos de poucos, como compreender a equidade na utilização e administração dos bens, visto serem eles bens da e para a humanidade?

Com o uso de ferramentas tecnológicas, as grandes empresas acumulam um volume de informações essenciais para decisões estratégicas, tais como pesquisas, tabelas, relatórios e históricos de compras que delineiam perfis de clientes, desejos de consumo e até mesmo os possíveis riscos de perda de consumidores. A lucratividade alcançada pelas agências de notícias transnacionais não é de forma alguma acidental. Elas coletam, selecionam e fornecem, a preço de ouro, uma quantidade ininterrupta de informações especializadas, que orientam as intervenções imediatas de *traders*, corretores e analistas. Basta considerar que, quanto mais turbulências houver na economia globalizada, mais rapidamente os especialistas se voltam para os terminais de cotações e para a análise das agências. O desenvolvimento tecnológico facilitou o monitoramento diário do mercado. De acordo com o consultor financeiro Marcelo d'Agosto, "a corrida tecnológica continuou e terminou desencadeando a automação das negociações, com a necessidade de adotar estratégias de execução dos negócios cada vez mais complexas". O objetivo, diz ele, é "tentar identificar, no menor tempo possível, as tendências do mercado e evitar que as estratégias de negociação sejam detectadas pelos demais participantes".[6]

2.3 Os efeitos políticos da ideologia midiática

Diante da fraqueza das forças políticas dos setores mais conservadores, a mídia assume as funções próprias de um *partido de ordem*. E, de acordo com esta nova função política, estabelece as diretrizes fundamentais que deverão, segundo Atilio Boron, ser postas em prática em termos de política e economia domésticas, assim como o alinhamento internacional que "as forças restauradoras deverão seguir para erradicar a praga esquerdista, progressista ou populista, conforme os casos, que tomou conta da América Latina e do Caribe".[7]

Para Boron, esta nova função política inclui também:

> a elaboração da agenda concreta de trabalho das organizações políticas da direita regional; o treinamento de seus quadros e militantes; a fabricação e promoção publicitária dos seus candidatos e, por fim, a manipulação da opinião pública por meio dos seus imponentes meios de comunicação para que tais candidatos prevaleçam nas eleições.[8]

Não há palavras mais acertadas para expressar a situação da mídia no mundo de hoje, especialmente na América Latina, do que as que foram ditas por Gilbert K. Chesterton, em 1917 – e reportadas por Boron –, reconhecendo, bem precocemente, a inversão de papel da mídia:

> [os meios de comunicação] são por sua própria natureza, os brinquedos de alguns homens ricos. O capitalista e o editor são os novos tiranos que se apoderaram do mundo. Já não é necessário que alguém se oponha à censura da imprensa. Não precisamos de censura para a imprensa. A própria imprensa é a censura. Os jornais começaram a existir para dizer a verdade e hoje existem para impedir que a verdade seja dita.[9]

---

[6] D'AGOSTO, Marcelo. Conhecer o mercado para lucrar males. *Valor Econômico*, São Paulo, 24 de outubro de 2012. Disponível em: <http://www.valor.com.br/financas/2877104/conhecer-o-mercado-para-lucrar-mais>. Acesso em: 15/05/2017.

[7] BORON. Consideraciones en torno a la batalla mediática en América Latina.

[8] Ibid.

[9] Ibid.

O estilo de comunicação dos grandes grupos se faz sentir também na população como um todo. Onde se limita a opinião pública, é evidente que se quebra, se fragmenta o vínculo emissor-mensagem-receptor e sua projeção de processo em espiral. Eis alguns efeitos:

- a informação é dada sem medida: quando há uma inundação de notícias, não há possibilidade de discernimento; a vertiginosidade do impacto das notícias acaba excluindo a possibilidade de reflexão;

- os problemas são criados e/ou inventados: não contam as necessidades da população; os problemas não são os reais problemas da sociedade, mas são vendidos como se fossem prioritários e importantes, conforme o interesse de quem os veiculam;

- a insistência gradativa sobre um tema: o tema começa a aparecer na agenda pública aos poucos, até se tornar importante; a mensagem é simplificada, de fácil entendimento, elementar, sem precisar ser desenvolvida ou aprofundada conceitual e intelectualmente;

- gera-se um sentimento de culpa no receptor: o receptor se convence de que a mídia conhece as pessoas melhor do que elas próprias; como o conhecimento da mídia não é real, mas hipotizado, anula-se a possibilidade de um conhecimento direto, real, próximo e plural;

- procura-se anular o princípio da participação do cidadão: cria-se desconfiança no público, nas pessoas, nos eventos, nos processos; as fontes de informação são omitidas e até mesmo negadas, o que favorece a construção de notícias falsas ou manipulação dos dados da realidade;

- a mensagem é repetida à exaustão: depois da superação da fase inicial de introdução gradativa do tema, a mensagem é veiculada em todos os momentos, sem trégua, a fim de tentar demonstrar a veracidade do fato por meio da imposição.

O mercado econômico midiático, construtor da ideologia midiática, provoca uma mudança paradigmática, isto é, modifica comportamentos, transforma culturas, "vende" o que quer, "legitima" o que deseja, mesmo se tratando de algo que fira profundamente a humanidade, como a guerra e o genocídio, por exemplo.

O cenário apenas descrito evidencia o domínio do mercado pelos conglomerados midiáticos e aprofunda assimetrias entre os centros hegemônicos (dos quais as megaempresas são as grandes expoentes) e as periferias, o que aumenta dejasustes típicos do desenvolvimento excludente e desigual que caracteriza o modo de produção capitalista no cenário tecnológico. E, como é possível perceber, nesse sistema de comunicação, os princípios da Doutrina Social da Igreja encontram-se ameaçados em sua própria essência.

3. Novos horizontes na cidadania urbana e rural

É necessário começar a conceber uma proposta para estabelecer na América uma nova ordem internacional de informação compatível com as aspirações emancipatórias e democráticas dos nossos povos. E é preciso que comecemos nos perguntando onde nos situamos diante dos paradigmas apenas apresentados. O contexto é claro: monopólio e oligopólio de um lado, e crescente compreensão do direito à comunicação e à informação de outro.

Não podemos negar que a América Latina é um dos continentes que mais amadureceu a questão do direito à comunicação e que mais trabalhou a legislação a respeito para garantir de todos os modos este direito. E, mesmo assim, navegamos entre monopólios e oligopólios privados e estatais, com países nos quais o monopólio estatal é muito forte, contrário aos processos de democratização da sociedade.

Se pode parecer que estamos diante de um gigante contra o qual não é possível lutar, temos de acreditar na capacidade das pessoas, das comunidades (sociais, culturais e religiosas) e da sociedade e na força cidadã para uma comunicação plural.

A opinião pública depende não apenas do poder da mídia, *mas também do exercício da cidadania*. Trata-se de assumir, como é proposto por Denis de Moraes (et al), *o quinto poder, isto é, a revolução cidadã das e nas redes sociais.*[10]

O quinto poder é o poder das redes sociais. É a partir dele que somos chamados a construir a cidadania, conscientes de que as tecnologias digitais podem servir para democratizar a informação (a *Wikipedia* é um exemplo), denunciar as injustiças ou manipular tudo sob o manto de uma pretensa neutralidade tecnológica.

Como na economia atual, a chave para o sucesso das megaempresas não está em satisfazer uma demanda existente, mas em criá-la, já que as demandas geralmente não existem antes do produto. As redes sociais são um meio e uma tecnologia que não são neutros. Eles têm sua própria lógica, seus próprios valores e sua própria ideologia.

O papel da internet hoje é fundamental, pois, de acordo com o mídia-ativista argentino residente no Brasil, Oliver Kornblihtt,[11] trata-se de um espaço onde as contranarrativas estão sendo geradas para mostrar o que a grande mídia esconde.

No território brasileiro, as dimensões de alcance das informações estão ficando cada vez maiores. Um meio alternativo criado em 2013 e ao qual Kornblihtt pertence, atingiu 40 milhões de acessos por semana: "40 milhões de pessoas compartilhando, recebendo e dialogando com nossa informação; nós superamos as interações das mídias tradicionais e das redes sociais", disse ele.

Também é importante mencionar as atividades realizadas com a colaboração de organizações e redes que trabalham com *software* e plataformas gratuitos, com o objetivo de gerar e aprimorar conteúdos que permitam aos cidadãos apropriar-se e ocupar espaços nas redes sociais onde milhões de pessoas dialogam.

A mídia dominante está evoluindo rapidamente e adaptando seu modelo de negócios. Mas continuamos precisando de um "novo

---

[10] MORAES, Denis de; RAMONET, Ignacio; SERRANO, Pascual. *Medios, poder y contrapoder son Denis de Moraes, Ignacio Ramonet y Pascual Serrano.* Buenos Aires: Editorial Biblos, 2013.

[11] Oliver Kornblihtt, durante entrevista no evento "Diálogos para uma internet cidadã: nossa América rumo ao Fórum Social da Internet", realizado em Quito, de 27 a 29 de setembro de 2017.

jornalismo", um jornalismo cidadão, que rompa com a falsa objetividade que posicionou o jornalista como um ser fora da realidade, isto é, completamente distanciado do fato que estava contando.

Precisamos de um jornalismo que:

- contraponha a urgência do tempo real com a experiência das fontes: muitas vezes, o que é comunicado em tempo real carece de fontes até mesmo para o próprio jornalista; o que se pretende veicular como real acaba sendo, na realidade, irreal, justamento por isso;

- não confunda transparência com denúncia sem provas: a mídia acabou se tornando o banco dos réus; em nome da transparência se destrói a dignidade da pessoa; todos se transformam em justiceiros e autorizados a fazer justiça com as próprias mãos; o que poderia ser um meio para apuração da verdade, acaba sendo um meio que favorece mais injustiça;

- não presuma conhecer um povo, suas tradições, seu estilo de vida por causa da saturação de informações disponíveis: a vida de um povo é uma realidade complexa, muito mais rica e misteriosa do que possa ser captada; o que muitas vezes pode ser um instrumento de comunhão pode acabar favorecendo a superficialidade e, consequentemente, a indiferença;

- dê aos partidos políticos e aos movimentos sociais seu real e fundamental espaço: a política tem a missão extraordinária de organizar e tornar possível a convivência social no Estado; o compromisso do cidadão é poderoso quando é exercido;

- considere todos, sem exclusão, como construtores de cidadania: o tecido social de um país só é fortalecido quando todos participam, se comprometem, são propositivos, e isso se dá quando não se sentem excluídos do sistema, das decisões, da partilha dos bens;

- considere a comunicação um direito humano ao serviço da dignidade das pessoas e dos povos: a comunicação é um direito humano capaz de gerar relacionamentos na reciprocidade, favorecer a unidade no respeito à pluralidade e à diversidade;

- reconheça que é apenas o bem comum e o destino universal do bens que garantirão a possibilidade de desenvolvimento integral das pessoas e das comunidades, pois tudo pertence a todos; se o direito à propriedade existe e deve ser garantido, ele não pode ser usado como razão para justificar o monopólio e o oligopólio que acabam excluindo e empobrecendo a própria sociedade.

Outro tipo de comunicação, com a participação de todos, é possível a partir da abertura dialógica a todos, fundada na cultura do encontro, na disposição para o diálogo, na valorização das relações, na prioridade dada ao humano.

Conclusão

Um panorama sobre a ideologia midiática e os grandes grupos midiáticos nos permite entender que devemos saber como lidar com a comunicação que ocorre diariamente, conhecendo a sua proveniência, os seus interesses e as suas possibilidades. Saber como ela modifica princípios essenciais das pessoas e das comunidades, nos permite estar cientes do contexto em que estamos inseridos e sobre o qual podemos e devemos saber atuar.

A internet deu lugar a uma grande produção de novos conteúdos, bem como a novos atores e comunicadores. Antes, éramos apenas espectadores e consumidores da comunicação; hoje, podemos estar na arena pública da discussão da sociedade de um modo mais amplo que, do ponto de vista cultural, social e político, tem impactos importantes. Nesse sentido, além de ser uma ferramenta de democratização da comunicação, a internet, hoje, "está manejando o rumo de nossas vidas", como afirma Renata Mielli,[12] na medida em que tudo passa por ela, desde as relações individuais até as relações econômicas entre corporações e até mesmo as ações de Estados e governos. No entanto, apesar de ser um espaço de grandes oportunidades, infelizmente 52% da população

---

[12] Renata Mielli, jornalista brasileira, no encerramento do "Diálogos para uma internet cidadã: nossa América rumo ao Fórum Social da Internet", realizado em Quito, de 27 a 29 de setembro de 2017. Disponível em: <https://www.alainet.org/en/node/188423>. Acesso em: 10/10/2017.

mundial não tem acesso a ele, o que está dando lugar a um novo grupo de pessoas excluídas e a uma nova forma de exclusão.

Hoje contamos com o Observatório Midiático Mundial, responsável por registrar as ações da mídia em nível planetário,[13] com base nos cinco continentes. O Observatório é um instrumento que será de grande contribuição para o crescente trabalho nas legislações nacionais sobre o direito à comunicação; para a organização das redes sociais que cada vez mais constituem o quinto poder de denúncia e controle relacional dos outros poderes; para o reconhecimento da comunicação comunitária como um dos muitos fatores possíveis de convergência possível; para o reconhecimento dos movimentos sociais como um dos fatores que põe em marcha um novo estilo de comunicação.

Referências bibliográficas

ALBORNOZ, Luís A.; HERSCHMANN, Micael. Os observatórios ibero-americanos de informação, comunicação e cultura: balanço de uma breve trajetória. *Revista da Associação Nacional dos Programas de Pós-graduação em Comunicação* 7 (2006). Disponível em: <http://compos.org.br/seer/index.php/e-compos/article/viewFile/102/101>. Acesso em: 10/06/2017.

BORON, Atilio. Consideraciones en torno a la batalla mediática en América Latina. In: Blog Atilio Boron. Disponível em: <http://www.atilioboron.com.ar/2017/10/consideraciones-en-torno-la-batalla.html>. Acesso em: 15/05/2017.

BURCH, Sally. Uma agenda para a internet cidadã. *Revista IHU on-line* (28.10.2017). Disponível em: <http://www.ihu.unisinos.br/

---

[13] O Observatório Internacional dos Meios de Comunicação, o *Media Watch Global* (www.mwglobal.org), foi criado no II Fórum Mundial Social, realizado em Porto Alegre, de 31 de janeiro a 5 de fevereiro de 2002 e institucionalizado em Paris, em 2003. O observatório considera que a liberdade absoluta dos meios de comunicação, exigência dos donos dos grandes grupos de comunicação mundial, não pode ser exercida em detrimento da liberdade de todos os cidadãos. O observatório representa uma espécie de "contrapoder", vocacionado a reunir todos aqueles que se reconhecem no movimento social planetário e que lutam contra a usurpação do direito de expressão. Jornalistas, universitários, militantes, leitores de jornais, ouvintes de rádio, telespectadores, usuários da internet, todos unidos para salvaguardar um instrumento coletivo de debate e de ação democrática.

78-noticias/573110-uma-agenda-para-a-internet-cidada>. Acesso em: 02/11/2017.

D'AGOSTO, Marcelo. Conhecer o mercado para lucrar males. *Valor Econômico*, São Paulo, 24 de outubro de 2012. Disponível em: <http://www.valor.com.br/financas/2877104/conhecer-o-mercado-para-lucrar-mais>. Acesso em: 15/05/2017.

GALEANO, Eduardo. *Patas arriba. La escuela del mundo al revés*. 7. ed. Madrid: Siglo XXI de España Editores, 2004.

HARVEY, David. *O novo imperialismo*. São Paulo: Loyola, 2004.

MORAES, Denis de; RAMONET, Ignacio; SERRANO, Pascual. *Medios, poder y contrapoder son Denis de Moraes, Ignacio Ramonet y Pascual Serrano*. Buenos Aires: Editorial Biblos, 2013.

PONTIFÍCIO CONSELHO JUSTIÇA E PAZ. *Compêndio da Doutrina Social da Igreja*. 7. ed. São Paulo: Paulinas, 2011.

RAMONET, Ignacio. Mentiras de Estado. *Le Monde Diplomatique* (01.07.2013). Disponível em: <https://diplomatique.org.br/mentiras-de-estado/>. Acesso em: 10/08/2016.

14

Ideologia como sistema de crença

*Alex Villas Boas**

Introdução

A ideologia, em geral, diz respeito a um modo operacional pelo qual a consciência acredita em algo, indicando que tal anuência é condicionada por fatores externos à própria consciência de ordem histórica, social, cultural e psicológica, compondo assim o imaginário pessoal, determinando aquilo que se pensa. Ao mesmo tempo que é um aspecto externo, se instala como interpretação imediata da experiência vivida, uma interface que configura o olhar para com o vivido, e a sensibilidade para com os fatos e sua reminiscência, os afetos.

Assim, a ideologia pode ser entendida com os fatores que atuam de forma inconsciente no modo de pensar da pessoa e, consequentemente, de sentir a vida. Dada a condição de serem fatores fora do alcance imediato da pessoa, a ideologia é vista como aquilo que produz tanto uma relação inautêntica para com as coisas quanto o que propicia a relação com as próprias bases daquilo que se acredita. Dito de outro modo, pode-se entender como fatores ideológicos aquilo que promove uma aceitação incontestável para com *aquilo* que se acredita, sem que tenha

---

* Alex Villas Boas é livre-docente em Teologia (Pontifícia Universidade Católica de São Paulo), tem pós-doutorado em Teologia (Pontifícia Universidade Gregoriana – Roma; Pontifícia Universidade Católica do Rio de Janeiro) e é professor de Teologia no Programa de Pós-graduação em Teologia da Pontifícia Universidade Católica do Paraná.

passado pelo crivo da consciência de *quem* acredita, o que configura a ideologia como um modo próprio de crença ou, ainda, um sistema de crença que estrutura o ato de acreditar em algo e pensar a partir desta crença.

Esse ato de acreditar *a priori* será visto como uma fé ingênua, ou seja, que sequer cogita as razões de credibilidade do que se acredita. Os chamados "mestres da suspeita" assim ficaram conhecidos por estruturarem seu pensamento com uma desconfiança das razões de credibilidade da modernidade, ou seja, do sentido da modernidade. Marx desconfiava dos discursos sociais que eram como que um invólucro do modo de produção, desconfiava especialmente da estrutura de crença ingênua que retroalimentava as reais intenções perversas do novo modo de produção da Revolução Industrial. A fé ingênua na Revolução Industrial tinha origem na teodiceia moderna enquanto forma de teologia que substituía as causas históricas da produção da miséria, a partir do enriquecimento sistemático de alguns, por causas divinas. Se o homem antigo fazia da enxada a espada para tomar as terras do inimigo, a fim de prover condições de subsistência aos seus, o homem moderno, no início da industrialização, ainda acreditava que a precariedade social residia na obscura, porém inquestionável vontade de Deus, "que sabe o que faz", fator que blindava a possibilidade de o operário protestar contra as condições desumanas de trabalho. Freud apregoava a necessidade de desconfiar de si, das próprias motivações que poderiam camuflar os desejos mais narcísicos, de modo que a visão ideal de um ser civilizado e portador de valores cristãos era o primeiro obstáculo para reconhecer a condição mais profunda do psiquismo humano. Tal cegueira da real condição humana foi retratada na narrativa de Édipo, na qual a tragédia é o fator pelo qual a consciência emerge, tendo o aspecto narcísico da personalidade se curvado diante do fatídico. Por fim, Nietzsche apresenta a questão ideológica, tendo como base de sua inautenticidade da verdade a própria linguagem, em que se incorre no risco de "divinizá-la" e convertê-la no "máximo expoente da razão", não considerando com isso o caráter de falsificação que leva ao não reconhecimento do caráter plural da linguagem e que produz uma simplificação do real.[1]

---

[1] RIBEIRO, F. A. S. A verdade como um exército de metáforas: Entre o dogmático e o estético em religião e literatura. *Teoliterária Revista Brasileira de Literaturas e Teologias*, v. 2, n. 4 (2012): 125-132.

Hans Robert Jauss retrata a questão da linguagem como sensibilidade do receptor, em que aquilo que é recebido pode vir ao encontro do que se busca, mas também por promover uma frustração esclarecedora, tal qual um cego que se choca com um poste na rua. Apesar da frustrante experiência, ele passa a perceber a real condição da rua. A ideologia dificuldade a identificar os postes na rua.[2]

É a partir da ideologia como questão de linguagem que se pretende abordá-la como um sistema de crença, ou seja, como uma forma de linguagem que estrutura um modo de pensar, sentir e agir.

1. O inconsciente político de Fredric Jameson

Fredric Jameson segue a hermenêutica da suspeita, vendo fundamentalmente a base da inautenticidade da verdade na própria linguagem, assumindo a contribuição de Nietzsche, que, por ser linguagem, está vinculada à tradição psicanalítica do inconsciente como expressão das psicodinâmicas que interferem na maneira de ser, de modo a esconder de si as próprias intenções narcísicas. De forma que, quanto mais se negam tais intenções, mais elas têm livre acesso na interferência das ações pessoais. Desta maneira, o pensar ideologicamente se instala na consciência não somente como visão de mundo, mas, dada a relação intrínseca das instituições isoladas dos mestres da suspeita (Marx, Freud e Nietzsche), também como interpretação do sentimento de estar vivo [*pathos*] e atuante no mundo [*diké*], relação intrínseca entre linguagem e práxis.

Jameson, ao tratar especificamente linguagem como raiz da ideologia, fala desse inconsciente político, portanto, como uma sensibilidade que se instala no modo de ser pessoal, social e, por consequência, político. Tal qual a dinâmica do ato falho, manifesta-se o ato contraditório da política que se faz visível no fenômeno particularmente humano da linguagem, modo por excelência do âmbito político. Deste modo, o político é por excelência o lugar do conflito e do antagonismo, sinais típicos de manifestação do inconsciente. De maneira especial, o crítico literário norte-americano aponta defeitos na estética realista por se

---

[2] JAUSS, H. R. *Literatura como provocação: história da literatura como provocação literária*. Lisboa: Veja/Passagens, 2003, p. 12, 48, 85.

pretender esclarecer algo que é próprio da complexidade da dinâmica do profundo. Os elementos complexos e dinâmicos dessa profundidade inconsciente do político são apresentados como movimentos que se interpenetram em três círculos concêntricos, a saber, político, social e histórico.

O primeiro nível é o âmbito político e se dá por excelência no uso da palavra, e, portanto, no primeiro nível de linguagem; mais precisamente, a linguagem política desse nível é a crônica dos fatos como "narrativa do político" que se pretende como "ato simbólico" e, assim sendo, mobiliza a sensibilidade. O segundo nível é o âmbito social, que se configura como linguagem de conflito, no qual se choca o que Jameson chama de "ideologemas", ou seja, maneiras de se pensar o mundo que se instalam na visão de mundo dos indivíduos como discursos prontos que são reproduzidos. O âmbito social polariza o conflito, que inaugura uma guerra insolúvel de "ideologemas", promovendo uma transvalorização e não uma negação do que existe. Dito de outro modo, o que uma facção social considera ruim, a outra transvaloriza e considera bom, porém ambos participam de um código semiótico comum, a saber, os valores, o qual se instala no antagonismo social, categoria típica do social. O terceiro nível é o âmbito histórico, que Jameson vincula com a história da sucessão dos modos de produção que operam como uma espécie de onda que se choca com a outra antes da ressaca, produzindo, assim, um efeito de percepção sincrônico, dando a impressão de que nenhum outro modo de produção é possível, além daquele que se vive naquele momento da história. Dado esse efeito de percepção sincrônica, incorre-se no risco de ver o conflito social como algo natural, como algo que não tem solução, incorrendo em um conformismo. Nesse sentido, para Jameson a "história sob a forma textual" é "inacessível" e, portanto, "só pode ser abordada por meio de uma (re)textualização anterior". Por isso, a história "não é um texto", mas o lugar no tempo em que se manifesta a "necessidade" do momento histórico, que Jameson se refere como a expressão do que "dói", daquilo que "fere" e que "impõe limites inexoráveis ao indivíduo e à práxis coletiva".[3]

---

[3] JAMESON, F. *O inconsciente político: a narrativa como ato socialmente simbólico.* São Paulo: Ática, 1992, p. 32, 75-92.

Nessa perspectiva, a história pede uma outra hermenêutica, em que a narrativa é um ato socialmente simbólico, que precisa ser lido a partir do conflito como sintoma da necessidade de um povo que não pode ser silenciado. Faz-se necessário redefinir a questão da ideologia como linguagem do inconsciente político, do desejo e sua representação, e a história como necessidade negada e produção cultural dentro da referencialidade oferecida para ler a história. Tal hermenêutica deve perguntar qual é a estrutura narrativa que um ato simbólico do indivíduo expressa e qual contradição pretende ser resolvida nesse ato simbólico. Sem deixar de enfrentar o conflito, deve procurar a "dialética" do fenômeno da "heteroglosia" dos ideologemas, contrapondo os modos de produção a partir dos respectivos sintomas como "caminho" para a "transcendência do 'ético' em direção ao político e ao coletivo".[4]

Para o teorista político, sua crítica literária evolui para o estudo da cultura como elemento fundamental para a compreensão do funcionamento do capitalismo na contemporaneidade, pois a cultura sempre expressa o modo de produção, e este produz sempre uma ferida, ou seja, uma necessidade social, como chave da leitura da história, e fonte de utopia, como finalidade existencial ou, ainda, como "um mundo em que sentido e vida aparecem outra vez como indivisíveis, no qual homem e mundo são unos", não como "pensamento abstrato" de "filósofos utópicos", mas como narrativa concreta, que se constitui na base para toda atividade utópica", permitindo imaginar o ético no desafio concreto.[5]

A modernidade, contudo, não raro elaborou um imaginário totalitário que produziu, na expressão de Habermas, uma *lógica de excomunhão* na qual a exclusão de outrem fora vista como solução que ocorre primeiramente *na* e *pela* linguagem.[6] Por meio da linguagem não somente se produz um raciocínio, mas uma subjetividade de eleitos que se retroalimenta na adoção de uma linguagem e, sendo assim, uma insensibilidade ao outro, e consequentemente uma distopia da transformação social, uma vez que a solução para o conflito nessa perspectiva

---

[4]   Ibid., p. 36-37.

[5]   Id. *Marxism and form*. Princeton: Princeton University Press, 1971, p. 375.

[6]   HABERMAS, J. *Teoria de la acción comunicativa*. Madrid: Taurus, 1981.

é vista com eliminação daquele que, para usar uma expressão jameso-niana, reclama coletivamente da dor social.

2. A ideologia como sistema de crenças em Paul Ricoeur

Para Paul Ricoeur, é necessário "cruzar Marx" no que toca à questão das ideologias, ou seja, assimilar sua contribuição, mas superar alguns pontos cegos, ampliando a análise da função social da ideologia, de modo a descrever primeiro sua função geral, depois sua função de dominação social e de inversão de percepção; esta propriamente dita, é a leitura de Marx.

Para o filósofo francês, a *função geral* da ideologia é provocar unidade social, ou seja, há uma função positiva de ser *integradora* de grupos sociais na medida em que ela promove um *sistema de crenças*, como a crença em valores que permite integrar grupos distintos, como o valor de fazer o bem, ser justo, procurar a paz, pois, tendo em vista que pessoas, mesmo de grupos distintos, acreditam em tais valores, ocorre em alguma medida uma unidade social a respeito da questão. Tal função possui cinco traços principais enquanto função social geral.

O *primeiro* traço é o da *representação* como necessidade de grupo de ter uma imagem de si mesmo, enquanto sistema de significações que permite que o comportamento humano seja significante para os agentes individuais do grupo, ou mais precisamente, quando o comportamento de um é orientado em função do comportamento de outro. O significado do comportamento social é representado por uma pessoa que passa a ser significante para o grupo, e desta para outros que retroalimentam tais signos, como uma dinâmica teatral de representar personagens expressivos encarnados pelo grupo, promovendo um consenso significativo, ou seja, um *credo*.

O *segundo* traço diz respeito ao *dinamismo* promovido pela ideologia, ou, ainda, pode ser entendido como *teoria da motivação social*, na medida em que confere um caráter de justificativa, ou seja, infunde uma nota característica de que tal visão de mundo é justa, e, com isso e para além disso, ainda imprime um caráter de projeto, de empreendimento de que tal credo promovido resultará em uma transformação social, no qual o credo transformado em projeto indica a necessidade, por ser justa, da instituição de uma nova práxis social.

O *terceiro* traço é responsável pela preservação do dinamismo ideológico e tem a ver com a sua capacidade de *simplificar* e *esquematizar* um sistema de crenças, ou ainda pode ser visto como a capacidade de mutação de um *sistema de pensamento* para um *sistema de crenças*, promovendo uma idealização da imagem que um grupo possui de si mesmo.

O *quarto* traço é chamado por Ricoeur de *dóxico*, pois transforma ideias em opiniões que funcionam como *máximas* em forma de *slogans*, fórmulas lapidares, frases de efeito; atualmente, poderiam ser incorporados os "memes". Este traço dóxico aproxima a ideologia ou o sistema de crenças de uma função retórica, operando a eficácia social das ideias. Enquanto função retórica se assemelha aos "ideologemas" de Jameson.

Por fim, o *quinto* traço promove uma *tipificação*, que Ricoeur também chama de *temporal*, em que o novo só pode ser recebido a partir do típico, ocorrendo uma sedimentação da experiência social, âmbito em que surge a identificação mais forte de um indivíduo a um grupo, que passa a ler a sociedade com a consciência do grupo, de modo que é a partir da ideologia que se pensa, mesmo quando se pretende pensar sobre ela. Dito de outro modo, a consciência se dá dentro de um código cultural. Também aqui se incorre no risco de reforçar o caráter irracional e não transparente do sistema de crença que passa a racionalizar a partir dos pressupostos doxológicos, chegando a promover a dissimulação em relação à crítica e às outras visões como atitude de defesa do sistema de crenças, incorrendo em um dogmatismo ideológico.

Emerge, assim, a *função de dominação*, enquanto segunda função da ideologia. Tal função está diretamente relacionada com o poder e a autoridade, como gestão do poder, promovendo certa fé na autoridade; acentua-se a dissimulação, que passa para o primeiro plano, como uma forma de se esquivar de críticas. Tal função se acentua no Ocidente nos períodos eleitorais, de modo que, quanto maior a fé em um candidato e/ou partido, maior a chance de ocupar o espaço de poder, sendo, historicamente, a manutenção desse sistema de crença a condição para permanência no poder. A função de dominação é praticamente o uso deliberado de um sistema de crença para promover e/ou manter o poder.

Por fim, a *função de inversão*, que diz respeito propriamente à análise sobre a ideologia de Karl Marx, trata da substituição da percepção do processo da vida real por uma vida imaginária, promovida por um sistema de crença no qual a fé resulta na produção de ingenuidade, ou ainda numa crença sem consciência crítica.[7] Para Marx, quem promove essa inversão é a religião, ao apregoar que a realidade social é vontade de Deus. Mais precisamente, Pierre Bourdieu nominou tal inversão como sociodiceia, ao nomear as teodiceias como forma de mentalidade religiosa que justifica a condição social pela substituição das causas históricas pelas causas divinas.[8]

A polarização desses dois aspectos ideológicos, dominação e inversão, gera, contudo, um paradoxo social ao fazer com que a ideologia, como sistema que promove uma integração social, enquanto crença na própria sociedade, também se torne um fator de contradição porque divide a sociedade, sendo o fenômeno mais drástico a violência, coincidindo com o que Habermas chamou de lógica de excomunhão, em que a solução para os conflitos reais é deslocada para a culpabilidade de um grupo como responsável pelo problema da sociedade.

Conclusão

Tanto a análise de Jameson quanto a de Ricoeur apontam para o risco de os processos ideológicos resultarem no fenômeno da violência. A promoção de um discurso de violência, e não raro de ódio, pode ser vista como *sintoma de um conflito* entre a *necessidade* (aquilo que dói na história do povo) e os *interesses* de quem faz a gestão do poder, mais precisamente entre a necessidade do povo e os interesses de uma classe que chega a ter um representante nos espaços de poder. O conflito é distinto do confronto, sendo o primeiro parte da condição humana, dada a diferença de perspectivas e experiências sociais e culturais; não ouvir o conflito é um fator promotor de confronto, quando não criminógeno.

Pensando com Jameson e Ricoeur, os atos políticos são apresentados à sociedade em forma de crônicas pelos meios de comunicação,

---

[7] RICOEUR, P. *Hermenêuticas e ideologias*. 2. ed. Petrópolis: Vozes, 2011, p. 77-86.

[8] BOURDIEU, P. *Contrafogos: táticas para enfrentar a invasão neoliberal*. Rio de Janeiro: Jorge Zahar, 1998, p. 58-59.

especialmente os meios de comunicação de massa, enquanto função retórica da ideologia, e possuem sua intencionalidade dirigida a determinados ideologemas, tidos como uma espécie de credo que substitui a reflexão, em detrimento de outros. Tais ideologemas são recebidos dentro da ambiguidade natural do âmbito social como forma de um inconsciente político no qual os ideologemas, anti e pró-direita ou anti e pró-esquerda, são aceitos ou não dentro de um sistema de crença, dispensando a criticidade racional à adesão a essas crenças. Aqui cabe a expressão de senso comum ao identificar algum "discurso ideológico"; por isso, optamos pelo conceito jamesoniano de ideologemas, por ser menos ambíguo. O limite da análise marxista, segundo Ricoeur, é achar que uma parte da sociedade poderia estar imune aos processos ideológicos, mas, ao contrário, a ideologia é, inclusive, necessária para a consolidação de uma tradição política, quer seja mais conservadora, quer seja mais progressista.

O problema, então, não reside no fato da existência de ideologias, mas sim na substituição radical de um sistema de reflexão sobre a realidade e suas consequências sociais nos processos históricos por um sistema de crenças a ponto de instalar a dissimulação diante da crítica e das necessidades históricas, ou ainda, para falar como Jameson, na dissimulação diante da dor daqueles que mais sofrem com as necessidades impostas a muitos pelos meios de produção que beneficiam a poucos. Nesse momento passa-se a debater sobre veracidade ou mentira a respeito dos ideologemas, procurando condenações de outrem justificadoras do próprio ideologema, em vez de focar os debates nos reais sintomas das necessidades históricas, debates que desvelam muito mais a intenção de ocupar espaços de poder do que uma disposição efetiva para procurar resoluções concretas para a sociedade, a qual só ocorre em períodos eleitorais, em que os extremos tendem ao centro, incorporando em seus respectivos ideologemas até mesmo as agendas de outro cenário político, a fim de sensibilizar o eleitorado e, assim, ocupar os espaços de poder.

Impõe-se, ainda, na perspectiva ricoeuriana, duas falsas ideologias, enquanto "concepção cega" ou "falsificadora" da realidade, que são, todavia, mais promotoras de violência do que catalisadoras de reais soluções, a saber: 1) a *ideologia do diálogo a qualquer preço*, a ponto, inclusive, de negar a gravidade do conflito, insistindo em uma espécie de irenismo ou de política sem conflito, que não raro acaba por gerar mais violência ao promover um consenso com o silenciamento de quem sofre e/ou discorda, e; 2) *a ideologia do confronto a qualquer preço*, que exclui a possibilidade do diálogo e não raro se volta a um ideal perdido, insistindo naquilo que não deu certo na história, por falta de radicalidade. O primeiro é mais próprio do cristianismo e, o segundo, mais próprio do marxismo.

Pensando o recente cenário político brasileiro, a partir das categorias refletidas anteriormente, o *impeachment* de 2016 pode ser considerado um ato simbólico, na perspectiva jamesoniana, e impacta dentro do antagonismo social dos ideologemas de direita e esquerda. Um olhar superficial e que, portanto, dependente dos respectivos ideologemas, pode ver tal fato como uma vitória maniqueísta de um lado sobre o outro. Nesse nível de reflexão, o debate entre direita e esquerda se assemelha ao debate histórico entre católicos e protestantes e não possui resolução possível, pois se trata de conflito, e não raro de confronto, entre dois sistemas de crenças. Se a análise, entretanto, se der a partir das necessidades históricas, é factível a crítica ao Partido dos Trabalhadores, sobretudo com relação ao modo como substituiu um projeto popular por um projeto de poder, no qual se elegeu um *lulismo* populista no lugar da participação popular para manutenção do espaço de poder, ao mesmo tempo que foram mantidas alianças, anuências, pessoas e práticas espúrias no sistema político brasileiro,[9] motivos esses que, investigados e provados, poderiam legitimar um processo de *impeachment* se, contudo, a presidente em exercício fosse identificada como cúmplice de tais processos. A antecipação de tal procedimento investigativo e judicial, conhecida como *Lava Jato*, acabou por justificar a narrativa do *golpe* político e colocar em xeque sua credibilidade investigativa, na medida em que o cenário político, além de descumprir o resultado judicial efetivo e cabal, usou dois pesos e duas medidas para pressionar o referido *impeachment* ao ter 80% dos deputados que votaram a favor

---

[9] SINGER, A.; LOUREIRO, S. *As contradições do lulismo: a que ponto chegamos?* Boitempo: Rio de Janeiro, 2016, p. 21-54.

também sendo citados na Lava Jato.[10] A maior contradição da narrativa do *impeachment* por crime de responsabilidade fiscal se dá com a prisão do Presidente da Câmara, que é propositor do processo e acusado por corrupção, e com a tentativa de anistia para o crime de "caixa dois" aprovado pela grande maioria dos parlamentares[11] de direita e do Partido dos Trabalhadores. O resultado político, além de ter o presidente atual também apontado pela Lava Jato, é o de um governo não eleito diretamente pela população, responsável por uma série de medidas impopulares, alheio aos interesses da população e, portanto, contrário ao espírito democrático.

É interessante, por exemplo, o falso consenso de culpabilizar os gastos sociais como responsáveis pelo endividamento do Estado brasileiro, em vez do gasto financeiro, como apontou o relatório do próprio Sistema Tributário Nacional.[12] Entretanto, ao mesmo tempo que o *impeachment*, prematuro ao menos do ponto de vista jurídico, dadas as contradições políticas do processo, por um lado, representa a redução de políticas públicas que tinham a finalidade de reduzir a distância social e atender às necessidades básicas do povo, por outro, representa os interesses da oportunidade de negócios, como indica a propaganda de uma empresa de assessoria em *Home Broker*, vendo nesse fato "a maior oportunidade de ganho de capital da década". Tal empresa chega mesmo a analisar o impacto financeiro do pós-*impeachment* de 1992, em que, devido aos descréditos do Governo, o preço das ações caiu, permitindo maior aquisição, e voltou a crescer com a mudança do governo executivo, resultando em um crescimento das ações de 2.750% em seis

---

[10] FERNANDES, Marcella; CASTRO, Grasielle. 80% dos deputados da Lava Jato votaram pelo impeachment. *Exame* (18/04/2016). Disponível em: <http://exame. abril.com.br/brasil/80-dos-deputados-da-lava-jato-votaram-pelo-impeachment/>. Acesso em: 30/09/2016.

[11] SALOMÃO, LUCAS. Veja como votou cada deputado na análise do pacote anticorrupção. *G1. Seção política* (30/11/2016). Disponível em: <http://g1.globo.com/politica/noticia/2016/11/veja-como-votaram-os-deputados-na-analise-do-pacote-anticorrupcao.html>. Acesso em: 15/12/2016.

[12] FAGNANI, E. Equidade e progressividade do sistema tributário nacional. In: BRASIL. Senado Federal. 11a Reunião Conjunta da CAE e Subcomissão de Avaliação do Sistema Tributário Nacional. Audiência pública em: 24/11/2016. Disponível em: <https://legis.senado.leg.br/comissoes/reuniao?reuniao=5668&codcol=1561>. Acesso em: 15/12/2016.

anos.[13] Deste modo, a interpretação do evento é meramente financeira, pois sinaliza que o preço das ações cai pela desconfiança no governo Dilma e o *impeachment* liberta o mercado da crise de confiança. Contudo, em virtude da instabilidade do governo Temer, que em seis meses teve seis ministros depostos por problemas na justiça, a credibilidade perante o mercado mundial foi colocada em xeque e estabeleceu-se o congelamento dos gastos públicos por vinte anos, com a PEC 55, para tentar passar uma mensagem de confiança. Isso é altamente polêmico, pois Finlândia e Suécia fizeram o mesmo por três anos, mas sem abandonar o compromisso social, inclusive. Tal medida foi criticada até mesmo pelo ex-diretor do Banco Mundial, o economista François Bourguignon, sobre o nível muito baixo de gastos públicos.[14] A dissimulação do Governo diante das críticas dos movimentos sociais e de especialistas nas áreas que estão sofrendo com os cortes indica a função de dominação da ideologia, tal qual o que se chamou de lulismo pode ser identificado pela crítica da própria esquerda como uma forma de dominação ideológica populista.

Ademais, por conta do descrédito do sistema político e seus respectivos ideologemas, impõe-se um imaginário antropológico de pessimismo, momento em que oportunistas acionam a função de inversão da ideologia dentro de um imaginário de teodiceia e uma hermenêutica religiosa que produz uma nova forma de segregação social, a dos bons e a dos maus, na qual Deus e a fé religiosa são invocados para operar uma sociodiceia que faz com que a política seja vista como um sistema de crença ingênuo e com uma racionalidade crítica radicalmente reduzida, tributária de um imaginário religioso propenso a substituir as causas históricas por causas divinas, atribuir a culpa a outrem e, portanto, identificar um culpado e eliminá-lo. Nessa situação poder-se-ia enquadrar a gramática do *impeachment* dentro de um discurso expressivo de

---

[13] *Impeachment*: como você deve reagir para proteger (e aumentar) o seu patrimônio. In: Toro Radar. Disponível em: <https://www.tororadar.com.br/impeachment>. Acesso em: 27/09/2016.

[14] Nível muito baixo de gastos públicos ameaça o desenvolvimento. In: Radio France Internationale (12.10.2016). Disponível em: <http://br.rfi.fr/brasil/20161012-nivel-muito-baixo-de-gastos-publicos-ameaca-o-desenvolvimento>. Acesso em: 10/11/2016.

teodiceia, com deputados que, em nome de Deus, da moralidade e da família, votam a favor e depois são investigados por corrupção. Mais explicitamente ainda, a advogada Janaína Paschoal, coautora do pedido de *impeachment* e uma das principais figuras envolvidas no caso, afirma que "Deus iniciou o *impeachment*",[15] mas que está decepcionada com o presidente interino que ocupa a função do poder executivo,[16] acusado também de corrupção. Ou, ainda, o deputado Jair Bolsonaro, que elogia um dos mais temidos coronéis da ditadura brasileira,[17] pede para ser batizado por um pastor evangélico da Assembleia de Deus, líder do Partido Social Cristão (PSC),[18] que lança o mesmo deputado como candidato a presidente em 2018, tendo sido eleito como deputado federal mais votado no Rio de Janeiro, com 464 mil votos.[19] E, ainda, é possível encontrar católicos que habitualmente desqualificam evangélicos[20] promovendo "uma aliança política entre católicos e evangélicos",[21] a fim de que não se vote em candidatos de partidos de esquerda mesmo

---

[15] MARTÍN, Maria. Deus derruba a presidenta do Brasil. *El País* (19/04/2016). Disponível em: <http://brasil.elpais.com/brasil/2016/04/18/politica/1460935957_433496. html>. Acesso em: 20/05/2016.

[16] FERNANDES, Marcella. Janaina Paschoal está decepcionada com Temer por ele "segurar" ministro: "Tem o dever de tomar providências". *Huffpost* (23/11/2016). Disponível em: <http://www.brasilpost.com.br/2016/11/23/janaina-critica-temer_n_13169646.html>. Acesso em: 02/12/2016.

[17] Coronel Ustra, homenageado por Bolsonaro como "o pavor de Dilma Rousseff", era um dos mais temidos da ditadura. *Extra* (18/04/2016). Disponível em: <http://extra. globo.com/noticias/brasil/coronel-ustra-homenageado-por-bolsonaro-como-pavor-de-dilma-rousseff-era-um-dos-mais-temidos-da-ditadura-19112449.html#ixzz4SrAcn3Gf>. Acesso em: 20/04/2016.

[18] BOLL, Júlio. Bolsonaro é batizado no Rio Jordão por Pastor Everaldo e rende piadas na internet. *Gazeta do Povo* (12/05/2016). Disponível em: <http://www.gazetadopovo.com.br/blogs/bad-bad-server/bolsonaro-e-batizado-no-rio-jordao-por-pastor-everaldo-e-rende-piadas-na-internet-assista/>. Acesso em: 20/05/2016.

[19] MORAES, Marcelo de. Bolsonaro: "Serei o candidato da direita à presidência em 2018". *Estadão* (30/10/2014). Disponível em: <http://politica.estadao.com.br/blogs/marcelo-moraes/2014/10/30/bolsonaro-serei-o-candidato-da-direita-a-presidencia-em-2018/>. Acesso em: 20/05/2016.

[20] Padre Paulo Ricardo zomba dos evangélicos (22/08/2014). Disponível em: <https://www.youtube.com/watch?v=5evk37felkc>. Acesso em: 20/05/2016.

[21] Aliança política entre católicos e evangélicos (11/12/2013). Disponível em: <https://padrepauloricardo.org/episodios/alianca-politica-entre-catolicos-e-evangelicos>. Acesso em: 20/05/2016.

que nesse partido tenha pessoas profundamente ligadas à Igreja católica, com grupos que chegam a comparar "católico socialista" a "judeu nazista".[22] No mesmo âmbito eleitoral, o Pastor Silas Malafaia se dirige à esquerda com um "chora, capeta", após vitória do prefeito evangélico carioca, mas é apontado como um dos nomes na lista da Odebrecht de pessoas envolvidas em corrupção sistemática do Governo.[23] Ademais, para além de qualquer análise socioeconômica, nove em cada dez brasileiros acreditam que seu "sucesso financeiro se deve a Deus",[24] indicativo de um imaginário religioso com profunda ausência de consciência da condição humana implicada no tecido social e econômico que vê a política, na prática, como uma questão de fé.

Impõe-se, portanto, a necessidade de uma *nova estratégia do conflito*, que incorpora a desconfiança aos ideologemas e às análises dogmáticas, quer seja de Marx, quer seja de Mises, para a tarefa de hermenêutica que rompa com a bipolaridade partidária, sabendo aplicar a arte da compreensão de pessoas idôneas a despeito de seus partidos e, ao mesmo tempo, tecendo análises críticas dos processos empreendidos. Levar a sério interlocutores de cenários políticos distintos e apontar insuficiências podem ser vistos como uma nova espécie de *amar os seus inimigos*, enquanto forma de procurar compreender o seu adversário, em vez do recurso da demonização, utilizado para camuflar contradições próprias. Não existe democracia sem o papel importante da oposição como limitadora crítica do poder.

Também se faz necessário ler os conflitos sociais como sintomas, redescobrir o papel do intelectual como *mediador social* e resistir aos fundamentalismos, sem negá-los nem intesificá-los, mas procurando

---

[22] Católico socialista é igual a judeu nazista. *O Catequista* (16/10/2012). Disponível em: <http://ocatequista.com.br/blog/item/7201-catolico-socialista-e-igual-a-ju-deu-nazista>. Acesso em: 20/05/2016.

[23] PAMPLONA, Nicola. "Chora, capeta!", diz pastor Silas Malafaia sobre vitória de Crivella no Rio. *Folha de São Paulo* (30/10/2016). Disponível em: <http://www1.folha.uol.com.br/poder/eleicoes-2016/2016/10/1827925-chora-capeta-diz-pastor--silas-malafaia-sobre-vitoria-de-crivella-no-rio.shtml>. Acesso em: 10/11/2016.

[24] PINTO, Ana Estela de Sousa. Nove entre dez brasileiros atribuem a Deus sucesso financeiro. *Folha de S.Paulo* (25/12/2016). Disponível em: <http://www1.folha.uol.com.br/poder/2016/12/1844383-nove-entre-dez-brasileiros-atribuem--a-deus-sucesso-financeiro.shtml>. Acesso em: 25/12/2016.

mostrar às pessoas do poder as motivações profundas da contestação, daquilo que dói e das razões pelas quais agem os que contestam. Não há mudança política sem luta, mas o mediador social deve qualificar o antagonismo social para que sempre se aproxime da luta pela justiça, ao mesmo tempo que procura distância de oportunismos partidários. Aos que contestam, é preciso mostrar a necessidade e o sentido do ingresso nas instituições políticas, pois só é possível mudar o espaço político participando de algum modo no mesmo. Nesse sentido, os movimentos sociais são protagonistas de mudanças e participação democrática por representarem a dor da história e ajudarem a conduzir o poder à sua finalidade de possibilitar o bem comum.

Encerro recordando o que afirma o analista social português, Boaventura de Sousa Santos, sobre a importância das teologias políticas plurais contra os regimes de terror em seu livro *Se Deus fosse um ativista dos direitos humanos*.[25] Santos aponta para a profunda pertinência da teologia da libertação, enquanto conscientização qualificadora da fé que conseguiu unir valores à análise crítica e aos processos políticos, saindo da ingenuidade em plena época de ditadura. Tal processo, segundo o autor, é bastante inspirador ao que ele chama de teologia islâmica da libertação e à tentativa de uma hermenêutica política do Islã que saia da tentação do jihadismo. Há, nessa tarefa ressignificadora das teologias políticas, muito mais que uma adesão a um lado político; há uma transformação do imaginário que promove a mudança de percepção de *povo*, propensa a aceitar privilégios devido a uma mentalidade de eleitos, para a perspectiva do *público*, enquanto espaço das alteridades e disposição a lutar por direitos igualitários, dada a consciência de dignidade humana comum. Nesse sentido, as teologias políticas plurais não pertencem a um cenário político, mas se manifestam como instância crítica a qualquer cenário, mesmo aos que têm maior afinidade, e atuam como mediadores sociais que optam pelos que mais sofrem as dores da história.

Mesmo a reflexão crítica pensa a partir da ideologia e, em sua busca de honestidade intelectual, mantém uma relação de autocrítica e

---

[25] SANTOS, Boaventura de Sousa. *Se Deus fosse um ativista dos direitos humanos*. São Paulo: Cortez, 2013.

abertura ao debate. O risco ideológico se dá quando um sistema de crença se torna um instrumental de hegemonia, enquanto função de dominação, resultando em formas de totalitarismo alimentadas por fundamentalismos, que podem ser tanto de direita, como foram o fascismo e o nazismo, como de esquerda, como o stalinismo, ou, ainda, religiosas como o jihadismo do Estado Islâmico. Vale ainda citar a indústria cultural, que não somente conta como o uso de ideologemas, como também não elimina o antagonismo social, mas dele se aproveita. O vulgarismo dos ideologemas não permite pensar globalmente e agir localmente, mas pensar e agir genericamente, sem reconhecer os processos históricos (passado-presente-futuro) que causam o conflito. Quer sejam ideologemas de direita que mantêm a crença em uma espécie de idealismo aristocrático de uma elite que quer salvar o povo e para isso apregoa a conservação ou a volta dos costumes que mantinham a ordem e o combate àqueles que deles discordam, quer sejam ideologemas de esquerda em forma de protesto contra o sistema, que insiste em formas anteriores de produção (indústrias agrícolas e caseiras), alternativas que se desvinculam das instituições, como leitura romântica do passado, que, não raro, moldam legítimas narrativas proféticas, com perspicácia de diagnóstico, porém com prognósticos por demais utópicos.

Uma nova estratégia do conflito precisa mudar o modo de ser para uma postura que implica aumento da autoconsciência de posturas conscientes de riscos sim, porém mais consensuais com a participação popular, um alargamento da consciência crítica sem bipolarização moral que não raro resulta em violência, sintoma da miopia social, pois toda revolução sabe onde quer chegar, mas nunca sabe onde termina. Do mesmo modo, não foi só o comunismo histórico que falhou na realização de seus ideais, mas também e principalmente o capitalismo neoliberal entrou em colapso, e continua falhando em suas apostas, pois não há nenhum sistema que funcione substituindo a dignidade humana por interesses escusos e olvidando as necessidades da população.

A redemocratização do país ainda é recente e acreditamos que o papel do intelectual como mediador social, das comunidades de fé como instância crítica aos sistemas de crença e aproximação real do pobres como parcela da população que mais sofre, o amadurecimento dos movimentos sociais para superação de um imaginário de guerra fria e política bipolar para novas formas de participação democrática, constituem atores que, quanto mais interagirem, tanto maior consolidam a recente e não rara frágil democracia brasileira. No que toca às teologias políticas latino-americanas, as hermenêuticas podem e devem ser revistas; porém, o que se consolida na tradição cristã é que a opção pelos pobres, ou seja, pensar a partir daqueles que mais sofrem com as dores da história e mediar processos de transformação social, é uma opção cristológica que, mesmo que se tenha a necessidade de aprofundá-la e, por vezes corrigi-la, quanto mais ela amadurece, cada vez mais se torna "oportuna, útil e necessária" para o diálogo e a criatividade social, como aposta o Papa Francisco.[26] Para o diálogo social se apresenta a necessidade de maior interação entre sociedade e Estado, culturas e ciência e as pessoas de fé e boa vontade, a fim de que se encontrem "caminhos de paz para um mundo ferido". Tais caminhos precisam ser construídos com criatividade social para se encontrar uma alternativa humana perante a "globalização da indiferença", a fim de "colocar a economia a serviço dos povos", "construir a paz e a justiça" e "defender a Mãe Terra". A opção pelos pobres por parte da Igreja e da teologia latino-americana, nesse sentido, também é desafiada a ser sempre autocrítica de reducionismos ideológicos, para avançar na consciência da "dimensão social da evangelização"[27] e no discernimento da caridade junto aos movimentos populares, a fim de superar as fronteiras de mentalidade do século XXI[28] que ainda impedem a inclusão social dos pobres, para que mais fecundamente sejam "poetas sociais, ou seja, "semeadores de mudança, promotores de um processo em que confluem milhões de ações grandes e pequenas encadeadas criativamente, como em uma poesia".[29]

---

[26] PAPA JOÃO PAULO II. Carta aos bispos da Conferência Episcopal dos Bispos do Brasil (09.04.1986), n. 5. Disponível em: <https://w2.vatican.va/content/john-paul-ii/pt/letters/1986/documents/hf_jp-ii_let_19860409_conf-episcopale-brasile.html>. Acesso em: 20/05/2016.

[27] PAPA FRANCISCO. Exortação Apostólica *Evangelii Gaudium*, sobre o anúncio do Evangelho no mundo atual. São Paulo: Paulus/Loyola, 2013, n. 177-216, 238-258.

[28] VILLAS BOAS, A. A dimensão social da evangelização na *Evangelii Gaudium* e o discernimento da caridade. *Revista de Cultura Teológica*, ano XXII, n. 84 (2014): 15-22.

[29] PAPA FRANCISCO. Discurso a los Participantes en el Encuentro Mundial de Movimientos Populares (05/11/2016). Disponível em: <http://w2.vatican.va/content/francesco/es/speeches/2016/november/documents/papa-francesco_20161105_movimenti-popolari.html>. Acesso em: 05/12/2016.

Referências bibliográficas

BOURDIEU, P. *Contrafogos: táticas para enfrentar a invasão neoliberal.* Rio de Janeiro: Jorge Zahar, 1998.

FAGNANI, E. Equidade e progressividade do sistema tributário nacional. In: BRASIL. Senado Federal. 11ª Reunião conjunta da CAE e Subcomissão de Avaliação do Sistema Tributário Nacional. Audiência Pública em: 24/11/2016. Disponível em: <https://legis.senado.leg.br/comissoes/reuniao?reuniao=5668&codcol=1561>. Acesso em: 15/12/2016.

HABERMAS, J. *Teoria de la acción comunicativa.* Madri: Taurus, 1981.

JAMESON. F. *O inconsciente político: a narrativa como ato socialmente simbólico.* São Paulo: Ática, 1992.

_____. *Marxism and form.* Princeton: Princeton University Press, 1971.

JAUSS, H. R. *Literatura como provocação: história da literatura como provocação literária.* Lisboa: Veja/Passagens, 2003.

PAPA JOÃO PAULO II. Carta aos bispos da Conferência Episcopal dos Bispos do Brasil (09/04/1986). Disponível em: <https://w2.vatican.va/content/john-paul-ii/pt/letters/1986/documents/hf_jp--ii_let_19860409_conf-episcopale-brasile.html>. Acesso em: 20/05/2016.

_____. Exortação Apostólica *Evangelii Gaudium*, sobre o anúncio do Evangelho no mundo atual. São Paulo: Paulus/Loyola, 2013.

_____. Discurso a los Participantes en el Encuentro Mundial de Movimientos Populares (05/11/2016). Disponível em: <http://w2.vatican.va/content/francesco/es/speeches/2016/november/documents/papa-francesco_20161105_movimenti-popolari.html>. Acesso em: 05/12/2016.

RIBEIRO, F. A. S. A verdade como um exército de metáforas: Entre o dogmático e o estético em religião e literatura. *Teoliterária Revista Brasileira de Literaturas e Teologias,* v. 2, n. 4 (2012): 123-132.

RICOEUR, P. *Hermenêuticas e ideologias.* 2. ed. Petrópolis: Vozes, 2011.

SANTOS, B. S. *Se Deus fosse um ativista dos direitos humanos.* São Paulo: Cortez, 2013.

SINGER, A.; LOUREIRO, S. *As contradições do lulismo: a que ponto chegamos?* Boitempo: Rio de Janeiro, 2016.

VILLAS BOAS, A. A dimensão social da evangelização na *Evangelii Gaudium* e o discernimento da caridade. *Revista de Cultura Teológica,* ano XXII, n. 84 (2014): 13-25.

15

Manipulação ideológica da comunicação

*Fernando Altemeyer Junior**

Introdução

A sentença de um desembargador paulista sobre o "massacre do Carandiru", em 1992, manchou de sangue, dor e vergonha a justiça e a verdade de nossa pátria, inocentando assassinos e manifestando a iniquidade. Foi diabólico ouvir a sentença iníqua que proclamou culpados os 111 homens executados sumariamente, fuzilados desnudos, de joelhos e pelas costas, em legítima defesa do Estado e de seus agentes policiais. As forças da morte se rejubilam e as famílias dos pobres viram aumentada a sua dor pelo escárnio oficial. Nem a cruz foi poupada. Queimaram até a memória da dor. Manipularam e esconderam o crime. Pilatos vence novamente. Jesus continua a ser torturado e novos cireneus são convocados ao patíbulo. Assim como o cristianismo, está sempre agonizando o Cristo. Blaise Pascal assim se expressou: "Jesus estará em agonia até o fim do mundo, não se pode dormir durante esse tempo".[1]

Como falar de manipulação da comunicação, se estamos diante de um quadro tão tétrico quando uma corte de magistrados diaboliza corpos assassinados e ainda crucifica suas memórias? Há algo de

---

* Fernando Altemeyer Junior é doutor em Ciências Sociais (Pontifícia Universidade Católica – São Paulo), mestre em Teologia e Ciências da Religião (Université Catholique de Louvain-La-Neuve – Bélgica) e professor da Pontifícia Universidade Católica de São Paulo.

[1] PASCAL, Blaise. *Pensées Le Mystère de Jésus*. In: *Oeuvres Completes*. Paris: Gallimard, 1991, p. 1313.

evangélico a ser proclamado quando Satanás e seus cúmplices malévolos vociferam vitoriosos?

Será preciso realizar uma navegação por mares nunca dantes navegados ou pouco explorados em nossas leituras teóricas da moral cristã. Retomar os caminhos de Jesus e sua mensagem livre é urgente. Voltar a Jesus. Partir de sua cruz redentora. Retomar os clássicos da crítica ideológica aos sistemas totalitários pode ajudar a repensar os critérios de ação e reflexão ética. Em primeiro lugar, é necessário distinguir o positivo da ideologia (termo introduzido por Antoine-Louis-Claude Destutt de Tracy ao final do século XVIII para designar uma ciência das ideias) e o negativo prevalente em K. Marx e F. Engels na obra *A ideologia alemã* (1845-1846), quando assumem o sentido literal da palavra alemã *Ideenkleid*: vestido de ideias. Para estes dois autores, ideologia é toda representação que recobre com imagens e justificativas ilusórias a realidade verdadeira de fatos e coisas. Contra as ideologias, estes pensadores vão advogar a necessidade de uma verdadeira crítica científica marcada pelo materialismo dialético. Em posição intermédia, temos o italiano Antonio Gramsci propondo as ideologias como um motor de formas necessárias na organização das massas. A crítica mais contundente veio de Karl Mannheim, ao afirmar a ideologia como um tipo de pensamento incapaz de operar verdadeiras transformações na realidade social. Assim, tudo é ideologia, mas a ideologia não é tudo. Uma boa dose de lucidez poderá ser de grande valia para não descartar as ideias valiosas e não se submeter a extremismos estéreis. Dirá o mestre Paulo Freire:

> Na verdade, só ideologicamente posso matar as ideologias, mas é possível que não perceba a natureza ideológica do discurso que fala de sua morte. No fundo, a ideologia tem um poder de persuasão indiscutível. No exercício crítico de minha resistência ao poder manhoso da ideologia, vou gerando certas qualidades que vão virando sabedoria indispensável à minha prática docente. É na minha disponibilidade permanente à vida a que me entrego de corpo inteiro, pensar crítico, emoção, curiosidade, desejo, que vou aprendendo a ser eu mesmo em minha relação com o contrário de mim. E quanto mais me dou à experiência de lidar sem medo, sem preconceito, com as diferenças, tanto melhor me conheço e construo meu perfil.[2]

---

[2] FREIRE, Paulo. *Pedagogia da autonomia: saberes necessários à prática educativa.* São Paulo: Paz e Terra, 1997, p. 151-152.

1. As *Acta* e os Evangelhos – paradoxo original

É curioso lembrar um fato que a história humana nos oferece e que pode ser para nossa reflexão uma metáfora salutar. O imperador romano Júlio Cesar, em 59 a.c., ordenou a publicação, em Roma, das *Acta Diurna*, uma espécie de panfleto jornalístico no qual se dava notícia de acontecimentos sociais, das campanhas militares e de notícias similares dos nobres da elite romana, ou seja, um jornal dos acontecimentos oficiais da corte e do Império, distribuído aos cidadãos de destaque e entregue nas termas, nos centros públicos e no Senado. A ideologia dominante exaltava as suas virtudes, seus feitos e negava o diferente e a contradição. Esse narcisismo da elite nunca deixou de existir e caracteriza até hoje a imprensa em quase todos os continentes. A grande imprensa é a imprensa dos grandes. As agências de notícias dizem ao mundo o que o mundo deve ver, sentir, comprar, amar e odiar. Tudo à luz dos impérios e da ótica dos imperadores. O permanente ausente, quase invisibilizado, será a vida normal do povo e o rosto e a luta dos pobres. Se forem notícia, só o serão por algum aspecto grotesco ou caricato.

É curioso notar, apesar dessa dura hegemonia bimilenar, que vozes dissonantes e subalternas sempre resistiram cantando outras músicas e produzindo outros textos de rebeldia e de leitura da história e das narrativas do viver. Para nos atermos aos anos dos panfletos imperiais de César, recordo que estavam sendo escritos o Salmo 1, o Salmo 150 e o teimoso livro da Sabedoria, expressão maior da literatura sapiencial hebraica. Sem olvidar os documentos da comunidade da Aliança em *Qumram*. Eram as notícias do avesso da história. A vida pensada e proposta a partir das margens do Império, no reverso da moeda, com palavras outras e sintaxe invertida. A ocupação romana se faz efetiva desde 63 a.C., e o povo encontra meios e discursos alternativos para sobreviver e manter a esperança. É verdade que há os que escrevem a história à luz do império, como Flávio Josefo, mas sempre existem, ontem e hoje, aqueles que, como o Papa Francisco, pretendem ver a partir do reverso e dos subterrâneos da história. Essa é a aventura da boa notícia. É singular pensar que nesse cadinho de contradições é que irão florescer o precursor João Batista, os essênios, Jesus de Nazaré e a mensagem do Reino de Deus. Importante recordar a admoestação de

Jesus aos seus discípulos para que se acautelem, redobrem a atenção e o olhar perante a hipocrisia e o fermento dos fariseus, saduceus e de Herodes. "Tenham cautela", diz Jesus em Marcos 8,14-21, com paralelos em Mateus 16,5-12 e Lucas 12,1.

Enquanto o Império aumenta impostos, escravidão e tributação pesada sobre os camponeses e artesãos, surge a esperança apocalíptica dos que esperam o Messias e nele creem. Enquanto o Império e seu César e suas *Actas* negam a vida aos pobres, irrompe de Nazaré o Verbo feito carne. A mesma carne negada, agora é transfigurada por Deus para manifestar sua glória. Dirá São João: "*Et Verbum caro factum est et habitavit in nobis*" (Jo 1,14). E, assim, os pobres viram a glória de Deus manifesta como rosto de vida e amor. Carne divina feita boa notícia e comunicação de esperança contra toda dor e opressão. Em grego: "*Kai o Logos Sarkx Egneto*" ("E a Palavra torna-se/faz-se carne").

Mergulhados na experiência paradoxal da vida e da morte, do divino e do humano, da comunicação e da manipulação, da carne e do Espírito, é que vivemos e navegamos na história. Assim ensina o teólogo Lubac: "O Evangelho está cheio de paradoxos, que o homem é um paradoxo vivo, e que segundo os Padres da Igreja, a Encarnação é o paradoxo supremo: Paradoxos *Paradozon*".[3]

2. O que diʒem os salmistas bíblicos?

O idioma semita nos oferece a palavra *rasha* como categoria exemplar para compreender a ação e a adjetivação de quem atua falsamente ou é malvado e ímpio. Na Bíblia hebraica, o termo aparece 343 vezes, sendo 92 delas nos Salmos. Refere-se àqueles que ignoram as exigências elementares da justiça, que quebram a ética e, ao tomarem a palavra, acusam falsamente e semeiam o ódio. Assim lemos: "A boca do ímpio (*rasha*), a boca do embusteiro, se abre contra mim; falam de mim para dizer mentiras; conspiram contra mim e me atacam sem razão" (Sl 109,2-3). A ação fundamental dos malvados é oprimir diretamente o pobre e o fraco (Sl 11,2; 37,14). Esse desvio de conduta que manipula a vida do outro e a destrói não para aí. Ele termina por blasfemar Deus e

---

[3] LUBAC, Henri de. *Paradojas seguido de nuevas paradojas*. Madrid: PPC, 1997, p. 6.

desprezar o Criador. Ele diz de forma insolente: "Não há um Deus que me peça contas" (Sl 10,2-4.13). Este duplo gesto de maldizer o pobre e a Deus termina por agrupar os ímpios em três categorias: os povos inimigos do povo de Israel; os poderosos e ricos que oprimem o pobre e o debilitado; e os antigos amigos que quebram sua fidelidade e sua palavra. A batalha do justo é manter-se firme e fiel em gestos e palavras ao Deus da vida e do povo. Precisa dizer não à iniquidade do mundo e sim à eternidade de Deus. Quem é fiel precisa ser justo (*tsaddiq*) e professar diariamente sua opção e fidelidade. Há um só caminho a trilhar. Não se pode trair o projeto dos empobrecidos sob risco efetivo de trair o próprio Deus de Israel, Pai de Jesus.

3. O que diz a Doutrina Social da Igreja sobre manipulação ideológica?

O ensino social da Igreja consolidado nas cartas papais e documentos do magistério social transita por modelos de análise diversos que vão sendo superados lentamente. De um primeiro olhar negativo e defensivo contra toda inovação midiática até ponderações mais lúcidas e práticas diante de instrumentos e ambientes comunicacionais, temos muita água passando pelo moinho da prática moral dos cristãos.

O entusiasmo inicial da Igreja romana pela invenção providencial de Johannes Gutemberg será seguido de censuras e excomunhões. Frei Carlos Josaphat, em estudo original e arqueológico, apresenta o primeiro documento da Igreja sobre a imprensa, que é a Constituição Apostólica *Inter Multiplices*, de 17 de novembro de 1487, do Papa Inocêncio VIII. O papa viu a utilidade, mas colocou algumas reservas quanto à ambiguidade da imprensa. Preocupado, escreveu no n. 2 do documento papal: "Quanto mais universal tanto mais o bem é útil, divino e grande. Igualmente, quanto mais amplo e difundido, tanto mais o mal é perverso e abominável, sobretudo porque a propensão da fraqueza humana mais se inclina para o mal do que para o bem". E daí pediu o papa a necessidade de censura prévia aos escritos impressos em qualquer nação da cristandade sob pena de excomunhão *latae sententiae* e multa.[4]

---

[4] JOSAPHAT, Frei Carlos. *Ética e mídia, liberdade, responsabilidade e sistema.* São Paulo: Paulinas, 2006, p. 277-278.

E o papa dispôs ainda que se deveria catalogar os escritos impressos, queimar os condenados e punir os impressores culposos. Não se pode dizer que foi um bom começo de conversa. A espada prevaleceu sobre as cabeças a serem decepadas. A audição foi atrofiada.

Será preciso esperar longos séculos para ouvir um sucessor daquele papa afirmar em alto e bom som:

> O primeiro areópago dos tempos modernos é o *mundo das comunicações*, que está unificando a humanidade, transformando-a – como se costuma dizer – na "aldeia global". Os meios de comunicação social alcançaram tamanha importância que são para muitos o principal instrumento de informação e formação, de guia e inspiração dos comportamentos individuais, familiares e sociais.[5]

Atualmente, as preocupações da Doutrina Social da Igreja (DSI) estão centradas na questão da primazia do humano e em seus direitos essenciais diante de totalitarismos e reducionismos econômicos, políticos e ideológicos. Assim lemos no compêndio: "Qualquer visão totalitária da sociedade e do Estado e qualquer ideologia puramente intramundana do progresso são contrárias à verdade integral da pessoa humana e ao desígnio de Deus na história".[6] A tarefa central é evitar concepções redutivas de caráter ideológico que atrofiem perspectivas e modos diversos de ver a pessoa humana e a cultura. Tudo o que impede o pluralismo e uniformiza destrói e cria caricaturas da palavra e da verdade. A valorização das dimensões humanas no mistério da criatura humana, imagem de Deus, precisa ser afirmada e defendida para captar matizes mais relevantes e evitar-se o homem unidimensional.[7]

Um dos medos mais evidentes dos recentes pontificados do século XX e, particularmente do Papa Francisco no terceiro milênio, é que se esmaguem os pobres pelo uso de uma ideologia cientificista e

---

[5] PAPA JOÃO PAULO II. Carta Encíclica *Redemptoris missio*, sobre a validade permanente do mandato missionário. Brasília: Conferência Nacional dos Bispos do Brasil/Pontifícias Obras Missionárias, 1991, n. 37c.

[6] PONTIFÍCIO CONSELHO "JUSTIÇA E PAZ". *Compêndio da Doutrina Social da Igreja*. 7. ed. São Paulo: Paulinas, 2011, n. 48. Daqui em diante = CDSI.

[7] CDSI 124.

tecnocrática que reduza a natureza a objeto e mercadoria e que, no limite, a percebe destruída em favor da maximização irresponsável da voracidade do capital. É preciso repensar valores e sistema. É necessário descobrir-se interligados na Casa comum e corresponsáveis pela vida. Esse "não" proferido ao mecanicismo cartesiano soma-se a um "não" à tecnocracia positivista cega, ao "não" perante o consumismo e a exploração dos pobres descartados pelos ricos opulentos do planeta.[8]

Esse imenso projeto de outro mundo possível e de outra narrativa, assumida a partir da sabedoria dos povos, exigirá a valorização dos meios e ambientes da comunicação social, das novas e promissoras redes sociais de conexão, intercâmbio e dados em todo o planeta, para evitar toda "forma de monopólio e de controle ideológico".[9]

Aqui o desafio é concreto e tangível. Ninguém pode ficar parado e ser cúmplice. O Papa Francisco é incisivo nesse sentido: "Não nos façamos de distraídos! Há muita cumplicidade".[10] E é o próprio papa argentino que nos oferece um mapa para sairmos da inércia pecaminosa ao proclamar, em 9 de julho de 2015, em Santa Cruz de la Sierra, Bolívia, que:

> a concentração monopolista dos meios de comunicação social que pretende impor padrões alienantes de consumo e certa uniformidade cultural é outra das formas que adota o novo colonialismo. É o colonialismo ideológico. Como dizem os bispos da África, muitas vezes se pretende converter os países pobres em "peças de um mecanismo, partes de uma engrenagem gigante".[11]

---

[8] Ver: PAPA JOÃO PAULO II. Carta Encíclica *Sollicitudo Rei Socialis*, pelo vigésimo aniversário da encíclica *Populorum Progressio*. São Paulo: Paulinas, 1988 (A voz do Papa, 117); PAPA FRANCISCO. Carta Encíclica *Laudato Si'*, sobre o cuidado da casa comum. São Paulo: Paulus/Loyola, 2015.

[9] CDSI 557.

[10] PAPA FRANCISCO. Exortação Apostólica *Evangelii Gaudium*, sobre o anúncio do Evangelho no mundo atual. São Paulo: Paulus/Loyola, 2013, n. 211.

[11] Id. Discurso proferido no II Encontro Mundial dos Movimentos Populares (Santa Cruz de la Sierra, Bolívia, 09/07/2015). Disponível em: <http://w2.vatican.va/content/francesco/pt/speeches/2015/july/documents/papa-francesco_20150709_bolivia-movimenti-popolari.html>. Acesso em: 27/09/2016.

O Papa Francisco pedirá aos movimentos populares e às Igrejas, em 2015, que fiquem atentos aos novos colonialismos e às manipulações do sistema idolátrico, que possui muitos disfarces e simulacros:

> O novo colonialismo assume variadas fisionomias. Às vezes, é o poder anônimo do ídolo dinheiro: corporações, credores, alguns tratados denominados "de livre comércio" e a imposição de medidas de "austeridade" que sempre apertam o cinto dos trabalhadores e dos pobres. Digamos assim NÃO às velhas e novas formas de colonialismo. Digamos SIM ao encontro entre povos e culturas. Bem-aventurados os que trabalham pela paz.[12]

4. O fulcro da questão: a idolatria do mercado

Vivemos em países capitalistas de longa data e aqueles que se opuseram historicamente, ainda que existam, não mais resistem. Portanto, o capitalismo é vivido também como religião. Se triunfou o mercado, ele mesmo também fabrica religiões e concepções sobre o sagrado. Temos que ficar atentos porque, inclusive, usamos palavras para nos referirmos ao mercado como se fosse uma pessoa: "o mercado é intocável, tem que estar só, fica com raiva, é muito sensível" e "se o mercado vai bem, todos vamos bem". Neste contexto, o Estado muitas vezes emerge como o demônio para aqueles que creem no mercado. Já Walter Benjamin falava do capitalismo como religião, tendo a globalização como vetor principal. O cristianismo, e em particular o catolicismo, tem um enfrentamento histórico com o mercado.[13]

Diante da amplitude do tema, escolho alguns autores que nos podem fornecer mapas conceituais, em uma reflexão pertinente para o discernimento cristão.

Insuperável e pertinente é a obra de Eric Blair, jornalista e escritor inglês, conhecido como George Orwell, que em sua obra *1984* prevê o

---

[12] PAPA FRANCISCO. Discurso proferido no II Encontro Mundial dos Movimentos Populares (Santa Cruz de la Sierra, Bolívia, 09/07/2015).

[13] MALLIMACI, Fortunato. El mercado también fabrica religiones. *El Diario* (24/03/2016). Disponível em: <http://eldiariodemadryn.com/2016/03/fortunato--mallimaci-el-mercado-tambien-fabrica-religiones/>. Acesso em: 27/09/2016.

que hoje assistimos nos telejornais das redes de televisão em todo o planeta, salvo exceções raríssimas de discernimento e verdadeiro jornalismo investigativo.[14] O livro, que se tornou filme, mostra uma sociedade em que o Estado se impõe sobre tudo e todos, altera e cria a narrativa da história do povo e de seu passado, produz um novo idioma que suprime vocabulário e pensamento e persegue os indivíduos que se rebelam contra o regime. A informação é difundida e controlada por teletela (espécie de televisão instalada em todos os lugares, inclusive nas casas), que exige de cada cidadão obediência cega e irrestrita às notícias repassadas/filtradas/criadas por órgãos do governo. Há técnicas de criação de notícias, há distorção deliberada das informações e, sobretudo, há omissão deliberada de muitas delas. Um mínimo de uso crítico faz compreender a atualidade de sua análise até os dias de hoje.

Um eminente teólogo jesuíta oferece luz à nossa reflexão. Não por acaso a obra intitula-se *Lucidez*. Nela escreve João Batista Libanio:

> A ideologia neoliberal concentra em si os discursos que concretizam esse tríplice espírito: lucro, propaganda, consumo. Dependuram-se no céu dessa ideologia as estrelas da vanglória dos poderosos do dinheiro, da monomania consumista, da cretinice publicitária. Constelação a iluminar-nos o firmamento atual. A lucidez mostra o falso brilho de tais estrelas. Em vez da glória de pertencer à lista dos mais ricos do mundo, a simples verdade do valor da pessoa pelo ser, pela bondade, pela espiritualidade, enfim, por aquilo que a faz humana e não banco de dólares ou euros.[15]

Enfim, como cereja do bolo, trago a reflexão de uma necessária reconciliação integral e social, do frade dominicano Carlos Josaphat, no livro de Lilian Contreira, *Fogo amigo*. Afirma o frade dominicano: "A ética individualista é a grande cúmplice universal e permanente, fazendo a infelicidade da humanidade e a esterilidade das religiões, mesmo que a ética individualista assuma uma feição corporativa e

---

[14] ORWELL, George. *1984*. São Paulo: Companhia das Letras, 2009.

[15] LIBÂNIO, João Batista. *Lucidez o fiel da balança*. São Paulo: Loyola, 2008, p. 155.

confessional"[16] Será sempre preciso conectar as dimensões pessoal, social e teologal para enfrentar a manipulação e o pecado ideológico.

5. Afirmar o verbo de Deus

É preciso afirmar o Verbo de Deus afirmando a carne dos pobres. Assumir o paradoxo da cruz e dos crucificados é o melhor antídoto contra a manipulação ideológica. O preço é caro, mas a resposta é libertadora.

Afirmar o Verbo de Deus afirmando o nosso dever com a verdade construída na busca cotidiana e na escuta ativa de Deus, que oferece a bússola da misericórdia pelas mãos e vozes dos profetas. Fazer prosperar a liberdade como irmã gêmea da verdade. Dirá Susin:

> A verdade prospera onde há democracia e também a democracia prospera onde há verdade, a partir da informação. Assim se compreende por que a imprensa tem crescido em importância em nossas sociedades. Contra uma imprensa submetida à censura de poderosos totalitários e ideológicos, a liberdade de imprensa é vital para a democracia.[17]

Afirmar o Verbo afirmando a história e a utopia para não se deixar enganar pelo horizonte estreito do poder e do dinheiro. Livrar-se das amarras dos ricos e embalar-se no colo dos pobres, das crianças e das culturas.

Afirmar o Verbo afirmando as versões complexas do real de forma articulada e aberta. Tecer mosaicos. Construir pontes. Ouvir dissonâncias.

Afirmar o Verbo afirmando o Espírito Santo de Deus como força interior do amor e expressão sublime do encontro de Deus e do humano.

Afirmar o Verbo negando as manipulações destrutivas da imagem de Deus em sua Criação e nas criaturas, afirmando prioritariamente a

---

[16] CONTREIRA, Lilian (Org.). *Fogo amigo sobre o velho frade. Livro-diálogo em homenagem aos 95 anos de Frei Carlos Josaphat, op.* São Paulo: Parábola, 2016, p. 191.

[17] SUSIN, Luiz Carlos. A verdade e as versões. In: ALTEMEYER JUNIOR, Fernando; BOMBONATTO, Vera Ivanise (Org.). *Teologia e comunicação.* São Paulo: Paulinas, 2011, p. 196-197.

vida do órfão, da viúva e dos pequeninos. Sem esta afirmação originária nos perdemos. Sem negar a negação, sucumbimos.

Afirmar o Verbo contemplando a beleza e o mistério do inefável. Calar para ouvir o Deus que fala sem dizer palavra. Contemplar o belo na suavidade e na ternura. Deixar-se embevecer nas visões de Deus e agoniar-se como Teresa de Ávila: "muero porque no muero".

Afirmar o Verbo lutando com uma fúria sagrada contra a banalização da injustiça social e do mal. Disse Hannah Arendt de maneira lapidar, com a lucidez de quem não perdeu o senso de justiça e de indignação, diante das condições de submissão das maiorias: "A fúria irrompe somente quando há boas razões para crer que tais condições poderiam ser mudadas e não o são. Só manifestamos uma reação de fúria quando nosso senso de justiça é injuriado".[18]

Afirmar o Verbo, amando o Amado, de todo o coração, de toda a alma e de todo o entendimento. Seguindo Jesus e permanecendo em seu Espírito e seu projeto.

Conclusão

Em síntese, nada melhor do que o poema do dramaturgo alemão Bertolt Brecht, para expressar por onde passa, hoje, a afirmação do Verbo. Pergunta o poeta:

> Como pode a voz que vem das casas/ ser a da justiça/ se nos pátios estão os desabrigados?/ Como pode não ser um embusteiro aquele que/ ensina aos famintos outras coisas/ que não a maneira de abolir a fome?/ Quem não dá o pão ao faminto/ quer a violência/ Quem na canoa não tem/ lugar para os que se afogam/ não tem compaixão/ Quem não sabe de ajuda/ que cale![19]

---

[18] ARENDT, Hannah. *Crises of the Republic*. New York: Harcourt Brace Jovanovich, 1969, p. 63.

[19] BRECHT, Bertolt. *Poemas – 1913-1956*. 2. ed. São Paulo: Brasiliense, 1986, p. 85.

Referências bibliográficas

ARENDT, Hannah. *Crises of the Republic*. New York: Harcourt Brace Jovanovich, 1969; BRECHT, Bertolt. *Poemas – 1913-1956*. 2. ed. São Paulo: Brasiliense, 1986.

CONTREIRA, Lilian (Org.). *Fogo amigo sobre o velho frade. Livro-diálogo em homenagem aos 95 anos de Frei Carlos Josaphat, op*. São Paulo: Parábola, 2016.

FREIRE, Paulo. *Pedagogia da autonomia: saberes necessários à prática educativa*. São Paulo: Paz e Terra, 1997.

JOSAPHAT, Frei Carlos. *Ética e mídia, liberdade, responsabilidade e sistema*. São Paulo: Paulinas, 2006.

LIBÂNIO, João Batista. *Lucidez: o fiel da balança*. São Paulo: Loyola, 2008.

LUBAC, Henri de. *Paradojas seguido de nuevas paradojas*. Madrid: PPC, 1997.

MALLIMACI, Fortunato. El mercado también fabrica religiones. *El Diario* (24/03/2016). Disponível em: <http://eldiariodemadryn.com/2016/03/fortunato-mallimaci-el-mercado-tambien-fabrica--religiones/>. Acesso em: 27/09/2016.

PAPA FRANCISCO. Discurso proferido no II Encontro Mundial dos Movimentos Populares (Santa Cruz de la Sierra, Bolívia, 09/07/2015). Disponível em: <http://w2.vatican.va/content/francesco/pt/speeches/2015/july/documents/papa-francesco_20150709_bolivia-movimenti-popolari.html>. Acesso em: 27/09/2016.

PAPA JOÃO PAULO II. Carta Encíclica *Redemptoris missio*, sobre a validade permanente do mandato missionário. Brasília: Conferência Nacional dos Bispos do Brasil/Pontifícias Obras Missionárias, 1991.

PASCAL, Blaise. Pensées – Le Mystère de Jésus. In: *Oeuvres Completes*. Paris: Gallimard, 1991.

PONTIFÍCIO CONSELHO "JUSTIÇA E PAZ". *Compêndio da Doutrina Social da Igreja*. 7. ed. São Paulo: Paulinas, 2011.

SUSIN, Luiz Carlos. A verdade e as versões. In: ALTEMEYER JUNIOR, Fernando; BOMBONATTO, Vera Ivanise (Org.). *Teologia e comunicação*. São Paulo: Paulinas, 2011, p. 179-199.

Posfácio

Ronaldo Zacharias∗

1. Um alerta às Universidades Católicas

Neste exato momento, há milhões de crianças, adolescentes, jovens, adultos e idosos vivendo nas redes do tráfico de pessoas e do trabalho escravo; há milhões de pessoas se deslocando para lugares onde não são bem-vindas e onde correm todo tipo de risco para continuar subsistindo. São milhões de pessoas vendidas, usadas, exploradas, impedidas de ir e vir, desrespeitadas na sua dignidade, profundamente machucadas e até mesmo feridas de uma morte que as consome aos poucos, que rouba delas o sentido da vida e as forças para continuarem vivendo. São milhões de pessoas que assistem impotentes ao pisoteamento dos seus direitos fundamentais, ao roubo dos seus sonhos e projetos de vida, à desgraça provocada pelas guerras, pelo ódio, pelos interesses escusos das grandes potências econômicas. O cenário mundial é apocalíptico, embora nos tentem distrair com "espetáculos" que nos anestesiam e nos cegam. Distraídos, tornamo-nos cúmplices das tragédias que dizimam considerável parte da humanidade.

Teria razão o historiador e cientista político Achille Mbembe ao afirmar que a era do humanismo está acabando? Mbembe expressa com tanta exatidão o que está acontecendo, que é difícil ignorar sua afirmação. O cenário descrito por ele, apesar de ser também bastante

---

∗ Ronaldo Zacharias é doutor em Teologia Moral (Weston Jesuit School of Theology – Cambridge – USA) e secretário da Sociedade Brasileira de Teologia Moral (SBTM).

apocalíptico, é a realidade nua e crua com a qual nos confrontamos diariamente:

> As desigualdades continuarão a crescer em todo o mundo. Mas, longe de alimentar um ciclo renovado de lutas de classe, os conflitos sociais tomarão cada vez mais a forma de racismo, ultranacionalismo, sexismo, rivalidades étnicas e religiosas, xenofobia, homofobia e outras paixões mortais. [...] Sob as condições do capitalismo neoliberal, a política se converterá em uma guerra malsublimada. Esta será uma guerra de classe que nega sua própria natureza: uma guerra contra os pobres, uma guerra racial contra as minorias, uma guerra de gênero contra as mulheres, uma guerra religiosa contra os muçulmanos, uma guerra contra os deficientes. [...] O capitalismo neoliberal deixou em sua esteira uma multidão de sujeitos destruídos, muitos dos quais estão profundamente convencidos de que seu futuro imediato será uma exposição contínua à violência e à ameaça existencial. Eles anseiam genuinamente um retorno a certo sentimento de certeza – o sagrado, a hierarquia, a religião e a tradição. Eles acreditam que as nações se transformaram em algo como pântanos que necessitam ser drenados e que o mundo tal como é deve ser levado ao fim. [...] A política se converterá na luta de rua e a razão não importará. Nem os fatos. A política voltará a ser um assunto de sobrevivência brutal em um ambiente ultracompetitivo. Sob tais condições, o futuro da política de massas de esquerda, progressista e orientada para o futuro, é muito incerto. Em um mundo centrado na objetivação de todos e de todo ser vivo em nome do lucro, a eliminação da política pelo capital é a ameaça real. A transformação da política em negócio coloca o risco da eliminação da própria possibilidade da política. [...] Neste contexto, os empreendedores políticos de maior sucesso serão aqueles que falarem de maneira convincente aos perdedores, aos homens e mulheres destruídos pela globalização e pelas suas identidades arruinadas.[1]

É impossível enfrentar esse cenário apocalíptico sem coragem e vigor proféticos, ou melhor, sem uma profecia corajosa e vigorosa. A

---

[1] MBEMBE, Achille. A era do humanismo está terminando. *Revista IHU on-line* (27/01/2017). Disponível em: <http://www.ihu.unisinos.br/186-noticias/noticias--2017/564255-achille-mbembe-a-era-do-humanismo-esta-terminando>. Acesso em: 28/02/2018. Versão original: MBEMBE, Achille. The age of humanism is ending. *Mail & Guardian* (22/12/2016). Disponível em: <https://mg.co.za/article/2016-12-22-00-the-age-of-humanism-is-ending>. Acesso em: 28/02/2018.

Igreja, cujo caminho é o ser humano,[2] é impelida a assumir esta missão, e pode fazer isso por meio das suas universidades. Elas, nascidas do coração da Igreja,[3] continuam sendo lugares ideais para a geração de processos que iluminam a cultura atual por meio de um humanismo renovado, que considere o ser humano na sua integralidade e o sirva com integridade. É somente por meio de um processo de autêntica busca da verdade, de diálogo honesto, de comunhão sincera, de respeito à pluralidade, de valorização da diversidade e de integração entre fé e vida que a Igreja realizará a sua missão evangelizadora. As universidades fazem parte desta missão.

No contexto dos temas abordados por esta obra, ouso propor aqui algumas reflexões que poderiam ser consideradas pelas Universidades Católicas, em vista do sustento da sua difícil missão. Se do coração da Igreja nasceram as universidades, do coração das universidades pode vir uma contribuição renovada para a missão da Igreja.

A coragem de olhar a realidade: o exercício da missão, seja ela educativa, seja evangelizadora, resulta comprometido se esta não partir e incidir profundamente na realidade concreta em que as pessoas vivem. Olhar a realidade significa dispor-se a acolhê-la como é, sem fazer um juízo de valor num primeiro momento e, ao mesmo tempo, dar a ela a devida prioridade em relação às ideias.[4] Partir da realidade implica prestar atenção ao que acontece, ser capaz de deixar que os acontecimentos falem, esvaziar-se da pretensão de reduzi-los ao próprio esquema mental. O Deus dos cristãos está e age no meio de nós. Ele, perene novidade, não se cansa de revelar a si mesmo por meio do que acontece. Ele "se fez carne" para isso. Olhar a realidade, prestar atenção a ela significa dispor-se a fazer uma experiência de Deus por meio de tudo o que acontece. Não tem sentido uma universidade distante da realidade e centrada em si mesma. Ela não é o espaço onde o saber adquirido se isola da realidade, onde as ideias são superiores aos fatos. Pelo

---

[2] PAPA JOÃO PAULO II. Carta Encíclica *Redemptor Hominis*. São Paulo: Paulinas, 1979, n. 14.

[3] Id. Constituição Apostólica *Ex Corde Ecclesiae*, sobre as universidades católicas. 4. ed. São Paulo: Paulinas, 2004, n. 1.

[4] PAPA FRANCISCO. Exortação Apostólica *Evangelii Gaudium*, sobre o anúncio do Evangelho no mundo atual. São Paulo: Paulinas, 2013, n. 231-233. Daqui em diante = EG.

contrário, é o lugar onde a realidade concreta é assumida como ponto de partida e de chegada. Ponto de partida para o ensino, a pesquisa, a extensão e a formação de toda a comunidade educativa. Ponto de chegada de um ensino que "assume a carne", de uma pesquisa que "se faz carne", de um serviço que "fortifica a carne" e de uma formação que "nutre a carne". Mas, para que isso aconteça, as opções da universidade têm de ser corajosas, no sentido de não admitir a autorreferencialidade da parte de ninguém. A referência concreta é a realidade por meio da qual Deus se dá a conhecer e revela a sua vontade.

A coragem de interpretar os fatos: é tarefa tanto da Igreja quanto das Universidades Católicas fazer uma leitura interpretativa dos fatos que provêm da realidade. Se a realidade é um lugar teologal, não deveria haver estrutura melhor do que a Universidade Católica para discernir os sinais da manifestação de Deus. A ciência que se respira nos ambientes acadêmicos, na Universidade Católica é chamada a integrar-se com a sabedoria daqueles que, apesar de toda experiência e de todos os títulos, acreditam que Deus, Senhor da história, é aquele que não se prende aos limites históricos, quando se trata de reunir na unidade tudo o que se encontra disperso. Se o olhar para a realidade deve ser respeitoso, a interpretação da realidade deve ser ainda mais respeitosa, no sentido de ter a coragem de não reduzi-la à própria verdade e não manipulá-la ideologicamente. Para as Universidades Católicas, o critério de interpretação da realidade passa, sem dúvida, pelo diálogo inter-multitrans-disciplinar, mas abre-se também à perspectiva de fé. É o que Francisco chama de "hermenêutica evangélica".[5] A Universidade Católica parte do pressuposto de que Jesus é o fundamento do seu projeto educativo. Isso significa que ela não se pode omitir na sua missão de fazer com que tal projeto habilite a pensar, querer e agir segundo o Evangelho. É à luz dos sentimentos e das opções de Jesus que a realidade, a vida, o mundo e as pessoas devem ser compreendidos.

A coragem de ser voz dos sem voz: o processo de leitura e interpretação da realidade, se realizado a partir do diálogo entre ciência e fé, evidenciará que, assim como a voz de Deus nem sempre é ouvida, há

---

[5] PAPA FRANCISCO. Constituição Apostólica *Veritatis Gaudium*, sobre as universidades e as faculdades eclesiásticas. São Paulo: Paulinas, 2018, n. 3. Daqui em diante = VG.

tantas outras vozes que também não se fazem ouvir porque não têm noção do que e com quem falar ou porque são sistematicamente silenciadas. Cabe às Universidades Católicas a coragem de fazer-se voz dos sem-voz por meio do ensino, da pesquisa e da extensão. É evidente que tal coragem implica rever conteúdos, métodos, projetos, opções, investimentos. Mais ainda, implica romper com conteúdos, métodos, projetos, opções e investimentos definidos exclusiva ou predominantemente pelas exigências do mercado. Não é o mercado o critério de validação das propostas de uma Universidade Católica e, muito menos, das verdades que constituem a sua razão de ser. O critério por excelência é a promoção integral do humano, sobretudo daquele que se encontra em maior vulnerabilidade. É preciso reconhecer que, por uma série de fatores, os sem-voz não estão dentro das Universidades Católicas. Isso requer que elas façam opções decididas pela inclusão dos menos favorecidos, convertam suas estruturas, projetos e métodos para acolhê-los e sejam os seus alto-falantes, amplificando, se necessário, suas necessidades, urgências e reivindicações.

O vigor da Palavra de Deus: as opções de uma instituição católica devem ser inspiradas e alimentadas pela Palavra de Deus, de modo particular, pelo que a Palavra revela sobre Deus. O Deus dos cristãos se dá a conhecer por meio do que faz e, sobretudo, pelas opções que faz. A Sagrada Escritura é o testemunho concreto de um Deus que faz opção pelos mais pobres e vulneráveis; de um Deus que assume o amor – como decisão firme de afirmação do bem do outro – até as últimas consequências; de um Deus que resgata, promove e salva o humano, assumindo a sua história e dando a vida por ele; de um Deus que se revela dialogando.[6] É a Palavra de Deus que sustenta as Universidades Católicas na sua missão de, em busca da verdade, deixar-se animar pelo Espírito de Cristo, comprometer-se com a promoção da dignidade dos filhos de Deus e a defesa de todos os seus direitos fundamentais.

O vigor da Tradição: no decorrer dos séculos, a Igreja, sob a assistência do Espírito Santo, tem dado a vida para transmitir aos fiéis tudo o

---

[6] PAPA BENTO XVI. Exortação Apostólica Pós-Sinodal *Verbum Domini*, sobre a Palavra de Deus na vida e na missão da Igreja. São Paulo: Paulinas, 2010, n. 6. Daqui em diante = VD.

que ela é e tudo o que crê. E, justamente porque acredita na presença e ação do Espírito, ela é responsável por uma Tradição que deve ser conservada, mas também compreendida cada vez mais profundamente. A Tradição, resultado da práxis de uma Igreja crente e orante, abunda em testemunhos concretos de defesa dos mais pobres e excluídos. O ensinamento dos Santos Padres prolonga a voz dos profetas na defesa dos prediletos de Deus e constitui, dessa forma, confirmação de tudo o que a Sagrada Escritura revelou sobre ele. Voltar às fontes permitirá às Universidades Católicas encontrar no próprio poço a água para sustentá-las na difícil tarefa de, por meio do diálogo com as ciências, promover a síntese entre fé e vida, convicta de que não há outro caminho para alcançar a plenitude da humanidade. Voltar às fontes permitirá ainda reconhecer que, sendo a Tradição "viva e dinâmica",[7] ela é um recurso inesgotável de sabedoria para interpretar a realidade e discernir a voz sempre viva do Espírito.

O vigor da Doutrina Social da Igreja: a serviço da Palavra de Deus, o Magistério da Igreja, participando das mesmas alegrias, esperanças, angústias e tristezas da humanidade, não apenas anuncia, mas atualiza o Evangelho por meio do seu ensinamento social.[8] Não sendo indiferente a nada do que é humano, a Igreja tem uma palavra a dizer sobre a qualidade moral da vida em sociedade. Anunciando ao mundo o Evangelho, a Igreja, tendo por prioridade a dignidade dos filhos de Deus e a vocação de todos à comunhão, propõe um conjunto de ensinamentos sobre tudo o que se faz necessário para promover e anunciar esta prioridade. Nesse sentido, o seu pensamento social "é palavra que liberta";[9] é o seu modo de permanecer "rigorosamente fiel" à sua missão;[10] é "parte integrante do ministério de evangelização";[11] é "Magistério autêntico";[12] é sempre atual, pois, atento ao Espírito e à realidade

---

[7] VD 17.

[8] PONTIFÍCIO CONSELHO "JUSTIÇA E PAZ". *Compêndio da Doutrina Social da Igreja.* 7. ed. São Paulo: Paulinas, 2011, n. 62. Daqui em diante = CDSI.

[9] CDSI 63.

[10] CDSI 64.

[11] CDSI 66.

[12] CDSI 80.

concreta, "caracteriza-se pela continuidade e renovação".[13] Esse pensamento não pode, de forma alguma, ser ignorado pelas Universidades Católicas. Pelo contrário, é por meio delas que ele pode "fazer-se carne" de forma mais concreta, inspirando o ensino, a pesquisa e o serviço à comunidade.

A profecia da "alfabetização integral": os problemas atuais são tão complexos que requerem, além de novas formas de abordagem, que se raciocine de modo integral. Ensinar a pensar de forma crítica sobre tais problemas implica, no dizer de Francisco, uma "alfabetização integral", isto é, "uma educação (alfabetização) que integre e harmonize o intelecto (a cabeça), os afetos (o coração) e a ação (as mãos)"; [...] em outras palavras, "ensinar a pensar o que se sente e faz; a sentir o que se pensa e faz; a fazer o que se pensa e sente".[14] A fragmentação do pensamento e das diferentes dimensões da vida é uma nova expressão do analfabetismo. Cabe às Universidades Católicas vigiar para que seus métodos de ensino, pesquisa e até mesmo seus serviços à comunidade não prescindam da experiência de vida e da sabedoria de todos os membros da comunidade educativa e que os seus membros sejam introduzidos ao todo da realidade.

A profecia de um novo humanismo: não podemos ser ingênuos: respiramos um clima de anti-humanismo que cresce cada vez mais com o desprezo pela democracia.[15] Desprezar a democracia significa desprezar a alteridade e, consequentemente, ser capaz de "desumanidade". Concordo com Patrick Viveret: "a democracia é, por excelência, a etapa na qual a humanidade deve fazer a experiência da alteridade".[16] Portan-

---

[13] CDSI 85.

[14] PAPA FRANCISCO. Missão e desafio da universidade católica na contemporaneidade. A proposta de Francisco. *Revista IHU on-line* (19/01/2018). Disponível em: <http://www.ihu.unisinos.br/78-noticias/575377-missao-e-desafios-da-universidade-catolica-na-contemporaneidade-a-proposta-de-francisco>. Acesso em: 28/02/2018.

[15] MBEMBE. A era do humanismo está terminando.

[16] VIVERET, Patrick. Estamos indo em direção a uma qualidade superior de humanidade. Entrevista especial com Patrick Viveret. *Revista IHU on-line* (06/02/2010). Disponível em: <http://www.ihu.unisinos.br/159-noticias/entrevistas/29546-estamos-indo-em-direcao-a-uma-qualidade-superior-de-humanidade-entrevista-especial-com-patrick-viveret>. Acesso em: 28/02/2018.

to, o desprezo pela democracia leva à negação da diversidade, do pluralismo, da autonomia, da liberdade, da interdependência, da dignidade, dos direitos humanos, e gera um clima cultural em que a barbárie e a crueldade não são mais consideradas como ameaças ao processo de humanização. Pelo contrário, são vistas como um modo de ser tão legítimo quanto todos os outros. Um novo humanismo precisa ser edificado sobre a superação da desumanidade. Viveret tem plena razão quando afirma que

> a espécie humana ameaçada não está ameaçada pelo exterior, por bárbaros exteriores, mas é ameaçada internamente, por sua própria barbárie, sua própria parte de desumanidade. [...] Por isso, "a grande questão do humanismo radical é como a humanidade é capaz de parar a sua parte de desumanidade".[17]

As Universidades Católicas, essencialmente humanistas, podem contribuir por meio do ensino, da pesquisa e da extensão para a superação de um clima cultural que dissocia interesses privados e bem comum e substitui decisões políticas por gestão inconsequente. Elas podem despertar para a indignação e formar para a solidariedade.

A profecia da transformação social: para Francisco, faz-se urgente que as Universidades Católicas cumpram a sua tarefa mais autêntica, a de propor uma "corajosa revolução cultural",[18] uma radical mudança de paradigma. A crise antropológica, social, econômica, política, ambiental, religiosa e ética que estamos vivendo exige pôr em discussão o atual paradigma de desenvolvimento capitalista e liberal. Não pode continuar sendo dogmaticamente intocável um modelo que produz exclusão, gera morte e consolida estruturas de pecado. As Universidades Católicas podem e devem colocar todo o seu aparato científico a serviço de processos de transformação – acima de tudo estrutural – que permitam a construção de sociedades que priorizem a dignidade humana e, por isso, favoreçam tudo o que integra e inclui e se oponham decididamente a tudo o que marginaliza e exclui. Como afirma Bento XVI: "o compromisso pela justiça e a transformação do mundo é constitutivo da evangelização".[19] As Universidades Católicas devem ter presente o

---

[17] Ibid.

[18] VG 3.

[19] VD 100.

que afirmaram os bispos católicos na Conferência de Puebla: elas colaboram efetivamente "na missão evangelizadora da Igreja" e, por isso, o ambiente intelectual e universitário é "opção-chave capital e funcional da evangelização [...] uma posição decisiva para iluminar as mudanças de estruturas".[20]

Se Achille Mbembe tem razão ou não, a história dirá. Mas em um aspecto ele tem razão: "neste contexto, os empreendedores políticos de maior sucesso serão aqueles que falarem de maneira convincente aos perdedores, aos homens e mulheres destruídos pela globalização e pelas suas identidades arruinadas".[21] Já estamos testemunhando esse fenômeno. Lobos travestidos de cordeiros falam em nome de Deus e abocanham o pouco de dignidade que ainda resta em tantas pessoas; oportunistas de plantão transformam a política em negócio corrupto; indivíduos cruéis e bárbaros se impõem pelo modo como banalizam o mal; cidadãos de bem tomam partido tendo como critério absoluto a própria falta de espírito crítico; cristãos teologicamente mal esclarecidos levantam bandeiras contraditórias, até mesmo opostas ao Evangelho. É nesse contexto que as Universidades Católicas podem e devem fazer a diferença. O alerta feito por Francisco a todo o povo de Deus – "Não nos façamos de distraídos! Há muita cumplicidade..."[22] –, é um alerta urgente às Universidades Católicas. Parafraseando o que escrevi em outro artigo,[23] vale recordar que, se as Universidades Católicas naufragarem no silêncio da insignificância, se se tornarem elas mesmas insignificantes e se o próprio Deus acabar sendo insignificante para elas, perderão a própria identidade e, consequentemente, poderão fechar as portas, pois outros, com até mais recursos do que elas e por motivações muito diferentes das delas, poderão fazer muito bem o que elas fazem, mesmo não significando nada além de mais uma proposta no mercado.

---

[20] CONSELHO EPISPOCAL LATINO-AMERICANO (CELAM). *Evangelização no presente e no futuro da América Latina. Conclusões da III Conferência Geral do Episcopado Latino-Americano (Puebla de los Angeles, México, 27.1 a 13.2 de 1979).* 3. ed. São Paulo: Paulinas, 1979, n. 1055-1056.

[21] MBEMBE. A era do humanismo está terminando.

[22] EG 211.

[23] ZACHARIAS, Ronaldo. O compromisso ético das Instituições Católicas de Educação Superior. *Ângulo* 146 (abril-junho de 2016): 59.

Índice remissivo

A

Agenda 2030 43, 215, 219, 221, 222, 291, 292, 293, 294, 295, 296, 297, 299, 300, 309, 312, 313
Amor 6, 7, 10, 22, 26, 36, 38, 49, 51, 52, 54, 55, 56, 62, 63, 65, 72, 73, 113, 145, 161, 239, 275, 350, 356, 363
Apátrida 306, 307

B

Banalização do mal 45, 76
Bem comum 11, 14, 15, 23, 30, 37, 50, 65, 97, 98, 99, 101, 104, 107, 109, 110, 114, 146, 219, 227, 237, 238, 258, 259, 260, 264, 265, 268, 276, 282, 284, 287, 315, 326, 343, 366

C

Capitalismo 44, 81, 159, 178, 317, 333, 344, 354, 360
Caridade 12, 19, 22, 36, 46, 64, 86, 113, 114, 136, 145, 274, 276, 345
Casa comum 25, 37, 42, 43, 51, 253, 258, 262, 263, 265, 276, 309, 353
Cidadania 77, 81, 128, 179, 181, 183, 298, 312, 315, 323, 324, 325
Compaixão 51, 52, 53, 54, 55, 58, 62, 73, 145, 229, 274, 357
Compromisso 5, 13, 19, 21, 22, 26, 37, 38, 54, 103, 139, 209, 212, 213, 214, 216, 218, 236, 238, 239, 313, 325, 340, 366
Comunicação 134, 232, 298, 315, 316, 318, 319, 322, 323, 325, 326, 327, 337, 350, 353
Comunidade 21, 22, 36, 38, 53, 58, 60, 61, 64, 79, 82, 83, 97, 99, 101, 102, 105, 106, 128, 145, 175, 187, 200, 202, 208, 216, 223, 225, 227, 233, 234, 236, 239, 244, 250, 289, 306, 349, 362, 365
Contrabando 221, 223, 224, 225
Cooperação 23, 146, 171, 204, 205, 207, 208, 210, 211, 225, 270, 276, 288, 296, 302, 303, 311
Corrupção 17, 24, 29, 54, 119, 200, 210, 211, 227, 238, 281, 282, 289, 339, 341
Criação 13, 16, 25, 73, 95, 99, 104, 106, 114, 127, 129, 143, 207, 227, 254, 257, 258, 261, 262, 265, 281, 283, 284, 289, 292, 355, 356
Crianças 17, 18, 76, 77, 79, 91, 95, 103, 104, 106, 107, 119, 120, 140, 142, 146, 153, 158, 170, 173, 178, 186, 189, 191, 200, 202, 203, 204, 205, 215, 216, 217, 221, 223, 231, 232, 233, 238, 239, 244, 245, 264, 299, 301, 302, 304, 307, 308, 356, 359
-soldados 221
Cuidado 29, 30, 37, 38, 41, 51, 54, 73, 98, 100, 104, 109, 143, 153, 229, 239, 253, 256, 257, 258, 260, 261, 262, 263, 264, 268, 271, 280, 284, 309
De crianças 192
Cultura 51, 73, 78, 79, 82, 83, 92, 93, 94, 102, 104, 125, 127, 139, 222, 227, 246, 257, 258, 274, 312, 333, 352
Antivida 17
Atual 361

Brasileira 80
Contemporânea 92
Da indignação 51
Da morte 17
Da solidariedade 46
Da violência 82
De massas 316
De tolerância 216
Do associalismo 109
Do bem-estar 234
Do cristianismo 73
Do descartável 13, 31
Do descarte 100, 258, 264, 289
Do desejável 123
Do encontro 38, 234, 326
Do mundo 300
Do relativismo 233
Dos deveres 113
Dos direitos 113
Do trabalho 109
Globalizada 58
Neoliberal 32, 123
Sindical 111, 112
Violenta 250
Cumplicidade 26, 41, 42, 45, 210, 239, 353, 367

D

Degradação ambiental 222, 256, 264, 272, 283, 298, 302
Democracia 69, 75, 81, 83, 87, 227, 258, 288, 300, 342, 345, 356, 365
Desenvolvimento 42, 76, 83, 86, 87, 91, 92, 93, 96, 98, 103, 105, 125, 134, 139, 146, 156, 163, 182, 210, 220, 221, 226, 230, 253, 254, 255, 263, 265, 267, 268, 270, 273, 278, 280, 282, 292, 298, 306, 311, 312, 313, 323, 340, 366
Comunitário 98
Cultural 95
Econômico 108, 289, 293
Humano 22, 33, 69, 227, 254
Integral 22, 50, 84, 256, 265, 326
Pessoal 230
Social 36, 42, 227, 281, 300
Sustentável 15, 215, 219, 220, 221, 255, 279, 288, 289, 291, 292, 293, 294, 295, 297, 298, 300, 302, 303, 309, 312, 313

Tecnológico 48, 93, 316, 320
Desigualdade 16, 30, 50, 80, 98, 193, 216, 222, 227, 229, 268, 289, 296, 297
De renda 302
Planetária 272, 277
Racial 227
Social 12, 13, 16, 23, 48, 50, 51, 54, 76, 237, 258, 277
Social e econômica 229
Deslocamentos 51, 140, 142, 163, 222, 224, 306
Deus 5, 6, 7, 8, 11, 12, 13, 15, 19, 20, 22, 25, 26, 33, 35, 38, 46, 48, 51, 52, 53, 54, 55, 57, 58, 59, 60, 61, 63, 64, 65, 72, 96, 113, 114, 124, 125, 129, 130, 134, 135, 136, 144, 234, 235, 257, 261, 262, 263, 276, 330, 336, 340, 343, 349, 350, 352, 356, 357, 361, 362, 363, 364, 367
Diálogo 5, 50, 102, 169, 254, 255, 257, 280, 284, 296, 326, 345, 361, 362, 364
Interativo 207
inter-multitransdisciplinar 362
Social 127, 130, 276, 345
Dignidade humana 11, 18, 32, 33, 35, 36, 41, 42, 48, 61, 72, 114, 122, 227, 228, 250, 283, 297, 299, 313, 343, 344, 366
Direitos humanos 11, 23, 55, 62, 69, 70, 71, 72, 73, 76, 77, 79, 80, 85, 86, 96, 98, 99, 107, 109, 113, 114, 128, 162, 183, 202, 203, 208, 213, 216, 218, 219, 224, 225, 226, 227, 237, 245, 250, 258, 267, 288, 289, 295, 297, 299, 300, 302, 303, 304, 305, 306, 307, 313, 343, 366
Discernimento 44, 50, 64, 125, 263, 264, 267, 275, 284, 322, 345, 354, 355
Discriminação 37, 54, 160, 173, 203, 215, 217, 227, 297, 299, 301, 307
Da mulher 166
De gênero 193, 216
De mulheres migrantes 309
De pessoas 142
Étnica 193
Racial 215
Dor 42, 45, 52, 55, 62, 65, 112, 146, 232, 334, 337, 343, 347, 350
Doutrina 46, 69
Católica 10
Social 33, 36

Social da Igreja 5, 7, 11, 12, 15, 19, 29, 30, 33, 34, 35, 36, 47, 54, 56, 70, 71, 72, 73, 77, 78, 85, 86, 92, 94, 95, 96, 97, 100, 106, 108, 109, 111, 112, 113, 124, 126, 128, 133, 142, 315, 320, 323, 351, 352, 364

E

Ecologia 25, 35, 79, 92, 112, 253, 254, 255, 256, 263, 264, 274, 283, 284, 290, 292, 311
Economia 14, 15, 33, 37, 74, 86, 87, 108, 121, 155, 183, 233, 245, 250, 253, 254, 260, 264, 265, 268, 270, 281, 282, 290, 305, 309, 311, 312, 321, 324, 345
Da desigualdade social 31
Da exclusão 12, 31, 48, 286
De escala 319
Global 192
Globalizada 193, 320
Informal 85, 231
Local 181
Mundial 286
Não solidária 81
Privada 122
Solidária 22
Educação 16, 23, 31, 70, 79, 82, 85, 87, 98, 101, 103, 104, 105, 112, 125, 128, 172, 182, 194, 222, 231, 244, 245, 283, 288, 292, 296, 297, 298, 299, 301, 303, 307, 312, 313, 365
Empobrecidos 91, 95, 351
Empoderamento 228, 230, 299, 301, 302, 303
Equidade 12, 14, 50, 51, 52, 87, 280, 313, 320
Escravidão 42, 97, 117, 122, 123, 124, 125, 127, 128, 129, 135, 153, 158, 160, 161, 162, 163, 164, 165, 170, 173, 185, 187, 199, 201, 205, 217, 221, 226, 229, 232, 233, 235, 236, 247, 264, 289, 317, 350
Espírito Santo 5, 7, 47, 356, 363
Ética 6, 13, 15, 29, 33, 46, 49, 54, 73, 76, 82, 103, 178, 179, 254, 258, 261, 263, 264, 265, 272, 277, 281, 282, 283, 284, 287, 289, 312, 348, 350, 355, 366
Cristã 49
Social 54

Sociopolítica 179
Evangelho 5, 6, 7, 9, 18, 20, 21, 26, 35, 37, 46, 51, 52, 55, 56, 57, 59, 61, 62, 63, 64, 136, 234, 261, 275, 283, 350, 362, 364, 367
Evangelização 7, 19, 46, 57, 61, 254, 274, 276, 345, 364, 366
Excluídos 11, 13, 14, 16, 31, 35, 83, 95, 228, 256, 261, 264, 273, 325, 364
Exclusão 13, 15, 16, 17, 30, 35, 38, 64, 80, 82, 173, 216, 222, 227, 249, 260, 284, 287, 325, 327, 333, 366
Social 79, 100, 231, 256
Exploração 13, 31, 97, 117, 123, 158, 168, 169, 171, 178, 179, 180, 183, 184, 185, 187, 189, 193, 201, 210, 217, 221, 223, 228, 230, 231, 236, 237, 238, 246, 247, 249, 258, 259, 271, 277, 299
Capitalista 179
Da força de trabalho 158
Da prostituição 201, 246
Da sexualidade 248
De crianças 221
De menores 17
De recursos naturais 284
Do planeta 261, 266
Dos pobres 353
Do trabalho 122, 178
Infantil 104
Laboral 95, 107, 218
Sexual 119, 122, 123, 153, 166, 177, 186, 187, 188, 201, 204, 218, 237, 238, 246, 289
De crianças 233

F

Família 18, 79, 84, 94, 98, 99, 101, 102, 104, 106, 110, 114, 127, 129, 152, 155, 161, 245, 255, 271, 279, 289, 341
Fé 5, 7, 11, 12, 19, 21, 33, 36, 46, 55, 56, 58, 113, 125, 130, 144, 171, 235, 254, 261, 262, 276, 300, 330, 335, 336, 340, 343, 344, 361, 362, 364
Feminização 151, 152, 192, 193, 194
Fluxos migratórios 24, 106, 157, 158, 162, 163, 164, 173, 182, 185, 223
Fragilidade 6, 37, 85, 86, 109, 157, 188, 194

G

Gênero 54, 123, 152, 161, 168, 169, 175, 186, 192, 193, 216, 222, 227, 244, 307, 360
Humano 144
Globalização 51, 81, 108, 151, 226, 227, 228, 234, 250, 279, 286, 289, 290, 316, 345, 354, 360, 367

H

Hermenêutica 36, 46, 52, 65, 71, 72, 331, 333, 340, 342, 343, 362
Humanismo 47, 74, 359, 361, 365, 366
Humanização 48, 49, 53, 64, 84, 87, 94, 95, 106, 366

I

Ideologia 33, 47, 64, 317, 324, 329, 331, 333, 334, 335, 336, 337, 340, 343, 348, 352
Cientificista e tecnocrática 352
De Karl Marx 336
Do confronto a qualquer preço 338
Do diálogo a qualquer preço 338
Do Estado Democrático de Direito 81
Dominante 349
Midiática 315, 317, 318, 321, 322, 326
Neoliberal 355
Idolatria 14, 48, 289, 354
Igreja 5, 7, 9, 10, 11, 18, 19, 20, 21, 22, 25, 26, 33, 36, 38, 41, 44, 46, 47, 53, 54, 55, 56, 57, 58, 59, 60, 61, 62, 63, 64, 71, 72, 96, 103, 124, 127, 129, 133, 142, 143, 144, 145, 236, 253, 257, 261, 263, 264, 274, 275, 276, 281, 342, 345, 350, 351, 361, 362, 363, 367
Igualdade 69, 76, 77, 79, 80, 102, 103, 204, 220, 222, 227, 235, 292, 295, 297, 299, 303, 308
De gênero 221, 296, 299, 301
Imagem de Deus 33
Imago Dei 32, 33, 34, 35
Imigrantes 95, 105, 106, 107, 119, 136, 139, 141, 143, 144, 177
Inclusão 35, 55, 60, 79, 101, 176, 250, 289, 303, 307, 313, 363
De todos 21
Laboral 106
Social 14, 139, 290, 303
Dos pobres 276, 345
Indiferença 42, 45, 49, 51, 232, 233, 234, 239, 257, 264, 279, 286, 289, 290, 325, 345
Social 113
Indignação 45, 52, 53, 54, 62, 139, 357, 366
Inequidade 30, 51, 121
Injustiça 24, 29, 52, 229, 231, 239, 280, 289, 290, 325
Social 48, 276, 357

J

Jesus Cristo 12, 42, 49, 64, 71, 275
Justiça 7, 12, 13, 21, 25, 26, 30, 32, 34, 51, 54, 57, 61, 65, 69, 73, 75, 78, 87, 126, 145, 203, 210, 211, 219, 221, 222, 258, 273, 275, 297, 299, 303, 325, 340, 343, 345, 347, 350, 357, 366
Criminal 250
Penal 128, 211
Restaurativa 229
Social 20, 71, 227, 254, 313
Juventude 69, 79, 81, 82, 117, 161, 163, 171, 187

L

Laudato Si' 16, 25, 36, 44, 57, 92, 94, 108, 253, 254, 255, 256, 276, 309
Leitura teologal 52, 53

M

Magistério 52, 56, 64, 263, 283, 284, 351, 364
Mal 41, 42, 43, 44, 46, 56, 63, 84, 351, 357, 367
Manipulação 350, 356
Da comunicação 347
Da opinião pública 321
Dos dados da realidade 322
Ideológica 347, 351, 356
Midiática 317

Marginalização 35, 80, 102, 216, 227

Meio Ambiente 16, 107, 109, 256, 263, 265, 269, 270, 272, 273, 280, 281, 282, 283, 287, 288, 290, 292, 293, 294, 303

Meios de comunicação 44, 146, 273, 316, 317, 321, 327, 336, 352, 353

Mercado 14, 15, 47, 81, 83, 84, 85, 87, 95, 108, 110, 125, 155, 156, 157, 162, 164, 166, 169, 170, 171, 172, 175, 178, 181, 183, 184, 186, 188, 189, 190, 191, 216, 231, 233, 245, 260, 267, 287, 312, 316, 318, 319, 320, 322, 323, 340, 354, 363, 367

Mídia 206, 219, 222, 321, 322, 323, 324, 325, 327

Migrantes 24, 25, 48, 107, 109, 112, 119, 120, 122, 123, 130, 133, 135, 136, 137, 138, 139, 141, 142, 145, 146, 153, 158, 165, 170, 173, 174, 180, 181, 182, 184, 190, 192, 193, 203, 204, 215, 217, 218, 221, 222, 223, 224, 225, 226, 298, 301, 302, 303, 305, 306, 308, 309

Misericórdia 6, 10, 18, 38, 47, 55, 56, 62, 63, 64, 65, 113, 114, 260, 274, 275, 276, 284, 356

Missão 5, 6, 9, 19, 34, 36, 46, 57, 60, 95, 110, 112, 129, 143, 146, 208, 274, 317, 325, 361, 362, 363, 364, 367

Moral 5, 10, 30, 36, 43, 49, 51, 53, 54, 56, 61, 108, 127, 137, 162, 191, 192, 209, 211, 222, 228, 233, 235, 259, 344, 348, 351, 364

Moralidade 33, 44, 156, 168, 341

Movimentos migratórios 135, 151, 154

Mulher 18, 26, 54, 76, 79, 95, 98, 101, 102, 152, 154, 155, 157, 160, 161, 165, 166, 167, 168, 169, 171, 173, 174, 175, 176, 177, 178, 184, 186, 187, 189, 192, 193, 194, 215, 235, 260, 297, 299, 301

N

Natureza 16, 25, 69, 74, 75, 76, 79, 92, 93, 95, 96, 125, 156, 164, 168, 181, 205, 207, 213, 220, 228, 233, 255, 259, 260, 261, 262, 263, 265, 271, 274, 283, 284, 286, 287, 288, 289, 295, 300, 302, 312, 316, 321, 348, 353, 360

O

OIT 121, 122, 123, 128, 129, 130, 152, 153, 189, 204, 212, 222, 227, 238, 239, 248, 249, 308, 309

ONU 76, 129, 134, 164, 190, 200, 202, 203, 204, 205, 206, 207, 208, 209, 210, 212, 214, 215, 219, 223, 225, 226, 227, 236, 291, 292, 293, 294, 296, 300, 307, 309

Opção pelos pobres 20, 21, 22, 37, 47, 64, 260, 261, 263, 264, 276, 345

Opressão 13, 31, 35, 78, 129, 135, 158, 161, 168, 169, 170, 230, 260, 350

P

Palavra de Deus 18, 53, 275, 363, 364

Pastoral 5, 10, 11, 25, 38, 53, 55, 56, 59, 64, 71, 143, 145, 257, 258, 260, 274, 275

Dos migrantes e itinerantes 145

Periferia 13, 31, 254

Pobres 5, 11, 13, 14, 15, 16, 19, 20, 21, 22, 23, 24, 31, 36, 37, 43, 46, 49, 50, 53, 55, 57, 58, 60, 62, 63, 64, 65, 83, 85, 91, 114, 122, 136, 142, 151, 168, 182, 186, 189, 191, 217, 220, 228, 233, 256, 258, 260, 261, 263, 264, 266, 267, 272, 273, 274, 275, 276, 277, 278, 279, 281, 284, 287, 288, 289, 295, 300, 344, 345, 347, 349, 350, 352, 353, 354, 356, 360, 363, 364

Pobreza 16, 18, 21, 23, 24, 29, 32, 37, 48, 82, 100, 107, 113, 114, 119, 167, 172, 177, 193, 199, 216, 219, 220, 222, 227, 228, 229, 230, 231, 235, 237, 261, 264, 266, 276, 287, 288, 291, 292, 294, 295, 296, 297, 298, 299, 300, 301, 304, 313

Políticas públicas 171, 184, 245, 259, 339

Processo educativo 87, 182

Profissionais do sexo 165, 238

Prostituição 17, 154, 155, 157, 158, 159, 160, 161, 162, 163, 164, 167, 168, 169, 170, 174, 175, 176, 177, 186, 187, 189, 192, 194, 199, 201, 202, 204, 217, 226, 232, 233, 235, 249

Protocolo 128, 129, 186, 187, 200, 201, 203, 216, 243, 246, 250, 310, 311

Índice remissivo

373

R

Realidade 6, 7, 12, 13, 15, 17, 18, 20, 29, 30, 31, 32, 43, 44, 45, 52, 53, 65, 70, 73, 79, 83, 84, 85, 86, 91, 109, 110, 114, 121, 123, 166, 174, 175, 177, 186, 188, 200, 204, 206, 207, 212, 213, 222, 226, 230, 260, 267, 271, 273, 276, 282, 292, 299, 307, 315, 317, 320, 325, 336, 337, 348, 360, 361, 362, 364, 365
Redemocratização 78, 344
Redes sociais 45, 123, 324, 327, 353
Refugiados 17, 25, 41, 139, 140, 145, 162, 204, 218, 222, 223, 224, 264, 301, 302, 303, 304, 305, 306, 307, 310

S

Sagrada Escritura 36, 136, 363, 364
Seguimento 42, 49, 58, 113, 204
Ser humano 6, 7, 13, 15, 23, 31, 34, 42, 43, 48, 51, 61, 62, 72, 74, 86, 92, 93, 94, 95, 96, 97, 98, 99, 102, 107, 117, 137, 145, 157, 235, 260, 281, 312, 361
Sofrimento 8, 17, 18, 24, 45, 52, 53, 62, 63, 146, 228, 232, 234, 256, 267, 275, 296
Solidariedade 13, 15, 22, 25, 37, 51, 73, 98, 111, 112, 142, 145, 146, 185, 220, 227, 253, 255, 257, 258, 260, 281, 286, 295, 300, 315, 320, 366
Sustentabilidade 154, 289, 293, 294

T

Tecnologias digitais 324
Teologia Moral 227
Trabalho 8, 12, 13, 14, 23, 25, 31, 33, 48, 70, 79, 82, 83, 84, 85, 91, 92, 93, 94, 95, 96, 97, 98, 99, 100, 101, 102, 103, 104, 105, 106, 107, 108, 109, 110, 112, 113, 114, 117, 118, 120, 123, 124, 126, 127, 129, 130, 133, 140, 143, 154, 155, 157, 158, 163, 164, 166, 178, 179, 180, 181, 182, 185, 186, 189, 193, 200, 201, 207, 208, 212, 215, 216, 218, 220, 222, 225, 227, 228, 230, 231, 232, 235, 236, 238, 244, 245, 246, 253, 254, 283, 293, 308, 309, 317, 321, 327, 330
Agrícola 107, 108
Atomizado 112
Coletivo 226
Das crianças 104
Decente 221, 222, 238, 296, 300, 302
Digno 250
Doméstico 122, 123, 192, 309
Em conjunto 199
Escravo 41, 45, 50, 51, 56, 117, 119, 121, 123, 237, 359
Feminino 193
Forçado 121, 122, 123, 128, 130, 153, 201, 204, 216, 217, 218, 221, 222, 223, 233, 235, 248, 264, 289, 302
Honesto 118, 156
Humano 111, 112
Infantil 54, 103, 105, 130, 204, 221, 302
Mal remunerado 194
No entrangeiro 182
Obrigatório 204
Pesado 156
Precário 83, 84, 91, 112, 194
Sazonal 192
Social 106
Tradição 5, 36, 56, 59, 71, 73, 191, 254, 276, 331, 337, 345, 360, 363
Traficante 161, 172, 185
Tráfico 54, 153, 158, 161, 162, 163, 164, 167, 169, 170, 171, 172, 175, 176, 177, 178, 184, 185, 186, 189, 191, 201, 204, 206, 208, 211, 213, 214, 216, 217, 218, 221, 224, 229, 235, 236, 237
De adultos e crianças 218
De crianças 202, 203
De drogas 17, 70, 194, 199
De escravas brancas 155, 161
De escravos 203
De homens e meninos 217
De migrantes 146, 192, 201
De mulheres 154, 162, 163, 164, 167, 168, 170, 172, 173, 179, 186, 190, 191, 193, 194
E meninas 205, 218
Homens e crianças 218
De órgãos 201, 235, 249
De pessoas 17, 41, 48, 50, 51, 56, 121, 128, 151, 165, 167, 171, 178, 179, 183, 189, 192, 199, 200, 201, 202, 203, 204, 205, 206, 207, 208, 209, 210, 211, 212, 213, 214, 215, 216,

217, 218, 219, 220, 221, 223, 225,
226, 227, 228, 229, 232, 235, 236,
237, 238, 239, 243, 244, 245, 246,
248, 250, 289, 359
De seres humanos 233, 264
Doméstico 217
Humano 201, 202, 204, 206, 207,
208, 209, 211, 212, 213, 214, 215,
216, 217, 219, 221, 224, 233, 235,
236, 237, 239, 302
Internacional de mulheres 151
Sexual 169, 177
Sub-regional 217
Transregional 217
Transformação social 49, 333, 335, 345,
366

U

Universidades Católicas 359, 361, 362,
363, 364, 365, 366, 367
Urgências pastorais 11

V

Verbo 26, 53, 55, 255, 274, 275, 350,
356, 357
Violação 99, 167, 229, 244, 245, 304
Da dignidade 199
Da mulher 170
Pessoal do ser humano 11
Da vida humana 54
De direitos 79, 81, 85
Fundamentais 69, 70, 82
Dos direitos
Das pessoas 122
Humanos 29, 69, 91, 99, 109,
142, 167, 199, 210
Progressiva 83
Violência 15, 16, 18, 24, 29, 41, 44, 48,
54, 55, 83, 85, 142, 153, 161, 163, 164,
167, 169, 171, 177, 185, 205, 216, 220,
221, 229, 247, 248, 295, 297, 299, 301,
306, 336, 337, 344, 357, 360
De gênero 227
Doméstica 169, 187
Física 158
Generalizada 304
Sexual 186, 187

Sistêmica 229
Urbana 69
Vítimas 52, 113, 119, 120, 121, 122, 123,
128, 130, 144, 161, 171, 173, 174, 176,
177, 185, 186, 187, 188, 199, 202, 203,
205, 211, 213, 214, 216, 217, 225, 226,
228, 229, 230, 232, 235, 236, 248
Da exploração
Do trabalho 122
Sexual 122, 248
Da pobreza 24
Da violência 24
Masculina 161
Do trabalho forçado 129
Do tráfico 165, 190, 199, 204, 205, 211,
217, 218, 219, 230, 231, 235, 238,
239
De pessoas 25, 51, 119, 141, 208,
230
Humano 204, 222, 224, 249
Organizado 189
Vulnerabilidade 37, 62, 107, 123, 130,
153, 157, 172, 174, 184, 201, 235, 244,
246, 249, 363
Econômica 170, 178
Social 69, 170

Impresso na gráfica da
Pia Sociedade Filhas de São Paulo
Via Raposo Tavares, km 19,145
05577-300 - São Paulo, SP - Brasil - 2018